Psychologie des Stalking

Grundlagen – Forschung - Anwendung

ISBN 3-935979-54-1

J. Hoffmann. & H.-G. W. Voß (Hrsg.)

Psychologie des Stalking
Grundlagen − Forschung - Anwendung

ISBN 3-935979-54-1

Verlag für Polizeiwissenschaft
Dr. Clemens Lorei

Bibliografische Information Der Deutschen Bibliothek
Die Deutsche Bibliothek verzeichnet diese Publikation in der Deutschen Nationalbibliografie; detaillierte bibliografische Daten sind im Internet über http://dnb.ddb.de abrufbar.

Das Werk einschließlich aller seiner enthaltenen Teile inkl. Tabellen und Abbildungen ist urheberrechtlich geschützt. Nachdruck, Übersetzung, Vervielfältigung auf fotomechanischem oder elektronischem Wege und die Einspeicherung in Datenverarbeitungsanlagen sind nicht gestattet. Kein Teil dieses Werkes darf außerhalb der engen Grenzen des Urheberrechtsgesetzes ohne schriftliche Genehmigung in irgendeiner Form reproduziert, kopiert, übertragen oder eingespeichert werden.

© Urheberrecht und Copyright: 2006 Verlag für Polizeiwissenschaft, Dr. Clemens Lorei, Frankfurt

Alle Rechte vorbehalten.

Verlag für Polizeiwissenschaft, Dr. Clemens Lorei
Eschersheimer Landstraße 508 • 60433 Frankfurt
Telefon/Telefax 0 69/51 37 54 • verlag@polizeiwissenschaft.de
www.polizeiwissenschaft.de

Printed in Germany

Inhaltsverzeichnis

Zur Phänomenologie und Psychologie des Stalking 9
Hans-Georg W. Voß und Jens Hoffmann

Betroffene von Stalking

Stalking in Deutschland 27
Harald Dressing, Christine Kuehner und Peter Gass

Opfer von Stalking – Ergebnisse der Darmstädter Stalkingstudie 45
Isabel Wondrak, Beate Meinhardt, Jens Hoffmann und Hans-Georg W. Voß

Stalking: Psychische Belastung und Vulnerabilität 63
Jan H. Kamphuis und Paul M.G. Emmelkamp

Stalker

Stalkertypologien und Interventionsstrategien 73
Lorraine Sheridan und Eric Blaauw

Belästigung – Bedrohung - Gefährdung:
Stalking aus Sicht des Stalkers 93
Hans-Georg W. Voß, Jens Hoffmann und Isabel Wondrak

"Stalking"-Verhalten - evolutionspsychologisch gesehen 105
Martin Brüne

Sonderformen von Stalking

Fixierungen auf Personen des öffentlichen Lebens 129
Jens Hoffmann

Mediziner im Visier von Stalkern 143
Ingrid Borski und Norbert Nedopil

Stalking und Gewalt

Stalking und Gewalt 159
David V. James und Frank R. Farnham

Die Beziehung zwischen Stalking und häuslicher Gewalt 177
Heike Küken, Jens Hoffmann und Hans-Georg W. Voß

Umgang mit Stalking

Risikoanalyse und das Management von Stalkingfällen 193
Jens Hoffmann

Deliktfokussierte Behandlung von Stalkern 213
Werner Tschan

Reaktionen von Polizei und Justiz auf Stalking

Polizeiliche Intervention in Fällen von Stalking:
Zentrale Ergebnisse der Evaluation des Stalkingprojektes der Polizei
Bremen 235
Julia Bettermann

Ein Stalking-Forschungsprojekt bei der belgischen Polizei 271
Anne Groenen und Geert Vervacke

Bedarf es eines strafrechtlichen Stalkingbekämpfungsgesetzes? 291
Helmut Fünfsinn

Autorenvitae 303

Schlagwortverzeichnis 309

Vorwort

Der vorliegende Band hat seine Wurzeln in einem Themenheft der Zeitschrift „Polizei & Wissenschaft" zu Stalking, welches von uns herausgegeben im Jahr 2002 erschien. Die Aufmerksamkeit an dieser Publikation war überraschend groß. Immer wieder wurde dabei auch an uns die Frage herangetragen, ob die drei dort in englischer Sprache abgedruckten Beiträge zu Stalkinggewalt (James & Farnham), zu einer Typologie von Stalkingtätern für das polizeiliche Fallmanagement (Sheridan & Blaauw) und zu den traumatisierenden Effekten von Stalking (Kamphuis & Emmelkamp) nicht auch auf Deutsch erhältlich seien. Von dem Interesse an diesen Arbeiten beflügelt, entschlossen wir uns einen erweiterten Herausgeberband zusammenstellen, in dem alle Artikel in deutscher Sprache vorliegen. Die Idee bestand darin, dass führende Autoren aus Deutschland und Europa den aktuellen Stand des Wissens zu dem Phänomen obsessiver Verfolgung und Belästigung präsentieren. Zu unserer großen Freude sagten alle angefragten Kolleginnen und Kollegen zu und stellten uns Beiträge von außerordentlicher Qualität zur Verfügung, die die bereits durch das Themenheft vorhandenen und teilweise aktualisierten Artikel ergänzten. Bedauerlicherweise unterschätzten wir die Arbeitslast der Herausgabe dieses Buches, so dass es zu mehrfachen Verzögerungen beim Erscheinungstermin kam. Hierfür möchten wir uns aufrichtig bei allen Autoren entschuldigen, die zum Teil außerordentlich lange darauf warten mussten, bis ihre Beiträge nun gedruckt vorliegen. Die Übersetzungen einzelner Kapitel ins Englische wurde von Jens Hoffmann in Zusammenarbeit mit Isabel Wondrak und Heike Küken vorgenommen, letzteren beiden möchten wir vielen Dank für ihre Unterstützung aussprechen. Der Band wurde von Boriana Gotcheva redigiert und formatiert, wir können ihren unermüdlichen und engagierten Einsatz gar nicht hoch genug einschätzen und bedanken uns sehr herzlich dafür. Nicht zuletzt verdienen die höfliche Geduld, die Frustrationstoleranz und der immerwährende Beistand des Leiters des Verlages für Polizeiwissenschaft, Dr. Clemens Lorei, dankende Erwähnung.

Darmstadt, August 2006
Jens Hoffmann & Hans-Georg W. Voß

Zur Phänomenologie und Psychologie des Stalking

Hans-Georg W. Voß und Jens Hoffmann

1. Begriffsbestimmung

Der englische Ausdruck "Stalking" entstammt der Jagdsprache und bedeutet wörtlich übersetzt etwa „sich anpirschen" oder „anschleichen". Ähnlich wie zuvor das Wort „Mobbing" hat sich der Anglizismus „Stalking" mittlerweile auch als eigenständiger Begriff im Deutschen etabliert. Versuche einer Umschreibung des Stalkingphänomens, die auch den Erfordernissen eines wissenschaftlich fundierten Vorgehens sowohl in theoretischer als auch in methodologischer Sicht standhalten, haben - je nach theoretischer Orientierung des jeweiligen Autors – zu unterschiedlichen Ergebnissen geführt. Als gemeinsame Resultante der Definitionsversuche kann man jedoch den unmittelbaren Bezug des Konzeptes zu einer Konstellation von Verhaltensweisen einer Person hervorheben, die die folgenden Merkmale beinhalten (Hoffmann, 2005): (a) sie sind wiederholter und andauernder Natur; (b) sie zielen auf eine bestimmte Person (seltener eine Personengruppe oder eine Organisation) ab, indem sie deren Handlungsspielraum einschränken; (c) sie werden vom „Zielobjekt" als unerwünscht oder belästigend wahrgenommen und (d) sie sind geeignet, oftmals durch das andauernde Überschreiten sozialer Konventionen, beim Adressaten Angst, Sorge oder Panik auszulösen. Bereits hier wird deutlich, dass allein die *Beobachtung* des Verhaltens einer Person nur in seltenen Fällen, in Abhängigkeit von den Randbedingungen und der jeweiligen Situation, eine direkte Diagnose des Stalkingphänomens ermöglicht.

2. Gibt es typische Verhaltensweisen für Stalking?

Die Frageform des vorangestellten Satzes erscheint insofern berechtigt, als – wie bereits angedeutet – es kaum Verhaltensweisen gibt, die für Stalking *spezifisch* sind. Die (temporale) Struktur und die Einschätzung des Verhaltens als belästigendend/bedrohlich durch die Zielperson sind weitere Bestimmungsstücke von Stalkingverhalten. In typologischen Ansätzen zum

Stalking wurden vor allem Unterschiede zwischen Stalkern selbst (z.B. Zona, Sharma & Lane, 1993; Mullen, Pathé & Purcell 2000a; Sheridan & Blaauw, in diesem Band), in geringerem Umfange zwischen Opfern (Mullen et al, 2000a) oder Unterschiede in der Beziehung zwischen Personen beider Gruppen (Meloy & Gothard, 1995) herausgearbeitet.

Dagegen gibt es kaum Versuche, kategoriale Unterschiede von Stalkingverhaltensweisen auf der Basis von tatsächlichen Erfahrungen von Frauen – als die Hauptgruppe potentiell Betroffener – herauszuarbeiten. Eine der wenigen Ausnahmen stellt die Arbeit von Sheridan, Davies und Boon (2001) dar. Die Autoren befragten 384 Frauen nach ihren Erfahrungen in potentiellen Stalkingsituationen anhand einer Liste von 42 als „intrusiv" bezeichneten Verhaltensweisen. Die Probandinnen sollten angeben, ob die jeweilige Verhaltensweise Stalkingverhalten repräsentiert oder nicht. Die Daten wurden mittels einer Clusteranalyse zusammengefaßt. Es ergaben sich zwei Gruppen von Verhaltensweisen, von denen nur eine mit Stalking in Zusammenhang gebracht wurde. Diese Gruppe konnte in die folgenden Klassen von Verhaltensweisen weiter unterteilt werden: *klassisches* Stalking umfaßte beispielsweise Verhaltensweisen wie Herumstehen oder Telefonanrufe am Arbeitsplatz der Zielperson, Nachspionieren und Beobachten, sich in der Nachbarschaft herumtreiben; *bedrohliches* Stalking umfaßte Telefonanrufe - ohne Namensnennung - mit obszönem Inhalt, Todesdrohungen, Gewaltandrohung auch gegenüber Familienangehörigen, Vandalismus; *bindungsorientiertes* Stalking schließlich - diejenige Kategorie, die die meisten Frauen mit Stalking identifizierten - umfaßte Verhaltensweisen wie Geschenke an die Zielperson schicken, unangemeldete Besuche, absichtsvolles, aber als „zufällig" getarntes Zusammentreffen, Leugnung, dass die ehemalige Beziehung beendet ist usw. Als nicht dem Stalking zuzurechnende Verhaltensweisen wurden genannt: Telefonanruf nach einem ersten Zusammentreffen, auf der Straße Hinterherpfeifen, Einladung zu einem Kaffee und ähnliches (die Autoren sprechen hier von „Werbungsverhalten"), weiterhin: die Zielperson in „unangemessene" persönliche und intime Gespräche verwickeln, Kommentare mit obszönem Inhalt abgeben („verbal-obszönes Verhalten") – und schließlich solche Verhaltensweisen wie Versuche, mit Freunden der Zielperson bekannt zu werden, gegen den Willen der Zielperson weitere Verabredungen treffen wollen, unerwünschte Hilfsangebote usw. („Belagerungsverhalten"). Die Untersuchung macht deutlich, dass ein breites Spektrum an Verhaltensweisen sowohl Stalking als auch dessen semantischem Umfeld zuzurechnen ist. Wie die Untersuchung weiterhin gezeigt hat, haben viele der befragten Frauen die eine oder andere Verhaltensweise erlebt, ohne sich dabei zugleich verfolgt zu fühlen. Erst die Wiederholung eines Verhaltens und eventuell eine gewisse Regelmäßigkeit führten schließlich dazu, dass die Zielperson sich als Opfer von Stalking fühlte.

3. Zur Rezeption von Stalking in der Öffentlichkeit sowie kriminologische Aspekte

„Stalking: ein altes Verhalten, ein neues Verbrechen", so betitelte einer der führenden Forscher auf diesem Gebiet einen Übersichtsartikel zum Thema (Meloy, 1999). Auch in der Psychologie, der Soziologie und der Kriminologie findet Stalking erst seit den 90er Jahren zunehmende Beachtung, was insofern etwas erstaunt, als die mit Stalking angesprochenen Verhaltensweisen recht verbreitet sind. So schien für viele Menschen in unserer Gesellschaft die Nachstellung und Bedrängung durch eine andere Person schon lange ein reales Problem darzustellen, das lediglich keine einheitliche Benennung erfahren hatte. Inzwischen stößt das Phänomen und seine Erforschung auf ein breites Interesse auch außerhalb der Fachwelt und dies in einem für wissenschaftliche Fragestellungen eher ungewöhnlichem Ausmaß. Die öffentliche Aufmerksamkeit läßt sich nur zum Teil mit den medienwirksamen Fällen erklären, in denen Prominente von obsessiven Fans belagert oder bedroht werden oder es zu Gewalttätigkeiten bis hin zum Tötungsdelikt gekommen ist. Als ein initiales Ereignis für die wissenschaftliche Beschäftigung mit Stalking in neuerer Zeit wurde verschiedentlich die Ermordung der noch jungen Schauspielerin Rebecca Schaeffer durch einen obsessiven Fan angesehen, womit zugleich eine intensive Diskussion der Frage einsetzte, ob diese vermeidbar gewesen wäre (Hoffmann, 2005). Die TV-Darstellerin war 1989 von dem neunzehn Jahre alten Roberto Bardo am Eingang ihrer Wohnung erschossen worden. Der junge Mann hatte ihr in den Jahren zuvor zahlreiche Briefe geschrieben und auch versucht, an Drehorten zu ihr vorzudringen. Als Reaktion wurden zunächst schrittweise in allen US-Staaten spezielle Anti-Stalking-Gesetze verabschiedet, das „Strafmaß" umfaßt beispielsweise im Staate Kalifornien das Verbot der Annäherung an das Opfer, eine Gefängnisstrafe bis zu einem Jahr bzw. die Zahlung eines Geldbetrages. Auf polizeilicher Seite gründete sich 1990 in Los Angeles eine spezielle Einheit zur Bekämpfung von Stalking, die sogenannte „Threat Management Unit", der später in anderen Städten ähnliche Expertenteams folgten (Hoffmann, 2003).

Zwar hatte es sehr vereinzelt bereits früher Studien gegeben, die sich mit Verhaltensweisen obsessiver Belästigung beschäftigten. Doch dadurch, dass Stalking zum gesellschaftlich relevanten Thema geworden war und nun auch Gelder bereit standen, setzte an den Universitäten und Forschungsinstituten ein kleiner Boom ein. Nach den USA widmeten sich auch in Australien Psychiater und Psychologen diesem Themenbereich und in den letzten Jahren sind in Europa vor allem aus Großbritannien (z.b. James & Farnham, in diesem Band) und den Niederlanden (z.b. Kamphuis & Emmelkamp, in diesem Band) entsprechende Forschungsaktivitäten bekannt geworden. In Deutschland reagierte der Gesetzgeber mit Beginn 2002 im Rahmen des sogenannten Gewaltschutzgesetzes, bereits ein Jahr zuvor waren bei der Bremer Polizei spezielle Ansprechpartner für Stalking installiert worden (siehe den Beitrag von Bettermann in diesem Band). Als erste sozialwissenschaftliche Initiative gründete sich am Institut für Psychologie der TU Darmstadt eine Arbeitsgruppe Stalking, später folgten noch weitere Forschungsprojekte (z.b. Borski & Nedopil; Brüne; Dressing, Kuehner & Gass; in diesem Band).

4. Ausprägung

Stalkingvorfälle sind ihrer Natur nach keine kurzzeitigen Ereignisse. Vielmehr ist die Dauer eines derartigen Ereignisses in der Regel nicht in Wochen, sondern eher in Monaten und Jahren zu messen. So ergaben mehrere Studien durchschnittliche Längen von zwischen einem Jahr und über zwei Jahren (vgl. die Übersicht bei Blaauw, Winkel, Sheridan, Malsch & Arensman, 2002 und bei Mullen et al., 2000a), bei einer Stichprobe von prominenten Opfern fand sich eine mittlere Dauer etwas über zwei Jahren (Hoffmann, 2005).

Irrtümlicherweise war lange angenommen worden, dass Stalking fast ausschließlich für Personen des öffentlichen Lebens ein schwerwiegendes Problem darstellt. Zwar ist es auch tatsächlich der Fall, dass die Mehrzahl von Prominenten in ihrer Karriere unangenehme oder gar bedrohliche Erfahrungen mit obsessiven „Fans" sammeln müssen (Hoffmann, 2002). Tatsächlich sind jedoch in absoluten Zahlen betrachtet nicht-prominente Personen deutlich öfter von Stalking betroffen. Auch ist es offensichtlich so, dass bei diesem Personenkreis derartige Vorfälle prozentual häufiger dramatisch verlaufen. Mehrere Untersuchungen belegen, dass Gewalttätigkeiten im Kontext von Stalking meistens dann auftreten, wenn zwischen Täter und Opfer eine persönliche Vorbeziehung bestand (vgl. z. B. Schwartz-Watts & Morgan, 1998 , Farnham, James & Cantrell, 2000; Voß, Hoffmann & Wondrak, 2005). Kern des Syndroms ist dabei die obsessive Fixierung auf eine andere Person, die sich in einer gedanklichen und häufig auch emotionalen Besessenheit manifestiert (Hoffmann 2001).

5. Zum Verhältnis zwischen Verfolgern und Betroffenen

Tatsächlich besitzt die Art der Beziehung zwischen Opfern und Verfolgern eine nicht unbeträchtliche Differenzierungskraft zwischen verschiedenen Gruppen von Stalkingfällen. Eine der gebräuchlichsten und zugleich auch eine relativ simple Klassifizierung (Meloy, 1996) unterscheidet zwischen drei verschiedenen Formen von Vorbeziehung: (1) Täter und Opfer hatten eine intime Beziehung, (2) sie kannten sich vorher auf eine andere Art oder (3) sie waren einander Fremde. Die Beziehungsebene hat unter anderem, wie bereits erwähnt, Auswirkungen auf die Auftretenswahrscheinlichkeit von physischer Gewalt, aber auch auf die Art der Risikofaktoren für eine Eskalation und auf die Formen psychischer Störungen auf Seiten der Stalker, wobei bei der Fremdenkonstellation, die ja auch prominente Opfer beinhaltet, häufiger psychotische Erkrankungen eine Rolle spielen. Zudem ist Stalking bei Ex-Beziehungspartnern generell am häufigsten, gefolgt von Stalking bei Bekannten, Freunden, Kollegen u.ä. und am seltensten treten Fälle auf, in denen sich Verfolger und Opfer zuvor überhaupt nicht kannten (Wondrak, Meinhardt, Hoffmann und Voß, in diesem Band).

Wie bei vielen anderen Formen delinquenten Handelns sind auch bei Stalking die meisten Protagonisten männlichen Geschlechts. So fand sich über verschiedene Untersuchungen hinweg, dass bei schweren Fällen mehr als drei Viertel aller Stalker Männer waren (z.B. Wondrak et al., in diesem Band). In der Geschlechterverteilung bei den Opfern zeigte sich das Verhältnis in etwa umgekehrt. Dieser Effekt scheint besonders deutlich bei Ex-Beziehungsstalking aufzutreten (Meloy & Boyd, 2003). Allerdings existieren regelmäßig auch Fälle, in denen Männer von Frauen verfolgt und belästigt werden. Zudem gibt es das Phänomen des gleichgeschlechtlichen Stalking, welches einige spezielle Charakteristika aufweist (Pathé, Mullen & Purcell, 2000).

6. Psychische Auffälligkeiten bei Stalkern

Vielfach wird angenommen, dass fast ausnahmslos alle Stalker an einer auffälligen psychischen Erkrankung leiden. In diesem Zusammenhang wird vor allem häufig die *Erotomanie* genannt, der sogenannte Liebeswahn, wobei der Erkrankte irrtümlich glaubt, dass er von einer anderen Person geliebt wird (Lipson & Mills, 1998). Liebeswahn wird gerade in der Medienberichterstattung nicht selten direkt mit Stalking gleichgesetzt. Mehrere Studien haben jedoch gezeigt, dass diese Wahnerkrankung nur in maximal zehn Prozent aller Stalkingfälle zu beobachten ist (z.B. Kienlen,

Birmingham, Solberg, O'Regan & Meloy, 1997; Zona, Russell & Lane, 1998).

Insgesamt betrachtet treten bei Stalkern im Vergleich zur allgemeinen Bevölkerung tatsächlich schwere Psychopathologien, wie Schizophrenien und Wahnerkrankungen, überdurchschnittlich häufig auf (vgl. z. B. Mullen et al., 2000b), wenngleich sie doch auch in den meisten Fällen von Nichtprominentenstalking die Ausnahme bleiben. Häufiger sind in dieser Gruppe Persönlichkeitsstörungen zu beobachten, offenbar insbesondere solche mit narzisstischen und Borderline-Elementen (vgl. z. B. Kamphuis & Emmelkamp, 2000). Von dem typischen Stalker als psychotisch auffällige Person auszugehen, wäre deshalb eine grobe Verzerrung, die fast zwangsweise zu einer fehlerhaften Einschätzung und einem falschen Umgang mit dem Problem führen würde. Bedenkt man die Tatsache, dass sich in den meisten Fällen Stalking in der "normalen" Bevölkerung abspielt, legt dies nahe, dass der größere Teil der Verursacher dieser Belästigungen und Bedrohungen mehr oder weniger sozial unauffällig in der Gesellschaft lebt. Es besteht die Möglichkeit, dass die Ergebnisse der bisherigen Studien zu einer Überschätzung psychopathologischer Auffälligkeiten geführt haben. Meist wurden mehr oder weniger selektive Samples von Extrem-Fällen von Stalkern ausgewertet, die juristisch beziehungsweise psychiatrisch auffällig geworden waren, so dass die Stichproben hier vermutlich nicht repräsentativ für das Universum aller obsessiver Verfolger sind (Hoffmann, Voß & Wondrak, 2005).

7. Zur Motivlage bei Stalkingverhalten

Das offensichtlichste Motiv dafür, vielfache Kontaktversuche zu einem anderen Menschen zu unternehmen oder sich ihm physisch anzunähern, ist das Bestreben eine Liebesbeziehung einzugehen beziehungsweise eine Trennung rückgängig zu machen. Tatsächlich lässt sich die größte Anzahl von Stalkingvorfällen dieser Kategorie zurechnen. Folgt man der Verhaltensdefinition wiederholten Verfolgens beziehungsweise Belästigens, kommen noch einige andere Beweggründe hinzu. So ist zu beobachten, dass manche Ex-Beziehungsstalker in der Verfolgung ihres früheren Partners offenbar anstreben, ein Bedürfnis nach Macht und Kontrolle auszuleben. Hier ist anzumerken, dass im Einzelfall auch mehrere Motive gleichzeitig aktiviert sein können.

Als weiteres Motiv ist offenbar Rache nicht selten (Mullen et al., 2000a). Typische Stalker aus diesem Bereich sind zum Beispiel entlassene Mitarbeiter, querulatorische Nachbarn oder Patienten, die glauben, fehlbehandelt worden zu sein. Wiederholte belästigende Kommunikation kann zudem primär der Regulation eigener Gefühle von Wut und Unzufriedenheit dienen, wie es etwa regelmäßig in Zuschriften an Politiker zu beobachten ist (Dietz, Matthews, Martell, Stewart, Hrouda & Warren, 1991) Stalkingverhalten tritt gelegentlich auch im Rahmen von psychotischen Episoden auf, beispielsweise bei der krankheitsbedingten Fehlwahrnehmung, die andere Person sei ein enges Familienmitglied wie ein Elternteil, weshalb man zu ihr Kontakt aufnehmen möchte (Hoffmann, 2002).

8. Die Betroffenen von Stalking

Die fortgesetzte Verletzung der Privatsphäre und des engsten Lebensraumes mit dem damit einhergehenden Kontrollverlust haben oftmals beträchtliche Folgen für die vom Stalking Betroffenen. Die psychischen Auswirkungen reichen dabei bis hin zur posttraumatischen Belastungsreaktion, ähnlichen Störungsbildern und zu Suizidgedanken und –versuchen (Pathé & Mullen, 1997; Nicastro, Cousins & Spitzberg, 2000; Kamphuis & Emmelkamp; Wondrak et al., in diesem Band). Bei vielen Opfern auftretende Belastungssymptome sind außerdem Schlafstörungen und Angstgefühle. Als Konsequenzen für den Lebensstil werden vielfach sozialer Rückzug, zunehmender Alkoholkonsum, Beziehungsprobleme und Leistungsabfall in Arbeit und Ausbildung berichtet. Bislang gibt es wenig Erkenntnisse, ob und wenn ja welche Eigenheiten und Verhaltensweisen eines Stalkingvorfalls typischerweise das Trauma bei den Betroffenen verstärken, ein Aspekt, der gerade für die therapeutische Arbeit mit Stalkingopfern von Bedeutung ist. Einen ersten Hinweis lieferten Studien von Pathé und Mullen (1997) und Blaauw, Winkel und Arensman (2000), die zu dem Ergebnis kamen, dass physische Verfolgung belastendere Auswirkungen hatte als andere Stalkinghandlungen.

Wenig bekannt ist bisher, ob vielleicht bei bestimmten Gruppen von Stalkingbetroffenen eine spezielle Vulnurabilität existiert, soll heißen ob sie häufiger als andere zu Opfern werden beziehungsweise durch Stalkingvorfälle psychisch höher belastet sind. Eine Studie an einer Stichprobe von niederländischen Stalkingopfern (Blaauw et al., 2000; 2002) fand, dass die Hälfte der Betroffenen bereits vor der Stalkingepisode psychische Belastungsmerkmale aufwies, also sozusagen „verwundbar" in den Stalkingvorfall hineingeriet. de Becker (1997) vermutet, dass vor allem Personen, die Schwierigkeiten haben, ablehnend auf von ihnen unerwünschte soziale Kontaktversuche zu reagieren beziehungsweise sich generell abzugrenzen, bevorzugt Opfer von Stalking werden. Er faßt diese seiner nach dem Stalking oftmals vorausgehende Interaktion in dem Satz zusammen: Männer, die nicht loslassen können, wählen Frauen, die nicht Nein sagen können.

9. Theoretische Ansätze zur Erklärung des Stalking

Theoretische Überlegungen zur Erklärung des Stalking haben bisher besonders den Gesichtspunkt einer Psychopathologie der Person des Stalkers hervorgehoben. Stalkingverhalten erscheint demnach als das Ergebnis einer Fehlentwicklung der Persönlichkeitsstruktur des Stalkers, deren Wurzeln in der frühkindlichen sozial-emotionalen Entwicklung gesehen werden. Grundsätzlich ist davon auszugehen, dass die facettenreiche Struktur des Stalkingphänomens – sowohl im Hinblick auf das breite Spektrum an Verhaltensweisen als auch angesichts der Vielfalt an Persönlichkeitsunterschieden – nicht auf die Wirkung einiger weniger Faktoren reduziert werden kann. Zudem ist der gegenwärtige Stand der Forschung und Theorienbildung noch nicht soweit fortgeschritten, um diesbezüglich von gesicherten Erkenntnissen sprechen zu können. Die derzeit am weitesten elaborierten Erklärungsansätze wurzeln mehr oder weniger stark in der psychoanalytischen Theorie der Persönlichkeitsentwicklung. Hier sind zu nennen: die Bindungstheorie und die Objektbeziehungstheorie, die beide den Schwerpunkt in die frühe Kindheit legen (etwa bis zum sechsten Lebensjahr), sowie die psychodynamische Theorie, die eng mit der Psychopathologie des Erwachsenen verknüpft ist.

9.1 Bindungsgenese und Stalking

Kerngedanke der Bindungstheorie ist der Aufbau einer stabilen und gesicherten emotionalen Beziehung des Kindes zur Pflegeperson, zumeist die Mutter, die dadurch von allen anderen Personen, mit der das Kind interagiert, als einzigartig (d.h. nicht durch eine andere Person ohne weiteres ersetzbar) ausgewiesen ist (Ainsworth, Blehar, Waters & Wall, 1978; Bowlby, 1969; 1980). Bindung wird allgemein als eine biologische Grundtatsache angesehen, die das Überleben des noch hilfsbedürftigen Nachkommen sicherstellt und die weitere emotionale und soziale Entwicklung des Individuums maßgeblich bestimmt. Die „Ursachen" für den Aufbau einer Bindungsbeziehung werden somit einerseits in der genetischen Ausstattung des Individuums gesehen, zum anderen wird die frühkindliche Bindungsgenese durch eine Reihe von psychologischen Faktoren gesteuert, die in der Interaktion des Kindes mit der Bindungsperson wurzeln, beispielsweise die (mütterliche) Feinfühligkeit im Umgang mit dem Kind. Bedeutsam für die weitere Entwicklung der Persönlichkeit ist - nach Abschluß der Bindungsgenese in der frühen Kindheit -, dass die ursprünglich erworbene *Bindungsqualität* und die darauf aufbauenden Erfahrungen mit anderen Bezugspersonen zu einer Art „Beziehungsmodell" verdichtet werden (Bowlby spricht hier von einem Arbeitsmodell), anhand dessen spätere Beziehungen - zu Erwachsenen oder zu den eigenen Kindern - gebildet werden. Das Bindungs-Arbeitsmodell sichert so die Kontinuität der Beziehungsentwicklung. Störungen in der Bindungsgenese der frühen Kindheit oder gar das völlige Fehlen eines Bindungsaufbaus bewirken ihrerseits gestörte soziale Beziehungen im späteren Leben oder die Unfähigkeit, überhaupt eine befriedigende, auf Dauer angelegte und durch wechselseitige Achtung gekennzeichnete Beziehung zu einem Partner oder einer Partnerin aufzubauen. Verschiedene Störungsbilder sind beschrieben worden (Bowlby, 1980); es kann darauf hier nicht näher eingegangen werden.

Das Vorhandensein von pathologischen Bindungsmustern in der Persönlichkeit von Stalkern ist von verschiedenen Autoren hervorgehoben worden (Meloy & Gothard, 1995; Meloy, 1996; Kienlen, Birmingham, Solberg, O'Regan & Meloy, 1997; Kienlen, 1998; Hoffmann, 2005). So können beispielsweise die bei Stalkern oftmals zu beobachtenden Ärger- und Wutreaktionen - zuweilen bis zur Gewalttätigkeit eskalierend - als Folge einer Zurückweisung des Stalkers auf dem Hintergrund eines negativen Selbstbildes infolge patholgischer Bindungsmuster „erklärt" werden. Die Reaktion fällt umso heftiger aus, je mehr der Stalker die Nähe zur Zielperson, die häufig zugleich idealisiert wird, sucht und je heftiger deren Abwehrreaktion ist. Andere Störungsbilder, wie beispielsweise der ängstlich-vermeidende oder der ambivalente Bindungstyp stehen nach dieser Auffassung, vermittelt durch eine Reihe situativer Faktoren oder Besonderheiten, die in der Persönlichkeit der Zielperson liegen, im Zusammenhang mit entsprechenden Typen von Stalkern.

Der bindungstheoretische Ansatz zur Erklärung des Stalkingphänomens geht von zwei Prämissen aus: 1. aufgrund eines gestörten Aufbaus des Bindungssystems in der frühen Kindheit ergibt sich eine *Prädisposition* für das Stalking im Erwachsenenalter und 2. zur Auslösung des Stalkingverhaltens kommt es, wenn die Person mit Ereignissen konfrontiert wird, die mit den früher erfahrenen psychischen Verletzungen (traumatische Erlebnisse) im Zusammenhang stehen oder diese in gewisser Weise wiederbeleben.

9.2 Psychoanalytische Objektbeziehungstheorie

Ähnlich wie die Bindungstheorie werden Verhaltensstörungen beim Erwachsenen im Rahmen der Objektbeziehungstheorie auf einer mißlungenen oder sonstwie gestörten Beziehungsentwicklung in der frühen Kindheit zurückgeführt, insbesondere in der Beziehung zur primären Bezugsperson. Der Terminus „Objekt" bezeichnet hier keinen „Gegenstand", kein Ding, sondern allgemein eine andere Person, zu der eine Beziehung hergestellt wird, im Unterschied zum „Subjekt", hier das Kind. Ein Ziel der frühkindliche Persönlichkeitsentwicklung ist der Aufbau eines stabilen „Selbst", das jene Instanz in einer Person repräsentiert, in die positive Erfahrungen über sich selbst aufgrund der Interaktion mit der (sozialen) Umwelt integriert werden. So entwickelt das Kind einerseits eine stabile, d.h. über die Zeit hinweg relativ gleichbleibende Vorstellung über sich selbst, es erlebt sich selbst als wertvoll und vertrauenswürdig, - andererseits erwirbt es eine gleichermaßen konsistente Repräsentation der Person der Pflegeperson (Mutter) als verläßlich und vertrauenswürdig und wird dadurch in die Lage versetzt, unabhängig von deren physischer Anwesenheit zu „funktionieren", d.h. effektvoll und kompetent zu handeln, die Umwelt zu erkunden und so weiter fort. Mahler, Pine und Bergman (1975) sprechen von der „psychologischen Geburt des Individuums"; diese ist nach Auffassung dieser und anderer Autoren eng verknüpft mit der Grundthematik der menschlichen Entwicklung in diesem frühen Lebensabschnitt: dem Prozeß der Trennung (Loslösung von den Bindungspersonen) und Individuation (Selbstwerdung und Erlangung von Autonomie). Wird das Ziel einer Balance zwischen dem Wunsch nach Autonomie und Trennung einerseits und dem Bedürfnis nach Nähe zur Bezugsperson nicht zufriedenstellend erreicht (die „optimale Distanz" zur Mutter, die ein optimales Funktionieren des Kindes erlaubt, Mahler et al., 1975), so kommt es auch hier zu dysfunktionalen Handlungsmustern des Kindes: einerseits extremes Anklammern (Trennungsängste), andererseits heftige Abwehrreaktionen gegenüber der Bezugsperson, später auch Abwertung und aggressive Zurückweisung derselben. Theoretisch handelt es sich um den Vorgang der Spaltung (*splitting*) der subjektiven Welt der Objektbeziehungen in „Gut" und „Böse". Die (widersprüchliche) Erfahrung, dass die Mutter sowohl die gute wie die böse Person repräsentieren kann, wird nach Mahler im Falle einer gelungenen „Lösung" des dadurch erlebten Konflikts in ein umfassenderes Bild von der Mutter integriert und dient letztlich dem Aufbau eines autonomen Selbst.

Gelingt diese Integration nicht, so wird das Kind fortfahren, Spaltung als die bevorzugte Art der Auseinandersetzung mit anderen Personen zu gebrauchen und sich in der Reaktion auf Andere entweder bestrafend und zurückweisend oder aber in unrealistischer Weise als zuvorkommend, unterwürfig und idealisierend verhalten (Kienlen, 1998). Von hier aus ist der theoretische Schritt zum Phänomen des Stalking nicht sehr weit. Dutton und Golant (1993) beschreiben Spaltungsphänomene - extreme Idealisierung im Wechsel mit Abwertung der Person - bei Männern, die wiederholt gewalttätig gegenüber ihren Partnerinnen waren: „Wenn das Gefühl, nicht geliebt und abgelehnt zu werden sich einmal aufgebaut hat, kommen Aspekte des wütenden Selbst zum Vorschein (abgespalten von der Realität oder außerhalb des Bewußtseins) und die Wahrnehmung der Ehefrau wird zunehmend negativ. Nachdem sich die Spannung infolge des Mißbrauchs gelegt hat, beginnt er seine Partnerin zu idealisieren und sich selbst abzuwerten" (S.104). Die Autoren vermuten, dass Mißbrauch und Gewaltanwendung mit einer nicht gelungenen Verarbeitung einer Phase der frühkindlichen Entwicklung von Objektbeziehungen zusammenhängt, in der das Kind normalerweise lernt, mit den *ambivalenten* Gefühlen gegenüber seiner Mutter fertig zu werden und die „optimale Distanz" (vgl.oben) herzustellen. Eine Folge ist unter anderem die Unfähigkeit des Erwachsenen, Phasen des Alleinseins und der Trennung zu tolerieren (wie beispielsweise beim Stalker der Ex-Partnerin häufig der Fall), eine andere das Gefühl der Ausweglosigkeit, wenn sowohl Nähe als auch Distanz (Trennung) mit Ängsten verknüpft sind (Dutton & Golant, 1995).

9.3 Psychodynamische Theorie und Psychopythologie

Psychodynamische Ansätze zur Erklärung des Stalking stehen gleichfalls in der Tradition psychoanalytischen Denkens und Theorienbildung. Der entwicklungspsychologische Aspekt, wie für die zuvor skizzierten Ansätze bestimmend, tritt hier allerdings etwas zurück zugunsten einer Betrachtung der dynamischen Prozesse, die das pathologische Verhalten des Erwachsenen bestimmen. Zentrale Konzepte innerhalb dieses Ansatzes sind die Theorie der *narzißtischen Persönlichkeitsstörungen* und das sogenannte *Borderline-Syndrom* (Kohut, 1973a; Kernberg, 1975). Ein näheres Eingehen auf beide würde den hier gegebenen Rahmen sprengen. Es ist jedoch auf die Arbeiten von Meloy (1992, 1996, 1998) zu verweisen dessen Theorie der *obsessive followers* den bisher umfangreichsten Versuch einer Erklärung von Stalking auf psychoanalytischer Grundlage darstellt.

Meloy sieht Stalking als eine Pathologie von Bindung, wie sie in der frühen Kindheit bereits evident war und die durch das Erleiden eines Verlustes in der jüngsten Vergangenheit der Person den Beginn von Stalking markiert bzw. das negative Verhalten auslöst. Stalker sind demnach obsessive (zwanghafte) Verfolger. Die primäre Motivation für Stalking ist nicht sexueller Natur, sondern eher erlebter Ärger oder Feindseligkeit gegenüber dem Opfer (Meloy, 1996). Kern des Stalking ist das Verfolgen/Belästigen einer anderen Person. Meloy schlägt zur Erklärung eine Art Prozeßmodell vor, das sechs Phasen umfaßt: (1) der obsessive Verfolger entwickelt eine Phantasie, in der er sich mit dem Objekt (der verfolgten Person) vereinigt fühlt; das Objekt wird idealisiert, geliebt, bewundert und als dazu ausersehen betrachtet, mit ihm zusammen zu sein. Es ist dies die Phase der narzistischen Vereinigung mit dem Objekt. (2) Die Vereinigungs-Phantasie ist eine primäre Motivation für die nun in der Realität stattfindenden Annäherungsversuche, die jedoch mit Zurückweisung beantwortet werden. (3) Die Zurückweisung (quasi durch die Realität), die in krassem Gegensatz steht zu den sich wiederholenden Vereinigungs-Phantasien, verursacht eine tiefe narzißtische Kränkung (im Original „Wunde"), verbunden mit dem Gefühl der Erniedrigung oder Scham. (4) Die Scham wird abgewehrt durch narzißtische Wut (Kohut, 1973b). (5) Die Person wertet nun das Objekt ab und versucht es zu verletzen, zu dominieren oder zu zerstören. (6) Führt Phase 5 zum Erfolg, das heißt, ist das Objekt in ausreichendem Maße abgewertet, kann die narzißtische Vereinigungs-phantasie wiederhergestellt werden. Die Realität wirkt jetzt nicht weiter störend auf die Phantasien von Größe und Auserwähltheit, welche häufig sowohl selbstberuhigend als auch erotisch befriedigend sind (Meloy, 1997, S.XIII). Der zunächst etwas paradox anmutende Gedanke der Phase 6, dass nach Abwertung des Liebesobjekts sozusagen eine narzißtische Wiedervereinigung erfolgt, läßt sich wiederum auf dem Hintergrund des Spaltungskonzepts (vgl.oben) - Abwertung und Idealisierung liegen hier dicht beieinander - verstehen. Der psychopathologische Aspekt wird hier besonders deutlich in Form eines Verlustes an Realität (nicht zu verwechseln mit einer Herabsetzung des Bewußtseins), der unterschiedliche Grade annehmen kann und in extremer Ausformung den Übergang zu schweren Formen von Persönlichkeitsstörungen (Borderline-Syndrom, Psychose) kennzeichnet.

Im psychodynamischen Ansatz wird Stalking auf dem Hintergrund einer dysfunktionalen – da letztlich nicht lebensdienlichen – psychischen Konfliktregulation gesehen, deren „Ort" die Struktur der Persönlichkeit des Stalkers ist. Externale Faktoren außerhalb der Person des Stalkers spielen dabei - mit Ausnahme der theoretisch „erforderlichen" Zurückweisung durch das Opfer – eine eher untergeordnete Rolle. Zugleich stehen hierbei die extremeren Fälle mit deutlich pathologischer Natur im Vordergrund der Betrachtung. Angesichts der Breite des Phänomens dürften damit die Mehrzahl der Fälle – insbesondere der „gewöhnliche" Stalker der Ex-

Partnerin – aus einer psychiatrisch-pathologischen Betrachtung herausfallen. Eine umfassende Theorie des Stalking steht bis heute aus.

10. Stalking als wissenschaftliches Konstrukt

Wissenschaftlich gesehen bezeichnet Stalking ein *hypothetisches Konstruktum* (einfacher ausgedrückt ein „Konstrukt"), auf das wohl indirekt aufgrund von beobachtbaren Tatsachen geschlossen werden kann, das aber durch eben diese empirischen Sachverhalte niemals vollständig umschrieben ist. Wie die oben zitierte Definition weiterhin zeigt, kommt erschwerend hinzu, dass es sich bei Stalking in der Mehrzahl der Fälle um ein *relationales* Konstrukt handelt; es verweist originär auf eine spezifische *Beziehung* zwischen dem Stalker und seiner Zielperson (dem Opfer), da erst durch die Wahrnehmung der Handlung durch letztere, nämlich als unerwünscht, belästigend oder bedrohlich – sei dies tatsächlich oder potentiell der Fall - das Phänomen spezifiziert wird. Stalking verweist auf eine Störung des Sozialverhaltens einer Person. Diese ist selbst wiederum das Ergebnis weiterer, sozusagen „dahinterliegender" Prozesse und Faktoren (Inhalte der Biographie des Täters, Persönlichkeitsmerkmale), die es aufzuklären gilt.

Stalking bezeichnet ein komplexes, facettenreiches Konstrukt. Wie läßt sich dieses begrifflich näher umschreiben, wie empirisch abbilden? Eine phänomenologische Analyse des Stalking rückt zunächst – wie oben bereits angedeutet - den Gesichtspunkt der Beeinträchtigung und Schädigung des Opfers in den Mittelpunkt der Betrachtung. Ein Gesamtmaß an Beeinträchtigung, Kontrolle und Verletzung (körperlich und psychisch) der Zielperson durch den Stalker läßt sich, formal betrachtet, als das Ergebnis eines Zusammenwirkens von drei Komponenten verstehen: (a) einer *strukturellen*, die Intensität, Dauer, Häufigkeit und zeitliche Verteilung der Handlungen umfaßt, (b) einer *funktionalen*, die den Effekt und die Richtung der Handlungen beschreibt, und (c) einer *inhaltlichen* Komponente von Stalking, die die Art und Weise der Handlungen und ihrer Ausführung spezifiziert. Unter diesen Dreien tritt die zweite insofern etwas stärker hervor, als sich darin auch das Ausmaß der Bedrohung, Einschränkung und Kontrolle im subjektiven Erleben der Zielperson ausdrückt. Damit ist zugleich auch die Frage nach einem theoretischen Modell gestellt, das geeignet ist, das Phänomen in seiner ganzen Breite differenziert empirisch abzubilden. Es ist anzunehmen, dass unterschiedlichen Formen von *Stalking* auf der Handlungsebene unterschiedliche Kombinationen von Werten und Inhalten auf der Ebene der Komponenten eines solchen Modells zuzuordnen sind. So ließe sich beispielsweise der Fall einer mehrmaligen telefonischen Kontaktaufnahme über einen Zeitraum von einigen Monaten (Struktur) bei eher geringer Beunruhigung der Zielperson (Funktion) aufgrund von verbalen Äußerungen (Inhalt) entsprechend einordnen. Insofern es möglich sein wird, eine Quantifizierung der Schwere und Intensität von Stalkingfällen vorzunehmen, werden sich diese im Ergebnis zunächst auf einem *Kontinuum* anordnen lassen, das von „leichter Beeinträchtigung oder Belästigung" bis zu den schweren Fällen langjähriger Verfolgung oder gar schweren Gewalttaten reicht. Die Diagnose von Stalking ist damit zugleich einem initialen „Schwellenproblem" unterworfen. Unterhalb dieser Schwelle finden sich mannigfaltige Verhaltensweisen, die zwar Elemente des Stalking enthalten (z.B. das Beobachten einer anderen Person), die aber als *kulturell* und *gesellschaftlich sanktionierte* Phänomene nicht die Qualität einer Bedrohung annehmen. So ist es in unserer Kultur durchaus üblich und wird in gewisser Weise sogar erwartet, dass im Verlaufe der Anbahnung und Aufrechterhaltung engerer, intimer Kontakte das Verfolgen einer Person gleichen oder anderen Geschlechts, eine häufige physische Präsenz, wiederholte Telefonanrufe usw. sozusagen „zum Spiel" gehören. Wir sprechen erst dann von Stalking, wenn Intrusionen der genannten Art von der betroffenen Person nicht mehr toleriert werden. Ein solcher *qualitativer* Sprung im Erleben der Zielperson, der den Übergang von eher harmlosen Formen der Verfolgung und „Beachtung" zu Stalking kennzeichnet, ist möglicherweise nur der Beginn einer Kette von weiteren Übergängen in der den individuellen Fall charakterisierenden Dynamik von Verfolgung und Belästigung. Eine besondere Aufmerksamkeit verdient somit die *prozessuale Struktur* von Stalking, die sich quer zu obiger Unterteilung in die verschiedenen Komponenten des Stalking denken läßt. Sie ist vor allem dann von Bedeutung, wenn es darum geht, die Risiken einer zunehmenden Handlungsdichte und Nachhaltigkeit in der Beziehungsdynamik zwischen Stalker und Zielperson realistisch einzuschätzen und letztlich einen angemessenen Maßnahmenkatalog zur Gefahrenabwehr zu entwickeln. Die bisher von verschiedenen Autoren (z.B. Mullen et al, 2000a; Seridan & Blaauw, in diesem Band; Zona et al, 1993) vorgeschlagenen *Typologien* von Stalkern, die hauptsächlich eine Taxonomie von Verhaltensweisen und Persönlichkeitscharakteristika des Stalkers beinhalten, sind demgegenüber eher als „Momentaufnahmen" oder als das jeweilige Endprodukt in der Entwicklung des Geschehens zu bewerten; als ein „statisches" Konzept verschleiert so der typologische Forschungsansatz die Tatsache, dass in vielen Fällen von Stalking ein und dieselbe Person nacheinander unterschiedlichen Typenklassifikationen entsprechen kann: beispielsweise anfänglich eher „inkompetent" und sozial scheu, nach wiederholter Zurückweisung unvermittelt intrusiv, aggressiv und zerstörerisch. Hierzu gehört die Beobachtung, dass Häufigkeit und

Bedrohlichkeit von Stalkingverhalten oftmals sprunghaft ansteigen, nachdem über längere Zeit hinweg von der Zielperson keine Reaktion („Verstärkung") erfolgte oder nachdem beispielsweise eine gerichtliche Verfügung erwirkt worden ist (Westrup, 1998). Dieses, im Rahmen einer verhaltenstheoretischen Analyse auf der Basis des operanten Konditionierens als „extinction burst" („Verhaltensexplosion" im Löschungsprozeß) umschriebene Phänomen stellt insofern eine besondere Gefahr in der „Behandlung" von Stalking dar, als dabei häufig allein schon eine einmalige erneute Verstärkung (Beachtung) zu einer ungewöhnlich starken Eskalation des unerwünschten Verhaltens führen kann. Zudem scheint, wie Westrup (1998) gegenüber ihrem eigenen lerntheoretischen Ansatz kritisch einwendet, der Versuch einer „Löschung" durch Nichtverstärkung häufig auch deshalb eher nicht empfehlenswert, als damit ein Wandel in der Qualität der Verhaltensweisen des Stalkers einhergehen kann: aus einem zuvor möglicherweise noch ungefährlichen Verhalten (Belästigung ohne physische Beeinträchtigung) kann so unvermittelt ein offen aggressives Verhalten werden (Westrup, 1998, S. 292).

Als Fazit läßt sich festhalten:

1. Stalking bezeichnet ein *organisatorisches Konstrukt*, das durch das Zusammenspiel verschiedener Komponenten von Bedrohung/Belästigung (strukturelle, funktionale und inhaltliche) gekennzeichnet ist und das auf dem Hintergrund von Persönlichkeitscharakteristika der handelnden Personen in Wechselwirkung mit den jeweils gegebenen situativen Bedingungen zu analysieren ist. Stalking ist somit nicht gleichzusetzen mit „Verhalten" einer Person aufgrund von Persönlichkeitseigenschaften (ein häufiges Mißverständnis in den öffentlichen Medien). Vielmehr organisiert Stalking, als relationales Konstrukt, die Beziehung zwischen den betroffenen Personen untereinander und in Bezug zum jeweiligen Kontext (Situation) in einer Weise, die eine Beschädigung und Beeinträchtigung der körperlichen und/oder psychischen Unversehrtheit einer Person oder mehrerer Personen zur Folge hat.

2. Die Untersuchung von Stalkingphänomenen erfordert ein *diachronisches* Vorgehen, wonach unterschiedliche Phasen in der Entwicklung der Täter-Opfer-Beziehung einander ablösen oder inhaltlich aufeinander bezogen sind und auseinander hervorgehen (*Epigenese* des Stalking). Eine Typologie von Stalkern ist durch eine Typologie von Verlaufsformen des Stalking zu ergänzen.

Literatur

Ainsworth, M. D., Blehar, M. C., Waters, E. & Wall, S. (1978). *Patterns of Attachment: A Psychological Study of the Strange Situation.* Hillsdale: Erlbaum.

Blaauw, E., Winkel, F. W. & Arensman, E. (2000). *The Toll of Stalking: The Relationship between Features of Stalking and Psychopathology of Victims.* Paper presented at the Stalking: Criminal Justice Responses Conference, Australian Institute of Criminology, Sydney 7–8 Dezember 2000.

Blaauw, E., Winkel, F. W., Sheridan, L., Malsch, M. & Arensman, E. (2002). The Psychological Consequences of Stalking Victimisation. In J. Boon & L. Sheridan, *Stalking and Psychosexual Obsession.* Chichester: Wiley.

Bowlby, J. (1969). *Attachment and loss: Vol.I.Attachment.* New York: Basic Books.

Bowlby, J. (1980). *Attachment and loss: Vol.III. Loss, sadness, and depression.* New York: Basic Books.

de Becker, G. (1997). *The Gift of Fear: Survival Signals that Protect us from Violence.* London, Bloomsbury.

Dietz, P. E., Matthews, D. B., Martell, D. A., Stewart, T. M., Hrouda, D.R. & Warren, J. (1991). Threatening and Otherwise Inappropiate Letters to Members of the United States Congress. *Journal of Forensic Science, 36*, 5, 1445–1468.

Dutton, D.G. & Golant, S.K. (1995). *The batterer.* New York: Basic Books.

Farnham, F. R., James, D. V. & Cantrell, P. (2000). Association between violence, psychosis, and relationship to victim in stalking. *The Lancet, 355.*

Hoffmann, J. (2001). Stalking – Forschung und Krisenmanagement. *Kriminalistik, 1*, 34 – 37.

Hoffmann, J. (2002). Star-Stalker: Prominente als Objekt der Obsession. In: W. Ullrich & S. Schirdewahn (Hrsg.), *Stars – Annäherung an ein Phänomen.* (S. 181-203). Fischer: Frankfurt/Main.

Hoffmann, J. (2003). Polizeiliche Prävention und Krisenmanagement in Fällen von Stalking. *Kriminalistik, 12*, 726 - 731.

Hoffmann, J. (2005). *Stalking.* Heidelberg: Springer.

Hoffmann, J., Voß, H.-G. & Wondrak, I. (2005). Ein Blick auf den normalen Stalker. In H. Dressing & P. Gass (Hrsg.), *Stalking! Verfolgung, Bedrohung, Belästigung.* (S. 127-142) Bern: Huber.

Kamphuis, J. H. & Emmelkamp, P. M. G. (2000). Stalking – A Contemporary Challenge for Forensic and Clinical Psychiatry. *British Journal of Psychiatry, 176*, 206 – 209.

Kernberg, O. F. (1975). *Borderline-Störung und pathologischer Narzissmus*. Frankfurt/Main: Suhrkamp.

Kienlen, K. K. (1998). Antecedents of Stalking. In J. R. Meloy (Ed.), *The Psychology of Stalking*. (p. 51-67). San Diego: Academic Press.

Kienlen, K.K., Birmingham, D.L., Solberg, K.B., O'Regan, J.T., & Meloy, J.R. (1997). A comparative study of psychotic and non-psychotic stalking. *Journal of the American Academy of Psychiatry & Law, 25*, 317-334.

Kohut, H. (1973a). *Narzissmus. Eine Theorie der psychoanalytischen Behandlung narzisstischer Persönlichkeitsstörungen*. Frankfurt/Main: Suhrkamp.

Kohut, H. (1973b). Überlegungen zum Narzissmus und zur narzisstischen Wut. *Psyche, 6*, 513 – 554.

Lipson, G. S. & Mills, M. J. (1998). Stalking, Erotomania, and the Tarasoff Cases. In J. R. Meloy (Ed.), *The Psychology of Stalking*. (p. 257-273). San Diego: Academic Press

Mahler, M. S., Pine, F. & Bergmann, A. (1975). *Die psychische Geburt des Menschen. Symbiose und Individuation*. Frankfurt/Main: Fischer.

Meloy, J. R. (1996). Stalking (Obsessional Following): A Review of Some Preliminary Studies. *Aggression and Violent Behavior, 2*, 147 – 162.

Meloy, J. R. (1998). *The psychology of stalking: Clinical and forensic perspectives*. San Diego: Academic Press.

Meloy, J. R. (1999). Stalking: an old behaviour, a new crime. *Psychiatric Clinics of North America, 22*, 85 – 99.

Meloy, J. R. & Gothard, S. (1995). A Demographic and Clinical Comparison of Obsessional Followers and Offenders with Mental Disorders. *American Journal of Psychiatriy, 152*, 258-263.

Meloy, J. R. & Boyd C. (2003). Female Stalkers and Their Victims. *Journal of the American Academy of Psychiatry and the Law*, 31, 211 – 219.

Mullen, P. E., Pathé, M. & Purcell, R. (2000a). *Stalkers and their Victims*. Cambridge: Cambridge University Press.

Mullen, P. E., Pathé, M. & Purcell, R. (2000b). Stalking. *The Psychologist, 9*, 454 – 459.

Nicastro, A. M., Cousins, A.V. & Spitzberg, B.H. (2000). The tactical face of stalking. *Journal of Criminal Justice, 28*, 69 – 82.

Pathé, M. & Mullen, P.E. (1997). The impact of stalkers on their victims. *British Journal of Psychiatry, 170*, 12 – 17.

Pathé, M., Mullen, P.E. & Purcell, R. (2000). Same-Gender Stalking. *Journal of the American Academy of Psychiatry and Law, 28*, 2, 191 – 197.

Schwartz-Watts, Morgan, D. & D.W. (1998). Violent Versus Nonviolent Stalkers. *Journal of the American Academy of Psychiatry and Law, 26*, 2, 241 – 245.

Sheridan, L., Davies, G.M., & Boon, J.C. (2001). Stalking: Perceptions and prevalence. *Journal of interpersonal violence, 16*, 151-167.

Voß. H.-G.W., Hoffmann, J., Wondrak, I. (2005). *Stalking in Deutschland – Aus Sicht der Betroffenen und Verfolger.* Baden-Baden: Nomos.

Westrup, D. (1998). Applying Functional Analysis to Stalking Behavior. In: J. R. Meloy (Hrsg.), *The Psychology of Stalking.* (p. 275-294). San Diego: Academic Press.

Zona, M. A., Palarea, R.E. & Lane, J. (1998). Psychiatric Diagnosis and the Offender-Victim Typologie of Stalking. In: J. R. Meloy (Hrsg.), *The Psychology of Stalking.* (p. 69-84). San Diego: Academic Press.

Zona, M. A., Sharma, K. K., & Lane, J. (1993). A comparative study of erotomanic and obsessional subjects in a forensic sample. *Journal of Forensic Sciences, 38*, 894-903.

Stalking in Deutschland

Harald Dressing, Christine Kuehner, Peter Gass

1. Einleitung

Für Deutschland und andere europäische Länder außerhalb des angelsächsischen Sprachraums gibt es bisher keine epidemiologischen Studien zur Häufigkeit und Auswirkungen von Stalking in der Bevölkerung (Dressing & Gass, 2002; Dressing et al., 2002). Die aus den USA, England und Australien stammenden epidemiologischen Daten (Tjaden & Thoenness, 1997; Budd & Mattinson, 2000; Purcell et al., 2002) können jedoch nicht vorbehaltlos auf die Situation in Deutschland übertragen werden und Grundlage der Forderung nach neuen Gesetzen sein, selbst wenn der subjektive Eindruck bestehen mag, dass Stalking in Deutschland ein relevantes praktisches Problem darstellt. Hierzu sind die kulturellen Unterschiede und die gesetzlichen Rahmenbedingungen zu verschieden, zumal Prävalenz und Auswirkungen von Stalking möglicherweise stark von soziokulturellen Faktoren beeinflusst werden (Meloy, 1998; Blaauw et al., 2002).

Die vorliegende Studie versucht diese Forschungslücke zu füllen, indem sie - basierend auf einer Bevölkerungsstichprobe - die Verbreitung von Stalkingverhaltensweisen und deren Auswirkungen auf die Opfer untersucht.

2. Methode

Aus der Einwohnermeldedatei der Stadt Mannheim wurden jeweils 1000 Frauen und 1000 Männer im Alter von 18 bis 65 Jahren zufällig ausgewählt. Diesen Personen wurde zusammen mit einem Begleitbrief, in dem das Ziel der Studie erklärt wurde, ein umfangreicher Fragebogen zum Thema Stalking sowie der WHO-5 Well – Being Index (WHO 1998) zugeschickt, mit der Bitte, die ausgefüllten Unterlagen in einem beiliegenden frankierten Rückumschlag anonymisiert zurückzusenden. 14 Tage nach Zusendung der Fragebögen erfolgte ein einmaliges Erinnerungsschreiben.

Mit Einverständnis der Autoren kam in dieser Studie eine adaptierte Version des von Voß und Hoffmann (Voß & Hoffmann, 2002) entwickelten Fragebogens zum Thema Stalking zum Einsatz. Dieser Fragebogen enthält soziodemographische Items sowie 51 Items zu Erlebnissen von Bedrohung, Verfolgung und Belästigung. Befragte, die zumindest von einer Form der Bedrohung, Verfolgung oder Belästigung betroffen waren, wurden gebeten, zusätzliche Fragen zur Dauer, Art, und Häufigkeit dieser Erlebnisse sowie zur persönlichen Beziehung zum Verfolger, zu dessen vermutlichen Motiven sowie zu eigenen Reaktionen auf diese Verhaltensweisen und möglichen medizinischen oder psychologischen Folgen zu beantworten. Darüber hinaus füllten alle Befragten – unabhängig davon, ob sie Stalkingopfer waren oder nicht – den WHO-5 Well Being Index aus (WHO 1998). Dieser Index ist eine Skala zur Einschätzung der psychischen Befindlichkeit, der sich in epidemiologischen Studien auch als Screening-Instrument zur Depressionsdiagnostik bewährt hat (Henkel et al., 2003). Der Fragebogen besteht aus 5 sechsstufigen Items. Der Range des Summenwerts liegt zwischen 0 und bis 25, wobei ein Wert von < 13 beeinträchtigte psychische Befindlichkeit anzeigt und eine Indikation für eine eingehendere Untersuchung hinsichtlich eines depressiven Syndroms darstellt (Bech, 2004). Weiterhin füllten die Befragten einen 6 Items umfassenden Fragebogen aus, der in Anlehnung an das SKID II Interview selbstunsichere Verhaltensweisen erfasst. Die zugrundeliegende Hypothese hierfür ist die Annahme, dass selbstunsichere Menschen aufgrund geringerer Befähigung zur klaren Grenzziehung und Klarstellen eigener Bedürfnisse möglicherweise in ein höheres Risiko tragen, Opfer von Stalkern zu werden, da sie Verhaltensweisen zeigen, die das Stalkingverhalten unter Umständen intermittierend verstärken.

Um valide Zahlen von der Häufigkeit von Stalking zu erhalten und die Thematik nicht unkritisch auszuweiten, wurde Stalking in der vorliegenden Studie nur dann angenommen, wenn es zu mindestens zwei unerwünschten Kontaktaufnahmen mit multiplen Verhaltensweisen (mindestens zwei verschiedenen) gekommen war, diese Verhaltensweisen mindestens über zwei Wochen anhielten und bei dem Betroffenen Angst auslösten.

Die Daten wurden zunächst deskriptiv ausgewertet. Die Lebenszeitprävalenz für Stalkingopfer (Stalkees) gibt den prozentualen Anteil aller an der Studie Beteiligten wieder, die mindestens einmal in ihrem Leben die oben genannten Kriterien erfüllten. Die Punktprävalenz gibt den prozentualen Anteil der Befragten wieder, die zum Untersuchungszeitpunkt Opfer von Stalking waren. Gruppenunterschiede zwischen Stalkingopfern und Nichtbetroffenen wurden mittels Pearson's Chi^2-Test im Falle kategorialer und mittels Varianzanalyse im Falle kontinuierlich verteilter Variablen geprüft. Alle Analysen wurden mit SPSS Windows, Version 10.1 (SPSS Inc., 2000) durchgeführt.

3. Ergebnisse

Von den angeschriebenen Personen waren 15 unbekannt verzogen. Insgesamt antworteten 679 Personen, was einer Rücklaufquote von 34.2% entspricht. Dabei antworteten etwas mehr Frauen als Männer (58.9% Frauen, 41.1% Männer). Die Altersverteilung in der Gruppe der antwortenden Personen entsprach weitgehend der der zugrundeliegenden Zufallsziehung. Vier Fragebögen wurden nicht in die Auswertung einbezogen, da in diesen Fällen eine klar psychotische Symptomatik berichtet wurde. Insgesamt konnten somit 675 Fragebögen ausgewertet werden.

Das mittlere Lebensalter in dieser Gruppe betrug 42.5 Jahre (SD=13.3). Etwas mehr als die Hälfte (50.6%) hatten eine Schulbildung von weniger als 10 Jahren. 78 Personen (11.6%) erfüllten die in der Studie zu Grunde gelegten Stalkingkriterien, d.h. sie wurden mindestens einmal in ihrem Leben über eine Zeitspanne von mindestens zwei Wochen mit mindestens zwei unterschiedlichen Methoden verfolgt, belästigt oder bedroht und dadurch in Angst versetzt (siehe Abbildung 1).

Zum Untersuchungszeitpunkt wurden noch 11 Personen verfolgt (14.1% der Stalkingopfer insgesamt), was einer Punktprävalenz von 1.6% entspricht.

Unter den Stalkingopfern fand sich ein signifikantes Überwiegen von Frauen (17.3% vs. 3.7%, Chi^2 = 29.1 (df 1), p <.001), wohingegen nach Auskunft der Opfer 85.5% der Stalker Männer waren (siehe Abbildung 2).

Bei 68% der Stalkingopfer dauerte die Verfolgung und Belästigung länger als einen Monat an, bei 24.4% sogar länger als ein Jahr. Dies spricht dafür, dass durch das in der Studie zugrundegelegte restriktive Stalkingkriterium tatsächlich eine Kerngruppe von intensiv verfolgten und belästigten Personen erfasst wurde (siehe Abbildung 3).

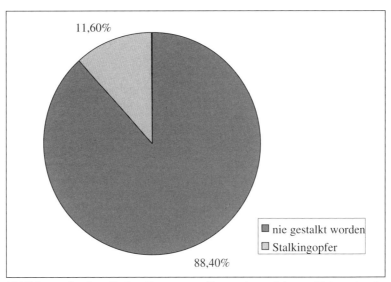

Abbildung 1: Anteil der Personen, die zu irgendeinem Zeitpunkt des Lebens die Stalkingkriterien erfüllten

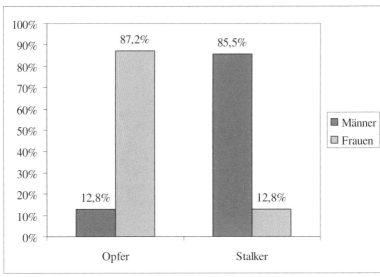

Abbildung 2: Geschlechtsverteilung bei Opfern und Stalkern (p<0,001)

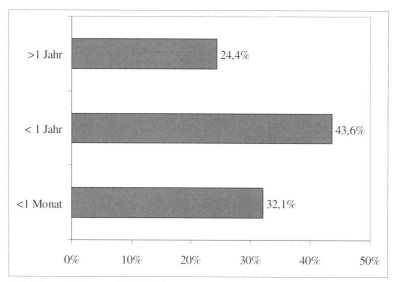

Abbildung 3: Dauer des Stalking

Die Stalkingopfer gaben auch eine hohe Intensität der Verfolgung und Beeinträchtigung an. Bei 32.5% der Befragten gab es nur einige wenige unerwünschte Kontaktaufnahmen, 7.8% der Opfer berichteten dagegen über mehrmalige Kontakte pro Monat, 35.1% über mehrmalige wöchentliche Kontakte, 9.1% über tägliche unerwünschte Kontaktaufnahmen, und bei 15.6% war es sogar mehrmals täglich zu unerwünschten Kontaktaufnahmen gekommen.

Von den Opfern wurden vielfältige Methoden der Verfolgung und Belästigung angegeben, was ebenfalls dafür spricht, eine relevante Gruppe von Stalkingopfern erfasst zu haben. Im Durchschnitt waren die Opfer etwa fünf verschiedenen Methoden der Verfolgung, Beeinträchtigung und Belästigung ausgesetzt (siehe Abbildung 4).

Am häufigsten waren unerwünschte Telefonanrufe (78.2%), gefolgt von Herumtreiben in der Nähe (62.6%), unerwünschte Briefe, E-Mails, SMS, Faxe (50%), Verfolgen (38.5%), Kontaktaufnahme über Dritte (35.9%), vor der Haustür stehen (33.3%), Auflauern (24.4%), Nachrichten am Auto oder der Haustür hinterlassen (19.2%), mit dem Auto verfolgen (19.2%), Beschädigen von Eigentum (16.7%), Eindringen in die Wohnung (15.4%), Zusenden von Geschenken (17.9%), Bestellungen im Auftrag des Opfers (10.3%), und Zusenden von schockierenden Dingen (9%). Beschimpfungen und Verleumdungen erfolgten in 47.4% der Fälle (siehe Abbildung 5).

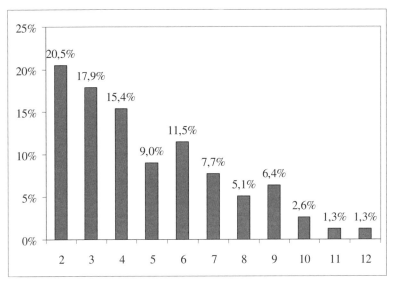

Abbildung 4: Anzahl der Stalkingmethoden

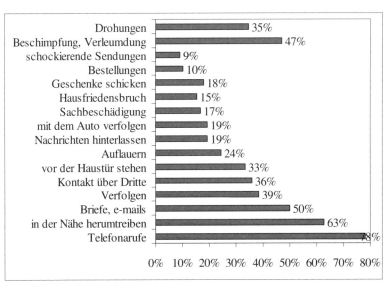

Abbildung 5: Stalkingmethoden

Die Relevanz der hier erfassten Stalkingverhaltensweisen wird durch den Befund unterstrichen, dass in 34.6% der Fälle explizite Drohungen ausgesprochen wurden und in 30.4% tatsächliche Gewalthandlungen seitens des Stalkers erfolgten. 24.4% der Betroffenen berichteten, dass sie von ihrem Stalker gegen ihren Willen mit körperlicher Gewalt festgehalten wurden, 11.5% wurden geschlagen, 9% mit Gegenständen attackiert, 42.3% sexuell belästigt und 19.2% sexuell genötigt (siehe Abbildung 6).

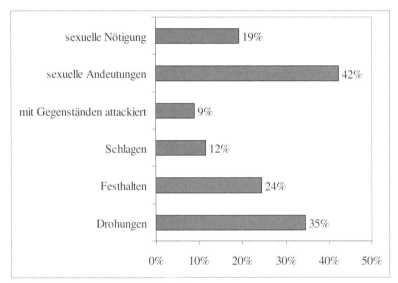

Abbildung 6: Stalking und Gewalt

Im Hinblick auf die Risikoeinschätzung des Stalking ist die Beziehung zwischen Stalker und Stalkingopfer von Bedeutung (Mullen, 1999). In der hier erfassten Gruppe von Stalkingopfern war der Stalker in 75.6% der Fälle seinem Opfer bekannt, in den restlichen Fällen erfolgte das Stalking durch einen Fremden. Die Verteilung der unterschiedlichen Beziehungen zwischen Stalker und Stalkee findet sich in Abbildung 7.

32.1% der Stalker waren ehemalige Intimpartner, 20.5% Bekannte oder Freunde des Opfers, 9% Arbeitskollegen, in 3.8% erfolgte das Stalking durch ein Familienmitglied, 1.3% waren professionelle und die restlichen 8.9% sonstige Kontakte. Bezüglich der Geschlechterrelationen fand sich ein signifikanter Unterschied sowohl bei Stalkingopfern als auch bei den Stalkern. Während 91% der Frauen von männlichen Stalkern belästigt wurden, wurden Männer fast gleich häufig von Männern oder Frauen gestalkt (55.6% weibliche Stalker, 44.4% männliche Stalker; Chi^2=13.9 (df 1), p <0.001).

Zur selbstbeurteilten Einschätzung der Folgen des Stalking wurden die betroffenen Opfer nach sozialen, psychischen und medizinischen Auswirkungen befragt. Die Mehrzahl der Betroffenen berichtete über psychische und körperliche Symptome als direkte Folge des Stalking (siehe Abbildung 8). 56.8% gaben verstärkte Unruhe, 43.6% Angstsymptome, 41% Schlafstörungen, 34.6% Magenbeschwerden, 28.2% Depression, 14.1% Kopfschmerzen und 11.5% Panikattacken an. 30.8% der Befragten hatte aggressive Gedanken gegen den Stalker entwickelt und 38.5% schätzten sich als Folge des Stalking auch gegenüber anderen Menschen als verstärkt misstrauisch ein. Knapp ein Fünftel (18%) war zeitweise als Folge des Stalking krankgeschrieben.

Insgesamt gaben 73.1% der Betroffenen an, dass es infolge des Stalking zu Veränderungen in der Lebensführung gekommen sei (siehe Abbildung 9).

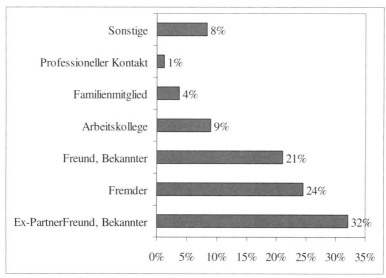

Abbildung 7: Beziehung zwischen Stalker und Stalkee

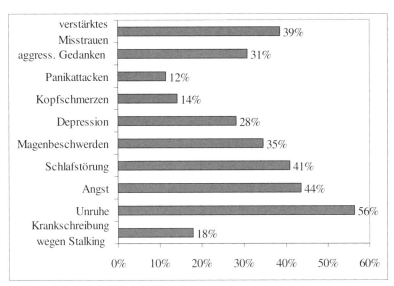

Abbildung 8: Psychosoziale Folgen des Stalking nach Einschätzung der Betroffenen

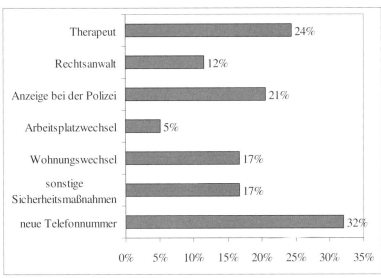

Abbildung 9: Reaktionen der Opfer auf Stalking

32.1% änderten ihre Telefonnummer, 16.7% ergriffen zusätzliche Sicherheitsmaßnahmen (z.B. neues Türschloss, Mitführen von Reizgas).

Bei einigen Betroffenen kam es zu einschneidenden Lebensveränderungen mit Wohnungswechsel (16.7%) und Arbeitsplatzwechsel (5.1%). Dagegen wurden externe Hilfen eher selten gesucht. Nur 20.5% erstatteten eine Anzeige bei der Polizei, obwohl es sogar zu tätlichen oder sexuellen Übergriffen gekommen war, 11.5% konsultierten einen Rechtsanwalt. Dagegen suchten immerhin 24.4% der Opfer Hilfe bei Therapeuten. Im Hinblick auf die vom Opfer selbst vermuteten Motive des Stalkers ergab sich der in Abbildung 10 dargestellte Befund (Mehrfachnennung möglich). Dabei zeigte sich, dass die Opfer in erster Linie die Aufnahme oder Wiederherstellung einer Liebesbeziehung als Motiv vermuteten. Als zweites wesentliches Motivbündel wurden Eifersucht, Rache und Kränkung angegeben.

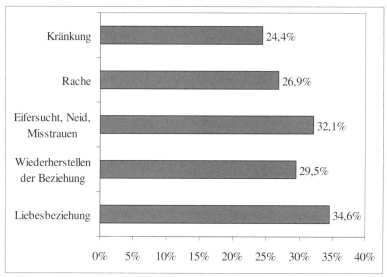

Abbildung 10: Vom Opfer vermutete Motive für Stalking

Von allen Studienteilnehmern wurde zusätzlich der WHO-5 Well-Being Index ausgefüllt, um eine Einschätzung der psychischen Befindlichkeit – unabhängig vom Thema Stalking - zu erhalten. In Abbildung 11 sind die Mittelwerte des WHO-5 Index von Stalkingopfern und Nichtopfern aufgeführt, und zwar sowohl für die Gesamtgruppe wie auch getrennt für Männer und Frauen. Die varianzanalytische Prüfung auf Mittelwertunterschiede mit den Faktoren „Stalking" und „Geschlecht" ergab einen hochsignifikanten Effekt von Stalking auf die aktuelle psychische Befindlichkeit ($F (1,647) = 20.1$, $p < .001$) in dem Sinne, dass der durchschnittliche WHO-5 Well-Being Score bei Stalkingopfern signifikant niedriger war als in der Vergleichsgruppe. Keinen Effekt hatte dagegen das Geschlecht (F (1,647) = 0.0, n.s.), ebenso resultierte kein signifikanter Interaktionseffekt von Geschlecht und Stalking (F (1,647) = 0.3, n.s.), d.h. der negative Effekt von Stalking auf das psychische Befinden war vergleichbar für Männer und Frauen.

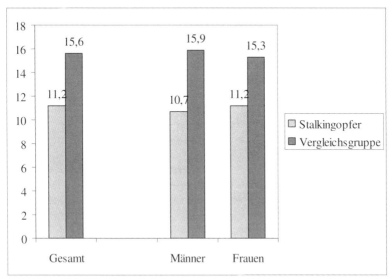

Abbildung 11: WHO Well-Being Index bei Stalkingopfern und Vergleichsgruppe (Normwert ≥13)

In dem 6 Items umfassenden Fragebogen, der in Anlehnung an das SKID II Interview selbstunsichere Verhaltensweisen erfasst, wurde ein Score von 0 bis 6 errechnet. Stalkingopfer zeigten hierbei einen signifikant höheren Wert für selbstunsicheres Verhalten (p<0,001; siehe Abbildung 12).

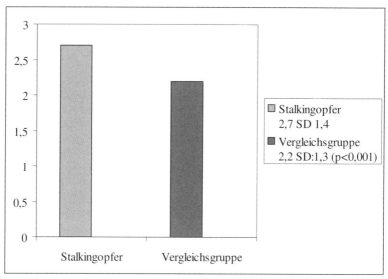

Abbildung 12: Ausprägungsgrad selbstunsicherer Verhaltensweisen

4. Diskussion

Die vorliegende Studie ist die erste bevölkerungsbezogene Untersuchung zum Thema Stalking in Deutschland. Insgesamt ist der Forschungsstand zu diesem Thema in Deutschland noch äußerst gering. Auf Bevölkerungsstichproben basierende Untersuchungen liegen bisher nur aus Australien, den USA und England vor (Budd & Mattinson, 2000; Tjaden & Thoenness, 1997; Purcell et al., 2002). Auswirkungen von Stalking auf die betroffenen Opfer wurden vorwiegend in Gruppen von Stalkingopfern untersucht (Kamphuis & Emmelkamp, 2001; Pathe & Mullen, 1997), die in einem institutionellen (Behandlungs-)Rahmen befragt wurden, was ebenfalls mit Selektionseffekten einhergeht.

Die vorliegende Studie untersucht erstmals in einer Bevölkerungsstichprobe einer mittelgroßen deutschen Stadt Häufigkeit, Ausprägung und Auswirkungen von Stalking. Darüber hinaus wurde in der gesamten Bevölkerungsstichprobe die psychische Befindlichkeit erfasst, hinsichtlich derer die Gruppe der Stalkingopfer mit der Vergleichsgruppe der von Stalking nicht betroffenen Menschen verglichen werden kann. Die Ergebnisse dieser Studie stützen die Annahme, dass Stalking auch in Deutschland ein relevantes Problem darstellt. In der Mannheimer Stichprobe beträgt die Lebenszeitprävalenzrate 11.6%, wobei deutlich mehr

Frauen (17.3%) als Männer (3.7%) betroffen sind. Zum Untersuchungszeitpunkt waren 1.6% der Befragten aktuell von Stalking betroffen. Ähnliche Häufigkeiten finden sich auch in den Bevölkerungsstudien, die in England und den USA durchgeführt wurden (Budd & Mattinson, 2000; Tjaden & Thoenness, 1997). In einer australischen Studie, die ebenfalls mittels postalischer Befragung durchgeführt wurde, fand sich unter Zugrundelegung einer niedrigschwelligen Stalkingdefinition eine Lebenszeitprävalenz von 23.4%. Wurde eine engere Definition des Stalkingbegriffs angelegt, die auch ein zeitliches Minimalkriterium einschloss (Dauer des Stalking mehr als zwei Wochen), resultierte mit einer Lebenszeitprävalenz von 12.8% eine den Ergebnissen unserer Studie sehr ähnliche Häufigkeit (Purcell et al., 2002).

Diese nun auch für Deutschland belegten recht hohen Lebenszeitprävalenzraten unterstreichen die Notwendigkeit einer intensiveren Befassung mit dem Thema Stalking. Da in der vorliegenden Studie sowohl hinsichtlich der Qualität (mindestens zwei unterschiedliche Verfolgungs- und Beeinträchtigungsmethoden mussten zum Einsatz gekommen sein) als auch der Quantität des Stalkingverhaltens (Zeitdauer über mindestens zwei Wochen) eine eher restriktive Stalkingdefinition gewählt wurde, kann davon ausgegangen werden, dass in dieser Untersuchung tatsächlich ernsthaft von Stalking Betroffene erfasst wurden und banale und kurzdauernde Formen unerwünschter Kontaktaufnahmen weitgehend ausgeschlossen werden konnten.

Die in unserer Studie erfassten Opfer waren einer Vielzahl von unterschiedlichen Stalkingverhaltensweisen ausgesetzt. Im Durchschnitt setzten die Stalker fünf unterschiedliche Methoden unerwünschter Kontaktaufnahmen ein, wobei am häufigsten unerwünschte Telefonanrufe, in der Nähe Herumtreiben, unerwünschte Briefe und E-Mails, sowie Verleumdungen vorkamen. Auch dieser Befund steht in Übereinstimmung mit Studienergebnissen aus angelsächsischen Ländern. So berichten Mullen et al. (1999), dass 63% der Stalker zwischen drei und fünf unterschiedlichen Methoden der Verfolgung und Beeinträchtigung angewandt hatten.

In drei Viertel der Fälle kannte das Opfer seinen Verfolger. Die größte Gruppe der Verfolger rekrutierte sich aus ehemaligen Intimpartnern. Frauen wurden in der überwiegenden Zahl der Fälle von Männern verfolgt, wohingegen Männer - die insgesamt deutlich seltener von Stalking betroffen sind - etwa gleich häufig von Frauen oder Männern verfolgt werden. Da der Geschlechtsbeziehung zwischen Stalker und Stalkee zunehmend Bedeutung beigemessen wird (Dreßing et al., 2002), erscheint es bemerkenswert, dass gleichgeschlechtliches Stalking offensichtlich im Besonderen ein männliches Phänomen darstellt.

Die forensische Relevanz des Stalking ergibt sich aus Befunden, die auf eine hohe Assoziation mit gewalttätigem Verhalten bis hin zu Tötungsdelikten hinweisen. Dabei fällt auf, dass das Profil gewalttätiger Stalker sich von dem dissozialer gewalttätiger Personen insofern unterscheidet, als gewalttätige Stalker eher älter, nicht vorbestraft und in einem festen Arbeitsverhältnis stehend sind (James & Farnham, 2003). Unterschiedliche Häufigkeitsangaben zu Gewalthandlungen im Kontext von Stalking ergeben sich aus divergierenden Definitionen von gewalttätigem Verhalten, wobei in der Regel auch leichtere Formen der Gewaltanwendung, wie z.B. gegen den Willen festhalten, Ohrfeigen etc., in die Definition einbezogen werden. In der vorliegenden Untersuchung fand sich in 34.6% eine Androhung von Gewalt, in 30.8% kam es zu aggressiven Übergriffen, wobei hier allerdings auch leichte Formen der Gewalt miteinbezogen wurden. Immerhin 19.2% der Betroffenen gaben an, dass sie von ihrem Stalker auch sexuell genötigt worden waren.

Die Bedeutung von Stalking wird auch durch den Befund unterstrichen, dass 73.1% der Befragten ihr alltägliches Verhalten als Reaktion auf das Stalking veränderten. Bemerkenswert ist allerdings, dass nur ein Fünftel der Betroffenen eine Anzeige bei der Polizei erstatteten und nur 11.5% einen Rechtsanwalt aufsuchten, obwohl seitens des Stalkers Verhaltensweisen eingesetzt wurden, die eindeutig Straftatbestände darstellen. Dies könnte darauf hinweisen, dass das Vertrauen in Behörden und Justiz bei Stalkingopfern eher gering ist, und dass auch von der Justiz wenig Unterstützung erwartet wird.

Dagegen suchte immerhin ein Viertel der Betroffenen einen Arzt oder Therapeuten wegen gesundheitlicher Probleme auf, die auf das Stalking zurückgeführt wurden. Dies kann einerseits als eine Tendenz der Betroffenen interpretiert werden, sich als hilfloses Opfer zu sehen, das bereit ist, sich mit therapeutischer Hilfe irgendwie mit der Situation zu arrangieren und aktive Möglichkeiten der Einflussnahme auf den Stalker weniger in Betracht zieht. Gleichzeitig verdeutlicht diese relativ häufige Inanspruchnahme therapeutischer Hilfe den ausgeprägt negativen Einfluss von Stalking auf die Gesundheit der Betroffenen. In Studien, die bei Stalkingopfern durchgeführt wurden, fanden sich in bis zu 83% der Fälle depressive Störungen und Angststörungen, und in bis zu 50% der Fälle waren sogar die Kriterien einer Posttraumatischen Belastungsstörung erfüllt (Kamphuis & Emmelkamp, 2001; Pathe & Mullen, 1997). Auch in der vorliegenden Studie gaben die Betroffenen an, dass sie in Folge des

Stalking an innerer Unruhe (56%), Schlafstörungen (41%), Magenbeschwerden (35%), Depression (28%) und Panikattacken (12%) litten, und fast jeder Fünfte (18%) hatte sich wegen des Stalking schon einmal krankschreiben lassen.

Die bisher vorliegenden Studien zu gesundheitlichen Beeinträchtigungen als Folge von Stalking sind aufgrund der untersuchten Stichproben, die ausschließlich Stalkingopfer umfassen, mit Selektionseffekten behaftet. Vergleiche mit der Allgemeinbevölkerung sind daher nicht möglich. Dagegen wurde in der vorliegenden Studie von allen Befragten der WHO-5-Well-Being Fragebogen ausgefüllt, der einen Index der psychischen Beeinträchtigung abbildet. Dieses Vorgehen erlaubt einen Vergleich der Stalkingopfer mit der von Stalking nicht betroffenen Allgemeinbevölkerung. Während der Durchschnittswert des WHO-5-Well-Being-Index in der von Stalking nicht betroffenen Gruppe im unauffälligen Bereich ($\geq$ 13) lag, wiesen die Stalkingopfer signifikant erniedrigte Indexwerte auf, die im Durchschnitt auch im auffälligen Bereich (< 13) lagen. Diese Befunde gelten für Männer wie für Frauen. Sie sprechen für eine signifikante Beeinträchtigung der psychischen Befindlichkeit in der Gruppe der Stalkingopfer.

Aus verhaltensanalytischer Sicht führt eine selbstbewusste und andauernde Ablehnung von Kontaktangeboten durch das Opfer eher zu einer Löschung der Stalkingverhaltensweisen. Ein gelegentliches Eingehen auf Kontaktangebote stellt dagegen eine intermittierende Verstärkung des Stalkingverhaltens durch das Opfer dar und ist somit ein aufrechterhaltender Faktor (Westrup, 1998). Da von der Hypothese auszugehen ist, dass selbstunsichere Menschen weniger zu einem konsequent abweisenden Verhalten befähigt sind, könnten selbstunsichere Persönlichkeitstraits einen Vulnerabilitätsfaktor bei Stalkingopfern darstellen. Deshalb wurde in der vorliegenden Studie auf der Basis von Fragen, die die selbstunsichere Persönlichkeitsstörung im SKID II abbilden, ein Score für Selbstunsicherheit gebildet. Hierbei zeigten Stalkingopfer einen signifikant höheren Wert für Selbstunsicherheit als die Vergleichsgruppe. Dies bedeutet, dass es offensichtlich Personen gibt, die aufgrund ihrer Persönlichkeitseigenschaften vulnerabler sind, Stalkingopfer zu werden. Da sich die Fragen auch auf Verhaltensweisen vor der Zeit des Stalking beziehen, ist davon auszugehen, dass es sich hier tatsächlich um überdauernde Persönlichkeitstraits handelt und nicht um eine Reaktion auf das Stalkingverhalten. Diesem Befund sollte in der Beratung künftig stärkere Beachtung geschenkt werden, da sich hier zumindest Ansatzpunkte im Sinne einer Sekundärprävention ergeben.

Zusammenfassend zeigen die Ergebnisse dieser Studie, dass Stalking auch in Deutschland ein erhebliches und ernstzunehmendes Problem darstellt. Stalkingopfer zeigen im Vergleich zur Allgemeinbevölkerung eine signifikant schlechtere psychische Befindlichkeit und suchen auch häufig Ärzte und Therapeuten auf, wohingegen juristische Schritte trotz eindeutig vorliegender Straftatbestände eher selten ergriffen werden. Da Ärzte und Therapeuten offensichtlich häufiger Ansprechpartner von Stalkingopfern sind, sind profunde Kenntnisse über die Stalkingproblematik zwingend notwendig. Interventionstechniken sollten immer aus einem umfassenden Ansatz bestehen, der kompetente Beratung und Information über den Umgang mit dem Stalker, Risikoeinschätzung bezüglich gewalttätigen Verhaltens, juristische Schritte und therapeutische Maßnahmen umfasst. Ein koordiniertes Vorgehen, das Polizei, Rechtsanwälte und Gerichte vor Ort mit einbezieht, ist Voraussetzung für ein erfolgreiches Management.

Literatur

Bech, P. (2004). Measuring the dimensions of psychological general well-being by the WHO-5. *QoL Newsletter*, 32, 15-16.

Blaauw, E., Sheridan, L. & Winkel, F. W. (2002). Designing anti-stalking legislation on the basis of victims` experiences and psychopathology. *Psychiatry, Psychology and Law*, 9, 136-145.

Budd, T. & Mattinson, J. (2000). *The extent and nature of stalking: Findings from the 1998 British Crime Survey*. London: Home Office.

Dreßing, H. & Gass, P. (2002). Stalking - Vom Psychoterror zum Mord. *Nervenarzt*, 73, 1112-1115.

Dreßing, H., Henn, F. A. & Gass, P. (2002). Stalking behaviour - an overview of the problem and a case report of male-to-male stalking during delusional disorder. *Psychopathology*, 35, 313-318.

Henkel, V., Mergl, R., Kohnen, R., Maier, W., Moeller, H. J. & Hegerl, U. (2003). Identifying depression in primary care: a comparison of different methods in a prospective cohort study. *Br Med J*, 326, 200-201.

James, D. V. & Farnham, F. R. (2003). Stalking and serious violence. *J Am Acad Psychiatry and Law*, 31, 432-439.

Kamphuis, J. H. & Emmelkamp, P. M. G. (2001). Traumatic distress among support-seeking female victims of stalking. *Am J Psychiatry*, 158, 795-798.

Meloy, J. R. (1998). *The psychology of stalking: clinical and forensic perspectives*. San Diego: Academic Press.

Mullen, P. E., Pathé, M., Purcell, R. & Stuart, G. W. (1999). Study of stalkers. *Am J Psychiatry*, 156, 1244-1249.

Pathé, M. & Mullen, P. E. (1997). The impact of stalkers on their victims. *Br J Psychiatry*, 170, 12-17.

Purcell, R., Pathé, M. & Mullen, P.E. (2002). The prevalence and nature of stalking in the Australian community. *Austr New Zealand J Psychiatry*, 36, 114-120.

Tjaden, P. & Thoenness, N. (1997). *Stalking in America: findings from the National Violence against Women Survey*. Denver: Center for Policy Research.

Voß, H. G. & Hoffmann, J. (2002). Zur Phänomenologie und Psychologie des Stalking: eine Einführung. *Polizei & Wissenschaft*, 4, 4-14.

Westrup, D. (1998). Applying functional analysis to stalking behavior. In J. R. Meloy (Ed.), *The Psychology of Stalking*. (p. 275-294). San Diego: Academic Press.

World Health Organization. (1998). *Use of well-being measures in primary health care - the DepCare project*. Health for All, Target 12.

Opfer von Stalking –
Ergebnisse der Darmstädter Stalkingstudie

Isabel Wondrak, Beate Meinhardt, Jens Hoffmann und Hans-Georg W. Voß

1. Einleitung

Betroffene von Straftaten und ihr Erleben rückten allgemein erst relativ spät in den Mittelpunkt der wissenschaftlichen Erforschung. Dies gilt auch für die Opfer von Stalking. Erst gegen Ende der 90er Jahre begannen vorrangig Psychiater und Psychologen, sich auch im zunehmenden Maße mit dieser Gruppe zu beschäftigen. Die Untersuchung der Opferseite ist jedoch ein zentraler Aspekt der Stalkingforschung, da nur durch das Verständnis dieser Perspektive ein umfangreiches Verständnis des Phänomens obsessiver Verfolgung und Belästigung möglich ist. Ein wichtiges Unterscheidungskriterium von Stalking zu anderen Straftaten besteht darin, dass das Opfer über einen längeren Zeitraum wiederholt multiplen und intrusiven Formen der Belästigung ausgesetzt ist, die aufgrund der Verhaltensdynamik nicht selten zunehmend aggressiver und gewalttätiger werden und im schlimmsten Fall mit der Tötung des Opfers enden. Doch erst durch die Publikation derartiger Fälle in den Medien, bei denen es zu massiver Gewalt gegenüber Prominenten oder Politikern kam, rückte Stalking in das Bewusstsein der Bevölkerung und löste schließlich eine wissenschaftliche, polizeiliche und politische Diskussion aus. Diese Entwicklung besaß jedoch den Nachteil, dass Stalking lange Zeit ausschließlich in Verbindung mit physischer Gewalt betrachtet wurde. So blieben die massiven Auswirkungen auf diejenigen Opfer zunächst unberücksichtigt, die keine derartige physische Gewalt erlebt hatten. Doch gerade ein permanenter psychischer Terror kann bei den Betroffenen zu massiven psychischen und physischen Auswirkungen führen (siehe auch den Beitrag von Küken, Hoffmann & Voß in diesem Band). Zudem war auch zu beobachten, dass manche Betroffene glaubten, dass nur durch das Erleben von physischer Gewalt z.B. polizeiliche oder juristische Schritte gerechtfertigt sind. Mittlerweile kann davon ausgegangen werden, dass es nicht in jedem Stalkingfall zu physischer Gewalt kommen muss, dass einige Stalker potenziell gewaltsamer sind als andere und dass es bestimmte Risikofaktoren gibt, die mit einer höheren Wahrscheinlichkeit auf gewaltsame Eskalationen hinweisen.

So zahlreich die angewandten Verhaltensweisen der Stalker sind, so vielfältig sind auch die Auswirkungen auf die Opfer. Das Erleben und Erfahren von Stalking hat z.T. massive Konsequenzen für die psychische und physische Konstitution der Opfer, verbunden mit einer Minderung der Lebensqualität und Auswirkungen auf alle Lebensbereiche. Physische Folgen von Stalking sind häufig u.a. Schlafstörungen und Albträume, Kopf-, Magenschmerzen oder somatische Störungen (Blaauw, Winkel und Arensman, 2000; Hall, 1998; Kamphuis und Emmelkamp, 2001; Kamphuis, Emmelkamp und Bartak, 2003; Pathé und Mullen, 1997; Westrup, Fremouw, Thompson und Lewis, 1999). Zudem konnten die bisherigen Forschungsergebnisse zeigen, dass nahezu alle Stalkingopfer psychische Probleme bis hin zu klinischen Symptomen entwickeln, wie beispielsweise Depressionen, Hypervigilanz, Angst, Panikattacken oder Symptome der Posttraumatischen Belastungsstörung (Blaauw et al., 2000; Hall, 1998; Kamphuis und Emmelkamp, 2001; Kamphuis et al., 2003; Pathé und Mullen, 1997; Westrup et al., 1999). Zu Beginn der Opferforschung beruhten diese Erkenntnisse jedoch eher auf Selbstberichten der Betroffenen, die mit nicht-standardisierten Fragebögen erfasst wurden. Zunehmend werden nun aber auch standardisierte klinische Messinstrumente und validere Versuchsdesigns eingesetzt (z.B. Einsatz von Kontrollgruppen bzw. Vergleich mit klinischen Stichproben).

2. Die Darmstädter Opferstudie zu Stalking

In Deutschland wird zu dem Phänomen Stalking erst mit dem Beginn des 21. Jahrhunderts geforscht. Die erste empirische psychologische Untersuchung hierzulande wurde von der Arbeitsgruppe Stalking der Technischen Universität Darmstadt am Institut für Forensische Psychologie durchgeführt (Wondrak, 2004). Die Arbeitsgruppe befasst sich mit der Erforschung und empirischen Erfassung von Stalking in Deutschland. Hierbei sollen Erkenntnisse über Stalking hinsichtlich Prävalenz, Dauer, Verlauf sowie die Auswirkungen und Folgen für die Betroffenen gewonnen werden mit dem Ziel, adäquate Konzepte für die Beratung von Betroffenen zu entwickeln.

Um Stalking aus Sicht der Betroffenen empirisch zu erfassen wurde zunächst ein umfangreicher Fragebogen entwickelt (Meinhardt und Wondrak, 2003), der sich in den wesentlichen Punkten an der Stalkerklassifikation von Mullen, Pathé und Purcell (2000) orientiert. Dieser

Fragebogen wurde auf der Internetseite ‚www.stalkingforschung.de' veröffentlicht. Das Medium Internet wurde aus ökonomischen Gründen gewählt, um in kurzer Zeit im deutschsprachigen Raum eine möglichst breit gefächerte Stichprobe aus der Normalpopulation zu erfassen. Bei den Teilnehmenden handelte es sich ausschließlich um Personen, die sich nach eigener Einschätzung als Stalkingopfer identifizierten. In die statistische Auswertung flossen 551 Fragebögen ein. Eingegangene Fragebögen, die in der Beantwortung in sich nicht plausibel waren bzw. Hinweise auf das Vorhandensein eines sogenannten Falsches-Opfer-Syndrom gaben (Bettermann, 2005; Hoffmann, 2005) waren zuvor vom weiteren Verfahren ausgeschlossen worden.

2.1 Stichprobe

Die Betroffenen waren erwartungsgemäß größtenteils weiblichen Geschlechts (85 %) und die Stalker in 81 % der Fälle männlich. Diese ermittelte Geschlechterverteilung entspricht in etwa den Ergebnissen bisheriger internationaler Untersuchungen (z.B. Purcell, Pathé und Mullen, 2002; Tjaden und Thoennes, 1998). Die Mehrheit der Stalker (81.2 %, n= 444) war männlich, 18.8 % war weiblich (n= 103). Das Alter der Opfer lag zwischen 15 und 63 Jahren, wobei sie im Durchschnitt 34.44 Jahre alt waren (SD= 9.12). Die Stalker hatten ein Durchschnittsalter von 38.16 Jahren(SD= 10,70), wobei sich die Spannbreite zwischen 15 und neunzig Jahren befand.

Im Folgenden werden Auszüge der Ergebnisse dargestellt, die vor allem im Hinblick auf die Auswirkungen auf die Betroffenen relevant sind.

2.2 Ergebnisse

Dauer des Stalking

Die Opfer, die zum Zeitpunkt der Befragung noch Stalking erlebten, erfuhren dies im Schnitt seit knapp zwei Jahren. In den Fällen, wo das Stalking bereits beendet war, betrug die Dauer der Belästigung durchschnittlich ca. 28 Monate. Der Zeitraum des Stalking reichte dabei von mindestens einem Monat bis hin zu dreißig Jahren. Eine nicht unbedeutende Zahl von knapp sieben Prozent hatte bereits mehrfach eine Viktimisierung erlebt und wurde sowohl zum Zeitpunkt der Erhebung als auch schon einmal in der Vergangenheit gestalkt.

Häufigkeit der versuchten Kontaktaufnahme

Etwa in jedem zweiten Fall hatte der Stalker mehrfach täglich versucht, mit dem Opfer Kontakt aufzunehmen, bei 38 % war dies „täglich" bzw. „mehrfach pro Woche" der Fall.

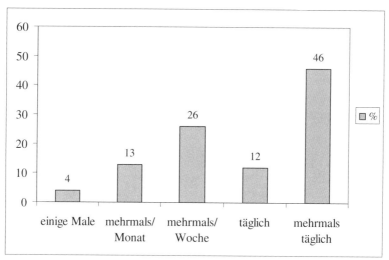

Abbildung 1: Häufigkeit der versuchten Kontaktaufnahmen

Stalkingverhaltensweisen

Den Betroffenen wurden 18 stalkingtypische Verhaltensweisen vorgegeben (siehe Abbildung 2).

Die Stalkingopfer erlebten durchschnittlich zwischen sieben und acht unterschiedliche Arten von Stalkingverhaltensweisen, wobei mindestens eine bis hin zu 18 verschiedenen Belästigungsarten genannt wurden. Zusätzlich berichteten die Betroffenen über weitere, im Fragebogen nicht vorgegebene Handlungen, wie Observierung, Cyberstalking, die Initiierung von juristischen Maßnahmen gegen die Opfer, die Denunziation bei Behörden oder das Stalking durch Dritte.

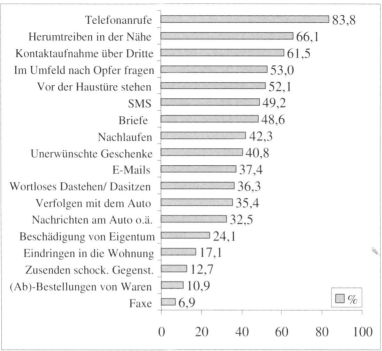

Abbildung 2: Arten der Kontaktaufnahme; Mehrfachnennungen waren möglich

Als ein Beispiel für Stalking durch Dritte gab ein Opfer an, dass der Stalker ihren Namen und ihre Telefonnummer auf einschlägigen Internetseiten mit pornografischen Inhalten unter der Rubrik „Sie sucht Ihn" veröffentlicht hatte. Dies führte dazu, dass die Betroffene immer wieder Anrufe von fremden Männern zu jeder Tages- und Nachtzeit erhielt, die sich mit ihr verabreden wollten.
In einem weiteren Fall wurde eine Notiz mit Angabe der Telefonnummer des Opfers am Schwarzen Brett der Gemeinde ausgehängt, wobei darauf eindeutige sexuelle Dienste angeboten wurden.

Diese Fälle zeigen beispielhaft, wie Dritte ohne ihr Wissen in das Stalking involviert werden und die Opfer nicht nur unter der Belästigung der Stalker leiden, sondern zusätzlich noch unter der von anderen, nichts ahnenden Personen.

Rufschädigung

Mehr als zwei Drittel der Befragten erlebten eine Rufschädigung durch den Stalker, die überwiegend im privaten Umfeld erfolgte, indem z.b. Gerüchte im Freundes- bzw. Bekanntenkreis verbreitet wurden, aber auch in der eigenen Familie. Diese Gerüchte reichten von Aussagen, wie „*Er behauptet vor meinen Bekannten, ich wäre ein leichtes Mädchen, die immer mit den Gefühlen von Männern spielt, ihn eingeschlossen*", bis hin zu Behauptungen, dass das Opfer an Aids erkrankt sei oder psychisch krank wäre.

Aber auch im beruflichen Umfeld erfolgte häufig eine Denunziation, und zwar entweder beim Arbeitgeber, bei Kollegen oder aber auch bei Kunden der Betroffenen, was weit reichende Konsequenzen für die berufliche Laufbahn haben konnte.

Eine Betroffene, die selbständig als Versicherungsmaklerin tätig war, berichtete, dass ihr Stalker virenbehaftete E-Mails in ihrem Namen an ihren Kundenkreis verschickt hatte.

In einem weiteren Fall sandte ein Stalker, ein ehemaliger Patient einer verfolgten Psychotherapeutin, Briefe an andere Patienten, in denen er sie des sexuellen Missbrauchs ihrer Patienten bezichtigte.

Eine weitere Art der Rufschädigung bestand darin, dass Stalker ihre Opfer bei Behörden und Ämtern angeschwärzten oder Anzeigen gegen sie erstatten. Nicht selten versuchten Stalker beispielsweise die Betroffenen beim Jugendamt zu verleumden, indem sie etwa angaben, dass diese ihre Kinder vernachlässigen.

Orte, an denen das Stalking stattfand

Die Betroffenen wurden im Durchschnitt an drei bis vier verschiedenen Orten belästigt. Um welche Plätze es sich dabei handelte, ist in folgender Abbildung dargestellt:

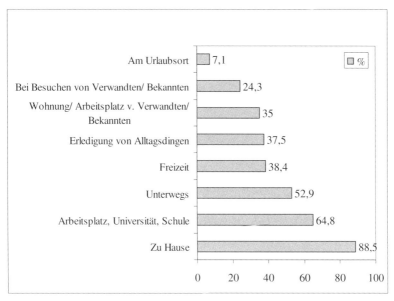

Abbildung 3: Orte, an denen das Stalking geschah; Mehrfachnennungen waren möglich

Weiterhin wurden die Betroffenen im Internet, wie Chatrooms, Foren, etc. belästigt oder sie wurden an Orten abgepasst, an denen sich die Kinder der Opfer aufhielten, wie z.b. dem Kindergarten, Spielplatz oder der Schule.

Eine Betroffene befand sich auf einer Dienstreise nach Übersee, als sie im Flugzeug ihren stalkenden Ex-Partner entdeckte.

In einem anderen Fall erhielt eine Betroffene selbst noch aus der Justizvollzugsanstalt belästigende Briefe von dem Mann, der sich aufgrund anderer Delikte in Haft befand.

Gewalt während des Stalking

Ein relativ hoher Anteil der Betroffenen erlebte körperliche Angriffe im Stalkingverlauf: Beinahe vierzig Prozent wurden vom Stalker körperlich attackiert bzw. belästigt.

„Anfassen oder Festhalten" wurde von diesen Betroffenen mit 81.6 % am häufigsten erlebt. Weiterhin berichteten einige Opfer von Rempeln, Stoßen, in die Ecke drängen und/oder Weg versperren als leichtere Formen der Gewalt. Aber auch massive Gewalttätigkeiten wie „Schläge mit der Hand" (32.1 %) und „Schläge bzw. Angriffe mit Gegenständen" (19.3 %) traten relativ häufig auf. Es wurde zudem aber auch über sehr schwere physische Gewalt berichtet, Beispiel hierfür sind Würgeattacken, Angriffe mit dem Auto, Tritte, oder Waffengewalt, etwa mit einem Messer oder einer Pistole. In zwei Fällen versuchte der Stalker sogar, das Opfer zu töten.

Eine Betroffene hatte sich von ihrem gewalttätigen Mann getrennt, woraufhin massives Stalking einsetzte. Sie wusste sich keine andere Möglichkeit, als einen Ortswechsel in ein anderes Bundesland vorzunehmen. Dennoch fand der Stalker schnell heraus, wohin sich seine Ex-Frau abgesetzt hatte. Er entführte und folterte sie über mehrere Tage. Der Mann wurde verhaftet, die Betroffene erlitt derart massive körperliche und psychische Schäden, dass sie zeitlebens arbeitsunfähig ist.

Körperlich sexuelle Belästigungen bzw. Angriffe

14.0 % der Betroffenen wurden auch körperlich sexuell belästigt bzw. angegriffen. Sie erlebten zum einen, dass der Stalker auf physisch nicht gewalttätige Weise versuchte, sie zu küssen, anzufassen oder zu streicheln. Es wurden aber auch aggressivere und massivere Belästigungen berichtet. Diese reichten von gewaltsamen Versuchen, die Betroffenen zu küssen, sich heranzudrängen, zu grapschen bis hin zu expliziten sexuellen Übergriffen, z.B. dem Anfassen der Geschlechtsteile. Einige Stalker versuchten sexuelle Handlungen zu erpressen oder Geschlechtsverkehr mittels Schlägen oder Waffen zu erzwingen. Manche Betroffenen berichteten von Schlägen, die gegen Geschlechtsregionen gerichtet waren. In fast zehn Prozent der Fälle mit sexuellen Belästigungen kam es zu einer versuchten und in acht Prozent sogar zu einer vollendeten Vergewaltigung.

Beziehung zwischen Stalker und Betroffenen

Mullen et al. (2000) definierten folgende Beziehungskonstellationen zwischen Stalkern und Opfern: (1) Ex-Partner, (2) Bekannte und Freunde, aber auch Personen aus dem weitläufigen Bekanntenkreis, wie beispielsweise Nachbarn, (3) professionelle Kontakte, (4) Arbeitsplatzkontakte, (5) Fremde, (6) Prominente.

Zu Untersuchungszwecken wurde die Beziehungskonstellationen zwischen Opfer und Stalker jedoch differenzierter abgefragt, so dass sich insgesamt folgende neun Beziehungskonstellationen ergaben: (1) Ex-Partner, (2) Ex-Partner vom Partner, (3) Bekannter, (4) Freund, (5) Arbeitskollege, (6) professioneller Kontakt, (7) Familienmitglied, (8) Fremder und (9) „sonstige Person". Die Kategorie „Prominente" konnte ausgeschlossen werden, da sie in keinem Fall zutraf. Zwecks besserer Übersichtlichkeit bei der Auswertung wurden diese Kategorien dann wieder der Opfertypologie von Mullen et al. (2000) zugeordnet.

Es zeigte sich, dass der Stalker in fast jedem zweiten Fall der Ex-Partner war. Insgesamt bestand bei neun von zehn der Betroffenen irgendeine Art von Vorbeziehung zu dem Stalker; lediglich neun Prozent wurden von einem Fremden gestalkt.

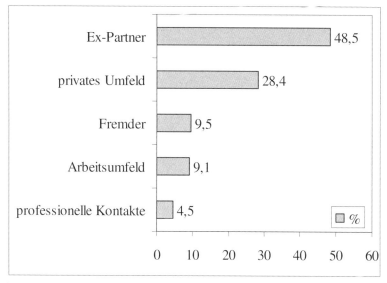

Abbildung 4: Häufigkeit der jeweiligen Beziehungskonstellation

Die folgende Tabelle zeigt nochmals Alter und Geschlecht der Betroffenen in Abhängigkeit der Beziehungskonstellation:

Tabelle 1: Alter / Geschlecht der Betroffenen abhängig von der Beziehung zum Stalker

Beziehungskonstellation (n)	Opfer			Stalker		
	Alter ($\bar{x}$)	Geschlecht W (%)	M	Alter ($\bar{x}$)	Geschlecht W (%)	M
Ex-Partner (267)	35.09	90.6	9.4	38.47	7.9	92.1
Privates Umfeld (156)	33.17	78.8	21.2	37.63	33.5	66.5
Professionelle Beziehung (25)	40.28	60.0	40.0	38.44	32.0	68.0
Arbeitsumfeld (50)	34.80	84.0	16.0	39.36	18.0	82.0
Fremder (52)	31.77	84.6	15.4	36.67	26.5	73.5

Es zeigt sich deutlich, dass in fast jeder Beziehungskonstellation überwiegend Frauen von Stalking durch Männer betroffen sind. Am deutlichsten wird dies, wenn die Opfer und Stalker eine intime Beziehung zueinander hatten.

Ex-Partner-Stalking

Wie bereits dargestellt, war in jedem zweiten Fall der Stalker der Ex-Partner. In einigen wenigen Fällen bestand dabei vormals eine homosexuelle Beziehung: 19 Männer wurden von ihren ehemaligen Ex-Partnern gestalkt und zwei Frauen von ihren Ex-Partnerinnen.

Die Beziehung dauerte in allen Fällen durchschnittlich vier Jahre, wobei die Dauer zwischen einem Monat und dreißig Jahren variierte.

Merkmale der ehemaligen Beziehung

Wie frühere Studien bereits zeigten, gibt es schon während der Partnerschaft bestimmte Anzeichen, die auf ein mögliches späteres Stalking schließen lassen: Als solche gelten neben ausgeübter psychischer und physischer Gewalt gegenüber dem Partner insbesondere auch Persönlichkeitseigenschaften des Stalkers, wie Eifersucht und Kontrollverhalten bzw. dependente Persönlichkeitszüge (Brewster, 2002; Langhinrichsen-Rohling, Palarea, Cohen und Rohling, 2002; Mullen et al., 2000; Walker, 1994; Walker und Meloy, 1998).

Diese Aspekte wurden in der Darmstädter Untersuchung ebenfalls erfragt, wobei sich ein erwartungsgemäß eindeutiges Bild ergab: Während der Beziehung zeigten 85 % der Stalker Kontrollverhalten, drei von vier der Ex-Partner wurden als eifersüchtig beschrieben und 69 % sorgten sich schon während der Beziehung, dass diese zerbrechen könnte (vgl. auch Küken, Hoffmann und Voß in diesem Band). Besonders auffällig war, dass mehr als jedes zweite Stalkingopfer alle drei Eigenschaften und Verhaltensweisen schon während der Beziehung durch ihren Ex-Partner erlebt hatten. Ein Viertel berichtete von zwei dieser Aspekte und nur zwölf Prozent von einer. Lediglich in elf Prozent der Fälle wurden während der Beziehung keinerlei derartige Erfahrungen gemacht.

Gewalt während der Beziehung

Neben diesen Eigenschaften und Verhaltensweisen der Ex-Partner wurde auch untersucht, ob es während der Beziehung zu physischer Gewalt kam. Tatsächlich bestätigten dies fast vierzig Prozent der Betroffenen. Ebenfalls erwartungsgemäß erlebten drei Viertel der Opfer, die in der Beziehung gewaltsame Übergriffe erlebten, auch im späteren Stalkingverlauf gewaltsame Angriffe durch ihren Ex-Partner.

Physische und psychische Auswirkungen von Stalking auf die Opfer

Wie bereits erwähnt leiden Betroffene unter zahlreichen physischen und psychischen Folgen. In Anlehnung an die Erkenntnisse bisheriger Opferstudien wurden im Fragebogen zehn klinische Symptome vorgegeben, um zu erfassen, welche körperlichen und seelischen Auswirkungen das Stalking für die Betroffenen hatte (siehe Abbildung 5).

Im Durchschnitt litten die Betroffenen unter sechs physischen und psychischen Auswirkungen, wobei das Maximum bei 14 Symptomen lag.

Unter dem Punkt „Sonstiges" wurden zusätzlich weiteren Auswirkungen genannt, wie z.B. Frustrationsgefühle, Hoffnungslosigkeit, die Wahrnehmung einer eingeschränkten Zukunft und Lebensqualität, Scham sowie Schuldgefühle. Ferner gaben die Opfer an, unter einem Gefühl der Beziehungsunfähigkeit zu leiden, bzw. sich derzeit nicht vorstellen zu können, jemals wieder eine Partnerschaft eingehen zu können. Einige berichteten sogar über Suizidgedanken oder hatten schon versucht, sich das Leben zu nehmen.

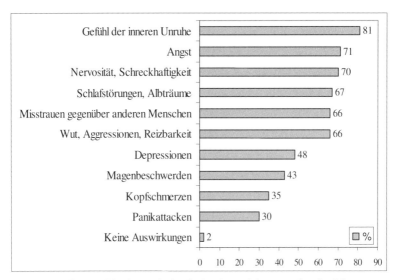

Abbildung 5: Psychische und physische Auswirkungen des Stalking; Mehrfachnennungen waren möglich

Einige Aussagen der Opfer sind im Folgenden exemplarisch aufgeführt:

„*...Schuldgefühle, die ich selber natürlich rational gesehen für falsch halte; schlimm ist, dass andere – und am schlimmsten: auch meine Eltern – das im Grunde für harmlos, wenn auch etwas lästig, halten. Man fühlt sich selbst irgendwie minderwertig, und es bringt jedes Mal das ganze Selbstverständnis durcheinander und die Lebensfreude ist absolut weg. Man wird jedes Mal aus seinem Leben heraus gerissen. Es ist schlimm!...*"

„*...Angst vor der Zukunft...*"

„*...Ich möchte keine Beziehung mehr in meinem Leben....*"

„*...Emotionale Taubheit; habe mich gedanklich in Traumwelten und Tagträume zurückgezogen, um das über die Jahre auszuhalten...*"

„*...Ich habe das Gefühl, mich nicht mehr frei bewegen zu können. Habe Angst, ihm zu begegnen, was dann eine Panikattacke auslöst...*"

Inanspruchnahme von professioneller Behandlung/ Beratung

43 % der Befragten haben sich aufgrund ihrer Beschwerden in professionelle Behandlung begeben. Zwei Drittel davon suchten psychologische bzw. psychiatrische Hilfe, jede Zweite wandte sich an einen Arzt. Nur in jedem fünften Fall wurde eine Opferberatungsstelle aufgesucht und in lediglich sechs Prozent eine Selbsthilfegruppe. Hierbei muss man jedoch anmerken, dass für Stalkingopfer zum Zeitpunkt der Datenerhebung nur sehr wenige Einrichtungen dieser Art existierten und sich auch dadurch die geringen Raten zumindest teilweise erklären lassen. Diese Zahlen machen aber auch deutlich, dass mehr als jede zweite Betroffene versucht hat, die belastende Situation ohne jegliche professionelle Hilfe zu bewältigen. Die Gründe dafür lagen nach Angaben der Opfer zum einen darin, dass das Erlebte nicht so schlimm sei, bzw. dass sie hofften, es alleine bewältigen zu können. Andere wiederum verdrängten das Erlebte eher (z.B. *„Ich will nicht mehr darüber sprechen."*) oder empfanden Scham oder fühlten sich hilflos (z.B. *„ Das ist mir so peinlich.", „Mir kann sowieso keiner helfen."* oder *„Was soll sich schon ändern."*). Andere wussten schlichtweg nicht, wohin sie sich wenden konnten (z.B. *„Ich weiß nicht, wo ich Hilfe bekomme."*) oder hatten große Angst, dass sie nicht ernst genommen werden würden oder meinten, sie seien selbst schuld an der Situation.

Langfristige Veränderung des Lebens aufgrund des Stalking

Stalking beeinträchtigt das Leben der Opfer nicht nur im akuten Geschehen, sondern hat auch schwerwiegende, nachhaltige und zum Teil persönlichkeitsverändernde Auswirkungen. Obwohl kein Fall dem anderen gleicht, Betroffene das Erlebte individuell verschieden wahrnehmen und verarbeiten, so sind doch die langfristigen Folgen für das Leben ähnlich.

Dies zeigte sich in der Auswertung der Frage, was sich im Leben aufgrund des Stalking gewandelt hat. Solche Veränderungen wurden am stärksten hinsichtlich des Verhaltens der Opfer gegenüber Anderen deutlich. Es kam teilweise zu einem massiven Wandel der Persönlichkeit: zwei Drittel wurden verstärkt misstrauisch, vor allem gegenüber Fremden, Personen des anderen Geschlechts oder neuen Bekanntschaften. Einige hatten sogar das Vertrauen zu ihnen nahe stehenden Personen verloren.

Jede zweite Betroffene berichtete von privaten Veränderungen (z.B. sozialer Rückzug, Konflikte in der Partnerschaft, mit Freunden oder Familienangehörigen, Umzug). Jede Dritte nannte Veränderungen im Freizeitverhalten (z.B. Vermeidung von sozialen Aktivitäten, Auszugehen,

Hobbys nachgehen) und in einigen Fällen hatte das Stalking Auswirkungen auf das Berufsleben, was in 9.3 % aller Fälle sogar zu einem Wechsel des Arbeitsplatzes führte. Andere litten unter Schreckhaftigkeit, Verfolgungsängsten oder hatten permanent das Gefühl, dass sie beobachtet werden würden. Einige stellten sogar fest, dass sich aufgrund des Stalking alles verändert hatte, während nur neun Personen berichteten, dass es keine Veränderungen für sie gab.

Im Folgenden sind einige Aussagen exemplarisch aufgeführt:

„Habe mir ein Jahr Sonderurlaub genommen, mein Haus verkauft, 2mal umgezogen, gehe nicht mehr alleine weg, keine Männerkontakte."

„*Ich gehe auf niemanden mehr zu, geh´ nicht mehr alleine raus und schließe mich zu Hause ein, verriegle die Türen und Fenster, kontrolliere vor jeder Fahrt mein Auto genau, habe Angst, in den Briefkasten zu sehen, fühle mich ständig verfolgt, da er gedroht hat: "Wenn ich mit dir fertig bin, kannst du nicht mehr normal leben."*

„*Man fühlt sich in jeder Minute wie ein Stück Tier, das gejagt wird."*

„*Ich hatte Angst vor allen Männern bei denen ich merkte, dass sie Interesse an meiner Person zeigten. Ich vermeide bis heute Blickkontakt und reagiere nicht, wenn mich einer anspricht aus Angst, wieder an einen Psychopathen zu geraten der meint, wenn man mal freundlich lächelt und Hallo sagt, man ihn gleich liebt und heiraten will..."*

„*...Ortswechsel, Studienabbruch, Abbruch von Freundschaften, extrem starkes Misstrauen,..."*

„*...Vertrauensverlust in die Behörden (Polizei u.ä.), Therapie wegen Angstzuständen, Isolierung u. ä..."*

„*...Aufgabe meines Jobs in Frankreich, Umzug/Rückkehr nach Deutschland, strikte Trennung Berufs-/ Privatleben, bessere Menschenkenntnis, höheres Misstrauen, geschärfte Wahrnehmung, Mut zum Nein sagen, Mut, rechtliche Schritte einzuschlagen, mich nicht mehr schämen..."*

„*...Ich lebe inzwischen anonym (versteckt) erhalte dementsprechend keinen Besuch, da kaum jemand die Anschrift kennt..."*

„...*Ich bin seit 1 ½ Jahren dienstunfähig und werde jetzt vorzeitig in den Ruhestand geschickt mit erheblichen Geldeinbußen...*"

„...*Nichts ist mehr wie es mal war... habe schon zwei Suizidversuche hinter mir. Bin umgezogen, habe meinen Job erst mal verloren...*"

Maßnahmen, die die Betroffenen gegen das Stalking eingeleitet haben

Fast alle Betroffenen (95 %) unternahmen irgendetwas gegen das Stalking. Diejenigen, die keine Gegenmaßnahmen einleiteten, begründeten dies mit einer Angst vor einer möglichen Eskalation. Andere waren davon überzeugt, dass das Ignorieren des Stalkers die beste Maßnahme sei oder glaubten, dass es irgendwann von alleine aufhören würde. Andere fühlten sich schlichtweg hilflos oder überfordert und damit handlungsunfähig.

Im Durchschnitt wurden zwischen drei und vier Gegenmaßnahmen genannt, wobei sich die Opfer am häufigsten Hilfe suchend an Dritte gewandt hatten oder Gespräche mit dem Stalker führten, um sich weitere Belästigungen zu verbeten. Mehr als ein Drittel schaltete einen Anwalt ein, erwirkte eine einstweilige Verfügung, wechselte die Telefonnummer oder E-Mail-Adresse, beantragte eine Geheimnummer oder schaffte sich einen Anrufbeantworter an. 27 % der Opfer gaben an, dass sie Maßnahmen zum Selbstschutz ergriffen hatten.

In jedem fünften Fall zogen die Betroffenen um, verließen die Wohnung für einige Monate oder gaben an, einen Umzug zu planen. Dies lässt erahnen, unter welch hoher Belastung die Betroffenen durch das Stalking stehen. Obwohl eine derartige Maßnahme mit hohen finanziellen Belastungen sowie sozialen Beeinträchtigungen verbunden ist, wird sie dennoch als letzter Ausweg in Betracht gezogen.

3. Diskussion

Die vorliegende, bisher umfangreichste Befragung von Stalkingopfern im deutschsprachigen Raum machte deutlich, dass es bei Stalking nicht um vereinzelte Belästigungshandlungen geht. Tatsächlich sind die Betroffenen einer Vielzahl unterschiedlichster bedrängender und z. T. bedrohlicher Verhaltensweisen ausgesetzt, die zudem in zeitlich hoher Intensität geschehen. Zwar gibt es sehr häufige und damit typische Stalkinghandlungen, wie beispielsweise Telefonanrufe, dennoch lässt sich kein einziges Verhalten identifizieren, welches immer oder fast immer auftritt und damit Stalking determiniert. Die Erkenntnis, dass wir es mit einem Bündel von unterschiedlichen Aktionen zu tun haben, ist gerade für den rechtlichen Umgang mit Stalking schwierig (siehe Fünfsinn, in diesem Band), etwa in der Formulierung eines speziellen Straftatbestandes, da juristische Festschreibungen auf eindeutige Definitionen angewiesen sind und singuläre Handlungen, wie bspw. Telefonanrufe, keinen Straftatbestand darstellen.

In Folge der Erhebungsmethode wurden in der Studie tendenziell eher Opfer von schwerem Stalking erfasst (die Probanden mussten ja in einem Ausmaß betroffen sein, dass sie die Zeit und Mühe auf sich nahmen, aktiv ins Internet zu gehen und einen längeren Fragebogen auszufüllen). Dies impliziert auch, dass die nicht selten enormen physischen, psychischen und sozialen Belastungen zwar nicht unbedingt für alle Stalkingopfer repräsentativ sind, dennoch ist davon auszugehen, dass rein zahlenmäßig viele Menschen in der Bevölkerung durch die Viktimisierung derart stark beeinträchtigt sind. Beispielsweise ergab eine groß angelegte, repräsentative Studie in den USA, dass 8 % aller Frauen und 2 % aller Männer einmal in Ihrem Leben Opfer von schwerem Stalking werden (Tjaden & Thoennes, 1998) - eine Gruppe, von der wir ausgehen, dass sie mit der unseren Stichprobe vergleichbar ist. Erste Prävalenzdaten aus Deutschland (siehe Dressing, Kuehner & Gass, in diesem Band) dürften bei einer differenzierten Betrachtung auf ähnliche Häufigkeiten bei schwerem Stalking hinweisen.

Literatur

Bettermann, J. (2005). *Falsches-Opfer-Syndrom in Fällen von Stalking*. Frankfurt/Main: Verlag für Polizeiwissenschaft.
Blaauw, E., Winkel, F. W. & Arensman, E. (2000, December). *The Toll of Stalking: The Relationship between Features of Stalking and Psychopathology of Victims*. Paper presented at the Stalking: Criminal Justice Responses Conference convened by the Australian Institue of Criminology, Sydney, Australia.
Brewster, M. P. (2002). Stalking by Former Intimates: Verbal Threats and Other Predictors of Physical Violence. In K. E. Davis, I. Hanson Frieze & R. D. Maiuro (Eds.), *Stalking: Perspectives on Victims and Perpetrators*. (p. 292-311). New York: Springer.
Hall, D. M. (1998). The Victims of Stalking. In J. R. Meloy (Ed.), *The Psychology of Stalking. Clinical and Forensic Perspectives*. (p. 113-137). San Diego, CA: Academic Press.
Hoffmann, J. (2005). *Stalking*. Heidelberg: Springer

Kamphuis, J. H. & Emmelkamp, P. M. G. (2001). Traumatic Distress Among Support Seeking Female Victims of Stalking. *American Journal of Psychiatry*, (158), 795-798.

Kamphuis, J. H., Emmelkamp, P. M. G. & Bartak, A. (2003). Individual Differences in Post-traumatic Stress following Post-intimate Stalking: Stalking Severity and Psychosocial Variables. *British Journal of Clinical Psychology*, 42, 145-156.

Langhinrichsen-Rohling, J., Palarea, R. E., Cohen, J. Rohling, M. L. (2002). Breaking Up is Hard to do: Unwanted Pursuit Behaviors Following the Dissolution of a Romantic Relationship. In K. E. Davis, I. Hanson Frieze & R. D. Maiuro (Eds.), *Stalking: Perspectives on Victims and Perpetrators.* (p. 212-236). New York: Springer.

Meinhardt, B. & Wondrak, I. (2003). *Entwicklung eines Fragebogens für die Betroffenen von Stalking.* Unveröffentlichte Studienarbeit, Technische Universität Darmstadt.

Meinhardt, B. & Wondrak, I. (2004). *Empirische Untersuchung zum Phänomen Stalking aus Sicht der Betroffenen.* Unveröffentlichte Diplomarbeit, Technische Universität Darmstadt.

Mullen, P. E., Pathé, M. & Purcell, R. (2000). *Stalkers and their Victims.* Cambridge: University Press.

Pathé, M. T. & Mullen, P. E. (1997). The Impact of Stalkers on their Victims. *British Journal of Psychiatry*, 170, 12-17.

Purcell, R, Pathé, M. & Mullen, P. E. (2002). Prevalence and Nature of Stalking in the Australian Community. *Australian and New Zealand Journal of Psychiatry*, 36, 114-120.

Tjaden, P. & Thoennes, N. (1998). *Stalking in America: Findings from the National Violence Against Women Survey.* http://www.ncjrs.org/pdffiles/169592.pdf (Stand 26. September 2002).

Walker, L. E. (1994). *Warum schlägst Du mich? Frauen werden misshandelt und wehren sich.* München: Piper. (Original erschienen 1979: „The Battered Woman")

Walker, L. E. & Meloy, J. R. (1998). Stalking and Domestic Violence. In J. R. Meloy (Ed.), *The Psychology of Stalking. Clinical and Forensic Perspectives.* (p. 139-161). San Diego, CA: Academic Press.

Westrup, D., Fremouw, W. J., Thompson, R. N. & Lewis, S. F. (1999). The Psychological Impact of Stalking on Female Undergraduates. *Journal of Forensic Sciences*, 44, (3), 554-557.

Wondrak, I. (2004). Auswirkungen von Stalking aus Sicht der Betroffenen. In J. Bettermann & M. Feenders (Hrsg.), *Stalking – Möglichkeiten und Grenzen der Intervention.* (S. 21-35). Frankfurt/Main: Verlag für Polizeiwissenschaft.

Stalking: Psychische Belastung und Vulnerabilität

Jan H. Kamphuis und Paul M.G. Emmelkamp

Wie bei den meisten neu entwickelten Verhaltenskonstrukten besteht auch beim Stalking keine Einigkeit bei der Definition. Umstritten ist vor allem, inwiefern Stalking notwendigerweise immer ein subjektives Bedrohungsgefühl bei den Betroffenen auslösen muss (Kamphuis & Emmelkamp, 2000). Üblicherweise finden sich bei den verschiedenen Definitionen dennoch folgende Gemeinsamkeiten: (1) ein grenzüberschreitendes, belästigendes Verhaltensmuster, (2) eine implizite oder explizite Bedrohung, die sich aus dem Verhaltensmuster ergibt und (3) daraus resultierend erlebt das Opfer beträchtliche, realistische Angst (Meloy 1998). Wir beziehen uns in diesem Beitrag auf die Definition von Meloy und Gothard: *„Stalking ist definiert als ein absichtliches, böswilliges und wiederholtes Verfolgen oder Belästigen einer anderen Person, die sich in Folge dadurch in ihrer Sicherheit bedroht fühlt"* (Meloy & Gothard, 1995, S. 258).

1. Wesen und Prävalenz von Stalking

Typischerweise beinhalten Stalkingverhaltensweisen belästigendes Verfolgen, z.B. in Form von Auflauern oder anderem unerwarteten bzw. unerwünschtem Eindringen in der Privatsphäre der Betroffenen. Stalker belästigen ihre Zielpersonen sehr häufig mittels unerwünschter Kontaktaufnahme, z.B. mit regelmäßigen Telefonanrufen (oftmals nachts), Briefen, E-Mails, Graffitis, Nachrichten (z.B. am Auto) und Paketen (z.B. Geschenke, Fotos). Extremere Formen beinhalten Bestellungen von Waren und Dienstleistungen im Namen und auf Rechnung der Betroffenen, das Schalten von Zeitungsanzeigen, die Bestellung von Grabkränzen, die Verbreitung von Gerüchten über das Opfer, Schmierereien an der Hauswand, Zerstören oder Stehlen von Eigentum, Gewaltandrohungen oder ein tatsächlicher Angriff auf das Opfer. Manchmal beziehen Stalker Dritte in ihre Belästigungshandlungen mit ein wie Familie, Freunde, Kollegen, Anwälte, Psychiater oder Psychologen, wodurch diese ebenfalls vom Stalking betroffen sind. Durch das Internet steht dem Stalker ein neues

Kommunikationsmedium zur Verfügung. Auf diese Weise bieten sich ihm zusätzliche Möglichkeiten an, Informationen über die Opfer einzuholen. Auch kann er auf diesem Weg die Zielperson mit Nachrichten regelrecht „bombardieren". Man spricht hier vom so genannten „Cyberstalking" (Kamphuis & Emmelkamp, 2000).

Das Stalking kann nur sehr kurz, aber auch Jahre andauern. Untersuchungen aus den USA zeigen, dass das Stalking in mehr als der Hälfte der Fälle innerhalb eines Jahres endet, jedoch bei einem Viertel der Fälle zwischen zwei und fünf Jahren fortwährt (Tjaden & Thoenness, 1998). In einigen Fällen kommt es zur Eskalation bis hin zur Ermordung der Betroffenen und deren Kinder. US- amerikanische Schätzungen gehen davon aus, dass zwischen 21% und 25% der forensischen Stalkingfälle in massiver Gewalt enden (Harmon, Rosner & Owens, 1995; Meloy & Gothard, 1995). Fritz (1995) berichtete, dass 90% der Frauen, die von ihrem Ex-Partner getötet wurden, im Vorfeld Stalking durch diesen erfahren haben. Es sollte jedoch berücksichtigt werden, dass die hier genannten Zahlen nicht vorbehaltlos auf europäische Verhältnisse übertragen werden können, da z.B. nationale Unterschiede hinsichtlich des Besitzes und der Verfügbarkeit von Waffen existieren.

2. Psychische Belastung in Folge von Stalking

Vor Beginn unserer ersten Untersuchungen von psychischen Belastungen bei Stalking, gab es nur drei Studien, die sich speziell mit den psychosozialen Konsequenzen für Betroffene beschäftigten (Pathé & Mullen, 1997; Hall, 1998; Westrup, Fremouw, Thompson & Lewis, 1999). Pathé und Mullen fanden in Australien bei Opfern Anzeichen schwerer Depression, von Angst und Trauma- Symptome. Basierend auf nicht standardisierten Selbstberichten erfüllten 37% der Teilnehmer die Diagnosekriterien einer Posttraumatischen Belastungsstörung (PTS). Eine amerikanische Untersuchung von 145 Stalkingfällen wies Persönlichkeitsveränderungen bei den Opfern auf, meist wurde von einem Anstieg von Vorsicht, Misstrauen, Angst und Aggression berichtet (Hall, 1998). Schließlich stieß eine Studie von 36 Studierenden auf signifikante, posttraumatische Belastungssymptome (Westrup et al., 1999). Dennoch sollte man aus diesen Studien aufgrund der Art und dem Umfang der Stichproben und der Nutzung nicht validierter Messinstrumente nur vorsichtig Rückschlüsse auf die psychische Belastung im Allgemeinen ziehen (Kamphuis & Emmelkamp, 2000).

Unsere erste empirische Studie in diesem Bereich (Kamphuis & Emmelkamp, 2001) beinhaltete folgende Fragestellungen:

(a) Welche demographischen Eigenschaften weisen Stalker und Betroffene auf?
(b) Welche Arten von Stalkingverhaltensweisen werden in welcher Häufigkeit gezeigt?
(c) Was unternehmen die Betroffenen gegen das Stalking bzw. wie gehen sie mit der Situation um?
(d) Welche Auswirkungen hat das Stalking für die Betroffenen (in Bezug auf allgemeine Gesundheit und PTS) und wie vergleichbar sind diese Effekte mit den Auswirkungen anderer traumatischer Erlebnisse?

Die Stichprobe setzte sich aus Mitgliedern der niederländischen Opfergruppe „Stichting Anti-Stalking" (SAS) zusammen, aus der 201 Frauen ausgewählt wurden. Diesen wurde die Stalkingdefinition von Meloy und Gothard (1995) vorgelegt mit der Bitte anzugeben, ob sie wiederholt spezifische Stalkingverhaltensweisen erlebt haben. Berücksichtigt wurden die Angaben, die sich auf vielfache, wiederholte Stalkingverhaltensweisen bezogen und die verwendete Definition bestätigten. Für die vorliegende Studie wurde daraus ein aus 21 Items bestehender Fragebogen entwickelt, mit dem demographische Daten der Teilnehmer und dazugehörigen Stalker erfasst werden sollten, ebenso wie objektive und subjektive Charakteristika des Stalkingverlaufs. Die Items des Fragebogens bezogen sich somit auf die Art und Dauer von Stalking, Auswirkungen auf den Lebensstil und die Art der früheren Beziehung zwischen Stalker und Opfer, falls eine solche bestand.

Welche demographischen Eigenschaften wiesen Stalker und Betroffene auf?

Von den 201 weiblichen Betroffenen erlebten 162 (81%) ein zum Zeitpunkt der Befragung noch fortdauerndes Stalking. Das Durchschnittsalter betrug 43.3 Jahre (SD = 10.1) und lag zwischen 20 und 70 Jahren. Entsprechend den Angaben der Betroffenen waren 179 der Stalker männlich (89%), 11 waren weiblich. In 5 Fällen wurde kein Geschlecht angegeben. 6 Betroffene berichteten von mehreren Stalkern (z.B. Nachbarn, Familienangehörige).

Das Durchschnittsalter der Stalker betrug 41.9 Jahre (SD = 11.0) und lag zwischen 19 und 80 Jahren. 43 Stalker (23%) waren verheiratet bzw. lebten zu Beginn des Stalking mit ihren Partnern zusammen. In 167 Fällen war der Stalker entweder ledig, geschieden oder verwitwet. 11 weibliche

Betroffene wurden von Frauen gestalkt. 4 Fälle entstanden aus einer beruflichen Beziehung. In 73% der Fälle waren die Stalker Expartner der Betroffenen.

Welche Arten von Stalkingverhaltensweisen wurden in welcher Häufigkeit gezeigt?
Die durchschnittliche Dauer des Stalking betrug 38 Monate, 71% der Betroffenen berichteten sogar eine Dauer von über 2 Jahren. Auf einer Skala von eins bis fünf gaben die Betroffenen mit einem Wert von 3.77 (SD= 1.42) an, Angst um ihr Leben zu haben, mit 4.60 (SD= .77) sich hilflos zu fühlen und mit 4.75 (SD= .70) eine Bedrohung wahrzunehmen. Einige der Opfer wurden gebeten, eine Auflistung der verschiedenen Stalkingverhaltensweisen zu erstellen. Mehr als die Hälfte der Betroffenen berichteten, auf zehn oder mehr verschiedenen Arten gestalkt worden zu sein. Zu gewaltsamen Übergriffen kam es eher in den Fällen, in denen zwischen Stalker und Zielperson eine intime Vorbeziehung bestand (odds ratio = 2.0, p< 0.05).

Was unternahmen die Betroffenen gegen das Stalking bzw. wie gingen sie mit der Situation um?
97% der Befragten berichteten über allgemeine Ängste aufgrund des Stalking, 88% fürchteten um ihre Sicherheit. Die Mehrzahl der Betroffenen suchte juristischen Beistand (69%), änderte die Telefonnummer (62%), wechselte die täglichen Fahrtrouten (62%), vermied es die Wohnung zu verlassen (55%) und erhöhte die Sicherheitsvorkehrungen zu Hause (51%). 3 von 10 Betroffenen zogen um. Mehr als ein Fünftel der Betroffenen ging aufgrund der Angst vor dem Stalker nicht mehr zur Arbeit oder zur Schule (23%).

Welche Auswirkungen hatte das Stalking in Bezug auf die allgemeine Gesundheit und auf PTS und wie vergleichbar sind diese Effekte mit den Auswirkungen anderer traumatischer Erlebnisse?
Um das Ausmaß der Veränderung von traumatischen Symptomen zu erfassen wurde eine niederländische Adaption der IES- Skala (Impact of Event Scale) verwendet (Horowitz, Wilner & Alvarez, 1979). Diese aus 15 Items bestehende Skala misst zwei Aspekte der Posttraumatischen Belastungsstörung: intrusive Bilder und Gedanken (6 Items) und vermeidendes Verhalten (7 Items). Die Durchschnittswerte für die IES- Skala lagen bei 39.74 (SD= 17.00); die Durchschnittswerte der Subskalen für intrusive Bilder und Gedanken bei 18.01 (SD= 7.92) und für vermeidendes Verhalten bei 18.15 (SD= 8.62). Die IES- Trauma Symptome der Stalkingopfer sind vergleichbar mit Symptomen aus Stichproben von Betroffenen anderer traumatischer Erlebnissen (z.B. Brom, Kleber, Hofman, 1995;

Kamphuis & Emmelkamp, 1998). Der Durchschnittswert des General Health Questionnaire-12 (GHQ-12) lag bei 4.45 (Sd= 3.90); 59 % der Stichprobe wiesen klinisch signifikante Symptome auf.

Unsere Ergebnisse zeigten somit, dass die Erfahrung, gestalkt zu werden, als enorme Belastung wahrgenommen wird und zu einer erhöhten Anfälligkeit für psychiatrische Symptome führt. Dies ließ sich z. B. daran erkennen, dass die GHQ-Werte der Stalkingbetroffenen vergleichbar waren mit den Opfern des Boeing 737 Absturzes in Coventry (Chung, Easthope, Chung, Clark-Carter, 1999). Die vorliegende Stichprobe wurde gebeten, eine Auflistung aufdringlicher Verfolgung, unerwünschter Kommunikation und verschiedener anderer Arten der Belästigung zu erstellen. Beachtenswert ist, dass selbst in den meisten nicht- forensischen Fällen schwerwiegende Formen von Bedrohung und Belästigung gefunden werden konnten. In fast Dreiviertel der Fälle wurde den Betroffenen Gewalt angedroht; zu gewaltsamen Übergriffen kam es bei mehr als der Hälfte. Die Charakteristika des Stalking und die Veränderungen des Lebensstils der Betroffenen unserer niederländischen Untersuchung sind denen der Betroffenen der amerikanischen (Hall, 1998) und der australischen Untersuchung (Pathé & Mullen, 1999) auffallend ähnlich. Insgesamt lässt sich als Fazit festhalten, dass der Umstand, von Stalking betroffen zu sein mit schwerem und lang andauerndem Leiden assoziiert ist.

3. Vulnerabilität und kognitive bzw. affektive Traumata-Korrelate

Unsere folgende Studie (Kamphuis, Emmelkamp & Bartak, 2003) bezieht sich auf den häufig auftretenden Subtyp des Stalking durch frühere Ex-Partner. Bisherige Forschungsergebnisse (Kamphuis & Emmelkamp, 2000) weisen darauf hin, dass Stalking durch Ex-Partner besonders belastend und gewalttätig ist, was zu einem hohen Risiko für die Betroffenen, ernsthaft traumatisiert zu werden, führt.

Ex- Beziehungsstalking stellt einen komplexen Stressor dar und ist durch viele unterschiedliche Merkmale charakterisiert. Es erzeugt ein durch den Ex- Partner erzeugtes Trauma, das lange andauern kann und unvorhersehbar erscheint. Diese Merkmale führen zu mindestens zwei theoretisch und klinisch relevanten Fragestellungen:

(a) Wie beeinflusst eine andauernde, bedrohliche und intrusive Verfolgung durch den Ex-Partner die Wahrnehmung des Selbst, die Wahrnehmung anderer und das allgemeine Weltbild und welche

fehlangepassten emotionalen Reaktionen sind assoziiert mit Ex- Beziehungsstalking?
(b) Welche Faktoren sind assoziiert mit der Entstehung von traumatischen Symptomen aufgrund von Ex- Beziehungsstalking und zwar bezogen sowohl auf objektive Stressoren als auch auf individuelle psychische Faktoren?

Ein hilfreiches Instrument, um fehlangepasste, psychische Reaktionen aufgrund von belastenden oder traumatischen Lebensereignissen zu erfassen, ist die self-report Trauma Constellation Identification Scale (TCIS; Dansky, Roth & Kronenberger, 1990). Die TCIS erfasst eine umfangreiche Anzahl von unangepassten kognitiven Schemata und negativen Affekten, die gewöhnlich in Verbindung mit als belastend empfundenen Erlebnissen auftreten. Die unterschiedlichen Reaktionsmuster könnten sich insbesondere dann als aussagekräftig erweisen, wenn man unser Verfahren den spezifischen Bedürfnissen und Problemen der Betroffenen von Ex- Beziehungsstalking anpasst.

In Übereinstimmung mit der allgemeinen Fachliteratur zum Thema entwickelt nicht jedes Stalkingopfer Posttraumatische Belastungssymptome. Zur Erklärung individueller Unterschiede bei traumatischen Belastungen wurde in der Forschung dem Einfluss von Charakteristika der Stressoren und individuellen Vulnerabilitätsfaktoren zunehmend Beachtung geschenkt. Dies sollte einen verbesserten Zugang zur Ätiologie dieser Störung ermöglichen. Eine exzellente Metaanalyse bezüglich verschiedener Formen von Traumata (Brewin, Andrews & Valentine, 2000) und verschiedene Studien über spezifische Traumata (z.B. zu verbrechensbezogenen Traumata Kilpatrick et al., 1989, zu Banküberfällen Kamphuis & Emmelkamp, 1998, zu häuslicher Gewalt Astin, Lawrence & Foy, 1993) identifizierten hervorstechende Prädiktorvariablen und Korrelate individueller Unterschiede traumatischer Verwundbarkeit. Vor unseren Forschungsprojekten gab es jedoch keinerlei empirische Untersuchungen zu unterschiedlichen Einflussgrößen der Traumabelastung bei Stalking. Neben einem tiefergehenden theoretischen Verständnis könnten solche Ergebnisse dazu beitragen, diejenigen Betroffenen bei Stalking zu identifizieren, die ein erhöhtes Traumatisierungsrisiko tragen.

Es wurde eine Teilstichprobe der Studie von Kamphuis und Emmelkamp (2001), bestehend aus 134 Betroffenen von Ex- Beziehungsstalking, verwendet. Ergänzend zu den oben beschriebenen Messinstrumenten wurde die TCIS (Dansky, Roth, & Kronenberger, 1990) angewandt, um negative affektive und fehlangepasste kognitive Reaktionen aufgrund der Stalkingerfahrungen zu erfassen. Die Prädiktorvariablen beinhalteten Kernmerkmale des Stalkingverlaufs (Dauer, Gewaltanwendung) und ausgewählte Persönlichkeitsvariablen der Big- Five-Persönlichkeitstraits (NEO; Neurotizismus, Extraversion, Offenheit, Verträglichkeit und Gewissenhaftigkeit; Hoekstra, Ormel, de Fruyt, 1996), Coping- Stile (UCL; Schreurs, van de Willige, Tellegen, & Brosschot, 1992) und soziale Unterstützung, gemessen mit dem Social- Support Inventory (ssI; Timmerman, Emanuels-Zuurveen, & Emmelkamp, 2000).

Die mit der TCIS erfassten traumatischen Reaktionen auf Stalking wurden mit den Erfahrungen einer Studentinnen- Stichprobe mit (sexueller) Gewalt verglichen. Kognitive Reaktionen betrafen insbesondere Selbstwerteinschätzungen (z.B. Entfremdung, Isolation), Vertrauen in Andere sowie affektive Reaktionen wie Verlusterfahrungen und überwältigende Emotionen. Beachtenswert waren auch die vergleichsweise hohen Werte bei Schuldgefühlen und Scham.

Unsere Ergebnisse zeigen, dass Ex- Beziehungsstalking häufig nicht nur schwerwiegende Auswirkungen auf die psychosoziale Gesundheit der Betroffenen hat, sondern auch zu spezifischen affektiven Reaktionen führen und zur Entwicklung von unangepassten Schemata beitragen kann. Die Betroffenen von Ex- Beziehungsstalking berichteten über ausgeprägte affektive Reaktionen, am häufigsten Angst, Scham und Verlustempfinden. Assoziierte fehlangepasste Schemata beinhalteten vermindertes Vertrauen in Andere, Entfremdung und Isolation und vermehrte Schuldgefühle. Die Werte der Betroffenen von Ex- Beziehungsstalking waren wesentlich höher als die der Kontrollgruppe, welche zum Teil aus Opfern (sexueller) Gewalt bestand.

Unser zweites Ziel war es, Beziehungen zwischen der PTS als Folge von Ex- Beziehungsstalking und Merkmale der Stressoren (d.h. das komplexe Stalkinggeschehen) und personenbezogenen psychischen Variablen zu untersuchen. In Übereinstimmung mit der allgemeinen Traumaliteratur können die PTS- Symptome als Folge von Ex- Beziehungsstalking am besten durch eine Kombination von (a) stressorbezogenen Variablen und (b) personenbezogenen psychischen Variablen erklärt werden. Diese beiden Cluster konnten 30% der Varianz der PTS (gemessen mit IES) aufklären. Um den relativen Beitrag dieser Cluster zu bestimmen, wurde mit den gleichen Daten eine explorative, hierarchische Regressionsanalyse durchgeführt. Es ergab sich, dass 22% der IES- Varianz durch Variation der Stalkingintensität und weitere 8% durch bestimmte personenbezogene psychische Variablen aufgeklärt werden konnte.

Die Charakteristika der Stalkingintensität wie Dauer, Bandbreite der nichtgewaltsamen Kommunikation bzw. Verfolgung sowie Gewalterfahrungen korrelierten signifikant mit nachfolgender PTS. Wiederholtes Auftreten von Gewalt war der beste Prädiktor für PTS- Symptome und scheint daher eine große Rolle bei der Verursachung von psychosozialen Fehlanpassungen zu spielen.

Bei den personenbezogenen psychischen Variablen gab es eine Beziehung zwischen passivem Coping- Verhalten und unangemessener psychischer Anpassung nach Ex- Beziehungsstalking (d.h. hohe PTS-Werte). Klinisch könnten diese Ergebnisse bedeuten, dass die Personen, deren Coping-Strategien durch Rückzug, Vermeidung bzw. Grübeln gekennzeichnet ist, ein erhöhtes Risiko für die Ausbildung einer PTS haben. Ein aktiver, problemorientierter Umgang mit der Situation, z.B. durch Suchen von Unterstützung bei Selbsthilfegruppen, der Polizei oder Justiz, kann Betroffenen helfen die Kontrolle über ihr Leben zu bewahren. Es gab keinen Zusammenhang zwischen der Zufriedenheit mit sozialer Unterstützung und PTS. Es konnte aber eine beachtliche negative Korrelation zwischen der Dauer des Stalking und der Zufriedenheit mit sozialer Unterstützung festgestellt werden. Dies unterstreicht die klinische Erfahrung, dass es für Betroffene von andauerndem Stalking schwierig ist, Unterstützung und Verständnis von ihrem sozialen Umfeld zu erhalten. Die Ergebnisse zu den Big- Five- Persönlichkeitstraits sind uneindeutig. Nur Offenheit für Erfahrung korrelierte signifikant mit PTS nach Ex-Beziehungsstalking, was jedoch schwierig zu erklären ist (Kamphuis et al., 2002).

Wie können diese Ergebnisse die klinische Versorgung der Betroffenen unterstützen? Therapeuten sollten zunächst dafür sensibilisiert werden, dass sich bei Personen, die andauernde Verfolgung oder Stalking erfahren mussten, PTS- Symptome herausbilden können. Betroffene von Ex-Beziehungsstalking, die lange Zeit mit verschiedenen Stalking- Verhaltensweisen (gewaltsam und nicht gewaltsam) konfrontiert werden, sind sehr anfällig für PTS, insbesondere wenn sie einen passiv- vermeidenden Coping- Stil aufweisen. Obwohl wir klinische Gespräche im direkten Anschluss an einen schweren Stalking- Vorfall nicht befürworten (van Emmerik, Kamphuis, Hulsbosch & Emmelkamp, 2002), könnte es förderlich sein, bei einem bestimmten Typ Betroffener angemessene PTS-Therapien (Aufdeckung und kognitive Techniken) einzusetzen. Weiterhin erschwert die notwendige klinische Differenzierung zwischen beendetem und noch andauerndem Stalking die Entwicklung von effektiven Therapiestrategien. Das Verarbeiten von traumatischen Erlebnissen währenddessen neue negative Erfahrungen miteinfließen (z.B. bei andauerndem Stalking), kann ungünstige Effekte haben. Den Betroffenen würde die Vermittlung erhöhter Selbstwirksamkeit, welche Interventionen fördert, in solchen Fällen eher helfen.

Literatur

Astin, M. C., Lawrence, K. J., & Foy, D. W. (1993). Posttraumatic stress disorder among battered women: risk and resiliency factors. *Violence and victims, 8*, 17-28.

Brewin, C.R., Andrews, B., Valentine, J.D. (2000). Meta-analysis of risk factors for posttraumatic stress disorder in trauma-exposed adults. *Journal of Consulting and Clinical Psychology, 68*, 748-766.

Brom, D., & Kleber, R. J. (1985). De Schok Verwerkings Lijst. *Nederlands Tijdschrift voor de Psychologie, 40*, 164-168.

Brom D, Kleber R. J., Hofman M. C. (1993). Victims of traffic accidents: incidence and prevention of post- traumatic stress disorder. Journal of Clinical Psychology 49,131-140.

Chung M.C., Easthope Y., Chung C., Clark-Carter D. (1999) The relationship between trauma and personality in victims of the Boeing 737-2D6C crash in Coventry. *Journal of Clinical Psychology 55*, 617-629.

Dansky, B. S., Roth, S., & Kronenberger, W. G. (1990). The Trauma Constellation Identification Scale: A measure of the psychological impact of a stressful life event. *Journal of Traumatic Stress, 3*, 557-572.

Emmerik, van A.A.P., Kamphuis, J.H., Hulschbos, A, Emmelkamp, P.M.G. (2002). Single session debriefing after psychological trauma: a meta-analysis. *Lancet, 360*, 766-771.

Fritz, J.P. (1995) A proposal for mental health provisions in state anti-stalking laws. *The Journal of Psychiatry & Law, 23*, 295-318.

Goldberg D. P., Gater R., Sartorius N., Ustun T. B. , Piccinelli M., Gureje O., Rutter C (1997). The validity of two versions of the GHQ in the WHO study of mental illness in general health care. *Psychological Medicine 27*, 191-197.

Hall, D. M. (1998). The victims of stalking. In J. R. Meloy (Ed.), *The psychology of stalking: clinical and forensic perspectives* (pp. 113-137). San Diego: Academic Press.

Harmon, R., Rosner, R. & Owens, H. (1995). Obsessional harassment and erotomania in a criminal court population. *Journal of Forensic Sciences, 40*, 188-196.

Hoekstra, H.A., Ormel, J., F. de Fruyt (1996). *NEO Persoonlijkheids vragenlijsten: Handleiding*. Lisse: Swets & Zeitlinger.

Horowitz, M., Wilner, N., & Alvarez, W. (1979). Impact of Event Scale: a measure of subjective stress. *Psychosomatic Medicine, 41*, 209-218.

Kamphuis, J. H., & Emmelkamp, P. M. G. (1998). Crime-related trauma: psychological distress in victims of bankrobbery. *Journal of Anxiety Disorders, 12*, 199-208.

Kamphuis, J. H., & Emmelkamp, P. M. G. (2000). Stalking--a contemporary challenge for forensic and clinical psychiatry. *British Journal of Psychiatry, 176*, 206-209.

Kamphuis, J. H., & Emmelkamp, P. M. G. (2001). Traumatic distress among support-seeking female victims of stalking. *American Journal of Psychiatry, 158*, 795-798.

Kamphuis, J. H., Emmelkamp, P. M. G., & Bartak, A. (2003). Individual Differences in Post Traumatic Stress Following Post-Intimate Stalking: Stalking Severity and Psychosocial Variables. *British Journal of Clinical Psychology, 42*, 145-156.

Kilpatrick, D. G., Saunders, B. E., Amick-McMullan, A., Best, C. L., Veronen, L. J., & Resnick, H. S. (1989). Victim and crime factors associated with the development of crime-related Post-Traumatic Stress Disorder. *Behavior Therapy, 20*, 199-214.

Meloy, J. R. (1998). *The psychology of stalking : clinical and forensic perspectives.* San Diego: Academic Press.

Meloy, J. R., & Gothard, S. (1995). Demographic and clinical comparison of obsessional followers and offenders with mental disorders. *American Journal of Psychiatry, 152*, 258-263.

Pathé, M., & Mullen, P. E. (1997). The impact of stalkers on their victims. *British Journal of Psychiatry, 170*, 12-17.

Romans, J.S.C., Hays, M. J.R., White, T.K. (1996). Stalking and related behaviors experienced by counseling center staff members from current or former clients. Professional Psychology: *Research and practice, 27(6)*, 595-599.

Schreurs, P. J. G., van de Willige, G., Tellegen, B., & Brosschot, J. F. (1988). *De Utrechtse Coping Lijst.* Amsterdam: Swets & Zeitlinger.

Timmerman, I. G. H., Emanuels-Zuurveen, L., & Emmelkamp, P. M. G. (2000). The Social Support inventory (SSI): A brief scale to assess perceived adequacy of social support. *Clinical Psychology and Psychotherapy, 7*, 401-410.

Tjaden, P. G., Thoennes, N., National Institute of Justice (U.S.), & Centers for Disease Control and Prevention (U.S.). (1998). *Stalking in America : Findings from the National Violence Against Women Survey.* [Washington, DC]: The Institute.

Westrup, D., Fremouw, W. J., Thompson, R. N., & Lewis, S. F. (1999). The psychological impact of stalking on female undergraduates. *Journal of Forensic Science, 44*, 554-557.

Stalkertypologien und Interventionsstrategien

Lorraine Sheridan und Eric Blaauw

1. Einleitung

Viele Staaten haben Stalking als Straftatbestand erst kürzlich in ihre Gesetzgebung aufgenommen oder sind aktuell dabei, Anti- Stalking-Gesetze zu entwickeln. Folglich sieht sich die Justiz vermehrt mit Stalkingbetroffenen konfrontiert. Manche dieser Opfer behaupten möglicherweise fälschlicherweise von Stalking betroffen zu sein (Sheridan & Blaauw, 2004) oder berichten weniger stark beeinträchtigenden Verhaltensweisen ausgesetzt zu sein. Einige Opfer schildern jedoch auch ernsthaft störende und belästigende Verhaltensweisen erlebt zu haben, die in lebensbedrohlichen Angriffen gipfeln können. Polizei und Justiz stehen vor der schwierigen Aufgabe, die Fälle, die aufgrund der vorhandenen Gesetzeslage strafrechtlich verfolgt werden können, zu erkennen. Oftmals müssen sie auch den Betroffenen helfen, zu lernen mit der Situation umzugehen, entweder, indem sie auf entsprechende Opfer-Hilfsorganisationen verweisen oder indem sie die Betroffenen in ihren Bemühungen das Stalking zu beenden, unterstützen.

Stalkingbetroffene sind selten nur einer belästigenden Verhaltensweise ausgesetzt. Eine Untersuchung an holländischen Opfern konnte zeigen, dass diese durchschnittlich sechs verschiedene Stalkingverhaltensweisen erlebten (Blaauw et al., 2002). In einer großen britischen Studie berichteten fast 50% der Betroffenen, zwei bis fünf unterschiedliche Stalkingverhaltensweisen erlebt zu haben (Budd & Mattinson, 2000). Die Mehrheit der Opfer werden verfolgt, sie erhalten wiederholt Anrufe bzw. schriftliche Nachrichten, sie erleben unerwünschte Annäherungen, werden zu Hause überwacht oder ihr persönliches Eigentum wird zerstört (Sheridan, Blaauw, Davies & Winkel, 2002). Allgemein herrscht in der Öffentlichkeit offenbar darüber Einigkeit, dass Stalking durch das Verfolgen eines Zielobjekts, wiederholte Telefonanrufe bzw. schriftliche Kontaktversuche sowie verschiedene Annäherungsverhalten charakterisiert ist (Sheridan, Gillett & Davies, 2000; Sheridan, Davies & Boon, 2001b). Diese Ergebnisse deuten darauf hin, dass die Identifizierung derjenigen Verhaltensweisen, die unter

Stalking fallen, gewöhnlich nicht sonderlich problematisch ist. Das oberste Ziel bei der Arbeit mit Betroffenen, nämlich das Stalking zu beenden, ist oftmals hingegen nur schwer zu erreichen, da die Dauer des Stalking Monate bis Jahre betragen kann (Sheridan, Blaauw & Winkel, 2002) und weil sich manche Stalker als immun gegenüber Interventionsversuchen zeigen (Mullen, Pathé & Purcell, 2000).

Es gibt Grund zu der Annahme, dass manche Stalker gefährlicher sind als andere und dass bestimmte Stalkertypen eher auf polizeiliche Interventionen oder andere Sanktionen ansprechen. Der vorliegende Beitrag berichtet über eine Stalkertypologie, die Informationen über die Gefährlichkeit der Stalker liefert und Implikationen für das Fallmanagement sowie für geeignete Interventionsstrategien anbietet. Die Typologie, die von Boon und Sheridan (Boon & Sheridan, 2001; Sheridan & Boon, 2002) entwickelt wurde, basiert auf einer Stichprobe von 124 Stalkingfällen sowie auf der umfangreichen praktischen Erfahrung dieser beiden Autoren. Die 124 detailliert dokumentierten Fallberichte wurden hinsichtlich verschiedener Aspekte ausgewertet wie den demografischen Daten der Stalker und der Betroffenen, den Einzelheiten des Stalking (Beginn, qualitative Veränderungen und Konstanz über die Zeit hinweg), evtl. die Beendigung des Stalking, Faktoren, die den Fall verschlechterten bzw. verbesserten, Emotionen des Opfers und deren Veränderung im Verlauf des Stalkingfalls, die Reaktionen von wichtigen Personen im Umfeld der Betroffenen und die Reaktionen sowie das Handeln von Behörden und Helfen, die miteinbezogen wurden. Es ergaben sich vier unterschiedliche Stalkertypen (zur Methode der Konstruktion der Typologie siehe auch Boon & Sheridan, 2001; Sheridan & Boon, 2002). Diese Kategorien werden im Folgenden umfassend dargestellt. Es werden jeweils die Charakteristika des Stalkertypus und Implikationen für das Fallmanagement diskutiert.

2. Typ 1: Exbeziehungsstalking („Ex-Partner-Stalking")

Der Fachliteratur zum Thema Stalking ist eindeutig zu entnehmen, dass der größte Anteil der Stalker Expartner sind und dass diese mit der größten Wahrscheinlichkeit gewalttätig werden. Eine Metaanalyse der Stalkingliteratur durch Spitzberg (2002) zeigte etwa, dass es sich bei 49 % der Stalker aus 32 ausgewerteten Studien um frühere Partner handelt. Des Weiteren scheinen Expartner häufiger gewalttätig zu sein als dem Opfer unbekannte Stalker oder solche Stalker, die das Opfer zwar kennt, ohne dass jedoch eine intime Vorbeziehung bestand (Farnham, James & Cantrell, 2000; Harmon, Rosner & Owens, 1998; Kienlen et al., 1997; Meloy, 1997; Mullen, Pathé, Purcell & Stuart, 1999; Palarea, Zona, Lane &

Langhinrichsen-Rohling, 1999; Pathé & Mullen, 1997; Schwartz-Watts & Morgan, 1998; Sheridan & Davies, 2001; Zona, Sharma & Lane, 1993). In Übereinstimmung mit diesen Ergebnissen stellen auch in Boon und Sheridans Typologie Exbeziehungsstalker mit 50 % der Gesamtstichprobe die größte Untergruppe dar.

Stalkingcharakteristika

Sämtliche von Boon und Sheridan (2001) als Expartner identifizierten Stalker waren männlich. Weibliche Stalker, die ihre männlichen Expartner verfolgen und belästigen, wurden jedoch in anderen Stichproben erwähnt (z.b. Mullen, Pathé & Purcell, 2000) und auch über homosexuelle Expartnerstalker beiderlei Geschlechts wurde berichtet (Tjaden & Thoennes, 1998; Sheridan, 2001). In der Stichprobe von Boon und Sheridan (2001) waren deutliche Schwankungen beim Alter der Stalker zu verzeichnen. Obwohl das Exbeziehungsstalking insgesamt das höchste Gewaltrisiko birgt sind nicht zwangsläufig alle Stalker dieses Typs gefährlich.

Eines der primären Merkmale beim Expartnerstalking liegt darin, dass das Motiv in der früheren Beziehungsgeschichte mit dem Opfer verankert ist. Typischerweise kam es in der Beziehung zu häuslicher Gewalt, die nun, wo der Täter die Kontrolle über sein Opfer verloren hat, vermehrt in öffentlicher und verbaler Gewalt Ausdruck findet. Daher beziehen sich die Motive und Verhaltensweisen dieses Stalkertyps eher auf die Vergangenheit. Empirische Studien konnten zeigen, dass häusliche Gewalt nicht unbedingt mit der Beendigung der Beziehung aufhört, sondern in Form von Stalking weiter bestehen kann (Baldry, 2002; Blackburn, 2000; Brewster 2000, 2002; Burgess et al. 1997, 2001; Coleman, 1997; Coulter, Kühenle, Byers und Alfonso, 1999; Douglas und Dutton, 2001; Frieze, 2000; Kurt, 1995; Logan, Leukefeld & Walker, 2002; McFarlane, Campbell und Watson, 2002; Mechanic, Weaver & Resick, 2000; Scocas, O'Connell, Huenke et al., 1997; Tjaden & Thoennes, 2000; Walker & Meloy, 1998). Der Exbeziehungsstalker wird von Gefühlen der Verbitterung und des Hasses geleitet, die aus dem Kontrollverlust über das Opfer resultieren. Diese Gefühle speisen sich oftmals aus Auseinandersetzungen um das Sorgerecht für die Kinder oder um Eigentum und Finanzen, da durch Erfolge des Opfers in diesen Feldern sowohl die Kontrollmöglichkeiten des Stalkers vermindert werden als auch die Unabhängigkeit des Opfers zunimmt. Der Exbeziehungsstalker agiert hitzköpfig und feindselig. Diese Merkmale unterscheiden sich deutlich von denen des sadistischen Stalkers, der noch ausführlich beschrieben wird. Der sadistische Stalker, der zwar ebenfalls ein Gewaltrisiko für das Opfer darstellt, handelt abgebrüht und kalkuliert und orientiert sich an der Gegenwart, auch wenn er zugleich anstrebt die Zukunft seines Opfers zu kontrollieren.

Die Verhaltensweisen des Exbeziehungsstalkers beinhalten zumeist offene Drohungen, die oft mit Beschuldigungen des Opfers einhergehen und die sich auf aktuelle Streitpunkte beziehen. Beispielsweise droht der Stalker Gewalt an, wenn der Expartner ihm nicht die volle finanzielle Kontrolle über das eheliche Heim, das Auto und das Bankkonto überschreibt. Seine Handlungen sind häufig durch ein hohes Maß an physischer Gewalt, verbalen Drohungen und Beschädigung von Eigentum gekennzeichnet. Dieser Stalkertypus bindet regelmäßig Freunde und Familienmitglieder ein, um eine Hasskampagne gegen das Opfer zu initiieren. Häusliche Gewalt stellt oftmals ein verborgenes Verbrechen dar, von dem ausschließlich die Angehörigen im Haushalt wissen (Bradley, Smith, Long & O'Dowd, 2002; Mooney, 1993). Somit kann der Stalker Freunde und Verwandte überzeugen, dass seine Frau ihn plötzlich und ohne ersichtlichen Grund verlassen hat. Ist der Grund für die Trennung nach außen hin bekannt, kommt es oftmals zu Lagerbildungen auf beiden Seiten. Sowohl verbale als auch körperliche Belästigungen von dritten Personen sind ebenfalls häufig. So werden z.B. Familienmitglieder oder Freunde des Opfers belästigt und eingeschüchtert, manchmal in Zusammenhang mit der Intention des Stalkers, das Opfer ausfindig zu machen. Sollte das Opfer eine neue Partnerschaft eingehen oder nur eine Freundschaft mit einer Person, die dem Stalker unbekannt ist, aufbauen, sind eifersüchtige Racheaktionen oder aggressive Handlungen wahrscheinlich. Dabei erscheinen die Auslöser für die Aktionen des Stalkers häufig spontan und unvermittelt. Beispielsweise können verbale, physische oder sexuelle Belästigungen nach einer zufälligen Begegnung an einem öffentlichen Ort erfolgen.

Implikationen für das Fallmanagement

Hilfreich für die Polizei und Justiz beim Umgang mit Exbeziehungsstalkern ist der Umstand, dass die Aktivitäten des Stalkers häufig von Wut getrieben und impulsiv sind. Deswegen ist es ihm oftmals gleichgültig, ob die Polizei von seinen Aktivitäten erfährt. Nicht zuletzt deshalb gestaltet sich die Beweisführung einfacher und der Stalker ist etwa oftmals noch am Ort des Geschehens anzutreffen, wenn die Polizei nach einem Notruf gerufen wurde. Nachteilig stellt sich hingegen dar, dass bei der Gruppe der Exbeziehungsstalker das höchste Risiko für Gewalttätigkeit und Sachbeschädigung besteht. Oftmals wird Eigentum der Betroffenen dann attackiert, wenn es ihr gerichtlich zugesprochen wurde, obgleich der Stalker ebenfalls darum gekämpft hatte. Besitztümer eines neuen Partners oder von anderen nahe stehenden Personen sind ebenfalls gefährdet, insbesondere dann, wenn das Opfer bei ihnen wohnt. Obwohl Wut und Gewalt der Exbeziehungsstalker oftmals von impulsiver Natur sind, zeigen die Ergebnisse von Boon und Sheridan (2001), dass jede spezifische Drohung seitens des Stalkers ernst genommen werden muss. So drohte in einem Fall der Stalker, dass er das Auto seiner Exfrau „abfackeln" würde, wenn er sie mit einem anderen Mann sehen sollte. Drei Wochen später entdeckte er seine Exfrau in einer Bar, die sie mit einem Freund besuchte. Der Stalker verließ das Gebäude, kaufte Benzin, schüttete dies über ein Auto, das um die Ecke der Bar parkte und zündete es an, weil er irrtümlicherweise dachte, der Wagen gehöre seiner Expartnerin.

Opfer von Exbeziehungsstalkern sollten jegliche unnötige Auseinandersetzung, egal ob finanzieller, rechtlicher, physischer oder verbaler Art, auf ein absolutes Minimum reduzieren. Wenn möglich, sollte das Opfer es vermeiden, die gleichen Orte wie der Täter aufzusuchen. Es ist für die Betroffenen natürlich sehr schwierig, diesem Rat zu folgen. Da die Beziehung möglicherweise über Jahre bestand, hat das Opfer sowohl finanziell als auch emotional viel in die Beziehung investiert. Ebenfalls ist es nicht einfach, beständige verbale Aggressionen zu ignorieren oder auch das Telefon nicht abzuheben, wenn es beispielsweise dreißig mal am Tag klingelt. Wenn das Opfer aber den Hörer nach vielfachem Klingeln abhebt, verstärkt dies den Glauben des Stalkers, dass er nur oft genug anrufen muss, um mit dem Opfer sprechen zu können. In extremen Fällen sollte Opfern von Exbeziehungsstalkern geraten werden, einen Umzug zu erwägen. Aufgrund der impulsiven und reaktiven Handlungsweise diesen Typs von Stalker ist dabei räumliche Distanz wichtiger als die Geheimhaltung des neuen Wohnorts. Es muss zudem berücksichtigt werden, dass viele der Opfer gemeinsame Kinder mit dem Stalker haben, was die Situation verkompliziert. Beispielsweise zeigte eine Forschungsarbeit von Hester et al. (1994), dass Sorgerechtsauseinandersetzungen bei Opfern häuslicher Gewalt und bei ihren Kindern oftmals zu einer weiteren emotionalen und physischen Viktimisierung führt.

3. Typ 2: Belästigungen und Stalking aufgrund von Verliebtheit („Infatuation Harassment")

Seitdem im Jahr 1990 das erste Anti-Stalking-Gesetz in Kraft trat, haben unterschiedliche begriffliche Definitionen die Erforschung des Phänomens erschwert. Das größte Problem liegt wohl darin, dass der Ausdruck „Stalking" auf fast alle Verhaltensweisen angewendet werden kann, so lange diese andauernder und belästigender Natur sind. Ein Hauptgrund der Schwierigkeiten besteht darin, dass sich der Begriff „Stalking" nicht auf einzelne Handlungen bezieht, die einfach zu definieren sind, sondern vielmehr eine Mehrzahl von Aktivitäten umfasst. So können Stalker etwa durch Handlungen ihre Opfer bedrängen, die gemäß der US-amerikanischen Anti- Stalking- Gesetzgebung illegal sind, wie beispielsweise obszöne Telefonanrufe oder körperliche Angriffe. Trotzdem bedrohen Stalker ihre Opfer häufig nicht explizit, sondern wählen Verhaltensweisen aus, die harmlos erscheinen und vom gesetzlichen Standpunkt aus legal sind. Beispiele hierfür sind etwa jemanden im Supermarkt zu verfolgen oder häufiger am Haus eines anderen vorbeizufahren. Das macht es schwierig Stalker eindeutig von denjenigen Personen zu unterscheiden, die lediglich anstreben eine Beziehung aufzubauen. Bei der hier vorgestellten Stalkerkategorie ist die Differenzierung gegenüber solchen Menschen, die versuchen eine Beziehung einzugehen, indem sie sich freundlich nähern, besonders schwierig. Obwohl die Stichprobe, auf der die Typologie von Boon und Sheridan (2001) basiert, eher schwerere Stalkingfälle repräsentiert, ist diese Subkategorie die am wenigsten gefährliche und beinhaltet 18,5 % der Gesamtfälle. Die Mehrheit der „vernarrten" Belästiger war männlich, doch immerhin waren 13% Frauen – der höchste weibliche Anteil bei den vier Kategorien der Typologie. In der Stalkingliteratur wird übereinstimmend berichtet, dass die meisten Stalker männlich sind und die meisten Betroffenen weiblich (Spitzberg, 2002). Dabei wurde von manchen Autoren auch auf die Möglichkeit hingewiesen, dass Männer sich auch deshalb seltener als Stalkingopfer sehen, weil sie sich von Stalkingverhaltensweisen weniger belästigt und bedroht fühlen (Emerson, Ferris & Brooks Gardner, 1998; Hall, 1998; White, Kowalski, Lyndon & Valentine, 2002). Bei der Altersverteilung der von Boon und Sheridan (2001) untersuchten Stalker aus Verliebtheit zeigten zwei Schwerpunkte, und zwar einmal im Teenager- und einmal im mittleren Erwachsenenalter.

Stalkingcharakteristika

Das Ziel der Aufmerksamkeit eines Belästigers aus dieser Gruppe kann eher als Liebesobjekt denn als wirkliches Opfer bezeichnet werden. Dieser Verfolger hat im Gegensatz zu den anderen drei Stalkingtypen nicht das Ziel, der Zielperson zu schaden. Seine Motivlage und sein Verhalten sind eher mit Verliebtheit im Sinne einer Teenagerschwärmerei als mit psychischer Störung, Rachegedanken oder mit dem sadistischen Wunsch nach Kontrolle zu erklären. Dieser Typus ist im Gegensatz zum Exbeziehungsstalker zukunftsorientiert und hegt die Hoffnung, dass es zwischen ihm und dem Zielobjekt zu einer beidseitig erwünschten romantischen Beziehung kommt. In seinen Gedanken ist die „Geliebte" allgegenwärtig. Dies geht soweit, dass selbst zufällige Ereignisse als im Zusammenhang mit der geliebten Person stehend interpretiert werden. Wenn ein solcher Stalker z.B. eine Werbung für ein Urlaubsziel sieht, fantasiert er darüber, wie er eine exotische Reise mit dem Objekt seiner Zuneigung unternimmt. Der Fokus der Fantasie ist positiv und romantisch geprägt, Ideen von Kontrolle oder Rache treten nicht auf. Während der Exbeziehungsstalker von Wut angetrieben ist, motivieren diesen Typus intensive Gefühle der Sehnsucht, weshalb von ihm nur eine geringe Gefahr ausgeht. Der „vernarrte" Belästiger wurde dennoch aufgrund seines von der Norm abweichenden Verhaltens, dass als Stalking klassifiziert werden kann, in diese Typologie aufgenommen.

Es ist wichtig darauf hinzuweisen, dass in frühen Stadien von Stalking und Belästigung eindeutige Unterschiede zwischen dem verliebten Belästiger und anderen, gefährlicheren Stalkertypen nicht immer deutlich erkennbar sind. Zumeist kennt die Zielperson den verliebten Belästiger nicht oder nur flüchtig. Sie ist somit häufig besorgt über das Geschehen, da sie zumeist nicht weiß, dass ihr Verfolger eigentlich nicht bedrohlich ist. Obgleich die verliebten Belästiger ihre Zielobjekte fast ausschließlich nicht mit böswilliger Absicht auswählen, erscheinen sie den Betroffenen dennoch nicht selten unvorhersehbar und damit möglicherweise gefährlich. Ihre typischen Verhaltensmuster beinhalten das Hinterlassen romantischer Nachrichten am Haus, an der Arbeitsstelle oder am Auto der Zielperson, wobei diese Botschaften in der Frühphase oftmals anonym sein können. Zudem verfolgen die verliebten Belästiger ihr Zielobjekt häufig regelrecht und tarnen etwa ein erstes Treffen als zufällige Begegnung. Eine weitere Taktik besteht darin, Freunde der verehrten Person kennen zu lernen und diese gezielt auszufragen. Obwohl diese Form der Belästigung nicht durch Drohungen, makabre Präsente und Übergriffe gekennzeichnet ist, können sich die Opfer leicht durch die Masse an Geschenken und Nachrichten oder durch die Regelmäßigkeit der physischen Präsenz des Belästigers eingeschüchtert fühlen.

Implikationen für das Fallmanagement

Wie bereits erwähnt sind die meisten „vernarrten" Belästiger Teenager oder befinden sich im mittleren Erwachsenenalter. Implikationen für das Fallmanagement müssen sich deshalb an diesen beiden unterschiedlichen Altersgruppen orientieren. Im Fall des jugendlichen, verliebten Belästigers wird empfohlen, eine eher kognitive Ebene anzusprechen. Da der Belästiger sich gewöhnlich nicht im Klaren darüber ist, was er bei seinem Objekt der Verehrung auslöst, ist es wichtig, ihm behutsam die negativen Auswirkungen seiner Handlungen nahe zu bringen. Obgleich dabei eine empathische Haltung angebracht erscheint, sollte ihm deutlich gemacht werden, dass sein Handeln bei einer Fortsetzung auch zu juristischen

Konsequenzen führen kann. Im Fall des Stalkers mittleren Alters führt ein Ansprechen der kognitiven Ebene auch häufig zu einer sofortigen Beendigung der Belästigungshandlungen. Jedoch kann die Verliebtheit bei dieser älteren Altersgruppe tiefer wurzeln, daher sollte gegebenenfalls die Notwendigkeit einer räumlichen Distanz zwischen Stalker und Opfer in Betracht gezogen werden. Ein Beispiel hierfür wäre eine berufliche Versetzung des Belästigers. Weiterhin sollte geprüft werden, ob der Stalker in einer festen Beziehung lebt, um beispielsweise als Interventionsmaßnahme eine Eheberatung anzustreben.

4. Typ 3: Wahnhaft fixiertes Stalking („Delusional Fixation Stalking")

Psychiatrische Störungen werden als wichtige Prädiktoren für Stalking angesehen. Prinzipiell zeigen auffällige Stalker offenbar eine Komorbidität bezüglich vielfältiger Störungen (z.B. Farnham, James und Cantrell, 2000; Kamphuis und Emmelkamp, 2000; Meloy, 1996; Mullen, Pathé und Purcell, 2000). Dabei handelt es sich hauptsächlich um wahnhafte Störungen (Abrams & Robinson, 1998; Anderson, 1993; Goldstein, 1987; Harmon, Rosner & Owens, 1995; Kienlen et al., 1997; Mullen, Pathé, Purcell & Stuart, 1999), besonders bei denjenigen, die Fremde oder flüchtige Bekannte stalken (z.B. Coleman, 2000; Meloy et al., 2000). Diese dritte Kategorie von Boon und Sheridan (2001) repräsentiert die wahnhaften Stalker, die 15,3 % der Gesamtstichprobe ausmachen. Die Kategorie wird weiter unterteilt in „gefährlich" und „weniger gefährlich", um Unterschiede in der Art des Wahns und der Motivlage abzubilden, die diese Stalker antreibt.

4.1 Gefährliche, wahnhafte Stalker

Stalkingcharakteristika

In den Fällen, wo der wahnhaft fixierte Stalker ein hohes Maß an Gefährlichkeit für das Opfer darstellt, ist er wahrscheinlich schon bei der Polizei oder Beratungsstellen aufgrund einer Biographie auffällig geworden, die durch schwere psychische Störungen und durch unangemessenes Sexualverhalten charakterisiert ist. Die wahrscheinlichste psychiatrische Diagnose für diesen Tätertyp beinhaltet schizophrene Störungen einhergehend mit einer Borderline- Persönlichkeitsstörung. Dieser Stalker verhält sich eher inkohärent, wenn er sich auf ein Opfer fixiert hat. Er ist eher gegenwartsorientiert, im Gegensatz zu den Fixierungen der beiden vorherigen Subgruppen, die vergangenheits- bzw. zukunftsorientiert sind. Bei den wahnhaft fixierten Verfolgern besteht ein hohes Risiko physischer und sexueller Übergriffe und es zeigten sich wahrscheinlich in der Vergangenheit bereits sexuelle Probleme oder Angriffe sowie Stalking. Es ist schwierig Verhaltensmuster dieses Subtyps vorherzusagen, da es an Kontinuität mangelt und der Stalker zu unregelmäßigen Zeitpunkten die unterschiedlichsten Plätze aufsucht. Es ist höchst unwahrscheinlich, dass der fast ausschließlich männliche Stalker diesen Typs einer Beschäftigung nachgeht, vielmehr lebt er zumeist am Rande der Gesellschaft.

Die am häufigsten auftretenden Verhaltensweisen dieses Stalkers sind beständige Telefonanrufe, zusammenhangslose schriftliche Mitteilungen sowie Besuche am Wohnort oder an der Arbeitsstelle des Opfers. Der Inhalt zugeschickter Nachrichten sowie die Kommunikation des Belästigers wirken unzusammenhängend, sexuell obszön und inhaltlich verwirrend. Wahnhaft fixierte Stalker neigen dazu, ihre „Zuneigung" in Form von sexuellen Absichten zu formulieren, was sich stark unterscheidet von der romantischen Einstellung des verliebten Belästigers. Es ist möglich, dass der wahnhaft fixierte Stalker an eine real existierende Beziehung mit dem Opfer glaubt, auch wenn es nie zu Gesprächen oder anderen Kontakten gekommen ist. Sowohl männliche als auch weibliche Personen, die zumeist über einen sozial privilegierten Status verfügen, können sein Ziel werden. Sowohl nationale als auch internationale Berühmtheiten werden häufig Opfer, jedoch auch nichtprominente, dafür aber lokal bekannte und sozial attraktive Persönlichkeiten, wie z.B. Anwälte, Universitätsdozenten und Ärzte. Dies deckt sich mit früheren Studien, bei denen festgestellt wurde, dass Patienten pathologische Fixierungen auf Ärzte und Psychologen entwickeln können (z.B. Lion & Herschler, 1998; Orion, 1997).

Implikationen für das Fallmanagement

Bei jedem Fall wahnhaft fixierten Stalking sollte aufgrund seiner psychiatrischen Störung von Anfang an berücksichtigt werden, dass der Täter auf rationale Argumente oder auf Zurückweisungen jeglicher Form nicht anspricht. Es ist vorteilhaft, wenn der Täter einem forensischen Psychiater zur Begutachtung vorgeführt werden kann, auch wenn dies in der Vergangenheit wahrscheinlich bereits einmal geschehen war. Eine Hospitalisierung des Stalkers aufgrund seiner psychiatrischen Diagnose erscheint als die am vielversprechendste Option im Fallmanagement.

4.2 Weniger gefährliche, wahnhafte Stalker

In der frühen Erforschung wurde Stalking mit verschiedenen psychischen Auffälligkeiten, hauptsächlich mit dem De Clerambault Syndrom und mit Erotomanie in Verbindung gebracht. Im Jahre 1927 beschrieb der französische Psychiater de Clerambault einen Zustand, den er als „psychose passionelle" bezeichnete. De Clerambault stellte fest, dass die primär weiblichen Patienten unter der wahnhaften Vorstellung litten, dass ein Mann, mit dem sie kaum oder gar keinen Kontakt hatten, ihnen intensive Gefühle der Liebe entgegenbringt. Die Zielperson ihrer Zuneigung verfügte zumeist über einen höheren sozioökonomischen Status und war oft sozial unerreichbar, wie etwa ein Fernsehstar oder ein Politiker. Bei der Erotomanie, einer wahnhaften Störung gemäß DSM-IV, wird davon ausgegangen, dass hauptsächlich Frauen von dieser Diagnose betroffen sind (Brüne, 2001; Fitzgerald & Seeman, 2002; Kennedy, McDonagh, Kelly & Berrios, 2002; Lloyd-Goldstein, 1998), obwohl auch Männer hieran erkranken können (Mullen et al, 2000).

Stalkingcharakteristika

Das primäre Charakteristikum dieser Untergruppe besteht in der wahnhaften Überzeugung des Stalkers, zwischen ihm und dem Opfer bestünde eine Beziehung. Der Stalker verhält sich so, als ob dieses Verhältnis auf Gegenseitigkeit beruht. Daher ist die Aufmerksamkeit des weniger gefährlichen wahnhaft fixierten Stalkers sowohl auf die Gegenwart als auch auf die Zukunft gerichtet. Der Stalker hatte im Vorfeld entweder keinen oder nur wenig Kontakt zum Opfer. Seine Verhaltensweisen sind nicht durch Drohungen charakterisiert, sondern eher durch den festen und unerschütterlichen Glauben, dass zwischen dem Stalker und dem Opfer eine tatsächliche Liebesbeziehung besteht. Bedingt durch das Ausmaß dieser wahnhaften Fixierung ist der Stalker unzugänglich für vernünftige Argumente seitens des Opfers. Dies bildet einen starken Gegensatz zum verliebten Belästiger, den man mit Appellen an die Vernunft prinzipiell erreichen kann und bei dem eine Verdeutlichung der realen Gegebenheiten zu einer Reduktion des problematischen Verhaltens führen kann.

Obgleich dieser Stalkertypus die Liebesbeziehung mit dem Opfer in seiner Fantasie aktiv konstruiert, realisiert er möglicherweise zugleich, dass diese Beziehung in der Realität nicht funktioniert. Die unterschwellige Wahrnehmung, dass die reale Beziehung nicht mit seiner Wahnvorstellung übereinstimmt, rationalisiert der Stalker möglicherweise dadurch, dass er Dritten hierfür die Schuld zuweist. Beispielsweise kann er glauben, der Ehemann des Opfers setze Dämonen in ihren Kopf, um eine Verbindung mit ihm zu verhindern. Wird eine dritte Person in dieser Weise verantwortlich gemacht, besteht für diese Gefahr.

Implikationen für das Fallmanagement

Opfer von weniger gefährlichen wahnhaft fixierten Stalkern sollten eher juristische als psychiatrische Unterstützung suchen. Des Weiteren sollte ihnen wie auch in anderen Stalkingfällen angeraten werden, so wenige Reaktionen wie möglich zu zeigen. Falls eine Reaktion jedoch unvermeidlich ist, sollte dies in Form einer eindeutigen Ablehnung ohne jede Äußerung von Wut geschehen. Das Opfer darf niemals versuchen, mit dem Stalker zu diskutieren und es sollte jede Begegnung so kurz wie möglich halten. Sowohl Betroffene als auch Justiz müssen berücksichtigen, dass der Stalker weder für vernünftige Argumente noch für eindeutige Absagen zugänglich ist.

5. Typ 4: Sadistisches Stalking ("Sadistic Stalking")

Bei der letzten Stalkerkategorie handelt es sich um Personen mit Persönlichkeitsstörungen. Justiz und Gesundheitssystem werden in der Regel aufgrund der großen Diskrepanz, die zwischen dem Verhalten des an einer Persönlichkeitsstörung leidenden Menschen und den vorherrschenden sozialen Normen besteht, auf diese Störung aufmerksam. Bei den sadistischen Stalkern tritt am häufigsten die Psychopathy-Persönlichkeitsstörung auf, die auch, zumindest in ähnlicher Form, als antisoziale, dissoziale oder soziopathische Persönlichkeit bezeichnet wird. Die Psychopathy-Persönlichkeitsstörung ist eine schwerwiegende chronische Störung, deren Symptome gewöhnlich erstmals in der Kindheit oder Adoleszenz auftreten. Sie ist durch zwischenmenschliche und affektive Abweichungen und Abnormalitäten im Verhalten charakterisiert. Psychopathen wirken im Umgang mit anderen Menschen wortgewandt, oberflächlich, arrogant, manipulativ und hinterlistig. Ihre Emotionalität ist flach, sie können weder Empathie noch Schuldgefühle oder Reue empfinden. Ihr Verhalten ist impulsiv, verantwortungslos, parasitär und sie neigen zu kriminellen Handlungen. Die Mehrheit der Stalker erfüllt diese Charakteristika nicht (Kropp, Hart, Lyon & LePard, 2002), dennoch kann ein geringer Prozentsatz der Stalker als psychopathisch bezeichnet werden.

In der Stichprobe von Boon und Sheridan wurden 12,9% der Stalker dem sadistischen Sub-Typus zugeordnet. Da die Kategorisierung aber auf Opferberichten basiert, ist davon auszugehen, dass überdurchschnittlich häufig schwerwiegende Stalkingfälle berichtet wurden. Daher liegt der reale Anteil von sadistischen Stalkern wahrscheinlich unterhalb der hier gefundenen 12,9 %. Da die vorliegende Kategorisierung der Strafverfolgung dienen soll, ist die Schwerpunktlegung auf *das* extremere Ende des Stalkingkontinuums dennoch angebracht, da dies das Profil der Fälle reflektiert, mit denen die Polizei am häufigsten zu tun hat. In der untersuchten Stichprobe waren alle sadistischen Stalker männlich und die Opfer weiblich, mit Ausnahme eines Falles, bei dem das Opfer ebenfalls ein Mann war.

Stalkingcharakteristika

Für den sadistischen Stalker stellt das Opfer ein Ziel dar, welches als Jagdobjekt betrachtet wird. Die Obsession des Stalkers nimmt dabei kontinuierlich zu, da er anstrebt immer mehr Kontrolle über das Opfer zu gewinnen. Das Opfer wird primär danach ausgewählt, ob es aus Sicht des Stalkers es „wert ist", vernichtet zu werden. Das bedeutet, ob es von dem Verfolger als fröhlich, zufrieden, ausgeglichen und „gut" wahrgenommen wird. Daher kann weder das Opfer noch sein Umfeld verstehen, warum gerade diese Person zum Ziel wurde. Gewöhnlich kennen sich Stalker und Opfer flüchtig, eventuell wohnen sie nah beieinander oder haben beruflich miteinander zu tun. Der sadistische Stalker zeigt sich anfänglich freundlich, somit können seine Aktivitäten nur schwerlich von denen des verliebten Belästigers unterschieden werden. Im Gegensatz zum verliebten Belästiger ist das Handeln des sadistischen Stalkers jedoch auf ein negatives Ziel ausgerichtet, es soll das Opfer beunruhigen, aus der Fassung bringen und es schließlich seiner Lebensenergie berauben.

Sadistische Stalker wählen eher subtile als offenkundig erkennbare Stalkingverhaltensweisen. Sie hinterlassen beispielsweise Hinweise darauf, persönliche Dinge des Opfers missbraucht zu haben, indem sie seine Unterwäsche durchwühlen, persönliche Briefe entwenden und Toiletten oder Aschenbecher benutzen. Das Opfer soll verunsichert werden, etwa dadurch, dass Nachrichten im Inneren seines verschlossenen Autos hinterlassen werden. Im Unterschied dazu platziert der verliebte Belästiger offensichtlich romantische Nachrichten, die am Äußeren des Fahrzeugs angebracht werden. Sadistische Stalker gehen geheim vor und ihre Identität kann für Monate oder sogar Jahre unerkannt bleiben. Dies ermöglicht es ihnen beispielsweise dem Opfer bei der Reparatur des *liegengebliebenden* Autos zu „helfen", welches sie zuvor selbst sabotiert hatten. Derartige Verhaltensweisen sollen ein Kontroll- und Machtempfinden befriedigen. Im weiteren Verlauf des Falles strebt es der sadistische Stalker zunehmend an, Kontrolle über alle Aspekte im Leben des Opfers (z.B. soziale, berufliche, finanzielle) zu gewinnen. Die Befriedigung des Stalkers liegt im

Verlangen danach, das Opfer zu schwächen und die eigene Allmacht zu stärken. Dies stellt den Kernaspekt von Sadismus dar. Bei den Versuchen, das Opfer zu isolieren und dabei Kontrolle zu gewinnen, werden häufig auch Familienmitglieder und Freunde des Opfers miteinbezogen. Der Stalker verbreitet nicht selten Gerüchte, um das Opfer und sein persönliches Umfeld gegeneinander aufzubringen. In seiner Kommunikation laufen Zuneigungsbekundungen und Drohungen ineinander mit dem Ziel das Opfer in Verwirrung zu versetzen und es zu destabilisieren. Die Drohungen des Stalkers können explizit sein (z.B. „Wir werden gemeinsam sterben") oder von subtiler Natur (z.b. die Übersendung vertrockneter Rosen). Falls sexuelle Inhalte auftreten dienen diese primär der Einschüchterung des Opfers, das gedemütigt, in Ekel versetzt und dessen Selbstwertgefühl unterlaufen werden soll.

Anders als der hitzige und impulsive Exebeziehungsstalker geht der sadistische Stalker mit emotionaler Kälte und Zielstrebigkeit vor. Die sadistischen Stalker des untersuchten Samples wiesen eine Vorgeschichte von Stalking- und Kontrollverhalten auf. Erste Vorfälle traten in der Regel vor dem vierzigsten Lebensjahr auf. Von sadistischen Stalkern geht gerade von einer psychologischen Ebene her eine große Gefahr aus, da sie das Opfer durch Angst, den Verlust der Privatsphäre und die Entfremdung vom sozialen Leben kontrollieren wollen. Auch physische Gewalt kann auftreten, insbesondere dann, wenn das Sicherheitsempfinden des Opfers erschüttert werden soll, beispielsweise durch das Durchtrennen von Bremskabeln am Auto. Nicht zuletzt zeigte sich in der Studie von Boon und Sheridan (2001), dass das Stalking, nachdem es scheinbar beendet war, häufig erneut begann.

Implikationen für das Fallmanagement

Jeder sadistische Stalkingfall muss sehr ernst genommen werden. Es sollte von Anfang an berücksichtigt werden, dass die Aktivitäten des Stalkers sehr schwer zu stoppen sind und dass ein Ansprechen von ihm keine Vorteile bringt. Tatsächlich verschlimmert ein Gespräch die Situation, da damit dem Stalker bestätigt wird, dass er das Opfer kontrolliert, was ja seine eigentliche Intention darstellt. Das polizeiliche Vorgehen gegenüber dem sadistischen Stalkers erweist sich als äußerst schwierig, da er sein Handeln sorgfältig plant, um das Risiko einer strafrechtlichen Verfolgung zu minimieren und gleichzeitig den Schaden für das Opfer zu maximieren. Dieser Stalkertypus hinterlässt auch am wenigsten polizeilich verwertbare Spuren – viele von ihnen sind informiert über forensische Spurensicherungsmethoden. Deshalb haben es die meisten Opfer schwer, dass ihnen Freunde, Familie, Polizei oder Justiz Glauben schenken. Zudem sind

Interventionsmaßnahmen gegenüber sadistischen Stalkern oftmals wirkungslos, da diese Stalker, indem sie diese Hürden überwinden, dem Opfer erneut demonstrieren können, wie machtlos es eigentlich ist. Jeglichen Beteuerungen oder Versprechungen des sadistischen Verfolgers sollte nicht geglaubt werden, aber sie sollten dokumentiert werden, um sie eventuell später in einem Strafverfahren verwenden zu können. Dem Opfer sollte ein so hohes Maß an Verständnis und Unterstützung wie möglich entgegengebracht werden, dennoch ist es wichtig unrealistische bzw. falsche Erwartungen oder Schutzgarantien über Schutz und Sicherheit zu vermeiden. Gegebenfalls sollten Betroffene über einen Umzug nachdenken. Anders als in Fällen von Exbeziehungsstalking ist hierbei weniger die geografische Entfernung entscheidend, sondern einen Ort zu finden und einen Umzug so zu organisieren, dass der Stalker das Opfer möglichst nicht finden kann. Die Justiz sollte berücksichtigen, dass Stalker aus dieser Kategorie häufiger als alle anderen Stalkertypen mit ihrer Belästigung und Verfolgung fortfahren, auch wenn sie inhaftiert sind, dies geschieht sowohl persönlich als auch indirekt über die Nutzung von Netzwerken.

6. Fazit

Es sollte deutlich gemacht werden, dass Stalker keine homogene Gruppe darstellen und dass verschiedene Stalkertypen über unterschiedliche Motivationen und Verhaltensweisen verfügen. Diese Schlussfolgerung liefert wichtige Implikationen für die Strafverfolgung und Interventionsmaßnahmen. Für die Strafverfolgung lassen sich mindestens vier Schlussfolgerungen ableiten: Erstens sollte der Polizei bewusst sein, dass es bestimmte Stalkertypen gibt, die ihre schädigenden Absichten besser verbergen (z.B. sadistische Stalker) als andere Stalkertypen (z.B. Expartnerstalker), was es wesentlich schwieriger macht, Beweise zu sammeln und den Stalker auf frischer Tat zu fassen. Zweitens bekennen sich bestimmte Stalkertypen eher zu ihrem Verhalten (z.B. Stalker aufgrund von Verliebtheit und wahnhafte Stalker) als solche aus anderen Kategorien (z.B. Exbeziehungsstalker und sadistische Stalker), was bei ihnen die Wahrscheinlichkeit eines Geständnisses erhöht und es erleichtert während einer Vernehmung zu Informationen zu erlangen. Drittens liefern einige Stalkertypen der Polizei eher plausibel erscheinende Erklärungen (z.B. Ex-Beziehungsstalker und sadistische Stalker) als andere (z.B. Stalker aus Verliebtheit und wahnhafte Stalker), was dazu führen kann, dass die Polizei glaubt, dass die Verhaltensweisen kein Stalking darstellen. Viertens dauert bei bestimmten Stalkertypen (z.B. bestimmte Exbeziehungsstalker, wahnhafte und sadistische Stalker) das belästigende und bedrohliche Verhalten nach einer polizeilichen Intervention eher noch an bzw. kann in seiner Intensität oder Häufigkeit sogar noch ansteigen als bei anderen Stalkertypen (z.B. bestimmte Ex- Beziehungsstalker und Stalker aus Verliebtheit).

Bei einigen Stalkertypen (z.b. wahnhafte Stalker) wäre als Interventionsansatz eine psychotherapeutische oder psychiatrische Maßnahme am effektivsten während bei anderen Subtypen polizeiliche Interventionen empfehlenswert sind (z.b. Stalker aus Verliebtheit und bestimmte Exbeziehungsstalker). Demzufolge sprechen bestimmte Stalkertypen eher auf rechtliche Maßnahmen an (z.b. bestimmte Exbeziehungsstalker und Stalker aus Verliebtheit) als andere. Des Weiteren können polizeiliche oder therapeutische Maßnahmen bei sadistischen Stalkern oder bestimmten Exbeziehungsstalkern sogar einen eskalierenden Effekt besitzen. In einigen Fällen ist physische Distanz zwischen Stalker und Opfer (z.b. bei Exbeziehungsstalkern), bei anderen ein Unsichtbarmachen des Opfers (z.b. bei sadistischen Stalkern) die einzige Lösung. Der Polizei muss immer bewusst sein, dass das Opfer aufgrund der schwerwiegenden Auswirkungen, die das Stalking auf das emotionale Wohlbefinden haben kann, eventuell psychologische Hilfe benötigt (z.b. siehe Blaauw et al., 2002; Pathé & Mullen, 1997). Die Polizei sollte also nicht nur das auffällige Verhalten berücksichtigen, welches zu einer Anzeige geführt hat, sondern auch die Charakteristika der unterschiedlichen Stalkertypen im Auge behalten sowie das physische und psychische Wohlergehen des Opfers.

Literatur

Abrams, K. M. & Robinson, Gail. E. (1998). Stalking part I: an overview of the problem. *Canadian Journal of Psychiatry, 43*, pp. 473-476.

Anderson, S.C. (1993). Anti-stalking laws: Will they curb the erotomanic's obsessive pursuit? *Law and Psychology Review, 17,* 171-191.

Baldry, A. (2002). From domestic violence to stalking: The infinite cycle of violence. In J.C.W. Boon & L. Sheridan (Eds.), *Stalking and psychosexual obsession: Psychological perspectives for prevention, policing and treatment* (pp. 83-104). Chichester: Wiley.

Blaauw, E., Winkel, F.W., Arensman, E., Sheridan, L., & Freeve, A. (2002). The toll of stalking: The relationship between features of stalking and psychopathology of victims. *Journal of Interpersonal Violence, 17,* 50-63.

Blackburn, E.J. (2000). Forever yours: Rates of stalking victimization, risk factors and traumatic responses among college women. *Dissertation Abstracts International, 60,* 5763.

Boon, J.C.W. & Sheridan, L. (2001). Stalker typologies: A law enforcement perspective. *Journal of Threat Assessment, 1*, 75-97.

Bradley, F., Smith, M., Long, J. & O'Dowd, T. (2002). Reported frequency of domestic violence: Cross sectional survey of women attending general practice. *British Medical Journal, 324*, 271.

Bruene, M. (2001). De Clerambault's syndrome (erotomania) in an evolutionary perspective. *Evolution and Human Behavior, 22*, 409-415.

Brewster, M.P. (1997). *An exploration of the experiences and needs of former intimate stalking victims: Final report submitted to the National Institute of Justice*. West Chester, PA: West Chester University.

Budd, T., & Mattinson, J. (2000). *Stalking: Findings from the 1998 British Crime Survey*. London: Home Office.

Burgess, A.W., Baker, T., Greening, D., Hartman, C.R., Burgess, A.G. & Douglas, J.E. (1997). Stalking behaviors within domestic violence. *Journal of family Violence, 12*, 389-403.

Burgess, A.W., Harner, H., Baker, T., Hartman, C.R. & Lole, C. (2001). Batterers stalking patterns. *Journal of Family Violence, 16*, 309-321.

Coleman, F.L. (1997). Stalking behavior and the cycle of domestic violence. *Journal of Interpersonal Violence, 12*, 420-432.

Coulter, M.L., Kuehnle, K., Byers, R. & Alfonso, M. (1999). Police-reporting behavior and victim-police interaction as described by women in a domestic violence shelter. *Journal of Interpersonal Violence, 14*, 1290-1298.

Douglas, K.S. & Dutton, D.G. (2001). Assessing the link between stalking and domestic violence. *Aggression and Violent Behavior, 6*, 519-546.

Emerson, R.M., Ferris, K.O., & Brooks Gardner, C.B. (1998). On being stalked. *Social Problems, 45*, 289-314.

Farnham, F.R., James, D.V., & Cantrell, P. (2000). Association between violence, psychosis, and relationship to victim in stalkers. *The Lancet, 355*, 199.

Fitzgerald, P. & Seeman, M. V. (2002). Erotomania in women. In J. Boon & L. Sheridan (Eds.). *Stalking and psychosexual obsession* (pp. 165-179). Chichester, Wiley.

Frieze, I.H. (2000). Violence in close relationships - development of a research area: Comment on Archer (2000). *Psychological Bulletin, 126*, 681-684.

Goldstein, R. (1987). More forensic romances: De Clerembault's syndrome in men. *The Bulletin of the American Academy of Psychiatry and the Law, 15*, 267.

Hall, D.M. (1998). The victims of stalking. In J.R. Meloy (Ed.), (1998). *The psychology of stalking: Clinical and forensic perspectives* (pp. 113-137). San Diego, CA: Academic Press.

Harmon, R.B., Rosner, R. & Owens, H. (1995). Obsessional harassment and erotomania in a criminal court population. *Journal of Forensic Sciences, 40*, 188-196.

Harmon, R.B., Rosner, R., & Owens, H. (1998). Sex and violence in a forensic population of obsessional harassers. *Psychology, Public Policy and Law, 4*, 236-249.

Hester, M., Humphries, J., Pearson, C., Qaiser, K., Radford, L. & Woodfield, K.S. (1994). Domestic violence and child contact. In A. Mullender & R. Morley (Eds.). *Children living with domestic violence: Putting men's abuse of women on the child care agenda.* (pp. 102-21). London: Whiting & Rirch.

Kamphuis, J.H., & Emmelkamp, P.M.G. (2000). Stalking: A contemporary challenge for forensic and clinical psychiatry. *British Journal of Psychiatry, 176*, 206-209.

Kennedy, N., McDonough, M., Kelly, B. & Berrios, G.E. (2002). Erotomania revisited: Clinical course and treatment. *Comprehensive Psychiatry, 43*, 1-6.

Kienlen, K.K., Birmingham, D.L., Solberg, K.B, O'Regan, J.T., & Meloy, J.R. (1997). A comparative study of psychotic and nonpsychotic stalking. *Journal of the American Academy of Psychiatry and the Law, 25*, 317-34.

Kropp, P.R., Hart, S.D., Lyon, D.R., & LePard, D.A. (2002). Managing stalkers: Coordinating treatment and supervision. In J.C.W. Boon & L. Sheridan (Eds.), *Stalking and psychosexual obsession: Psychological perspectives for prevention, policing and treatment* (pp. 141-163). Chichester: Wiley.

Kurt, L.J. (1995). Stalking as a variant of domestic violence. *Bulletin of the American Academy of Psychiatry and the Law, 23*, 219-230.

Lion, J.R. & Herschler, J.A. (1998). The stalking of clinicians by their patients. In J.R. Meloy (Ed) (1998). *The psychology of stalking: Clinical and forensic perspectives.* San Diego, CA, USA: Academic Press, Inc.

Lloyd-Goldstein, R. (1998). De Clerambault on-line: A survey of erotomania and stalking from Old World to the World Wide Web. In J. Reid Meloy (Ed). *The psychology of stalking: Clinical and forensic perspectives.* (pp. 193-212).

Logan, T.K., Leukefeld, C., & Walker, B. (2002). Stalking as a variant of intimate violence: Implications from a young adult sample. In K. E. Davis, I. H. Frieze, et al. (Eds.). *Stalking: Perspectives on victims and perpetrators.* (pp. 265-291). Springer, New York.

McFarlane, J., Campbell, J.C. & Watson, K. (2002). Intimate partner stalking and femicide: Urgent implications for women's safety. *Behavioral Sciences and the Law, 20*, 51-68.

Mechanic, M.B., Weaver, T.L. & Resick, P.A. (2002). Intimate partner violence and stalking behavior: Exploration of patterns and correlates in a sample of acutely battered women. In K. E. Davis, I. H. Frieze, et al. (Eds.). *Stalking: Perspectives on victims and perpetrators.* (pp. 62-88). Springer, New York.
Meloy, J.R., Rivers, L., Siegel, L., Gothard. S., Naimark, D. & Nicolini, J.R. (2000). A replication study of obsessional followers and offenders with mental disorders. *Journal Of Forensic Sciences, 45,* 147-152.
Meloy, J.R. (1997). A clinical investigation of the obsessional follower: "she loves me, she loves me not....". In L. Schlesinger (Ed.), *Explorations in criminal psychopathology,* (pp. 9-32). Springfield, IL: Charles C. Thomas.
Mooney, J. (1993). *The hidden figure: domestic violence in north London - the findings of a survey conducted on domestic violence in the north London Borough of Islington.* London: London Centre for Criminology, Middlesex University.
Mullen, P.E., Pathé, M., & Purcell, R. (2000). *Stalkers and their victims.* Cambridge: Cambridge University Press.
Mullen, P.E., Pathé, M., Purcell, R., & Stuart, G.W. (1999). Study of stalkers. *The American Journal of Psychiatry, 156,* 1244-1249.
Orion, D. (1997). *I know you really love me: a psychiatrist's journal of erotomania, stalking, and obsessive love.* New York, NY: Macmillan.
Palarea, R.E., Zona, M.A., Lane, J.C., & Langhinrichsen-Rohling, J. (1999). The dangerous nature of intimate relationship stalking: Threats, violence and associated risk factors. *Behavioral Sciences and the Law, 17,* 269-283.
Pathé, M., & Mullen, P.E. (1997). The impact of stalkers on their victims. *British Journal of Psychiatry, 170,* 12-17.
Schwartz-Watts, D., & Morgan, D.W. (1998). Violent versus non-violent stalkers. *Journal of the American Academy of Psychiatry and the Law, 26,* 241-245.
Scocas, E., O'Connell, J. & Huenke, C. et al. (1997). *Domestic violence in Delaware 1994: An analysis of victim to offender relationships with a special focus on stalking.* Delaware Statistical Analysis Center, Dover, DE.
Sheridan, L. (2001). The course and nature of stalking: An in-depth victim survey. *Journal of Threat Assessment, 1,* 61-79.
Sheridan, L.P., Blaauw, E., Davies, G.M., & Winkel, F.W. (2002). Stalking: Knowns and unknowns. *Trauma, Violence and Abuse.* Submitted for publication.
Sheridan, L. & Blaauw, E. (2004). Characteristics of False Stalking Reports. *Criminal Justice and Behavior, 31,* 1, 55 -72.

Sheridan, L. & Boon, J. (2002). Stalker typologies: Implications for law enforcement. In J.C.W. Boon & L. Sheridan (Eds.), *Stalking and psychosexual obsession: Psychological perspectives for prevention, policing and treatment* (pp. 63-82). Chichester: Wiley.

Sheridan, L., & Davies, G.M. (2001). Violence and the prior victim-stalker relationship. *Criminal Behavior and Mental Health, 11*, 102-116.

Sheridan, L., Davies, G.M. & Boon, J.C.W. (2001b). Stalking: Perceptions and prevalence. *Journal of Interpersonal Violence, 16*, 151-167.

Sheridan, L., Gillett, R. & Davies, G.M. (2000). Stalking: Seeking the victim's perspective. *Psychology, Crime and Law, 6*, 267-280.

Spitzberg, B.H. (2002). The tactical topography of stalking victimization and management. *Manuscript submitted for publication*.

Tjaden, P., & Thoennes, N. (1998). *Stalking in America: Findings from the National Violence Against Women Survey*. Washington, DC: National Institute of Justice and Centers for Disease Control and Prevention.

Walker, L.M., & Meloy, J.R. (1998). Stalking and domestic violence. In J.R. Meloy (Ed.), (1998). *The psychology of stalking: Clinical and forensic perspectives* (pp. 140-159). San Diego, CA: Academic Press.

White, J., Kowalski, R.M., Lyndon, A. & Valentine, S. (2002). An integrative contextual developmental model of male stalking. *Violence and Victims, 15*, 373-388.

Zona, M. A., Sharma, K. K., & Lane, J. C. (1993). A comparative study of erotomanic and obsessional subjects in a forensic sample. *Journal of Forensic Sciences, 38*, 894-903.

Belästigung - Bedrohung - Gefährdung:
Stalking aus Sicht des Stalkers

Hans-Georg W. Voß, Jens Hoffmann und Isabel Wondrak

1. Einleitung

Stalking umfasst ein bereites Spektrum an Verhaltensweisen, deren gemeinsames Merkmal das unerwünschte Eindringen in die Privatsphäre einer Person ist. So verweist der Titel dieses Beitrages zunächst auf eine Kette von Handlungsfolgen zunehmender Belastung und Gefährdung. Zugleich wird damit der Prozesscharakter vieler Stalkinghandlungen unterstrichen und die Notwendigkeit vor Augen geführt, Stalking als ein komplexes Geschehen mit einer zeitlichen Struktur und einem oftmals hierarchischem Aufbau zu verstehen. Aus dieser Sicht erscheint Stalking als eine Epigenese von Eskalationsstufen, als eine Kumulation zunehmender Bedrohung und Gewalt. Für den Umgang mit dem Phänomen Stalking aus Sicht der Betroffenen und der professionellen Helfer ergeben sich somit folgende Fragen: Auf welcher Stufe des Prozessgeschehens steht der Täter im aktuellen Fall? Welche Bedingungen lassen sich für den Übergang von der einen zur anderen Stufe nennen? Wie kann eine weitere Eskalation abgewendet werden? Aus empirischer Sicht ist die Beantwortung dieser Fragen mit besonderen Schwierigkeiten verknüpft. Es erforderte zunächst eine Analyse des beobachtbaren Verhaltens von Tätern über einen längeren Zeitraum, ein Unterfangen, das aufgrund des hohen Aufwandes an Zeit und materiellen Ressourcen nur selten zu leisten sein wird. Ein weiteres Problem betrifft die Zuverlässigkeit und die Repräsentativität der durch Beobachtung gewonnenen Daten und zwar insbesondere dann, wenn deren Quelle nicht mit der handelnden Person übereinstimmt, wie es bei einer Befragung von Geschädigten und Opfern der Fall ist. In der vorliegenden Studie wurden deshalb Stalker u. a. zu ihren Motiven, den Zielvorstellungen, den Begleitumständen, sowie den Handlungen und Handlungsfolgen befragt.

Klassifikationsversuche von Stalkern, die den in diesem Bereich üblichen Typologien entsprechen, lassen sich selbst wiederum nach der „Nähe" klassifizieren, die ihre Konstituenten zum beobachtbaren Verhalten aufweisen. Hier finden sich Einteilungen nach dem jeweiligen Kontext, in dem Stalking auftritt bei gleichzeitiger Berücksichtigung der Beziehung zwischen Verfolger und Opfer – wie zum Beispiel in der Unterscheidung von „domestic" und „nondomestic ", dem Inhalt der Kommunikation (wahnhaft versus nicht-wahnhaft) oder den Motiven, die das Verhalten des Stalkers bestimmen (z. B. Besitzergreifen, Ärger, Vernarrtheit, Vergeltung) (Wright, Burgess, Burgess, Laszlo, McCrary und Douglas, 1996). Unter diesen hat die letztgenannte Kategorie der Klassifikationsversuche zweifellos die weiteste Verbreitung gefunden, beispielsweise die häufig zitierte Typologie von Mullen, Pathé und Purcell (2000), die auf den unterschiedlichen Motivlagen des Stalkers unter Berücksichtigung des Kontextes aufbaut. Andere Einteilungen betrachten das Ausmaß der (phantasierten) „Bindung" an die Zielperson, welches sich auf der Verhaltensebene als Ausmaß an physischer Nähe zu der verfolgten Person manifestiert. Die Typologie von Dietz und Kollegen (1991a,b) ließe sich hier nennen, allerdings wurde sie im Kontext der Verfolgung von sog. Berühmtheiten entwickelt. Das übliche Vorgehen besteht darin, unterschiedliche Motive oder Persönlichkeitsmerkmale von Stalkern zu erkunden und diesen „typischen" Verhaltensweisen zuzuordnen. Ausgangspunkt sind häufig klinisch-pathologische Unterscheidungen wie im Falle der Typologie von Kienlen, Birmingham, Solberg, O'Regan und Meloy (1997). Die Autoren unterschieden einfach zwischen psychotischen und nicht-psychotischen Stalkern. Erstere suchen ihre Opfer häufiger zuhause auf, sind aber weniger geneigt, Briefe zu schreiben oder ihre Opfer heimlich zu beobachten. Nichtpsychotiker dagegen verletzen häufiger verbal und neigen dazu, Körperverletzungen zu begehen.

Typologien haben ihre Vorteile dort, wo aus der Sicht der Praxis des Managements von Stalkingfällen eine schnelle Orientierung der unmittelbaren Betroffenen und eine effektive Kommunikation unter Angehörigen unterschiedlicher Disziplinen vonnöten ist. Als solche stellen Typologien eine Konvention dar und erleichtern ein Vorgehen, das sich an den wenigen zentralen Merkmalen, die den jeweiligen Typus charakterisieren, orientiert. Doch genau hier liegt auch ihre Schwäche, da es in der Regel (leider!) nur selten vorkommt - sozusagen der Glücksfall des Prototyps -, dass die Handlungen einer Person ein „Eins-zu-Eins-Verhältnis" mit den auf theoretischer Ebene angenommen Konstrukten (hier etwa die Motive) aufweisen. Typologische Konzepte als differentialpsychologische Klassifikationsschemata entsprechen einer überholten Auffassung von Persönlichkeit, wonach die Handlungen sich allein aus dem Inventar an Persönlichkeitseigenschaften (zudem nur einige wenige) herleiten lassen. Sie berücksichtigen nicht die komplexen Wechselbeziehungen zwischen den Eigenschaften einer Person, die je spezifischen Situation, in der diese handelt und die Besonderheiten des weiteren Handlungskontextes. Zudem kann nicht einmal von einer ausreichenden Stabilität der als zentral angenommenen Merkmale ausgegangen werden und schließlich liegt das größte Probleme bei diesem Ansatz in der mangelnden Kontinuität der Konstrukte selbst: ein- und dasselbe Verhalten kann zu unterschiedlichen Zeiten auf unterschiedliche Motivlagen verweisen und umgekehrt, unterschiedliche psychische Prozesse können zu unterschiedlichen Zeiten anhand desselben Verhaltens indiziert werden.

Im Rahmen der Darmstädter Stalking Studie (Voß, Hoffmann und Wondrak, 2005) wurden Stalkingverhaltensweisen, die durch Befragung einer größeren Gruppe von Opfern eruiert worden waren, einer Faktorenanalyse unterzogen. Es ergaben sich zwei Faktoren, die eine Klassifikation der Handlungen auf der Dimension der physischen oder räumlichen Nähe erlaubten. Unterschieden wurde zwischen distalen und proximalen Stalkinghandlungen. Erstere betreffe solche Handlungen, die aus einer relativen (räumlichen und virtuellen) Distanz zum Opfer geäußert werde, wie zum Beispiel Telefonanrufe, Briefe, E-Mails, sog. SMS bzw. andere Formen der Kontaktaufnahme, bei denen der Täter nicht selbst in Erscheinung tritt bzw. indirekt über andere Personen oder über die Medien agiert, oder gar völlig anonym bleibt. Proximales Stalking dagegen beinhaltet mehr oder weniger einen offenen Kontakt zwischen Täter und Opfer, oder zumindest nachhaltige „Zeichen" seines Wirkens, wie zum Beispiel Beschädigen von Eigentum, Nachrichten hinterlassen (häufig am Autofenster), vor der Haustür stehen, Nachlaufen, Auflauern, in die Wohnung eindringen, am Arbeitsplatz aufsuchen usw. Es lässt sich unschwer erkennen, dass distale und proximale Verhaltensweisen zwei Stufen zunehmender Schwere und Intensität von Stalking repräsentieren. Die Frage, die wir uns stellen lautet: lassen sich diese Stufen mit entsprechenden Gruppen von Stalkern in Einklang bringen? Und weiter: wie unterscheiden sich gegebenenfalls diese Gruppen in einer Reihe weiterer Merkmale (Motive, einbettende Kontextvariablen, soziales Umfeld, Wirksamkeit präventiver Maßnahmen usw.), schließlich auch: ist eine Vorhersage der Zugehörigkeit zu einer Gruppe möglich.

2. Methode

2.1 Befragungsinstrument

Die vorliegende Untersuchung basiert auf einer Befragung von Stalkern mittels eines Fragebogens (Fragebogen zur Erfassung von Stalking: Täter; FES:T), der im Internet zur Verfügung gestellt wurde und anonym entweder per mouseclick oder postalisch geantwortet werden konnte. Die Internetadresse lautete: www.stalkingforschung.de. Die Fragebogenmethode und die Art der Darbietung und Übermittlung wurde vor allem aus Gründen der Ökonomie gewählt, da damit eine rasche Verbreitung, unkomplizierte Bearbeitung und Rücksendung, sowie die volle Anonymität für die Bearbeiter des Fragebogens erreicht werden konnte.

Die Auswahl der Items erfolgte zunächst aufgrund von allgemeinen Überlegungen zum Phänomen Stalking, sowie unter Zuhilfenahme der einschlägigen Forschungsliteratur. So wurde u.a. bei der Auswahl der einzelnen Fragen die derzeit gebräuchlichste Stalker-Typologie von Mullen et al. (2000) zugrunde gelegt.

Der FES:T enthält einen einleitenden Teil, in dem potentielle Respondenten über das Projekt Stalkingforschung und über die Modalitäten der Beantwortung (insbesondere der Anonymität) informiert wurden.

Der Fragebogen enthielt sowohl geschlossene als auch offene Fragestellungen. Die geschlossenen Fragestellungen erfolgten entweder in Form von „Ja/ Nein"-Antworten oder anhand vorgegebener Antwortinhalte. Der Einsatz offener Fragen sollte sicherstellen, dass die individuellen Reaktionen und Belastungen möglichst detailliert erfasst werden und die Antwortbereitschaft erhöht wird.

Zwecks Datenreduktion und Durchführung der statistischen Auswertung wurden inhaltlich ähnliche Angaben bei offenen Fragestellungen zu Kategorien zusammengefasst. Zu diesem Zweck wurde für jede befragte Person ein Protokollbogen erstellt, der sämtliche offenen Angaben enthält. Danach wurde für jede offene Fragestellung ein weiterer Protokollbogen angelegt, der die freien Antworten all jener beinhaltet, die zu der jeweiligen Fragestellung Angaben machten.

Der Fragebogen besteht aus 147 Fragen, er gliedert sich in einen Allgemeinen Teil und in einen Speziellen Teil. Der Allgemeine Teil umfasste Fragen zum Phänomen Stalking allgemein, d.h. unabhängig von der besonderen Art der Beziehung, die zwischen geschädigter Person und Täter bestand und aktuell besteht. Diese ist Gegenstand des Speziellen Teils, der etwa in der Mitte des Allgemeinen Teils platziert wurde, so dass sich schließlich drei Abschnitte ergaben.

Es wurden die verschiedenen Aspekte von Stalking, aus der Sicht der Täter erfragt, insbesondere Art und Umfang der Verfolgung/Belästigung, die geäußerten Verhaltensweisen, zeitliche und örtliche Gegebenheiten, Auswirkungen auf Befindlichkeit und weitere Handlungen des Stalkers, Motive, wahrgenommene Gegenmaßnahmen der Geschädigten und deren Erfolg usw. Auf den Speziellen Teil entfielen insgesamt 70 Fragen, wobei nur die jeweiligen Fragen zu der angegebenen Kategorie der Zielperson (Ex-Partner, Freund/Freundin, professionelle Beziehung, Fremder, prominente Person, Familienangehörige u.a.) zu bearbeiten waren.

2.2 Datenerhebung und Kurzbeschreibung der Stichprobe

Der Fragebögen wurde im Juli 2002 auf der Internetseite www.stalkingforschung.de der Arbeitsgruppe Stalking des Instituts für Psychologie der Technischen Universität Darmstadt veröffentlicht. Durch Berichterstattungen zum Thema Stalking in den bundesweiten Medien, z.B. Tageszeitungen, Fernsehberichte und Rundfunkbeiträge, wurde die Adresse der Internetseite publik, so dass Interessierte die Seite direkt aufsuchen konnten. Des Weiteren wurden seitens der Arbeitsgruppe zahlreiche „Verlinkungen" auf themenverwandte Internetseiten initiiert.

Personen, die über keinen Internetzugang verfügten, konnten den Fragebogen inklusive einem frankierten Rückumschlag auf postalischem Weg erhalten.

Es ergab sich ein Rücklauf von 98 Fragebögen (davon 2 ungültig). Der Anteil der Frauen betrug 39 Teilnehmerinnen (40,6%), der Anteil der Männer 57 Teilnehmer (59,4%). Das Durchschnittsalter aller Teilnehmer/Teilnehmerinnen betrug 31,26 Jahre (Streuung 10,33), die Spannbreite umfasste die Altersgruppen 13 bis 58 Jahre.

Bezüglich weiterer demografischer Angaben wird auf Voß, Hoffmann und Wondrak (2005) verwiesen.

3. Ergebnisse

In Tabelle 1 sind die jeweiligen Stalkingverhaltensweisen für die beiden empirisch ermittelten Kategorien distales und proximales Stalking sowie deren Verteilung in der Gesamtgruppe aufgeführt.

Tabelle 1: Stalkinghandlungen und Häufigkeiten in der Gesamtstichprobe

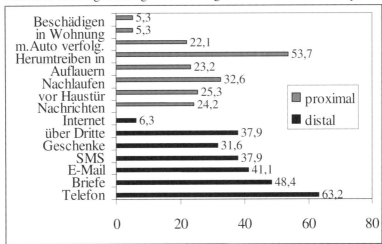

Im nächsten Schritt wurde der differentialpsychologischen Fragestellung nachgegangen, ob unterschiedliche Kombinationen von Stalkinghandlungen verschiedenen Tätergruppen zugeordnet werden können bzw. diese definieren. Hierzu wurde eine Schrittweise Clusteranalyse (Statistikpaket SPSS) gerechnet, in die die distalen und proximalen Verhaltensweisen als Variablen eingingen.

Es ergaben sich zwei Cluster mit 36 (Cluster 1) bzw. 59 (Cluster 2) Personen. Lediglich bei zwei der 15 Variablen ergab die Signifikanzprüfung keinen bedeutsamen Effekt.

Die Cluster unterscheiden sich hauptsächlich im Ausmaß der *proximalen* Stalkinghandlungen. Beide (!) Tätergruppen zeigen bei der Verfolgung ihrer Opfer *distale* Verhaltensweisen und zwar etwa in gleichem Umfange. Die Personen des Cluster 1 (*distal spezialisiert*) beschränken sich weitgehend auf Verfolgungstechniken aus räumlicher und virtueller Distanz wie Briefe, Telefonate, E-Mail. Proximales Verhalten ist hier relativ selten. Die Personen des Cluster 2 (*allrounder*) dagegen zeigen deutlich häufiger proximales Verhalten sowie distales Stalking etwa im Umfange der erstgenannten Gruppe.

In Abbildung 1 sind zur Illustration die Cluster Chernoff Faces für die beiden Cluster I und II wiedergegeben. Es handelt sich um die multivariate Darstellung der „mittleren Gesichter" (Mittelwerte der distalen und proximalen Variablen).

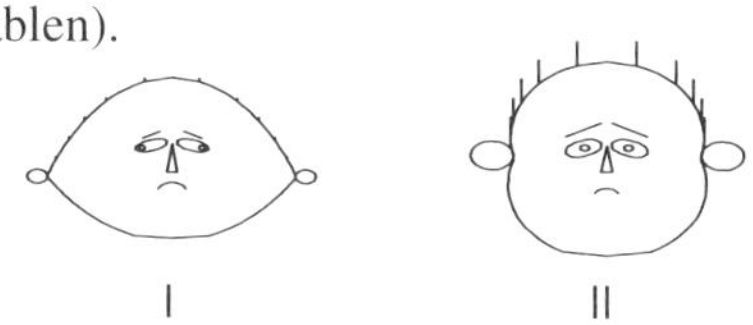

Abbildung 1: Chernoff Faces

Zur weiteren statistischen Absicherung der Cluster wurde die Trennfunktion zwischen den Gruppen (Cluster) mittels einer Diskriminanzanalyse überprüft. Als Kriterium fungierte die Gruppenzugehörigkeit. Die erste kanonische Funktion ergab einen Eigenwert von 2,872 (100 % Varianz), die kanonische Korrelation betrug .861, die statistische Prüfung war mit Wilks-Lambda von .258 und einem CHI^2 von 120,49 bei 8 Freiheitsgraden hochsignifikant (p<.001). Insgesamt 95,8 % der ursprünglich gruppierten Fälle wurden korrekt klassifiziert, d.h. nur 3 Fälle konnten nicht richtig zugeordnet werden. Im Ergebnis zeigt sich somit eine gute Trennung der Gruppen.

Aus anwendungsbezogener Sicht stellt sich die Frage, welche Merkmale die Wahrscheinlichkeit für eine Zugehörigkeit zu der einen oder anderen Gruppe erhöhen. Hierzu wurde eine Reihe weiterer Variablen betrachtet mit dem Ziel eine bestmögliche Vorhersage der Zugehörigkeit zu einer Gruppe zu gewinnen.

Es wurde zunächst geprüft, ob die Art der Vorbeziehung zwischen Täter und Opfer eine Rolle spielt. Hier zeigte sich kein Einfluss: so ist etwa der Anteil der Ex-Partner mit 27,8% (Cluster 1) und 30% (Cluster 2) nahezu gleich, das Gleiche gilt im Falle von „Bekannten" (11,1 % bzw. 15 %). Lediglich für die aktuelle Beziehung zu einer Freundin/einem Freund gilt, dass hier eher distale Verhaltensmuster zum Einsatz kommen, was in gewisser Weise plausibel ist, wenn man bedenkt, dass hier proximale Formen der Belästigung und Bedrohung kaum mit „Freundschaft" vereinbar sein dürften (χ^2=65,3;df=1, p<.001).

Demografische und personale Merkmale verteilen sich wie folgt: 41,7% der Täter in Gruppe 1 sind männlich, gegenüber 65,2 % der Täter in

Gruppe 2 (χ^2=4,08;df=1, p<.04). Entsprechend umgekehrt lauten die relativen Häufigkeiten in Bezug auf die Opfer: 54,2% männliche Zielpersonen in Gruppe 1 und 33,3% männliche Zielpersonen in Gruppe 2. Unter den Tätern der Gruppe 2 finden sich tendenziell mehr Ledige (71,0% gegenüber 62,5%) und mehr Geschiedene (10,1% gegenüber 4.2%), wohingegen sich in Gruppe 1 mehr verheiratete Personen finden (25,0% gegenüber 18,0%); die restlichen Personen sind verwitwet [(χ^2=7,00;df=3, p<.07)]. Keine Unterschiede sind auf Seiten der Täter und Opfer hinsichtlich Alter, Berufsstand und Religionszugehörigkeit zu verzeichnen.

Hinsichtlich von Merkmalen der Situation in der das Stalking stattfindet, zeigte sich, dass der proximale Typus eher nachts operiert ((χ^2=7,84;df=2, p<.02) und solche Gelegenheiten nutzt, bei der die Zielperson alleine ist (χ^2=6,02;df=2, p<.05).

Interesse findet ferner, welche Abwehrmaßnahmen seitens der Zielperson (auch hier aus Sicht der Täter) getroffen wurden und ob diese Erfolg hatten. Hier zeigt sich eindeutig (und entgegen allgemeiner Empfehlungen), dass die Opfer der Tätergruppe 2 den Aktivitäten der Täter weniger mit Kontaktvermeidung und Ignorieren begegneten (χ^2=4,02;df=1, p<.05), sondern häufiger den Weg wählten, Gespräche mit dem Täter zu führen, mit der Forderung, weitere Belästigungen zu unterlassen (χ^2=4,17;df=1, p<.04). Dabei ist zu bedenken, dass Abwehrmaßnahmen dieser Art offensichtlich wenig Erfolg haben, denn jeweils 95% beider Gruppen von Tätern geben explizit an, Stalking fortgesetzt zu haben, trotz Abwehr seitens des Opfers. Die Täter begründen dies damit, entweder noch für die betreffende Person sorgen zu müssen (höherer Anteil in Gruppe 1; χ^2=4,11;df=1, p<.04), oder über diese Macht und Kontrolle ausüben zu wollen (höherer Anteil in Gruppe 2; χ^2=3,76;df=1, p<.05). Mehr als 56 % der Personen in Cluster 1 (gegenüber 26 % in Cluster 1) sind davon überzeugt, den Widerstand der verfolgten Person vor allem deshalb brechen zu müssen, weil die betreffende Person noch Interesse an ihnen hat (χ^2=6,72;df=1, p<.02).

Dass hierbei wenig Einsicht in die Realität besteht, deutet sich auch in dem Befund an, wonach als Reaktion des Umfeldes von den Personen der Gruppe 2 angegeben wird, dass sich damit schließlich gezeigt habe, wer die „wahren Freunde" sind und wer nicht (χ^2=8,45;df=1, p<.004). In jenen Fällen, in denen Stalking beendet wurde, wird dies vor allem in der Tätergruppe 1 auf den eigenen Leidensdruck zurückgeführt, Stalker der Gruppe 2 lassen sich dadurch nur in geringem Maße beeinflussen (χ^2=3,81;df=1, p<.05) klagen aber zugleich vermehrt über unliebsame psychische Folgeerscheinungen wie z.B. Depression (χ^2=3,95;df=1, p<.04).

Einen Hinweis auf die Bedeutung des sozialen Umfeldes liefert auch das Ergebnis, dass in jenen Fällen, in denen der Stalker mit einem Partner oder einer Partnerin zusammen lebt, er sich diesem/dieser häufiger dann anvertraut, wenn das Ausmaß des Stalking noch nicht die Schwelle zu den proximalen Beeinträchtigungen überschritten hat (immerhin ein Drittel der Befragten dieser Gruppe, gegenüber nur knapp 6% der Befragten der Gruppe 2). Möglicherweise stellt hier eine (noch) funktionierende Partnerschaft einen Puffer gegenüber stärker auf Gewalt und physische Präsenz ausgerichtetes Stalking dar. Dabei ist allerdings zu berücksichtigen, dass im Falle der Personen des Clusters 1 eine höhere Fluktuation in der Auswahl der Zielpersonen zu verzeichnen ist: knapp 28% dieser Personen geben an, vorher (bezogen auf die aktuelle verfolgte Person) schon mehrere andere Personen verfolgt zu haben (gegenüber 6% der Personen in Gruppe 2), während 34% der Täter der Gruppe 2 berichten, vorher nur eine andere Person verfolgt zu haben (gegenüber 5% in Gruppe 1; $\chi^2=9,81$;df=2, p<.007).

Die Frage, ob sich die Zugehörigkeit eines Täters zu einer der beiden Stufen vorhersagen lässt, wurde mittels einer logistischen Regressionsanalyse überprüft. Das Ergebnis ist in Tabelle 2 dargestellt.

Tabelle 2: Logistische Regressionsanalyse zur Vorhersage der Cluster-Zugehörigkeit

Unabhängige Variable	B	s	p-Wert	Exp(B)
Verfolgung tags und nachts	1,504	,553	,007	4,500
wenn das Opfer alleine ist	1,453	,370	,001	2,234
Abwehr durch:				
Kontaktvermeidung	-1,722	,651	,008	0,179
Gespräche	1,588	,555	,004	1,152
Warum Stalking fortgesetzt?				
Macht und Kontrolle	2,143	,975	,028	8,528
Für die Person sorgen	-1,453	,370	,001	0,234
Person ist noch interessiert	-1,600	,493	,001	0,590
Partner anvertraut	-1,253	,567	,027	0,285
Zahl der verfolgten Personen	-0,904	,276	,095	0,246

Erläuterung: Dargestellt sind die logistischen Koeffizienten (B) und ihre Standardabweichungen (s). Ein Exp(B) >1 besagt, dass die Wahrscheinlichkeit für die Zugehörigkeit einer Person zu Cluster 2 (distales und proximales Stalking) ansteigt, wenn der Prädiktor zutrifft (mit „Ja" beantwortet wird); entsprechend gilt für Exp(B) <1, dass die Wahrscheinlichkeit der Zugehörigkeit zu Cluster 1 ansteigt (jeweils alle anderen erklärenden Variablen konstant gehalten).

Das multiple 82,3, die Güte der richtigen Klassifikation ist mit 95,8% gleichfalls als hoch einzuschätzen.

Tabelle 2 zeigt, dass die Wahrscheinlichkeit, mit der ein Täter Gruppe I oder II zugeordnet wird, als Funktion bestimmter „erklärender" Variablen angesehen werden kann. Insbesondere wird der starke Einfluss der Kontextvariablen („tags und nachts" und „Opfer allein") sowie der Motivvariablen „ Macht und Kontrolle" deutlich.

4. Diskussion

Typologische Konzepte basieren in der Regel auf einer Klassifikation von Personen aufgrund weniger Merkmale, die selbst als differential-psychologische Konstrukte („Eigenschaften") konzipiert wurden. Ihr heuristischer Wert wird einmal dadurch begrenzt, dass unter Umständen zahlreiche Unterschiede in anderen oder mehr peripheren Persönlichkeitsmerkmalen verwischt oder nivelliert werden, zum anderen – und das ist besonders unter einem angewandtem Aspekt bedeutsam -, dass bei Rückschlüssen oder Voraussagen auf beobachtbares Verhalten in spezifischen Situationen häufig ein hoher Grad an Unsicherheit in Kauf genommen werden muss. So haben Sheridan und Boon (2002) beispielsweise es als Hauptmanko vieler Typologien beklagt, dass diese besonders dort versagen, wo Leitlinien für die Behandlung einzelner Fälle gefragt sind. Unter präventivem Aspekt erscheinen deshalb solche Ansätze Erfolg versprechender, die sozusagen näher am Verhalten bleiben. Als eine Alternative zu den (typologischen) „Entweder-Oder"-Modellen wurde im Rahmen dieser Studie ein (kumulatives) Stufenmodell empirisch ermittelt: Stalking ist als Prozessgeschehen aufzufassen, dessen Verlaufsstruktur als Abfolge mehrerer Eskalationsstufen zu umschreiben ist. Es wurden hier lediglich zwei dieser Stufen beschrieben und zwar anhand einer Klassifikation von Handlungen des Stalkers, die unterschiedlichen Orten auf der Dimension der physischen Distanz zwischen Täter und Zielperson zuzuordnen sind. Sie wurden grob mit *distal* und *proximal* umschrieben. Stufe I bezeichnet somit allein oder vornehmlich solche Stalkinghandlungen, die aus der Entfernung zur Zielperson ausgeübt werden, wie beispielsweise Telefonate, Briefe, E-Mails. Stufe II umfasst gleichfalls distale Handlungen und zusätzlich solche mit erhöhtem - weil aus der Nähe und häufig mit physischer Präsenz verbunden – Bedrohungs- und Belästigungscharakter bis hin zu körperlichem Einsatz. Man könnte folglich hier von einem „Sowohl-Als-Auch"-Modell sprechen. Die angesprochene Unterscheidung unterstreicht die Bedeutung einer Konzeption von Stalking als ein „Verhaltensmuster über die Zeit", im

Unterschied zu einer eher auf einzelne Handlungskategorien fokussierten Betrachtungsweise, wie sie in traditionellen Typologien üblich ist. (Hier wäre etwa auch die Unterscheidung zwischen Gewaltanwendung versus Nicht-Gewalt zu nennen, die unserer Einteilung ähnelt; Zona, Sharma und Lane, 1993).

Die Ergebnisse unserer Untersuchung legen eine Reihe von Schlussfolgerungen nahe. So steigt etwa der Anteil männlicher Täter mit der „Schwere" der Verfolgung und Beeinträchtigung und gleichzeitig auch der Anteil von weiblichen Betroffenen. Es zeigt sich weiterhin, dass das soziale Umfeld und hier vor allem die Beziehung zu einer anderen nahestehenden Person wie etwa den Intimpartner einen gewissen dämpfenden Effekt auf Stalking ausübt, insbesondere wenn der Stalker sich diesem oder dieser anvertraut. Der Befund unterstreicht die Wichtigkeit einer Einbeziehung von aktuellen Bezugspersonen des Stalkers - falls vorhanden – im Rahmen des Fallmanagements, wohingegen eine Fokussierung auf die Vorbeziehung des Stalkers – ob es sich bei der verfolgten Person um einen ehemaligen Partner handelt oder nicht – in dieser Hinsicht keine so große Rolle zu spielen scheint, wie bisher angenommen.

Besonderes Interesse verdienen die Abwehrmaßnahmen des Opfers und die aus Sicht des Täters damit einhergehenden Verhaltensänderungen. Hier beeindruckt zunächst der hohe Anteil an Stalkern auf beiden Stufen, die erklärten, die Verfolgung trotz Abwehrmaßnahmen des Opfers fortzuführen (95 %). Zugleich wird die unterschiedliche Motivationslage der beiden Eskalationsgruppen deutlich: distale Handlungsmuster sind eher bei solchen Personen zu finden, die ihre Beziehung zum Opfer als altruistisch und fürsorglich einschätzen und noch davon überzeugt sind, dass die Zielperson Interesse an ihnen hat, wohingegen proximale Handlungen dann hinzukommen, wenn Macht und Kontrolle als Kernmotive im Vordergrund stehen. Zugleich zeigt sich eine inadäquate Strategie darin, dass relativ mehr Opfer der Stalker auf Stufe II den Weg über eine persönliche Kontaktaufnahme und über Gespräche wählen. Möglicherweise trägt dies eher zu einer weiteren Eskalation bei, da sich der Stalker in seinem Verhalten bestätigt fühlen darf.

Der vorliegende Beitrag verbleibt insofern bei einer differentiellen Betrachtungsweise, als es zunächst darum ging, ausgehend von einer *a priori* Klassifikation von Stalkinghandlungen, verschiedene Stufen in der Eskalation des Geschehens empirisch abzubilden. Dementsprechend konnten zwei Gruppen von Stalkern unterschieden werden, die sich in der Bereite des Spektrums der Verhaltensweisen unterscheiden. Die interessante Frage nach den *intraindividuellen* Veränderungen und möglicherweise unterschiedlichen Verlaufsmustern bleibt damit noch offen und wäre im Rahmen eines längsschnittlichen Vorgehens näher zu überprüfen. Sie enthielte auch den Versuch, die für den Übergang von der einen zur anderen Stufe „kritischen" Zustände des Systems bzw. dessen Kontrollparameter zu identifizieren. Dabei dürften, wie unsere Ergebnisse zeigen, sowohl kontextuelle, als auch persönlichkeitsspezifische und beziehungsrelevante Aspekte eine zentrale Rolle spielen.

Literatur

Dietz, P.E., Matthews, D., Van Dyne, C., Martell, D.A., Parry, Steward, T., Warren, J. & Crowder, J.D. (1991a). Threatening and otherwise inappropriate letters to Hollywood celebrities. *Journal of Forensic Sciences*, 36, 185-209.

Dietz, P.E., Matthews, D., Martell, D.A., Steward, T., Hrouda, D.R. & Warren, J. (1991b). Threatening and otherwise inappropriate letters to members of the United States Congress. *Journal of Forensic Sciences*, 36, 1445-1468.

Kienlen, K.K, Birmingham, D.L., Solbert, K.B., O'Regan, J.T. & Meloy, J.R. (1997). A comparative study of psychotic and non-psychotic stalking. *Journal of the American Academy of Psychiatry & the Law*, 25, 317-334.

Mullen, P.E., Pathé, M. & Purcell, R. (2000). *Stalkers and their victims*. Cambridge: University Press.

Sheridan, L. & Boon, J. (2002). Stalker typologies: Implications for law enforcement. In: J.Boon & L.Sheridan (Eds.), *Stalking and pychosexual obsession*. Pp. 63-82. New York: Wiley.

Voß, H.-G.W., Hoffmann, J., Wondrak, I. (2005). *Stalking in Deutschland - Zur Psychologie der Betroffenen und Verfolger*. Baden-Baden: Nomos.

Wright, J.A., Burgess, A.G., Burgess, A.W., Laszlo, A.T., McCrary, G.O. & Douglas, J.E. (1996). A typology of interpersonal stalking. *Journal of interpersonal violence*, 11, 487-502.

Zona, M.A., Sharma, K.K., & Lane, J. (1993). A comparative study of erotomanic and obsessional subjects in a forensic sample. *Journal of Forensic Sciences*, 38, 894-903.

"Stalking"-Verhalten - evolutionspsychologisch gesehen

Martin Brüne

1. Einleitung

Der Ausdruck "Stalking" hat sich im angloamerikanischen Raum eingebürgert für Verhaltensweisen, bei denen Personen von anderen Personen verfolgt, belästigt und drangsaliert werden (Meloy, 1989, 1999; Mullen et al., 2001; Dreßing & Gass, 2002). Etymologisch leitet sich der Begriff „stalking" (wörtlich: auf die Pirsch gehen, nachstellen) ab von altenglisch bestealcian bzw. stelan, verwandt mit dem Deutschen „stehlen" (Encyclopaedia Britannica, 2003).

Personen, die Stalkingverhalten zeigen, sind in der Mehrzahl männlich, unverheiratet und leben sozial isoliert. Stalkingopfer sind in der Regel Frauen, zu denen der Stalker versucht, Kontakt zu erzwingen oder wiederherzustellen. Gleichgeschlechtliches Stalking scheint häufiger von Frauen auszugehen, die mit ihren Opfern in nähere Beziehung treten wollen, deren Verhalten aber nicht notwendigerweise sexuell motiviert ist (Purcell et al., 2001). Stalkingverhalten an sich wird daher vielfach als „geschlechtsneutral" bewertet (Mullen et al., 2001).

Ursprünglich wurde Stalking nahezu ausschließlich im Zusammenhang mit Belästigungen von Personen des öffentlichen Lebens, wie Filmstars, Popsängern oder Politikern gesehen (Dietz, 1988). Erst in den vergangenen 20 Jahren hat Stalking in den angloamerikanischen Ländern (Meloy, 1989; Mullen & Pathé, 1994a,b; Kurt, 1995; Abrams & Robinson, 1998) und jüngst auch im deutschen Sprachraum (Dreßing & Gass, 2002; Habermeyer & Hoff, 2002; Brüne, 2003; Kamleiter & Laakmann, 2003; Knecht, 2003) zunehmende Beachtung gefunden, insbesondere auch wegen seiner erheblich traumatisierenden Auswirkungen auf die Stalkingopfer. Stalking scheint kein seltenes Phänomen zu sein. Einer Umfrage in den USA zufolge sind etwa zwei Prozent aller Männer und acht Prozent der Frauen im Laufe ihres Lebens wenigstens einmal Opfer von Stalking (Tjaden & Thoenness, 1998).

Von forensisch psychiatrischer Seite wurden mehrere Typologien von Stalkern vorgeschlagen: (1) In Abhängigkeit von einer Assoziation mit psychotischen, insbesondere wahnhaften Störungen (Zona et al., 1993; Kienlen et al., 1997); (2) im Hinblick auf bestimmte Verhaltens- und Persönlichkeitsprofile der Täter (Mullen et al., 1999); (3) nach dem prädiktiven Wert bestimmter Verhaltensmuster in bezug auf das Bedrohungspotential der Täter (Del Ben & Fremouw, 2002). In der älteren psychiatrischen Literatur wurde Stalking (bzw. das Verhalten, das heute allgemein als Stalking bezeichnet wird) fast ausnahmslos mit pathologischem Verhalten im Rahmen eines Liebeswahns assoziiert (Kraepelin, 1896; Kretschmer, 1918/1966; de Clérambault, 1942). Liebeswahn macht aber nach neuerer Studienlage nur etwa 10 Prozent der Stalkingfälle aus (Dunne & Schipperhejn, 2000). Vor allem seit den 1990er Jahren haben mehrere Untersuchungen darüber hinaus gezeigt, dass Stalking keineswegs nur im Rahmen psychotischer Störungen vorkommt, sondern auch mit anderen psychischen Auffälligkeiten vergesellschaftet sein kann, etwa Persönlichkeitsstörungen, aber nicht notwendigerweise mit schweren Pathologien einhergeht (Mullen et al., 2001).

Während im angloamerikanischen Sprachraum bereits seit den 1990er Jahren Gesetzgebungen existieren, die Opfer vor ihren Stalkern schützen sollen, sind im deutschen Sprachraum erst jüngst Gesetzesregelungen auf den Weg gebracht worden (Übersicht bei Kamleiter & Laakmann, 2003). In Deutschland hat es aber in der Debatte um die Brauchbarkeit des Stalkingkonzepts für die forensisch-psychiatrische Praxis auch Kritik gegeben, hauptsächlich deshalb, weil sich hinter dem Begriff „Stalking" sehr heterogen motivierte Verhaltensstörungen verbergen (Habermeyer & Hoff, 2002). Insbesondere Mullen und Mitarbeiter (2001) haben darauf hingewiesen, dass es sich bei Stalking auch um ein sozialpolitisches Konstrukt handelt; Verhaltensweisen, die in modernen westlichen Gesellschaften heute als Stalking gelten, wurden in früheren Zeiten womöglich überhaupt nicht als Solches wahrgenommen und schon gar nicht in einen „abnormen" oder anderweitig pathologischen Kontext gestellt. Mit dem gesellschaftlichen Wandel der letzten Jahrzehnte in westlichen Kulturen, insbesondere hinsichtlich der Rolle der Frau, wurden repressive Verhaltensweisen von Männern gegenüber Frauen zunehmend weniger akzeptiert und auch dementsprechend rezipiert (Mullen et al., 2001).

In der Stalkingliteratur gibt es jedoch außer diesen, kulturellen Einflüssen zugeschriebenen Veränderungen, keine schlüssige Erklärung dafür, warum Stalkingverhalten häufiger von Männern ausgeht, warum Männer in der Regel gewaltbereiter gegenüber ihren Opfern sind und welchem „Zweck" derartiges Verhalten eigentlich dient. In diesem Kontext wurde beispielsweise die überindividuelle stammesgeschichtliche Dimension von Stalkingverhalten bislang weitgehend außer Acht gelassen (Brüne, 2001a)—ein, meiner Ansicht nach, stark vernachlässigter wichtiger Zweig der Grundlagenforschung menschlichen Verhaltens.

Im vorliegenden Beitrag wird daher der Frage nachgegangen, inwieweit evolutionspsychologische Aspekte zum Verständnis von Stalkingverhalten beitragen können.

2. Allgemeines zur evolutionären Psychologie

Aus Sicht der evolutionären Psychologie sind menschliche kognitive und emotionale Eigenschaften sowie korrespondierende Verhaltensweisen auf die gleiche Weise entstanden wie physische Merkmale—durch Variation, Vererbung und Selektion (Buss, 1995). Es war Charles Darwins großartige Leistung herauszuarbeiten, dass dieser Vorgang, für den sich der Begriff „Evolution" eingebürgert hat, für die gesamte belebte Natur Gültigkeit besitzt (Darwin, 1859). Anpassungen entstehen infolge von Selektionsdrücken, die relevant für das Überleben und die Fortpflanzung des einzelnen Organismus in den sogenannten „Umwelten der evolutionären Angepasstheit" (UEA) (Bowlby, 1969, 1982) sind. In der modernen Fassung der Evolutionstheorie, der inklusiven Fitnesstheorie (Hamilton, 1964; Williams, 1966), ist die Einheit, auf die selektive Kräfte einwirken, entgegen früherer Annahmen nicht die Art, sondern das einzelne Individuum, oder, radikaler ausgedrückt, das Gen. Verschiedene Gene eines Organismus können dabei durchaus verschiedene „Interessen" haben, die miteinander in Widerstreit stehen; Anpassungen sind daher vielfach Kompromisslösungen unterschiedlicher Selektionsdrücke und nicht notwendigerweise „optimal". Ein klassisches Beispiel einer solchen Kompromisslösung stellt die Sichelzellanämie dar, eine Anomalie des Hämoglobins. Heterozygote Träger des Gens für Sichelzellanämie haben einen relativen Schutz vor Malariainfektionen, allerdings zu dem „Preis" einer schlechteren Rheologie des Blutes und der Tatsache, dass homozygote Genträger nicht lebensfähig sind (Nesse & Williams, 1994).

Psychische Eigenschaften des Menschen sind ebenfalls nicht zwangsläufig „optimal": Gründe, die über die Kompromisslösungstheorie hinausgehen, liegen etwa darin, dass die menschlichen „Umwelten der evolutionären Angepasstheit" mit „modernen" Umwelten nicht identisch sind. Die Größe der Sozialverbände, in denen Menschen heutzutage leben, ist beispielsweise grundlegend verschieden von der von Kleingruppen, in denen

Menschen die meiste Zeit ihrer stammesgeschichtlichen Entwicklung lebten und die wohl nicht mehr als 100 bis 150 Individuen umfasste. Auch die Familieneinheit an sich hat sich wohl fundamental verändert, etwa in bezug auf Geburtenabstände von Kindern, das Eltern-Kind-Verhältnis etc.. In vielerlei Hinsicht hat somit die biologische Evolution des Menschen mit der kulturellen nicht Schritt halten können (Cosmides et al., 1992). Des Weiteren mag die extrem verlängerte Kindheit und Jugendzeit des Menschen und die im Vergleich zu relativ starren instinktgebundenen Verhaltensweisen außergewöhnliche Flexibilität menschlicher psychischer Vorgänge den Preis haben, offener für Entwicklungsstörungen aller Art zu sein (Brüne & Ribbert, 2002; Brüne, 2002). Grundsätzlich aber sind psychische Eigenschaften des Menschen Ergebnis eines stammesgeschichtlichen Anpassungsprozesses; sie weisen, wie andere Anpassungen auch, Eigenschaften eines spezifischen Designs auf, sind reliabel und ökonomisch (Williams, 1966).

Da die Selektionseinheit, wie bereits ausgeführt, das Individuum als Träger genetischer Eigenschaften ist und erworbene Eigenschaften nicht vererbbar sind, können nicht nur innerhalb des Organismus „Interessenskonflikte" zwischen verschiedenen Erbanlagen entstehen, sondern auch zwischen Individuen, die mit ihrem genetischen Verwandtschaftsgrad zusammen hängen (Hamilton, 1964; Williams, 1966). Konflikt„lösungen" bzw. Anpassungen resultieren aus einem „Abwägen" von Kosten und Nutzen einer Eigenschaft. „Abwägen" bedeutet in diesem Kontext nicht, dass es sich um einen bewussten Prozess handelt; vielmehr ist die Evolution „blind" (Dawkins, 1987); Versuch und Irrtum bestimmen darüber, welche Eigenschaften sich als Anpassungen durchsetzen. Im Prinzip ist es einfach wahrscheinlicher, dass eine Eigenschaft genetisch vererbt wird, wenn ihr Nutzen die Kosten übersteigt.

Robert Trivers (1971, 1972, 1974) hat drei Szenarien präzisiert, im Rahmen derer genetische Konflikte zwischen Individuen entstehen: (1) Ein Szenario geht der Frage nach, warum es altruistisches Verhalten (reciprocal altruism) zwischen genetisch nichtverwandten Individuen gibt; (2) ein zweites Szenario befasst sich mit der Frage, warum männliche und weibliche Organismen verschiedene Interessen im Zusammenhang mit der sexuellen Selektion entwickelt haben (parental investment in relation to sexual selection); (3) ein drittes Szenario dreht sich um Konflikte zwischen Eltern und Nachkommen (parent-offspring conflict).

Die inklusive Fitnesstheorie sagt vorher, dass das Verhalten von Organismen nicht nur bestimmt wird von der eigenen Chance zur Vermehrung (für die natürlich das Überleben Voraussetzung ist;

„klassische" Fitness), sondern auch von der Chance genetisch verwandter Organismen, sich zu reproduzieren (inklusive Fitness). Das heißt, der reproduktive „Wert" eines verwandten Organismus steigt mit der Nähe der genetischen Verwandtschaft, denn, je enger die genetische Verwandtschaft ist, desto größer ist die Chance, dass genetische Kopien, die beide Organismen tragen, an die nächste Generation vererbt werden. Es kann sich also aus einer genzentrierten Sicht auch dann für einen Organismus „auszahlen", wenn sich eng verwandte Individuen fortpflanzen.

Für die Analyse kognitiver Prozesse und Verhalten in evolutionspsychologischer Perspektive ist es notwendig, die sogenannten proximaten (unmittelbaren) von den ultimaten (Letzt-) Ursachen zu unterscheiden. Zu den proximaten Faktoren zählen all diejenigen, die sich *direkt* auf Erleben und Verhalten auswirken können: Umwelt, Hormone, Transmitter, Gene, etc. Sie sind im Laufe des individuellen Lebens wandelbar. Die ultimaten Ursachen sind dagegen diejenigen, die nicht durch Erfahrung modifizierbar sind. Sie stellen die Summe der arttypischen stammesgeschichtlich erworbenen Anpassungen dar (Cosmides et al., 1992; Buss, 1999). Proximate und ultimate Ursachen sind komplementär aufzufassen und tragen gleichermaßen zum Verstehen von Erleben und Verhalten bei.

Für das Verständnis von Stalkingverhalten aus evolutionspsychologischer Perspektive, um das es hier gehen soll, ist vor allem der (genetische) Konflikt zwischen weiblichen und männlichen Individuen entscheidend, weil männliche und weibliche Organismen unterschiedliche „Strategien" im Laufe der Evolution entwickelt haben, um ihren jeweiligen Fortpflanzungserfolg zu maximieren. Dieser Konflikt wird daher im Folgenden mit Bezug auf zwei theoretische Modelle, der „Sexual Strategies Theory" (Buss & Schmitt, 1993; Buss, 1998) und der „Sperm Competition Theory" (Parker, 1970; Shackelford, 2003) näher erläutert.

3. „Gebrauchsanleitung" zum Weiterlesen

An dieser Stelle seien kurz einige Bemerkungen erlaubt, um einigen weit verbreiteten Missverständnissen vorzubeugen. Bereits in den vorangegangenen Abschnitten wurde postuliert, dass menschliche psychische Eigenschaften im Laufe unserer Stammesgeschichte als Anpassungen an Erfordernisse der menschlichen „Umwelten der evolutionären Angepasstheit" entstanden. Die moderne Evolutionstheorie sieht Anpassungen als Folge von Selektion von genetischem Material und dessen Weitergabe an die Nachfolgegenerationen. Dass diese Kräfte der Evolution auch über weite Strecken der menschlichen Stammesgeschichte bedeutsam waren (und partiell wohl auch noch sind), ist für viele Menschen schwer vorstellbar. Unglückliche Wortwahl wie „Überleben des Stärksten" (survival of the fittest) und vor allem die Verwechslung von dem was *ist* (Biologie) mit dem was *sein soll* (moralische Dimension) haben schon einmal, besonders in der deutschen Geschichte, als Ausdruck sozialdarwinistischer Vorstellungen katastrophale Folgen gehabt (Brüne, 2001b). Wenn im Folgenden daher die evolutionären Hintergründe von Stalkingverhalten beleuchtet werden, heißt das *nicht*, dass derartiges Verhalten in irgendeiner Weise auch *moralisch gerechtfertigt* oder gar wünschenswert ist.

Des Weiteren wird in den folgenden Ausführungen vielfach von „Strategien", „Präferenzen", „evolvierten psychologischen Mechanismen" die Rede sein. Diese Begriffe sind auf gar keinen Fall despektierlich oder gar sexistisch zu verstehen. Sie werden lediglich zur Verdeutlichung von überwiegend unbewusst ablaufenden intrapsychischen Prozessen benutzt, die im Rahmen menschlicher Sexualität aus evolutionspsychologischer Sicht eine Rolle spielen. „Strategien" und „Präferenzen" sind definiert als stammesgeschichtlich entstandene Lösungen spezifischer Anpassungs- oder Reproduktionsprobleme (Buss & Schmitt, 1993) und enthalten ebenfalls keinerlei moralische Werturteile (Buss, 1999).

4. Stammesgeschichtliches zum menschlichen Partnerwahl- und Sexualverhalten

Eine weitere Pionierleistung Charles Darwins war es, eine Erklärung für die augenfällige Diskrepanz im äußeren Erscheinungsbild zwischen weiblichen und männlichen Individuen einer Art zu finden (Darwin, 1871). Darwin hatte sich lange mit der Frage beschäftigt, warum etwa der Federschmuck des männlichen Pfaus entstehen konnte, widersprach dessen Existenz doch geradezu seiner Evolutionstheorie, da ein solch hinderliches Gebilde Nachteile für das Überleben haben musste. Vielleicht war es Darwins wichtigste wissenschaftliche Entdeckung, dass die Funktion des Pfauenschwanzes darin liegt, Kraft und Stärke zu signalisieren. Mit anderen Worten, ein männlicher Pfau mit einem besonders prächtigen Schwanz kann es sich diesen Überfluss „leisten", und hat offenbar bessere Chancen, einen Fortpflanzungspartner zu finden als ein Pfau mit einem weniger prachtvollen Schmuck. Die Lösung des Problems, warum derartiger Überfluss in der Natur existiert, liegt darin, dass es außer natürliche auch sexuelle Selektion gibt. Ein Prinzip der sexuellen Selektion, das Darwin erkannte, ist, dass in der Regel die männlichen Individuen einer Art um die weiblichen konkurrieren, die weiblichen aber die eigentliche

Partnerwahl treffen (Darwin, 1871). Der dahinterstehende Mechanismus war Darwin allerdings unbekannt, weil die Entdeckung der Vererbungsgesetze durch Gregor Mendel lange in der Versenkung verschwanden und erst Anfang des 20. Jahrhunderts wiederentdeckt wurden.

Fast genau 100 Jahre später veröffentlichte Robert Trivers seine Theorie über das „elterliche Investment und sexuelle Selektion" (Trivers, 1972). Trivers postulierte, dass männliche und weibliche Organismen unterschiedliche „Interessen" bezüglich ihrer Partnerwahl haben müssten, da sie unterschiedlich viel in potentielle Nachkommen investieren. Verkürzt ausgedrückt heißt das, dass weibliche Individuen in der Regel viel mehr in Nachkommen investieren als männliche. Schon das Größenverhältnis zwischen Ovum und Spermium verdeutlicht diese Diskrepanz. Bei Säugetieren etwa muss ein Weibchen als Minimum die gesamte Schwangerschaft und Stillperiode in die Aufzucht von Nachkommen investieren, Männchen dagegen nur eine Spermienzelle! Trivers folgerte daraus, dass Weibchen in bezug auf die Wahl eines Sexualpartners „wählerischer" sein müssten, weil sie durch eine „schlechte" Partnerwahl viel mehr aufs Spiel setzten als Männchen. Aus Sicht der Fitnessmaximierung eines Organismus würde das bedeuten, dass Männchen bestrebt sein müssten, die Anzahl ihrer Sexualpartner zu optimieren, allerdings in Abhängigkeit von der Höhe ihres eigenen Investments in die Aufzucht von Nachkommen (Trivers, 1972). Ein weiblicher Organismus kann dagegen aus Sicht der inklusiven Fitnesstheorie überhaupt nicht davon profitieren, möglichst viele Sexualpartner zu haben, weil die Zahl der theoretisch befruchtbaren Eizellen und das theoretische Maximum von Nachkommen begrenzt ist. Diese Theorie liefert daher auch eine plausible Erklärung dafür, warum Männchen in der Regel interindividuell um den Zugang zu Weibchen konkurrieren, während Weibchen die Partnerwahl treffen (Trivers, 1972).

Diese Überlegungen haben Buss und Mitarbeiter dazu veranlasst für menschliches Partnerwahlverhalten die "Sexual Strategies Theory" zu formulieren (Buss & Schmitt, 1993; Buss, 1998). Demnach hatten Frauen und Männer aufgrund ihres unterschiedlich hohen elterlichen Investments ebenfalls unterschiedliche Anpassungsprobleme in der menschlichen Stammesgeschichte zu bewältigen. David Buss hat daher argumentiert, dass diese Probleme zu unterschiedlichen psychischen Anpassungen in bezug auf Sexualverhalten und Partnerwahl geführt haben (Buss, 1988a, b; Buss, 1989; siehe auch Medicus & Hopf, 1995). Es sei hier nochmals betont, dass diese Prozesse weitgehend unbewusst ablaufen. Der reproduktive „Erfolg" einer Frau ist beispielsweise durch den enormen Aufwand begrenzt, der durch das Großziehen eines Kindes entsteht. Für Frauen in der UEA war daher bedeutsam, einen Partner zu finden, der ausreichende

Ressourcen zur Verfügung hatte und auch bereit war, diese in sie selbst und potentielle Nachkommen zu investieren. Mit anderen Worten, Frauen, die besonders „wählerisch" waren, hatten möglicherweise reproduktive Vorteile gegenüber weniger „wählerischen" Frauen. Eigenschaften von Männern, die ein hohes Potential an Ressourcen anzeigen, waren (und sind) am ehesten ein hoher Sozialstatus und Wohlstand (Buss, 1998, 1999).

In Relation ist das minimale Investment für Männer niedriger als für Frauen. Es muss sich daher für Männer „ausgezahlt" haben, eine relativ größere Zahl von Partnern gehabt zu haben als Frauen, wenngleich das elterliche Investment eines Mannes im Vergleich zu dem anderer männlicher Säugetiere um ein Vielfaches größer ist. In vielen menschlichen Gesellschaften und vermutlich auch unter anzestralen Bedingungen besteht und bestand daher eine Tendenz zur Polygynie. Eigenschaften von Frauen, die als potentielle Partner für Männer infrage kamen, waren relativ gesehen körperliche Attraktivität (und jüngeres Alter), etwa ein bestimmtes Verhältnis von Taille zu Hüftumfang und andere körperlichen Indikatoren (Buss & Schmitt, 1993).

Wie bereits ausgeführt, ist daher der Reproduktionserfolg von Frauen nicht etwa begrenzt durch die Anzahl möglicher Sexualpartner, sondern eher durch die Höhe der Ressourcen, die ein Mann gewillt ist, in potentielle Nachkommen zu investieren. Männer würden dagegen relativ mehr davon profitieren, mehrere Sexualpartner zu haben.

Auf einer theoretischen Zeitachse, so die "Sexual Strategies Theory", würden Frauen somit eher zu längeren stabilen Partnerschaften tendieren, während Männer mehr zu kürzeren und seriellen Partnerschaften neigen würden (Buss & Schmitt, 1993). Beim Menschen ist jedoch die enorm lange Zeitspanne der Abhängigkeit potentiellen Nachwuchses von elterlicher Fürsorge in Betracht zu ziehen; relativ zu anderen Primaten etwa, sind Männer daher selbst viel „wählerischer" und Frauen konkurrieren ebenfalls intrasexuell stärker um Sexualpartner, als dies bei anderen Primaten der Fall ist.

Ein weiteres evolutionäres Problem stellt sich mit der Sicherheit bzw. der Unsicherheit der Elternschaft. Frauen können 100%ig sicher sein, Mütter ihrer Kinder zu sein; Männer dagegen sind damit konfrontiert, dass sie nicht dieselbe Sicherheit haben. Dieses Problem ist universell; praktisch alle Lebewesen, die sich geschlechtlich fortpflanzen, haben daher arttypische Anpassungen entwickelt, das Risiko der Nicht-Vaterschaft zu minimieren. Eine „männliche" Anpassung stellt sexuelles Eifersuchtsverhalten dar und Verhaltensweisen, die darauf ausgerichtet sind, weibliche

„Treue" sicher zu stellen (Daly et al., 1982). Das Problem der „unsicheren Vaterschaft" ist beim Menschen noch dadurch verschärft, dass Männer besonders viel in potentielle Nachkommen investieren, d.h., sie würden evolutionär gesehen besonders viel verlieren, wenn sie in Nachkommen anderer Männer investierten. Aber auch für Frauen ist es bedeutsam, sicher zu stellen, dass die Ressourcen ihrer Partner ihren eigenen Kindern zugute kommen. Buss und Mitarbeiter haben daher die These aufgestellt, dass Frauen eher „emotional" eifersüchtig seien (Buss, 1998, 1999).

Eine in Einklang mit der "Sexual Strategies Theory" stehende Theorie, die männliche Kompensationsstrategien des Problems der „unsicheren Partnerschaft" aus Sicht der inklusiven Fitnesstheorie erklärt, stellt die "Sperm Competition Theory" (Parker, 1970; Shackelford, 2003) dar. Dahinter steht die Vorstellung, dass es sich für weibliche Organismen unter bestimmten Umständen durchaus auszahlen kann, sexuelle Kontakte außerhalb bestehender Paarbindungen zu haben, etwa, um für „gute Gene" für die eigenen Nachkommen zu sorgen. Für zahlreiche Tierarten ist belegt, dass außerhalb der Paarbindung liegende Sexualkontakte sogar recht häufig vorkommen. Auch für den Menschen gibt es Schätzungen, nach denen bis zu zehn Prozent der Kinder biologisch von anderen Männern als ihren „Vätern" abstammen (The Times, 2000). Die "Sperm Competition Theory" sagt vorher, dass männliche Organismen weitere, über sexuelle Eifersucht hinausgehende Anpassungsstrategien entwickelt haben, die das Risiko der „Nicht-Vaterschaft" reduzieren. Dazu zählt die Tendenz, weiblicher „Untreue" durch „Bewachen" der Sexualpartnerin vorzubeugen, möglichst rasch nach einer stattgehabten Trennung vom weiblichen Organismus zu kopulieren (um ggf. im weiblichen Sexualtrakt vorhandene „fremde" Spermien zu verdrängen) und eine möglichst große Anzahl von Spermien nach einer stattgehabten Trennung zu inseminieren, sowie möglicher „Untreue" durch häufigeres Kopulieren zuvorzukommen, wenn eine vorübergehende Trennung unausweichlich ist, etwa während der Nahrungssuche (Übersicht bei Shackelford, 2003). Derartige Verhaltensweisen sind in erster Linie bei „monogam" lebenden Vogelarten empirisch belegt. Wegen mancher Parallelen in bezug auf dahinter stehende Selektionsmechanismen in Zusammenhang mit dem elterlichen Investment wurden Voraussagen abgeleitet von der "Sperm Competition Theory" auch in bezug auf den Menschen untersucht (Baker & Bellis, 1995).

5. Empirische Befunde zum Partnerwahl- und Sexualverhalten des Menschen

Dass die in den vorhergehenden Abschnitten beschriebenen psychischen Mechanismen und Präferenzen des Menschen auch für das heutige Partnerwahl- und Sexualverhalten noch Bedeutung hat, ist mittlerweile empirisch gut abgesichert (Übersicht bei Buss, 1998, 1999).

Partnerwahl: Die Gültigkeit des "female choice" Prinzips konnte in mehreren Untersuchungen eindrucksvoll bestätigt werden; befragt nach der Zeitspanne, nach der die Testpersonen angaben bereit zu sein, ein sexuelles Verhältnis einzugehen, gaben Männer eine signifikant kürzere Zeitspanne an. Auch im tatsächlichen Verhalten bestehen deutliche Geschlechtsunterschiede. Frauen und Männer, die in einem Experiment von als attraktiv geltenden Personen des gegenteiligen Geschlechts angesprochen wurden, gaben unterschiedlich häufig ihre Bereitschaft zu sexuellen Kontakten an: Männer in 75%, Frauen in null Prozent der Fälle (Übersicht bei Buss, 1998).

Die Annahme unterschiedlicher Präferenzen in bezug auf die Dauer einer Partnerschaft konnte ebenfalls eindrücklich empirisch untermauert werden. Im Hinblick auf sexuelle Fantasien etwa bestehen eindeutige Unterschiede zwischen Männern und Frauen: Einer Untersuchung von Ellis und Symons (1990) zufolge waren Männer viel häufiger zum Sex mit unbekannten Personen bereit. Befragt nach der Anzahl der gewünschten Sexualpartner, gaben Männer signifikant höhere Zahlen an. Buss und Schmitt (1993) fanden, dass Männer durchschnittlich acht Sexualpartner in einem Zeitraum von zwei Jahren angaben, Frauen dagegen nur einen. Männer, die langdauernde Partnerschaften anstrebten, legten in einer Umfrage besonders großen Wert auf sexuelle Treue und schätzten promiskes Verhalten als besonders negativ ein, während dies für Männer, die kurzdauernde Partnerschaften hatten, eher keine Rolle spielte. Frauen, die eine lang dauernde Partnerschaft anstrebten, bevorzugten dagegen Männer mit hohem Sozialstatus und gesichertem Einkommen, während Frauen, die eher kürzer dauernde Partnerschaften suchten, Männer bevorzugten, die einen extravaganten Lebensstil führten und körperlich attraktiv waren (Übersicht bei Buss, 1998).

In einer breit angelegten transkulturellen Untersuchung konnten Buss et al. (1990) bestätigen, dass Frauen in viel stärkerem Maße Männer als Partner bevorzugten, die finanziell gut gestellt waren, einen hohen Sozialstatus hatten und beruflich ambitioniert waren. Männer legten dagegen viel größeren Wert auf Merkmale wie äußerliche Attraktivität und Jugendlichkeit ihrer potentiellen Partnerinnen. Korrespondierend dazu tendierten Männer offenbar stärker dazu, ihren „Marktwert" durch das Demonstrieren ihrer Ressourcen anzuzeigen, während Frauen mehr dazu neigten, ihre äußere Erscheinung zu betonen. Intrasexuelle Konkurrenz zwischen Männern zeigt sich auch darin, dass sich besonders junge Männer häufig risikoreich und gewaltbereit untereinander verhalten (Wilson & Daly, 1985). In Einklang mit der "Sexual Strategies Theory" stehen auch Befunde, dass Männer überwiegend Frauen heiraten, die im Durchschnitt jünger sind als sie selbst. In vielen westlichen Ländern kommen häufig serielle Partnerschaften vor. In den USA sind Frauen von Männern, die in erster Ehe verheiratet sind, durchschnittlich drei Jahre jünger, von Männern in zweiter Ehe fünf und von Männern, die in dritter Ehe verheiratet sind, acht Jahre jünger (Betzig, 1989). Transkulturelle Untersuchungen zeigten, dass als häufigste Scheidungsgründe von Männern sexuelle Untreue und Unfruchtbarkeit der Frau sowie sexuelle Zurückweisung genannt werden, während für Frauen der häufigste Scheidungsgrund sinkende Ressourcen des Mannes darstellten (Betzig, 1989).

Eifersucht und andere Strategien zur Lösung des Problems der „unsicheren Vaterschaft": In bezug auf sexuelle Eifersucht und sexuelle Konflikte zwischen Partnern konnte in mehreren Untersuchungen gezeigt werden, dass fantasierte sexuelle Untreue ihrer Partner/Innen bei Männern eine stärkere physiologische Stressreaktion hervorruft als bei Frauen (Wiederman & Allgeier, 1993; Buss & Schmitt, 1993; Wiederman et al., 1999). Unter „forced choice" Bedingungen antworteten Frauen und Männer unterschiedlich auf Fragen, ob sie sexuelle oder emotionale Untreue stärker ablehnen. Männer scheinen des Weiteren das Verhalten ihrer Partnerinnen stärker zu überwachen als umgekehrt und zwar in Abhängigkeit des „reproduktiven Werts" ihrer Partnerinnen, gemessen an deren Alter, auch dann, wenn die Dauer der Partnerschaft und das Alter des Mannes statistisch in Betracht gezogen wird (Buss & Shackelford, 1997).

In Übereinstimmung mit der "Sperm Competition Theory" korreliert bei Männern die Anzahl der Spermien im Ejakulat mit der Zeit, die seit dem letzten Geschlechtsverkehr verstrichen ist, nicht aber bei Masturbation (Baker & Bellis, 1995). Darüber hinaus bewerten Männer die Attraktivität ihrer Partnerinnen und den Wunsch nach sexuellem Kontakt höher in Abhängigkeit von der Zeitdauer, während der die Partner voneinander getrennt waren (Shackelford et al., 2002). Bei manchen Vogelarten konnte gezeigt werden, dass in Antizipation möglicher „Untreue" Männchen mit ihren Weibchen kopulierten, bevor sie sich zwecks Nahrungssuche von ihnen entfernten. Beim Menschen wiesen Baker und Bellis (1995) nach, dass die Frequenz sexuellen Kontakts in erster Linie mit dem Alter

(„reproduktiven Wert") der Frau zusammenhängt. Shackelford (2003) interpretiert diese Befunde als möglichen Hinweis für einen Zusammenhang zwischen antizipierter "Sperm Competition" und (pathologischer) Eifersucht bei Männern. Das (unbewusste) Hervorrufen von Eifersucht kann aber auch Anpassungswert haben, der darin liegt, die partnerschaftliche Bindung zu stärken (Sheets et al., 1997).

Auf der anderen Seite können sexuelle Konflikte entstehen, wenn die (unbewussten) Strategien von Frauen und Männern miteinander in Widerspruch stehen - innerhalb und außerhalb bestehender Partnerschaften. Dies kann im Extremfall zu sexueller Zurückweisung oder sexueller Aggression führen (Buss, 1998). Frauen und Männer reagieren, wie von der "Sexual Strategies Theory" vorhergesagt, unterschiedlich in derartigen Konfliktsituationen. Männer reagieren stärker negativ auf sexuelle Zurückweisung als Frauen, während Frauen stärker negativ auf sexuelle Aggression wie unerlaubte Körperberührungen oder Versuche, Sex zu erzwingen, reagieren (Buss, 1998).

Innerhalb bestehender Partnerschaften haben Frauen und Männer offenbar stammesgeschichtlich weitere psychische Mechanismen entwickelt, das „Risiko" möglicher sexueller Untreue zu minimieren. Buss und Mitarbeiter (z. B. Buss, 1999) argumentieren, dass derartige Strategien in erster Linie entstanden, um den Partner/die Partnerin „abzuschrecken", sich untreu zu verhalten und um das Risiko, dass der Partner/die Partnerin die Beziehung beendet, herabzusetzen. Erneut fanden sich empirisch Evidenzen dafür, dass Frauen und Männer unterschiedliche „Strategien" verfolgen: Männer tendieren eher dazu, ihre Partnerinnen zu verbergen, sie beispielsweise nicht mit auf Parties zu nehmen, um potentiellen Kontakt zu anderen Männern zu verhindern, und Drohungen gegenüber vermeintlichen „Rivalen" auszusprechen bzw. Gewalt anzuwenden (Buss, 1988b). Des Weiteren sind Männer mehr geneigt, ihre Ressourcen zu demonstrieren, aber auch, sich ihren Partnerinnen gegenüber submissiv zu verhalten. Frauen waren dieser Untersuchung zufolge dagegen eher geneigt, ihre äußere Erscheinung zu betonen und auch, ihre Partner bewusst eifersüchtig zu machen, etwa durch Flirts mit anderen Männern im Beisein ihrer Partner. Wie von der "Sexual Strategies Theory" prädiziert, hängt die Intensität derartiger retentiver Verhaltensweisen gegenüber dem Partner/der Partnerin von weiteren Umständen ab: von der vermuteten Wahrscheinlichkeit, dass der Partner/die Partnerin fremd gehen könnte, vom „Marktwert" des Partners/der Partnerin, gemessen etwa am sozioökonomischen Status des Mannes oder der körperlichen Attraktivität und dem Alter der Frau und von der subjektiven Diskrepanz des partnerschaftlichen „Wertes" des Mannes bzw. der Frau. Shackelfords und Buss (1997) Untersuchung bei Verheirateten zufolge war retentives Verhalten gegenüber dem Partner/ der Partnerin bei Männern, aber nicht bei Frauen, mit der angenommenen Wahrscheinlichkeit, dass sich die Partnerin innerhalb des nächsten Jahres „untreu" verhalten könnte, assoziiert. Männer, die mit jüngeren Frauen verheiratet waren und die die körperliche Attraktivität ihrer Frauen hoch einschätzten, verbargen ihre Partnerinnen mehr in der Öffentlichkeit, verhielten sich ihnen gegenüber emotional manipulativer und Besitz ergreifender und machten stärker Gebrauch von intrasexueller Aggressivität (gegenüber anderen Männern) als Männer, die mit älteren Frauen verheiratet waren. Retentive Verhaltensweisen von Frauen gegenüber ihren Männern war dagegen nicht vom Alter der Männer abhängig, sondern eher von deren Einkommen bzw. Streben nach hohem Sozialstatus (Shackelford & Buss, 1997).

Gewaltanwendung gegenüber Partnern/ Partnerinnen als extrem destruktive Verhaltensweise kann nach Wilson und Daly (1996) als besonders „riskante" stammesgeschichtlich entstandene „Strategie" verstanden werden, Partner/ Partnerinnen davon abzuhalten, sich sexuell untreu zu verhalten oder eine Beziehung zu beenden. Während die Androhung von Gewalt eine unter Umständen effektive Strategie darstellt, ist die tatsächliche Ausübung von Gewalt „kostenträchtig", und zwar sowohl für das Opfer als auch den Täter. Wilson und Daly (1996) argumentieren aus evolutionspsychologischer Sicht, dass eine effektive Gewaltandrohung nur um den „Preis" der Bereitschaft, im Extremfall tatsächlich Gewalt anzuwenden, zu haben ist. Tatsächlich bestätigen die Daten erneut die Vorhersagen abgeleitet von der "Sexual Strategies Theory": Frauen, die ihre Männer verlassen, werden häufig von ihren Ex-Partnern verfolgt, bedroht oder attackiert. Das Risiko getötet zu werden ist bei Frauen, die ihre Männer verlassen haben um ein Vielfaches größer als bei Paaren, die zusammen leben. Junge und attraktive Frauen sind demnach besonders gefährdet, unabhängig vom Alter der Ex-Partner (Wilson & Daly, 1993). Darüber hinaus ist das Risiko, Opfer von Gewalt zu werden, für Frauen besonders hoch, deren Männer einen geringen sozioökonomischen Status haben. In einer Studie von 1.156 getöteten Frauen in New York waren ca. 50% Opfer ihrer Ex-Partner; etwa zwei Drittel stammten aus Schichten mit einem niedrigen sozioökonomischen Status (Belluck, 1997). Ein wichtiger protektiver Faktor für Frauen, Opfer von Gewalt ihrer (Ex-)Partner zu werden, schien dagegen die Präsenz von verwandtschaftlichen Beziehungen darzustellen: Eine Studie, durchgeführt in Madrid und Umgebung zeigte, dass die Rate von Gewalt gegenüber Frauen in umgekehrt proportionalem Verhältnis zur Nähe des Wohnortes von Verwandten stand, d.h., je näher und je mehr Verwandte im Umfeld der Frau vorhanden waren, desto geringer war die Wahrscheinlichkeit, Opfer von Gewalt zu werden, ein Befund, der erneut in

Einklang mit evolutionspsychologischen Hypothesen zur "kinship alliance" steht (zitiert nach Buss, 1999).

6. Welche Bedeutung hat der evolutionspsychologische Ansatz für die Interpretation von Stalkingverhalten?

Vor einem evolutionspsychologischen Hintergrund, wie oben skizziert, kann Stalking als Extremvariante auf einem Kontinuum von „normalen" Verhaltens-„Strategien" verstanden werden, die im Laufe der menschlichen Stammesgeschichte entstanden, um in erster Linie Anpassungsprobleme, resultierend aus einem unterschiedlichen elterlichen Investment von Frauen und Männern und insbesondere dem Problem der „unsicheren Vaterschaft", zu lösen.

Die besondere Bedeutung des evolutionspsychologischen Ansatzes liegt darin, dass er ermöglicht, spezifische, empirisch prüfbare Hypothesen aufzustellen. Nach der "Sexual Strategies Theory" (Buss & Schmitt, 1993) und der "Sperm Competition Theory" (Parker, 1970; Shackelford, 2003) sind vielmehr folgende Hypothesen zu Stalking überprüfbar:

(1) Bei Stalking handelt es sich um eine Extremform vor allem männlicher Sicherungsstrategien, das Verhalten der Partnerin maximal zu kontrollieren, die Partnerin von der Umwelt abzuschirmen und „antizipierter Untreue" zuvorzukommen. Stalker sind daher in aller Regel Männer, Opfer zumeist Partnerinnen, Ex-Partnerinnen, Frauen, zu denen der Stalker eine Beziehung erzwingen will oder glaubt, dass eine Beziehung tatsächlich besteht (etwa im Rahmen psychotischer Störungen).

(2) Die Bandbreite des Verhaltens von Stalkern reicht von aufdringlicher Demonstration von Ressourcen, exzessivem Kontrollverhalten, verbalem Drohen und Androhen körperlicher Gewalt ihren Opfern gegenüber bis hin zu sexueller Nötigung, Vergewaltigung oder Tötungsdelikten.

(3) Vermeintliche männliche Rivalen oder (neue) Partner der Stalkingopfer können ebenfalls zur Zielscheibe aggressiven Verhaltens werden.

(4) Stalker sind in der Regel Personen, die nur über geringe Ressourcen verfügen, sowohl in sozioökonomischer Hinsicht, als auch im Hinblick auf ihre sozialen und emotionalen Möglichkeiten der Konfliktbewältigung.

(5) Die Intensität von Stalking hängt vom durch den Stalker wahrgenommenen „reproduktiven Wert" des Opfers zusammen; jüngere,

attraktive Frauen sind demnach häufiger Opfer von Stalking und das Stalkingverhalten ist krasser und gewaltbereiter als gegenüber weiblichen Opfern, die älter sind und vom Stalker als weniger attraktiv bewertet werden.

(6) Im Unterschied dazu ist die Intensität von Stalking weniger vom Alter des Stalkers abhängig.

(7) Die psychische Traumatisierung der Stalkingopfer ist bei Frauen stärker ausgeprägt, weil (sexuell motiviertes) Stalking fundamental dem stammesgeschichtlich entstandenen Partnerwahlverhalten ("female choice") widerspricht.

(8) Enge familiäre Bindungen der Frau und räumliche Nähe zu Verwandten hat eine (unter Umständen auch sekundär) protektive Wirkung auf die Intensität, Dauer und ggf. Beendigung des Stalking.

Empirische Untersuchungen zum Stalking aus evolutionspsychologischer Sicht gibt es bislang kaum. In einer eigenen retrospektiven Studie zum Liebeswahn (Erotomanie) von 246 zwischen 1900 und 2000 publizierten Kasuistiken waren Verhaltensweisen der erotomanen Personen gegenüber den verfolgten „Liebesobjekten", die aus heutiger Sicht als Stalking klassifiziert werden könnten, durchaus häufig (Brüne, 2001a, 2003). Liebeswahn kann allgemein als pathologische Ausformung einer „Langzeitpartnerwahlstrategie" aufgefasst werden. In Einklang mit der "Sexual Strategies Theory" kam in dieser Untersuchung Liebeswahn daher am häufigsten bei unverheirateten Frauen vor, die sozial hochstehende ältere Männer als „Liebesobjekte" verfolgten. Aufschlussreich in Zusammenhang mit Stalking ist aber vor allem das Verhalten erotomaner Männer. Unabhängig von der zugrunde liegenden Psychopathologie waren „Liebesobjekte" erotomaner Männer in der Regel sexuell attraktive, jüngere Frauen. Während Stalking in Form von Telefonanrufen, Zusenden von Briefen, Geschenken und „Auflauern" des „Liebesobjekts" bei beiden Geschlechtern recht häufig vorkam, war das Stalkingverhalten männlicher Personen mit Liebeswahn in stärkerem Maße mit sexueller Eifersucht gepaart und hatte in weitaus größerem Umfang direkte forensische Konsequenzen. Ebenfalls in Übereinstimmung mit den oben genannten Hypothesen ist der Befund zu interpretieren, dass erotomane Männer in der Mehrzahl der Fälle einen niedrigen Sozialstatus hatten (Tabelle 1). Trotz der unbestreitbaren Einschränkungen, die eine retrospektive Bewertung von Fallberichten mit sich bringt, zeigte eine logistische Regressionsanalyse, dass männliches Geschlecht, das Vorliegen deutlicher Anzeichen sexueller Eifersucht und (eingeschränkt) niedriger Sozialstatus der erotomanen Person signifikante Prädiktoren der forensischen Bedeutung des Verhaltens gegenüber dem „Liebesobjekt" darstellten (Brüne, 2003). Zusammenfassend ist Stalking im Rahmen eines Liebeswahns somit bei beiden Geschlechtern anzutreffen, kommt aber gepaart mit sexueller Eifersucht häufiger bei Männern vor, die, gemessen an der forensischen Relevanz des Verhaltens, insgesamt gewaltbereiter zu sein scheinen (Brüne, 2003).

Tabelle 1: Geschlechtsunterschiede bei 246 publizierten Fällen von Liebeswahn

Merkmale	Frauen	Männer
Geschlechtsverhältnis:	69.10%	30.90%
mittleres Erkrankungsalter:	33.5 Jahre	28 Jahre
unverheiratet:	76.40%	94.90%
verheiratet:	23.70%	5.10%
Geschätzter Sozialstatus der Betroffenen:		
niedrig:	35.80%	55.10%
durchschnittlich:	59.00%	40.60%
hoch:	5.20%	4.30%
Belästigungen (n=127):	52/12*	62/1*
Eifersucht (n=61):	17/10*	32/2*
Forensisch relevantes Verhalten:	4.10%	51.30%
Alter des „Liebesobjekts" in Relation zur erotomanen Person:		
älter:	73.50%	20.50%
gleich:	7.40%	12.80%
jünger:	19.10%	66.70%
Geschätzter Sozialstatus des „Liebesobjekts":		
niedrig & durchschnittlich:	13.20%	27.70%
hoch:	86.80%	72.30%
Anzahl der „Liebesobjekte":		
einzelne:	82.20%	79.50%
aufeinander folgend:	14.20%	16.40%
simultan:	6.30%	4.10%

* in absoluten Zahlen bewertet als „vorhanden"/ „nicht vorhanden".

Eine kürzlich in Australien durchgeführte Studie der Arbeitsgruppe um Mullen (Purcell et al., 2002) bestätigt eindrucksvoll praktisch alle der oben aufgeführten evolutionspsychologischen Hypothesen.

Die Rücklaufrate einer Fragebogenbefragung von 3700 Personen lag bei 61%. Fast jeder Vierte (23,4%) gab an, Opfer von Stalking gewesen zu sein. Die Mehrzahl der Opfer war weiblich (75%), Stalker dagegen in 84%

männlich. In 57% der Fälle bestand eine persönliche Beziehung im Vorfeld des Stalkingverhaltens, in 13% eine intime Verbindung. Die bevorzugte Altergruppe der Stalkingopfer waren junge Frauen zwischen 16 und 30 Jahren, die Stalker, soweit bekannt, im Durchschnitt Anfang 30, in 22% der Fälle arbeitslos, 45% waren alleinstehend, 20% getrennt lebend oder geschieden. In 29% der Fälle wurde dem Stalkingopfer Gewalt angedroht, wobei sich die Drohungen in 16% gegen Familienmitglieder, Partner oder Freunde der Opfer richtete. Die Dauer des Stalking war eindeutig mit dem Vorhandensein und der Dauer einer früheren Partnerschaft assoziiert; darüber hinaus wurden Ex-Partner am häufigsten bedroht (62%) und auch tatsächlich körperlich attackiert (56%). Sexuelle Übergriffe kamen in 2% der Fälle vor. Purcell et al. (2002) folgern daraus, dass die Höhe des „emotionalen Investments" klar mit der Länge und Intensität des Stalkingverhaltens verknüpft ist. Insbesondere weibliche Stalkingopfer suchten Rat und Unterstützung bei ihren Familien und Freunden (56%).

Die Untersuchung von Purcell et al. (2002) ist zusammengefasst in allen Belangen mit den oben aufgeführten evolutionspsychologischen Hypothesen vereinbar. Dies ist umso bemerkenswerter, als diese Untersuchung gerade keinen evolutionspsychologischen Hintergrund hat, also diesbezüglich „vorurteilsfrei" ist.

7. Diskussion

Im vorliegenden Beitrag habe ich versucht zu argumentieren, dass das Phänomen „Stalking" als Extremvariante stammesgeschichtlich entstandener „Sicherungsstrategien" im Rahmen menschlicher Sexualität verstanden werden kann. Vor diesem Hintergrund stellen die von Mullen und Mitarbeitern (2001) beschriebenen Stalker-Typen Spielarten derartiger Verhaltensweisen dar, die sich bezüglich ihrer individuellen Entwicklung und Psychopathologie unterscheiden und hinsichtlich der Ausprägung und Stil retentiven Verhaltens gegenüber früheren Partnerinnen oder „gewähnten" Partnerinnen. Unterschiede zwischen den Typen bestehen darin, ob eine Partnerschaft tatsächlich bestanden hat (zurückgewiesener Stalker), ob der Stalker eine Partnerschaft erzwingen will, weil er möglicherweise Signale des Opfers als Zuwendung fehlinterpretiert (Intimität suchender Stalker), ob der Stalker generell geringe soziale Kompetenzen hat (inkompetenter Stalker), ob „Rache" das primäre Stalkingmotiv darstellt (rachesuchender Stalker) oder ob der Stalker von vornherein einen gewalttätigen Übergriff plant, häufig auch sexueller Natur („räuberischer" Stalker).

Obwohl Stalking auch außerhalb eines sexuell motivierten Kontexts vorkommt (Purcell et al., 2001), etwa gleichgeschlechtliches Stalking zwischen Frauen, die eine Beziehung aufzunehmen wünschen (hierzu könnte man ebenfalls evolutionspsychologische Hypothesen bilden), ist Stalking aus evolutionspsychologischer Perspektive keineswegs „geschlechtsneutral"; beendete partnerschaftliche Beziehungen sind in der Mehrzahl der Fälle Auslöser von Stalking (Meloy, 1999; Mullen et al., 2001). Stalking ist geradezu ein Paradebeispiel für die Bedeutung evolutionärer Prozesse für weibliche und männliche Sexualität. Wie in etlichen Studien gezeigt, sind männliche Stalker gewaltbereiter, unabhängig davon, ob Stalking psychotisch-wahnhaft motiviert ist (Menzies, 1994; Menzies et al., 1995) oder im Rahmen antisozialer, narzisstischer oder paranoider Persönlichkeitsstörungen zu sehen ist (Harmon et al., 1995). Die Tatsache, dass Stalking auch bei Frauen, wenn auch deutlich seltener als bei Männern, die (Wieder-) Aufnahme einer partnerschaftlichen Beziehung zum Ziel hat, widerspricht dem evolutionspsychologischen Szenario keineswegs. Für Frauen kann es durchaus relevant sein zu versuchen, Partner die über Ressourcen verfügen, an sich zu binden; sexuell motivierte Eifersucht ist dagegen bei Frauen möglicherweise geringer ausgeprägt. In Einklang mit dem evolutionspsychologischen Modell steht weiterhin die Tatsache, dass weibliche Stalker ihre Opfer zwar auch verbal bedrohen, physische Gewaltanwendung jedoch seltener ist. Sexuelle Übergriffe weiblicher Stalker kamen in einer Untersuchung von Purcell et al. (2001) überhaupt nicht vor.

Wie von Habermeyer und Hoff (2002) kürzlich kritisiert ist das Stalkingkonzept als „sozial störende Verhaltensweise" nur eingeschränkt in der forensischen Begutachtung brauchbar. Dies gilt aus meiner Sicht aber nur in bezug auf die fehlende pathognomonische Relevanz derartigen Verhaltens - Stalking ist sicher keine „Diagnose" per se. Gerade das evolutionspsychologische Erklärungsmodell zum Problem des Stalking bietet aber möglicherweise neue Einsichten. Stalking kommt im Rahmen einer Vielzahl von nicht-psychotischen und psychotischen Störungen vor (Meloy, 1989; Zona et al., 1993; Mullen et al., 1994a,b; Mullen et al., 1999). Diagnose-übergreifende Merkmale von Stalkern, wie geringe soziale Kompetenz und soziale Isolierung, niedriger sozioökonomischer Status (einschließlich eines häufigen Substanzmittelmissbrauchs) könnten prinzipiell prognostischen Wert besitzen und unter Umständen auch therapeutisch bedeutsam sein. In bezug auf die Opfer könnte neben allgemeinen Verhaltensmaßregeln wie unmissverständliche Erklärung, dass kein Kontakt gewünscht wird, Herstellen von Öffentlichkeit etc. (Dreßing und Gass, 2002) auch die Festigung familiärer Bindungen dazu beitragen,

Stalker von weiterer Verfolgung abzuhalten. Hierzu besteht aber sicher noch erheblicher Forschungsbedarf.

Der evolutionspsychologische Zugang zu menschlichem Erleben und Verhalten mag manchen Lesern zunächst fremd erscheinen. Insbesondere dürfen Rückschlüsse von tierischem auf menschliches Verhalten sicher nicht voreilig gezogen werden. Wenn man jedoch bereit ist zu akzeptieren, dass unterschiedliche Spezies wegen ähnlicher stammesgeschichtlicher „Problemstellungen" ähnliche Anpassungen entwickelt haben - wie hier skizziert, Probleme in bezug auf Fortpflanzung überwiegend monogam lebender Arten, können evolutionspsychologisch abgeleitete Hypothesen oft zu erstaunlichen Einsichten führen - ob als peinlich empfunden oder nicht.

Es gibt auf der anderen Seite auch Grenzen der Interpretierbarkeit evolutionspsychologisch geleiteter Untersuchungen, etwa mittels Fragebögen. Kein Mann wird auf die Frage „was tun Sie, wenn Ihre Frau mit einem anderen Mann flirtet" antworten: „Wenn ich das nächste Mal mit ihr schlafe, erhöhe ich die Zahl meiner Spermien in meinem Ejakulat" (Daly & Wilson, 1999). Es ist wohl überflüssig zu betonen, dass derartige Prozesse unbewusst ablaufen. Soziale Erwünschtheit und bevorzugtes Befragen bestimmter Stichproben (z. B. Studenten/Innen) haben sicher einen gewissen Einfluss auf die Ergebniskonstellation (Daly & Wilson, 1999). Die Vielzahl unterschiedlicher Methoden und Studien lassen an der generellen Richtigkeit der "Sexual Strategies Theory" jedoch keine Zweifel aufkommen.

Ein weiterer Gesichtspunkt, der nicht übersehen werden darf, ist, dass der evolutionspsychologische Ansatz prinzipiell „rückwärts" gerichtet ist; Anpassungen sind historisch über lange Zeiträume aufgrund anzestraler Selektionsdrücke entstanden. Die Frage nach den ultimaten Ursachen von Verhalten entbindet auch nicht von Fragen nach proximaten (unmittelbaren) Ursachen; in bezug auf Psychopathologien etwa nach im Laufe der ontogenetischen individuellen Entwicklung erworbenen Eigenschaften wie bestimmte Persönlichkeitsstile und –störungen; darüber hinaus auch nach individuellen Motiven und begleitenden kognitiven Prozessen, einschließlich etwaiger auslösender oder Stalking verstärkender situativer Komponenten.

Geschlechtsspezifische Unterschiede im Verhalten, wie hier am Beispiel von Stalking ausgeführt, sind unzweifelhaft Resultat unterschiedlicher Anpassungsprobleme von Frauen und Männern in den „Umwelten der evolutionären Angepasstheit" (Bowlby, 1969, 1982). Es ist abschließend nochmals hervorzuheben, dass biologische Dispositionen von Verhaltensweisen entgegen einem alten Missverständnis nicht gleichzusetzen sind mit deren Unveränderlichkeit oder Unbeeinflussbarkeit; sie können schon gar nicht als Entschuldigungen für kriminelles Verhalten herangezogen werden, wie in einem Artikel in „Die Zeit" (Breuer & Sentker, 2000) kritisch hinterfragt wurde. Das Verständnis auch für die stammesgeschichtliche Entwicklung unseres So-und-nicht-anders-Seins kann jedoch einen Beitrag dazu leisten, Störungen im Erleben und Verhalten besser zu begreifen und zu behandeln (Buss, 1999).

Literatur

Abrams, K. M. & Robinson, G. E. (1998). Stalking. Part I: an overview of the problem. *Canadian Journal of Psychiatry*, 43, 473-476.

Baker, R. R. & Bellis, M. A. (1995). *Human Sperm Competition*. London: Chapman and Hall.

Belluck, P. (1997). A woman's killer is likely to be her partner, a study finds. *New York Times*.

Betzig, L. (1989). Causes of conjugal dissolution: a cross-cultural study. *Current Anthropology*, 30, 654-676.

Bowlby, J. (1969/1982). *Attachment and Loss: Volume I. Attachment*. London: The Hogarth Press.

Breuer, H. & Sentker, A. (2000). Sex, Gewalt, Genetik. Sind alle Männer Vergewaltiger? Ein Streit der Wissenschaft. In Gräfin M. Dönhoff, H. Schmidt & T. Sommer (Hrsg.), *Die Zeit*, 55, (9), 35-37.

Brüne, M. (2001a). De Clérambault's syndrome (erotomania) in an evolutionary perspective. *Evolution and Human Behavior*, 22, 409-415.

Brüne, M. (2001b). Evolutionary fallacies of Nazi psychiatry: implications for current research. *Perspectives in Biology and Medicine*, 44, 426-433.

Brüne, M. (2002). Towards an integration of interpersonal and biological processes: evolutionary psychiatry as an empirically testable framework for psychiatric research. *Psychiatry. Interpersonal and Biological Processes*, 65, 48-57.

Brüne, M. (2003). Erotomanic stalking in evolutionary perspective. *Behavioral Sciences and the Law*, 21, 83-88.

Brüne, M. & Ribbert, H. (2002). Grundsätzliches zur Konzeption einer evolutionären Psychiatrie. *Schweizer Archiv für Neurologie und Psychiatrie*, 153, 4-11.

Buss, D. M. (1988a). The evolution of human intrasexual competition: tactics of mate attraction. *Journal of Personality and Social Psychology*, 54, 616-628.

Buss, D. M. (1988b). From vigilance to violence. Tactics of mate retention in American undergraduates. *Ethology and Sociobiology*, 9, 291-317.
Buss, D. M. (1989). Sex differences in human mate preferences: evolutionary hypotheses tested in 37 cultures. *Behavioral and Brain Sciences*, 12, 1-49.
Buss, D. M. (1995). Evolutionary psychology: A new paradigm for psychological sciences. *Psychological Inquiry*, 6, 1-30.
Buss, D. M. (1998). Sexual strategies theory: historical origins and current status. *Journal of Sex Research*, 35, 19-32.
Buss, D. M. (1999). *Evolutionary Psychology. The New Science of the Mind*. Boston: Allyn and Bacon.
Buss, D. M., Abbott, M., Angleitner, A., Asherian, A., Biaggio, A. et al. (1990). International preferences in selecting mates. A study of 37 cultures. *Journal of Crosscultural Psychology*, 21, 5-47.
Buss, D. M. & Schmitt, D. P. (1993). Sexual strategies theory: an evolutionary perspective on human mating. *Psychological Review*, 100, 204-232.
Buss, D. M. & Shackelford, T. K. (1997). From vigilance to violence: Mate retention tactics in married couples. *Journal of Personality and Social Psychology*, 72, 346-361.
Cosmides, L., Tooby, J. & Barkow, J. (1992). Introduction: Evolutionary psychology and conceptual integration. In J. Barkow et al. (Eds.), *The Adapted Mind*. Oxford University Press.
Daly, M., Wilson, M. & Weghorst, S. Z. (1982). Male sexual jealousy. *Ethology and Sociobiology*, 3, 11-27.
Daly, M. & Wilson, M. (1999). Human evolutionary psychology and animal behaviour. *Animal Behaviour*, 57, 509-519.
Darwin, Ch. (1859). *On the Origins of Species by Means of Natural Selection*. London: Murray.
Darwin, Ch. (1871). *The Descent of Man, and Selection in Relation to Sex*. London: Murray.
Dawkins, R. (1987). *The Blind Watchmaker*. New York: Norton & Co.
De Clérambault, G. G. (1942). Les psychoses passionnelles. *Oevre Psychiatrique*. Presses Universitaires de France, 331, 337-339,357,408.
Del Ben, K. & Fremouw, W. (2002). Stalking: developing an empirical typology to classify stalkers. *Journal of Forensic Sciences*, 47, 152-158.
Dietz, P. (1988). *Threats and attacks against public figures*. Paper presented at the meeting of the American Academy of Psychiatry and the Law, San Francisco, 1988. [zit. nach Meloy, 1989]
Dreßing, H. & Gass, P. (2002). Stalking – vom Psychoterror zum Mord. *Nervenarzt*, 73, 1112-1115.
Dunne, F. J. & Schipperhejn, J. A. (2000). Stalking (obsessive pursuit). *Hospital Medicine*, 61, 31-32.

Ellis, B. J. & Symons, D. (1990). Sex differences in sexual fantasy: an evolutionary psychological approach. *Journal of Sex Research*, 27, 527-555.
Encyclopaedia Britannica (Online Version), 2003.
Habermeyer, E. & Hoff, P. (2002). „Stalking": Eine populäre, aber lediglich eingeschränkt verwertbare Konzeption sozial störender Verhaltensweisen. *Fortschritte der Neurologie und Psychiatrie*, 70, 542-547.
Hamilton, W. D. (1964). The genetical evolution of social behaviour. I. and II. *Journal of Theoretical Biology*, 7, 1-52.
Harmon, R. B., Rosner, R. & Owens, H. (1995). Obsessional harassment and erotomania in a criminal court population. *Journal of Forensic Sciences*, 40, 188-196.
Kamleiter, M. & Laakmann, G. (2003). Stalking – Bedeutung für klinische Praxis und Rechtsprechung. *Psychiatrische Praxis*, 30, 152-158.
Kienlen, K. K., Birmingham, D. L., Solberg, K. B., O'Regan, J. T. & Meloy, J. R. (1997). A comparative study of psychotic and non-psychotic stalking. *Journal of the American Academy of Psychiatry and the Law*, 25, 317-334.
Knecht, T. (2003). Stalking – eine moderne Manifestations von Liebeswahn? *Archiv für Kriminologie*, 211, 1-8.
Kraepelin, E. (1896). *Psychiatrie*. Leipzig: Johann Ambrosius Barth. 5 Aufl.
Kretschmer, E. (1966). *Der sensitive Beziehungswahn. Ein Beitrag zur Paranoiafrage und zur psychiatrischen Charakterlehre*. Berlin, Heidelberg, New York: Springer. 4. erw. Aufl.
Kurt, J. L. (1995). Stalking as a variant of domestic violence. *Bulletin of the American Academy of Psychiatry and the Law*, 23, 219-230.
McCann, J. T. (1998). Subtypes of stalking (obsessional following) in adolescents. *Journal of Adolescence*, 21, 667-675.
Medicus, G. & Hopf, S. (1995). Der natürliche Unterschied. Zur Biopsychologie der Geschlechterdifferenz. *Sexologie*, 2, 148-165.
Meloy, J. R. (1989). Unrequited love and the wish to kill. Diagnosis and treatment of borderline erotomania. *Bull of the Menninger Clinic*, 53, 477-492.
Meloy, J. R. (1999). Stalking. An old behavior, a new crime. *Psychiatric Clinics of North America*, 22, 85-99.
Menzies, R. P. (1994). Male erotomania and dangerousness. *British Journal of Psychiatry*, 165, 554-555.
Menzies, R. P., Fedoroff, J. P., Green, C. M. & Isaacson, K. (1995). Prediction of dangerous behaviour in male erotomania. *British Journal of Psychiatry*, 166, 529-536.

Mullen, P. E. & Pathé, M. (1994a). Stalking and the pathologies of love. *Australian and New Zealand Journal of Psychiatry*, 28, 469-477.
Mullen, P. E. & Pathé, M. (1994b). The pathological extensions of love. *British Journal of Psychiatry*, 165, 614-623.
Mullen, P. E., Pathé, M., Purcell, R. & Stuart, G. (1999). Study of Stalkers. *American Journal of Psychiatry*, 156, 1244-1249.
Mullen, P. E., Pathé, M. & Purcell, R. (2001). Stalking: new constructions of human behaviour. *Australian and New Zealand Journal of Psychiatry*, 35, 9-16.
Nesse, R. M. & Williams, G. C. (1995). *Why We Get Sick. The New Science of Darwinian Medicine*. New York: Times Books.
Parker, G. A. (1970). Sperm competition and its evolutionary consequences in the insects. *Biological Reviews*, 45, 525-567.
Purcell, R., Pathé, M. & Mullen, P. E. (2001). A study of women who stalk. *American Journal of Psychiatry*, 158, 2056-2060.
Purcell, R., Pathé, M. & Mullen, P. E. (2002). The prevalence and nature of stalking in the Australian community. *Australian and New Zealand Journal of Psychiatry*, 36, 114-120.
Rogers, L. (2000). Women who cheat on their husbands. *The Times*, 23 Januar 2000.
Shackelford, T. K. (2003). Preventing, correcting, and anticipating female infidelity. *Evolution and Cognition*, 9, 90-96.
Shackelford, T. K. & Buss, D. M. (1997). Cues to infidelity. *Personality and Social Psychology Bulletin*, 23, 1034-1045.
Shackelford, T. K., LeBlanc, G. J., Weekes-Shackelford, V. A., Bleske-Rechek, A. L., Euler, H. A. & Hoier, S. (2002). Psychological adaptation to human sperm competition. *Evolution and Human Behavior*, 23, 123-138.
Sheets, V. L., Fredendall, L. L. & Claypool, H. M. (1997). Jealousy evocation, partner reassurance, and relationship stability: an exploration of the potential benefits of jealousy. *Evolution and Human Behavior*, 18, 387-402.
Tjaden, P. & Thoennes, M. (1998). *Stalking in America: Findings from the national violence against women survey*. Washington DC: National Institute of Justice and Centers for Disease Control and Prevention.
Trivers, R. L. (1971). The evolution of reciprocal altruism. *Quarterly Review of Biology*, 46, 35-57.
Trivers, R. L. (1972). Parental investment and sexual selection. In B. Campbell (Ed.), *Sexual selection and the descent of man*. (pp. 136-179). Chicago: Aldine-Atherton.
Trivers, R. L. (1974). Parent-offspring conflict. *American Zoologist*, 14, 249-264.

Wiederman, M. W. & Allgeier, E. R. (1993). Gender differences in sexual jealousy: adaptionist or social learning explanation? *Ethology and Sociobiology*, 14, 115-140.

Wiederman, M. W. & Kendall, E. (1999). Evolution, Sex, and Jealousy: Investigation with a sample from Sweden. *Evolution and Human Behavior*, 20, 121-128.

Wilson, M. I. & Daly, M. (1985). Competitiveness, risk-taking and violence; the young male syndrome. *Ethology and Sociobiology*, 6, 59-73.

Wilson, M. I. & Daly, M. (1993). An evolutionary psychological perspective on male sexual proprietariness and violence against wives. *Violence and Victims*, 8, 271-294.

Wilson, M. I. & Daly, M. (1996). Male sexual prorprietariness and violence against wives. *Current Directions in Psychological Science*, 5, 2-7.

Williams, G. C. (1996). *Adaptation and Natural Selection*. Princeton NJ: Princeton University Press.

Zona, M. A., Sharma, K. K. & Lane, J. (1993). A comparative study of erotomanic and obsessional subjects in a forensic sample. *Journal of Forensic Sciences*, 38, 894-903.

Fixierungen auf Personen des öffentlichen Lebens

Jens Hoffmann

Personen des öffentlichen Lebens wie beispielsweise Schauspieler, Musiker, Politiker oder Wirtschaftsführer machen regelmäßig Erfahrungen mit Kontaktversuchen ungewöhnlicher Natur. Seien es Briefe oder E-Mails mit merkwürdig anmutendem Inhalt und Schriftbild, Personen mit unklarer Intention, die den Prominenten abpassen, ihn ansprechen oder sogar verfolgen: Aufgrund der Öffentlichkeit ihrer Lebensführung ziehen bekannte Persönlichkeiten die Aufmerksamkeit vieler Menschen auf sich, darunter auch einige, die sich auf eher bizarre Weise und mit beträchtlicher Ausdauer dem Objekt ihres Interesses widmen. In jüngerer Zeit subsumierte man solche Phänomene vor allem unter dem Schlagwort des Prominentenstalking, ein Begriff, der bei näherer Betrachtung allerdings nur einen begrenzten Teil derartiger Vorfälle umschreibt.

1. Prominentenstalking und die pathologische Fixierung auf eine andere Person

Was versteht man unter Prominentenstalking? Viele grundlegende Definitionen zu Stalking beschreiben ein Verhaltensmuster, bei dem es zu wiederholten Kommunikationsversuchen oder Annäherungen kommt, die von der Zielperson als unerwünscht wahrgenommen werden (z.b. Mullen, Pathé, Purcell und Stewart, 1999; Westrup, 1998). In den allermeisten Fällen von „normalem" Stalking kennen sich der Verfolger und die Verfolgte persönlich, vielfach ist sogar eine intime Beziehung vorausgegangen, der Fremde als obsessiver Belästiger bildet hingegen eher die Ausnahme (Voß, Hoffmann & Wondrak, 2005). Anders beim Star-Stalking: Hier findet jedwede Form der Beziehung alleine in der Fantasie statt, zumindest so lange bis der Stalker durch seine Beharrlichkeit sich in das Bewusstsein des Prominenten gedrängt hat. Eine Zitat des US-amerikanischen Popstars Madonna erfasst dieses Bemühen des Prominentenstalkers eine imaginierte Beziehung in der realen Welt zu realisieren: „Wir haben auf gewisse Weise seine Fantasien wahr werden lassen, ich sitze vor ihm und das ist es, was er möchte." (zitiert nach Saunders, 1998). Madonna sagte dies, als sie gegen ihren Willen zu einem Prozesstermin erscheinen musste, bei dem sie einem Stalker gegenüber stand, der sie bedroht hatte und in ihr Anwesen eingedrungen war.

Prominentenstalker streben es also aktiv an, von der berühmten Person wahrgenommen zu werden. Sie unterscheiden sich von Fans in der mangelnden Realitätsbezogenheit ihres Beziehungsbedürfnisses. Fans wünschen sich zwar oder träumen davon, ihrem Star nahe zu sein oder von ihm geliebt zu werden, doch letztlich wissen sie, dass der Prominente und sie in unterschiedlichen sozialen Welten leben (Hoffmann, 2004). Prominentenstalker fühlen sich hingegen zu einer Beziehung mit der Person des öffentlichen Lebens berechtigt oder gehen sogar davon, dass eine Verbindung vorhanden ist, vorhanden war oder vorhanden sein wird (Leets, de Becker & Giles, 1995; Hoffmann, 2005).

Im Unterschied zu Stalking stellt der Begriff der pathologischen Fixierung auf eine prominente Persönlichkeit ein umfassenderes Konzept dar und bleibt nicht beschränkt auf Personen, die ein Verhaltensmuster wiederholter Kontakt- und Annäherungsversuche zeigen. Im Sinne eines psychologischen Konstrukts stammt der Ausdruck Fixierung ursprünglich aus der Psychoanalyse. Eine Fixierung beschreibt demnach ein inneres, zumeist unbewusstes „Hängenbleiben" an einer kindlichen Entwicklungsstufe, die nicht zufriedenstellend abgeschlossen wurde und im Erwachsenenleben sozusagen immer wieder aktiviert wird. Sehr frühe Erfahrungen und Bedürfnisse können somit lange in der individuellen Biographie fortwirken (Freud, 1991; Laplanche & Pontalis, 1967/1975). James (2004) unterschied zwischen normalen und pathologischen Fixierungen. Beispiele für die erste Gruppe sind die romantische Liebe oder die elterliche und geschwisterliche Zuneigung. Die pathologische Fixierung auf ein anderes Individuum hingegen ist James (2004) zufolge durch drei Stufen gekennzeichnet: Den Anfangspunkt setzt die zunehmende Überzeugung, dass die eigene Obsession in eine gegenseitige Beziehung mündet und der Anerkennung durch den anderen bedarf, gefolgt von einem ansteigenden Anspruchsdenken und einer fortschreitenden Unfähigkeit die Perspektive des anderen zu verstehen, was schließlich in sich ausbreitender Frustration und in Zorn endet. Es ist also auch hier wieder die unrealistische Beziehungserwartung kennzeichnend beziehungsweise die unerschütterliche Überzeugung, dass ein besonderes Band, egal welcher Natur, zwischen der fixierten Person und der bekannten Persönlichkeit besteht.

2. Erklärungen für die pathologische Fixierung auf eine Person des öffentlichen Lebens

Wie lässt sich das extreme Bedürfnis nach der inneren Ausrichtung auf einen prominenten Menschen innerhalb der psychologischen Theorienbildung einordnen? Ausgehend von dem Zielobjekt der Fixierung, nämlich einer Person, die im öffentlichen Rampenlicht steht und damit hohe Bedeutsamkeit ausstrahlt, drängt sich hier das Konzept der narzisstischen Selbstwertregulation förmlich auf. Ursprünglich der psychoanalytischen Theorienbildung entstammend, weist Narzissmus als Konstrukt mittlerweile eine enorme Bandbreite auf (vgl. z.B. Kernberg & Hartmann, 2006). Dies beginnt in einem engeren Sinne bei einer in Diagnosebüchern fest definierten Persönlichkeitsstörung und reicht in seiner allgemeinsten Form zu einer grundlegenden Form menschlicher Selbstwertbildung, die zu befriedigenden Sozialkontakten, zu einem gesunden Selbstbewusstsein und zur Eigenmotivierung befähigt. Auch auf phänomenologischer Ebene, also welche Persönlichkeitsstile unter Narzissmus subsummiert werden, fand eine konzeptionelle Auffächerung statt (Ronningstam, 2005). Neben dem „klassischen" Narzissten, der durch sein egozentrisches Auftreten und ein sich in den Mittelpunkt spielen, die für ihn so wichtige Aufmerksamkeit anderer sichern will, werden zudem zurückhaltende, manchmal geradezu schüchterne Narzissten beschrieben, die ihre Grandiositätsgefühle zumeist verborgen halten oder aber auch gefühlskalte, maligne Narzissten, deren Charakterstruktur und Auftreten in den letzten Jahren auch unter dem Konzept der Psychopathy diskutiert wird (Meloy & Shiva, im Druck).

Vor allem die schüchterne, aber auch die großspurige Gruppe der Narzissten sind es, die im Zusammenhang mit Fixierungen auf Personen des öffentlichen Lebens in Erscheinung treten. Geradezu als ein Paradebeispiel für die zweite Kategorie ist Matt Hooker zu nennen (Hoffmann, 2005). Als Stalker von Nicole Kidman wurde es ihm 2001 zunächst gerichtlich untersagt sich der US-amerikanischen Schauspielerin anzunähern. Im Folgenden behauptete Hooker dann, dass er das eigentliche Opfer sei und Kidman ihn eigentlich verfolgen würde, weshalb er eine eigene Homepage einrichtete und dort zu einem Boykott der Filme der Schauspielerin aufrief. Auch in anderer Hinsicht machte Hooker auf abstruse Weise auf sich aufmerksam, indem er etwa für den Wahlkampf 2004 eine Internetkampagne ins Leben rief, mit dem erklärten Ziel sich zum Präsidenten wählen zu lassen oder indem er behauptete, der Schauspieler Ben Affleck wäre als Franzose verkleidet ihm, Matt Hooker, nachgeschlichen.

Bei narzisstischen Dynamiken wie diesen geht es also um die Verbindung mit dem Großen, um den Versuch selbst im Zentrum hochrangiger Aufmerksamkeit zu stehen, damit der eigene brüchige Selbstwert durch Aufwertung von außen stabilisiert wird. Dies ist nicht auf Prominentenstalking beschränkt, sondern findet sich auch bei anderen Phänomenen, in denen bekannte Persönlichkeiten manchmal sogar auf äußerst brutale Weise genutzt werden, um den eigenen Namen in die Schlagzeilen zu bringen. So verabschiedete sich im Jahr 1968 der 23 jährige, mehrfach vorbestrafte Josef Bachmann von seiner Arbeitsstelle in München mit den Worten: „Ihr werdet noch von mir hören – im Fernsehen, im Rundfunk, in der Presse." Danach fuhr er mit dem Nachtzug nach Berlin und verletzte den Studentenführer Rudi Dutschke mit drei Schüssen schwer (Hoffmann, 2005). Obgleich in der Öffentlichkeit vor allem als rechtsradikale Tat wahrgenommen, zeichnete im anschließenden Prozess das psychiatrische Gutachten ein anderes Bild: Bachmann „…träumte davon, ein großer Mann zu sein. Er träumte davon, schöne Frauen zu haben, Geld zu haben. Er träumte davon, ein schönes Leben zu führen…Bei Bachmann war das Ziel der Selbstverwirklichung das Herostratische. Er wollte mit einer negativen Tat als negativer Held in die Geschichte eingehen." (zitiert nach Kellerhof, 2003, S. 76)

Studien, die generelles Stalking untersuchten, kamen zu dem Ergebnis, dass sich bei den Verfolgern gehäuft negative Bindungserlebnisse in der frühen Kindheit fanden (z.B. Kienlen, 1998). Auch bei Menschen, die auf Berühmtheiten fixiert sind, lässt sich möglicherweise ein solcher Bogen zur frühen Lebensbiographie schlagen. Defizitäre Erfahrungen mit Elternfiguren könnten hier zu einer unbalancierten Persönlichkeitsstruktur beigetragen haben, wobei immer wieder der Versuch unternommen wird, durch das „Andocken" an narzisstisch ausbeutbare Personen, nämlich Prominente, eigene Selbstwertmängel zu kompensieren. Als theoretisches Fundament bietet sich hier das Narzissmusmodell von Kohut an (Kohut, 1973/1999, Kohut & Wolf, 1980). Demzufolge idealisiert jedes Kind während eines normalen Entwicklungsvorganges auch deshalb seine Eltern, um durch die Verschmelzung mit diesen aus kindlicher Sicht perfekten Figuren sein Selbstwertgefühl narzisstisch zu stärken. Dieser Prozess der frühen Selbstwertregulierung lässt sich etwa wie folgt umschreiben: „Du bist vollkommen, aber ich bin ein Teil von dir." (Milch, 2001)

Bei einer gesunden Entwicklung lässt mit der Zeit die Idealisierung der Eltern nach. Es bildet sich ein realistisches Bild der parentalen Figuren heraus, was innerpsychisch die Bildung von persönlichen Idealen und moralischen Leitwerten zur Folge hat. Dies geschieht dadurch, dass sozusagen eine modifizierte Form dieser idealisierten Beziehungserfahrung verinnerlicht und Teil der Persönlichkeit wird. Die zunächst einsetzende idealisierende Verehrung der Eltern und die anschließende Abtrennung von ihnen, indem erkannt wird, dass sie auch Menschen mit Schwächen und Fehlern sind, wird also als zentraler Aspekt der Persönlichkeitsentwicklung gesehen. Verläuft dieser Prozess nicht phasengerecht, sei es durch Verlust oder Abwesenheit eines Elternteils oder dessen Weigerung sich idealisieren zu lassen, kommt es zu einer narzisstischen Störung. Das heißt, die Sehnsucht nach der Idealisierung einer übergroßen Figur bleibt ungestillt und der Wunsch nach Nähe zu einer solchen Person, etwa in Gestalt eines Prominenten, bleibt auch im Erwachsenenalter bestehen. „Die Folge ist ein Gefühl der Unvollkommenheit... Dies kann sich in einer nicht endenden Suche nach äußeren Idealfiguren äußern, von denen man sich Zuwendung und Leitung erhofft, um damit wieder innere Stärke und Ausgeglichenheit zu erlangen." (Hoffmann, 2005, S. 58)

Wird die Fixierung auf eine Person des öffentlichen Lebens als Versuch einer narzisstischen Kompensation eingeordnet, lässt sich auch das scheinbare paradoxe Phänomen auflösen, dass eine Vielzahl von Prominentenstalkern das Objekt der Begierde ein- oder sogar mehrfach wechselt (de Becker, 1997; Dietz, persönl. Mitteilung, 2001). Denn das eigentliche Thema ist letztlich nicht die Fixierung auf genau diese Berühmtheit, sondern jene ist quasi ein Ersatz für eine Elternfigur. „Dieses oft zu beobachtende „Springen" von Zielperson zu Zielperson legt nahe, dass es prinzipiell mehr um den Prozess des Stalking an sich geht als um die Fixierung auf die individuellen Merkmale einer einzelnen berühmten Persönlichkeit. Das tiefe Sehnen nach einer übermächtigen Person, die andauernden Versuche Aufmerksamkeit zu gewinnen und die Furcht zurückgewiesen zu werden, all dies erinnert an das Verhalten und Erleben von Kleinkindern gegenüber ihren Eltern. Und tatsächlich ähneln Prominente in ihrem medial vermittelten Größenstatus parentalen Figuren. So ist es vermutlich kein Zufall, dass nicht nur Stars, sondern auch andere gesellschaftlich mit Autorität und Sozialprestige versehene Berufsgruppen wie Professoren, Ärzte und Therapeuten häufig das Interesse von Stalkern auf sich ziehen, wobei bei den letztgenannten Helferberufen sicherlich auch die Unterstützung und Aufmerksamkeit, die sie ihren Klienten geben, eine Rolle spielen." (Hoffmann, 2004, S. 112)

3. Formen der pathologischen Fixierung

Es lassen sich sehr unterschiedliche Formen der Fixierung auf bekannte Persönlichkeiten ausmachen. Dabei sind mindestens zwei Grunddimensionen identifizierbar, anhand derer sich ein pathologisch fixiertes Individuum einordnen lässt. Dies ist einmal die emotionale Qualität der Fixierung: Besteht beispielsweise ein Gefühl der Zuneigung oder Liebe gegenüber der Person des öffentlichen Lebens oder sind Rache und Wut vorherrschend? Die zweite Dimension bildet die Dauerhaftigkeit der Fixierung, und zwar dahingehend, ob das Objekt der Obsession häufig oder eher selten gewechselt wird. Zwar existieren so gut wie keine spezifischen Forschungsarbeiten über pathologische Fixierungen auf Prominente und Politiker generell, dennoch hat sich die psychiatrische und psychologische Literatur in anderen Zusammenhängen mit derartigen Phänomenen beschäftigt. Hierzu sollen neben dem Prominentenstalking kurz drei Beispiele exemplarisch genannt werden:

Liebeswahn
Bei der Erotomanie, auch Liebeswahn oder de-Clérambault-Syndrom genannt, geht eine Person fest und unverrückbar davon aus, dass sie von einem anderen geliebt wird, obgleich keinerlei Anhaltspunkte für eine derartige Annahme existieren. Sie sieht Zeichen der Bestätigung bei dem anderen, die zumindest mit dieser Bedeutung versehen nicht vorhanden sind, wie beispielsweise ein verborgenes Zwinkern der Augen oder die Farbe und das Muster der Krawatte, welche eine geheime Liebesbotschaft zum Ausdruck bringen sollen. Nicht selten werden Menschen mit erhöhtem Sozialprestige, darunter natürlich auch Personen des öffentlichen Lebens, zum Zielobjekt des Erotomanen.

Paranoide Wahnstörung und paranoide Schizophrenie
Personen, die unter einem paranoiden Wahn leiden, fühlen sich von anderen bedroht und verfolgt. Regelmäßig besteht dabei die Vorstellung übermächtiger Gegenspieler. Da sich Wahnelemente regelmäßig auch aus Mediendarstellungen und gesellschaftlich virulenten Themen speisen, können hier auch berühmte Personen in den Wahn integriert werden.

Celebrity Worship
Dieser sich aus der Medienpsychologie und –soziologie entwickelte Bereich untersucht, welche Beziehungswahrnehmungen bei Menschen mit solchen Personen auftreten, die ihnen alleine aus den Medien oder durch öffentliche Auftritte bekannt sind, nicht aber aus dem Privatbereich. Dabei lassen sich verschiedene Untergruppen identifizieren, die hinsichtlich der intrapsychischen Funktion der inneren Beschäftigung mit dem Prominenten

und dem Grad der psychopathologischen Ausprägung stark differieren (Sheridan, Maltby & Gillett, im Druck).

4. Zur Persönlichkeit fixierter Personen

Wie eben ausgeführt haben sich bereits seit etwa hundert Jahren Wissenschaftler unter verschiedenen Gesichtspunkten mit Fixierungen auf Persönlichkeiten des öffentlichen Lebens beschäftigt. So erschienen etwa bereits früh Studien zu Attentaten (MacDonald, 1911) oder über Liebeswahn (de Clérambault, 1921/1999). Dabei zeichnete sich in den Jahrzehnten, in denen derartige Populationen untersucht wurden, immer wieder ein ähnliches Bild ab: Pathologisch fixierte Personen führen kein sozial integriertes Leben, sondern bewegen sich eher am Rande der Gesellschaft, wobei ihre Biographie nicht selten von Verlusten, Brüchen und persönlichem Scheitern geprägt ist, wenige von ihnen sind verheiratet oder haben eine enge Liebesbeziehung (Hoffman, 1943; Dietz & Martell, 1989; Clark, 1990; Fein & Vossekuil, 1999; Malsch, Visscher & Blaauw, 2002; Schlesinger, 2006).

Und eine weitere Auffälligkeit ist evident: Menschen, die auf Personen des öffentlichen Lebens fixiert sind, leiden häufig unter psychischen Krankheiten. In einem Review der vorhanden Untersuchungen zum Thema (Meloy, James, Farnham, Mullen, Pathé, Darnley & Preston, 2004) fielen immer wieder die hohen Raten psychischer Störungen auf. Auch kamen Dietz und Martell (1989) bei der Untersuchung von 300 Personen, die auf Politiker oder auf Prominente aus der Unterhaltungsbranche fixiert waren, zu dem Ergebnis, dass 95 Prozent aus dem Sample eine formale psychiatrische Diagnose gegeben werden konnte oder sie durch multiple psychiatrische Symptome auffielen. Am häufigsten traten dabei Schizophrenien und paranoide Wahnvorstellungen auf. In einer Untersuchung der Akten von 271 Prominentenstalkern stießen Mohandie, Meloy, McGowan und Williams (2005) bei 52 Prozent der Stichprobe auf eine dokumentierte psychiatrische Erkrankung. Als ein Extremsample fixierter Personen untersuchte der US-amerikanische Secret Service insgesamt 83 Attentäter, die einen Anschlag auf eine bekannte Persönlichkeit durchgeführt hatten oder kurz davor waren, dies zu tun (Fein & Vossekuil, 1999). Dabei zeigte sich, dass 43 Täter im Vorfeld an einer Wahnerkrankung litten, 44 % wiesen Depressionen oder tiefe Gefühle der Verzweiflung auf und 61 % waren bereits einmal von einem Psychiater oder Psychologen begutachtet oder behandelt worden.

5. Gewaltakte gegen Persönlichkeiten des öffentlichen Lebens

In westlichen Staaten, aber vermutlich auch in vielen anderen Teilen der Welt, stellen Attentate durch fixierte Personen offenbar eine größere Gefahr für Politiker und natürlich auch für Prominente dar, als etwa terroristische Anschläge. Bei Politikern in Westeuropa gilt dies zumindest für die Zeit nach der Hochphase der terroristischen Gruppen wie der RAF oder den Roten Brigaden in den 70er und 80er Jahren. So waren alleine in Deutschland bereits mehrfach Politiker wie zum Beispiel Bundesinnenminister Wolfgang Schäuble, der damalige Kanzlerkandidat der SPD, Oskar Lafontaine, und der ehemalige Hamburger Justizsenator Roger Kusch Ziel von bewaffneten Angriffen durch fixierte Personen. Ebenso waren Sportler und Prominente aus der Unterhaltungsbranche betroffen, wenngleich hier auch bei weitem nicht alle Fälle in der Öffentlichkeit bekannt wurden. Würde man gezielt Attentate aus den vergangenen Jahrhunderten noch einmal unter dem Aspekt der pathologischen Fixierung durchleuchten, stieße man sicherlich auf nicht wenige Täter, die sich mit einer solchen Beschreibung gut fassen ließen. So fiel bereits früh Fachleuten unterschiedlicher Disziplinen auf, dass solche Gewaltakte nicht immer mit einem politischen Motiv befriedigend zu erklären sind. So schrieb etwa der berühmte Psychiater Eugen Bleuler in der ersten Hälfte des vergangenen Jahrhunderts über Paranoiker: „Weiß sich der Kranke durch legale Mittel nicht mehr zu helfen, so greift er zur Notwehr, indem er seinen Gegner erschießt oder auf eine hohe Persönlichkeit ein nicht ernstgemeintes Attentat macht, um eine „unparteiische Untersuchung" zu erzwingen." (Bleuler 1943/1972, S. 501). Und auch US-amerikanische Sicherheitsexperten sind sich schon seit Jahrzehnten darüber bewusst, dass fixierte Personen, die sich an die Fersen von berühmten Persönlichkeiten heften, eine Gefahr darstellen können: „Es sind normalerweise nicht Personen, die an den Präsidenten ein Drohschreiben verfassen, die wir fürchten müssen, sondern eher Individuen wie Bremer oder Hinckley, die hinter ihrer Beute von einer Ecke des Landes in die andere hinterher stalken." (Restak 1981, S. 95, zit. nach Fein & Vossekuil 1997)

Ganz offensichtlich sind solche Anschläge verhältnismäßig selten, jedoch existieren kaum zuverlässige Zahlen. Lediglich in einigen Stichproben, die jedoch immer einem mehr oder weniger großen Selektionseffekt unterlagen, ließen sich Häufigkeitsraten ermitteln. So betrachteten in den Niederlanden Malsch und ihre Kolleginnen (2002) 35 Fälle von Stalking, die sie ermittelt hatten, indem sie Politiker und andere Personen des öffentlichen Lebens angeschrieben hatten. Kein einziger der Befragten berichtete über einen gewalttätigen Vorfall. Bei einer Befragung von vornehmlich Fernsehmoderatoren war bei 43 der so erfassten Stalkingvorfälle aus Deutschland ein einziger Angriff auf eine Prominente zu verzeichnen (Hoffmann, 2005). Und schließlich identifizierten Dietz und Martell (1989) in ihrer Untersuchung zu Stalking von Personen des öffentlichen Lebens eine Subpopulation von 65 erotomanischen Verfolgern und Briefschreibern. Gewalttätige Handlungen traten hier in weniger als fünf Prozent aller Fälle auf, wobei zumeist Personen attackiert wurden, die als zwischen dem Erotomanen und dem von ihm verehrten Prominenten stehend wahrgenommen wurden. Bei der bisher größten Erhebung zu diesem Thema untersuchten Mohandie und seine Kollegen (2005) 271 Prominentenstalker, die bei Sicherheitseinrichtungen oder in einem forensischen Kontext auffällig geworden waren. Dabei stießen sie auf eine Rate gewalttätiger Handlungen von 2%.

6. Prävention von Gewalttaten durch pathologisch fixierten Personen

Grundsätzlich herrscht in der Fachdiskussion weitgehend Einigkeit darüber, dass sich prinzipiell viele Attentate verhindern ließen, die von Personen verübt werden, die auf bekannte Persönlichkeiten fixiert sind (Fein & Vossekuil, 1999; Meloy, Sheridan & Hoffmann, in Vorbereitung). Diese Annahme liegt darin begründet, dass solche Täter nicht quasi plötzlich „ausrasten", sondern in der Regel eine einige Monate oder sogar bereits Jahre andauernde Vorgeschichte aufweisen, in der sich von außen her eventuell mögliche Warnsignale erkennen lassen. Im Gegensatz zu der immer noch oft auch im Personenschutz anzutreffenden Annahme, stellen direkte Gewaltdrohungen seitens des Täters an die spätere Zielperson des Angriffs eher die Ausnahme dar (Dietz & Martell, 1989). Vielmehr muss auf andere Warnsignale geachtet werden, wie beispielsweise Äußerungen an das persönliche Umfeld, aber auch in der Öffentlichkeit darüber, dass ein schwerwiegender Missstand vorherrscht für den eine Person des öffentlichen Lebens verantwortlich gemacht wird. Weitere Risikoelemente sind etwa das Auftreten von tiefer Verzweiflung oder Hoffnungslosigkeit, narzisstische Größenfantasien oder Anzeichen für tatvorbereitende Handlungen.

Einer effektiven Prävention von Attentaten durch pathologisch fixierte Personen stehen grundsätzlich mehrere Punkte entgegen:

1. Es herrscht die Einstellung vor, dass man derartige Taten im Vorfeld nicht verhindern kann. Ein solches Bild führt selbstverständlich dazu, dass entsprechende Strukturen nicht aufgebaut werden und sozusagen eine selbsterfüllende Prophezeiung eintritt. Wer nichts versucht zu verhindern,

weil er nicht daran glaubt, dass das möglich ist, hat präventiv solchen Gewalttaten nichts entgegenzusetzen. Kommt es dann zu dem „überraschenden" Attentat, lautet die nachfolgende Bewertung: Haben wir es nicht gesagt, da kann man nichts machen.

2. Der Umgang mit ungewöhnlichen Kontakt- und Annäherungsversuchen seitens der Person des öffentlichen Lebens und ihres Umfeldes ist nicht professionell geregelt. Normalerweise wechseln fixierte Personen zumindest langfristig mit ihren Versuchen der Kontaktaufnahme zu anderen bekannten Persönlichkeiten, wenn sie keinerlei Rückmeldung erfahren. Falsche Reaktionen können hingegen die Fixierung verstärken und bei einer Enttäuschung der Beziehungserwartung Aggressionen entstehen lassen. Oftmals übersehen, bietet sich hier eine der vermutlich wirkungsvollsten Präventionsmöglichkeiten, um Eskalationspotenziale erst gar nicht entstehen zu lassen.

3. Mangelndes Fachwissen führt dazu, dass Warnsignale nicht als solche erkannt werden. Bedenkt man die Häufigkeit psychischer Probleme bei pathologisch fixierten Personen, stellen Psychiater oder Psychologen sicherlich Berufsgruppen dar, die potenziell besonders früh mit späteren Attentätern in Kontakt kommen. Letztere äußern allerdings häufig nicht offen ihre Absichten, so dass die Gefahr einer Gefährdung anderer Personen unerkannt bleiben kann (Schlesinger, 2006). Ein entsprechendes Curriculum in der Aus- und Fortbildung klinisch und therapeutisch tätiger Berufe könnte hier eine erhöhte Sensibilität bewirken.

4. Die einzelnen Warnsignale werden unterschiedlichen Personen getrennt voneinander gewahr, niemand kennt die Gesamtheit der risikoerhöhenden Informationen und kann sie zu einem Gesamtbild zusammenfügen. An dieser Stelle zeigt sich, dass ein professionelles, zielgerichtetes Präventionsmanagement zentral ist, bei dem offensiv nach möglichen Warnsignalen, etwa in Schreiben, gesucht wird und bei dem neben der Informationssammlung auch Erkenntnisse mit anderen Stellen geteilt und ausgetauscht werden.

5. Es werden zwar Warnsignale erkannt, aber eine Reaktion bleibt aus. Das kann zum einen darauf zurück zu führen sein, dass schlichtweg keine Vorstellung darüber besteht, was getan werden könnte oder das eine Verantwortungsdiffusion dahingehend herrscht, wer sich um das Problem zu kümmern hat. Auch hier wird wieder die Notwendigkeit eines organisatorisch verankerten Bedrohungsmanagements deutlich, welches möglichst von einer speziell geschulten Gruppe von Fachleuten unterschiedlicher Ausrichtung durchgeführt wird.

Tatsächlich existieren bereits Prozeduren und Modelle, auf welche Weise in Institutionen und Organisationen, bei denen in der Öffentlichkeit stehende Persönlichkeiten mitwirken, ein effektives Bedrohungsmanagement möglich ist (z.b. Hoffmann & Sheridan, 2005). Solche Ansätze zum Schutz von Personen des öffentlichen Lebens werden in Nordamerika zunehmend gebräuchlich und sind regelmäßig auch Gegenstand von arbeitsrechtlichen Verträgen. Im deutschsprachigen Raum gibt es nur vereinzelte Großunternehmen und Agenturen, die durch spezielle Schulungen und Ablaufprozeduren entsprechend ausgerichtet sind und auch bei der Sicherheit von Politikern wird vielerorts vor allem auf physischen und kaum auf psychologischen Personenschutz gesetzt. Es ist allerdings zu erwarten, dass weitere Erkenntnisse über die Psychologie von Individuen, die auf Personen des öffentlichen Lebens pathologisch fixiert sind und gewalttätig wurden, auch dazu führen werden, dass ein Umdenken im Sicherheitsmanagement für Personen des öffentlichen Lebens stattfinden wird.

Literatur

Becker de, G. (1997). *The Gift of Fear*. Boston: Little Brown.
Bleuler, E. (1943/1972) *Lehrbuch der Psychiatrie*. Berlin, Heidelberg, New York: Springer.
Clark, J. W. (1990). *On Being Mad or Merely Angry: John W. Hinckley, Jr. And Other Dangerous People*. Princeton: Princeton University Press.
Clérambault, de G. G. (1921/1999) Passionate Delusions; Erotomania, Claiming, Jalousy. In F. R. Cousin, J. Garrabé & D. Morozov (Eds.), *Anthology of French Language Psychiatric Texts*. (p. 475-492). Le Plessis-Robinson: Institut Synthélabo.
Dietz, P. E. & Martell, D. A. (1989) *Mentally Disordered Offenders in Pursuit of Celebrities and Politicians*. Washington: National Institute of Justice.
Fein, R. A. & Vossekuil, B. (1997). *Preventing Assassination: A Literature Review*. Washington DC: U.S. Department of Justice.
Fein, R. A. & Vossekuil, B. (1999). Assassination in the United States. An Operational Study of Recent Assassins, Attackers, and Near Lethal Approachers. *Journal of Forensic Sciences. 44*, (2), 321 – 333.
Freud, S. (1991) *Vorlesungen zur Einführung in die Psychoanalyse*. Frankfurt am Main: Fischer.
Hoffman, J. L. (1943). Psychotic Visitors to Government Offices in The National Capital. *American Journal of Psychiatry, 99*, 571 - 575.

Hoffmann, J. (2004). Star Stalker: Prominente als Objekt der Obsession. In J. Bettermann & M. Feenders (Hrsg.), *Stalking – Möglichkeiten und Grenzen der Intervention*. (S. 101-120). Frankfurt/Main: Verlag für Polizeiwissenschaft.

Hoffmann, J. (2005) *Stalking*. Heidelberg: Springer.

Hoffmann, J. & Sheridan, L. (2005). The Stalking of Public Figures: Management and Intervention. *Journal of Forensic Sciences*. 6, 1459-1465.

James, D. (2004) *Drohungen und Stalking*. Paper präsentiert auf der Studienwoche: Stalking – Möglichkeiten der Intervention. 26.03.2004, Hamburg. Unveröffentlichtes Manuskript.

Kellerhof, S. F. (2003). *Attentäter. Mit einer Kugel die Welt verändern*. Köln, Weimar, Wien: Böhlau Verlag.

Kernberg, O. F. & Hartmann, H.-P. (Hrsg./2006) *Narzissmus. Grundlagen – Störungsbilder – Therapie*. Stuttgart: Schattauer.

Kienlen, K. K. (1998). Antecedents of Stalking. In J. R. Meloy (Ed.), *The Psychology of Stalking*. (p. 51-67). San Diego u. a. O.: Academic Press.

Kohut, H. (1973/1976). *Narzissmus. Eine Theorie der psychoanalytischen Behandlung narzisstischer Persönlichkeitsstörungen*. Frankfurt/Main: Suhrkamp.

Kohut, H. & Wolf, E. (1980). Störung des Selbst und ihre Behandlung. In U. H. Peters (Hg.), *Die Psychologie des 20. Jahrhunderts. Band 10*. (S. 513 – 554). Zürich: Kindler.

Laplanche, J. & Pontalis, J.-B. (1967/1975) *Das Vokabular der Psychoanalyse*. Frankfurt/Main: Suhrkamp.

Leets, L., De Becker, G. & Giles, H. (1995) Fans - Exploring expressed motivations for contacting celebrities. *Journal of Language and Social Psychology, 14* (1-2), 102-123.

MacDonald, A. (1911). Assassins of Rulers. *Journal of the American Institute of Criminal Law and Criminology, 2*, 505 – 520.

Malsch, M., Visscher, M. & Blaauw, E. (2002). *Stalking of Public Figures in the Netherlands*. Zur Veröffentlichung eingereichtes Manuskript.

Meloy, J. R., & Shiva, A. (im Druck). A psychoanalytic view of the psychopath. In A. Felthous and H. Sass (Eds.), *International handbook on psychopathic disorders and the law*. New York: Wiley.

Meloy, J.R., Sheridan L. & Hoffmann, J. (Eds.) *Stalking, Threats, and Attacks Against Public Figures*. In Vorbereitung.

Meloy J. R., James, D. V., Farnham, F. R., Mullen, P. E., Pathé, M., Darnley, B. & Preston, L. (2004). A Research Review of Public Figure Threats, Approaches, Attacks, and Assassinations in the United States. *Journal of Forensic Sciences, 5, (49)*, 1 – 8.

Mohandie, K., Meloy, J. R., McGowan, M. G. & Williams, J. (2005) The RECON Typology of Stalking: Reliability and Validity Based Upon a

Large Sample of North American Stalkers. *Journal of Forensic Sciences,* 51 (1), 147 – 155.

Milch, W. (2001). *Lehrbuch der Selbstpsychologie.* Stuttgart, Berlin, Köln: Kohlhammer.

Mullen, P. E., Pathé, M., Purcell, R. & Stewart, G. E. (1999) Study of Stalkers. *American Journal of Psychiatry, 156,* 1244 – 1249.

Ronningham, E. F. (2005) *Identifying and Understanding the Narcissistic Personality.* Oxford: Oxford University Press.

Saunders, R. (1998) Legal Perspectives on Stalking. In J. R. Meloy (Ed.), *The Psychology of Stalking.* (p. 25-49). San Diego: Academic Press.

Schlesinger, L. B. (2006) Celebrity Stalking, Homicide, and Suicide. *International Journal of Offender Therapy and Comparative Criminology,* 50 (1), 39–46.

Sheridan, L., Maltby, J. and Gillett, R. (im Druck). Pathological public figure preoccupation: Its relationship with dissociation and absorption. *Personality and Individual Differences.*

Voß, H.-G. W., Hoffmann, J. & Wondrak, I. (2005) *Stalking in Deutschland – Aus Sicht der Betroffenen und Verfolger.* Baden Baden: Nomos.

Westrup, D. (1998) Applying Functional Analysis to Stalking Behavior. In J. R. Meloy (Ed.), *The Psychology of Stalking.* (p. 275-294). San Diego: Academic Press.

Mediziner im Visier von Stalkern

Ingrid Borski und Norbert Nedopil

1. Einleitung

Neben Mobbing scheint nun Stalking zu einem gesellschaftlichen Problem zu werden. Der Begriff "Stalking" (engl.) bedeutet wörtlich übersetzt "sich anpirschen, verfolgen, (hinterher)schleichen". Seit erst relativ kurzer Zeit wird er in der Literatur im psychiatrischen und juristischen Sinne zur Beschreibung pathologischer Verhaltensweisen verwendet, die sich durch wiederholtes Bedrohen, Belästigen und Verfolgen eines Opfers auszeichnen und die beim Opfer zu heftigen Angstreaktionen führen können (McCann, 1998). Dabei kann es sich um Verfolgung und die Überwachung der Opfer ebenso handeln wie auch um unerwünschte Geschenke, wiederholte, gegen den erklärten Willen des Opfers stattfindende Kommunikationsversuche per Brief, Fax, E-Mail oder Telefon (Purcell, et al., 2002). Zum Verhaltensspektrum eines Stalkers gehören auch aggressive Verhaltensweisen wie tätliche Bedrohung, Körperverletzung und Nötigung (Pathe & Mullen, 1997), die bis zu einem Viertel der Fälle in direkter Gewalttätigkeit gegen das Opfer münden können (Harmon, Rosner & Owens, 1995; Meloy & Gothard, 1995; Palarea, Zona, Lane & Langhinrichsen-Rohling, 1999; James & Farnham, 2003).

Stalking als krankhafte Verhaltensweise geriet 1989 vor dem Hintergrund des Mordes an der amerikanischen Schauspielerin Rebecca Schaeffer durch einen Stalker zunehmend in das Interesse der Öffentlichkeit (Zona, Palarea & Lane, 1998). Zunächst wurde Stalking für ein Problem gehalten, das primär Personen des öffentlichen Lebens betraf. Wie jüngere Fallberichte und Übersichten jedoch zeigen, stellt Stalking keine Verhaltensweise von besonderem Seltenheitswert dar, sondern es kann relativ häufig und in verschiedenen Formen angetroffen werden (Dressing & Gass, 2002; Kamleiter & Laakmann, 2003; Meloy, 1996; Kamphuis & Emmelkamp, 2000; Mullen, Pathe & Purcell, 2001; Löbmann, 2002).

Begriffliche Standortbestimmung

Wenngleich der Begriff Stalking erst vor relativ kurzer Zeit in die wissenschaftliche Literatur eingeführt bzw. im gesellschaftlichen Bewusstsein etabliert wurde, ist diese Verhaltensweise seit Jahrhunderten bekannt und beschrieben. Als Hauptcharakteristikum können die Übernachhaltigkeit des Verhaltens sowie das Nicht-Loslassen-Können ohne Rücksicht auf mögliche Konsequenzen gelten.

Folgt man den Hinweisen mancher Autoren, so findet man bereits eine alttestamentarische Notiz über derartiges Verhalten im Buch Genesis, Kapitel 39 (Dan & Kornreich, 2000; Kamleiter & Laakmann, 2003). Der biblischen Überlieferung nach wurde Josef, Sohn Jakobs, aus Neid und Hass seiner Brüder nach Ägypten verkauft. Er kam im Haus Potifars an, dessen Frau sich in ihn verliebte. Sie verfolgte ihn, stellte ihm nach und ließ von ihm nicht ab. Nachdem Josef ihrer verführerischen Kunst lange widerstanden hatte, rächte sie sich schließlich an ihm und wurde aus Vergeltungssucht zur Täterin.

"Liebeswahn" als Sonderform des Größenwahns im Rahmen der Paranoia nach Kraepelin, als eine Variante des sensitiven Beziehungswahns bei Kretschmer oder als Symptomatik der affektvollen Paraphrenie nach Leonhard (Habermeyer & Hoff, 2002) ebenso wie der Begriff "Erotomanie", der von dem französichen Psychiater de-Clérambault erstmalig eingeführt wurde (de Clérambault, 1942), und das nach dem Erstbeschreiber genannte "de-Clérambault-Syndrom" stellen bis heute die gängigen begrifflichen Entitäten des überwiegend in der psychiatrischen Literatur des vergangenen Jahrhunderts häufig beschriebenen Phänomens des Liebeswahns dar. Meist waren es Frauen, welche die wahnhaft gefärbte Überzeugung erlangten, von jemandem geliebt zu werden, den sie jedoch im weiteren Verlauf aus Enttäuschung über die nicht erwiderte Liebe, aus Ungerechtigkeitsempfinden und Groll diese Person bedrohlichem, belästigendem Verhalten aussetzten ggf. auch körperlich attackierten.

Anhand der operationalisierten Diagnosesysteme DSM-IV und ICD-10 kann Stalking als Konzept zur Deskription des unerwünschten sozialen Verhaltens nicht diagnostiziert werden. Das DSM-IV ordnet den Liebeswahn der Klasse der wahnhaften Störungen zu. Nach dem ICD-10 werden die Paranoia und der sensitive Beziehungswahn in der gleichen Kategorie wie Störungen aus dem schizophrenen Formenkreis kodiert.

Aus psychiatrischer Sicht kann das Verhaltensmuster des Stalking in verschiedenen Formen auftreten und mit unterschiedlichen psychiatrischen

Störungen assoziiert sein. Bei vielen Betroffenen dominiert die gestörte Verhaltensweise das klinische Bild, bei anderen imponiert sie lediglich als ein Teil einer weiterreichenden psychiatrischen Symptomatik. Folgt man den Ergebnissen der jüngeren Untersuchungen, so ist das Stalkingverhalten diagnostisch überwiegend mit wahnhaften Störungen, Erkrankungen aus dem schizophrenen Formenkreis und Persönlichkeitsstörungen assoziiert (Übersicht bei Kamleiter & Laakmann, 2003). Persönlichkeitsstörungen und Substanzmissbrauch, nicht jedoch wahnhafte Störungen (wie zum Beispiel die Erotomanie), scheinen hohe Prädiktoren für Rezidive bei Stalkingverhalten zu sein (Rosenfeld, 2003).

Nach Meinung mancher Autoren stellt das Schlagwort "Stalking" aus psychiatrischer Sicht eine eher irreführende begriffliche Konstruktion dar. Wie man den kritischen Anmerkungen entnehmen kann, sollte die Genese des Stalkingverhaltens im Einzelfall präzise erläutert und der genauere Hintergrund erfasst werden, da die vorliegende Störung des Sozialverhaltens unter Umständen als eine pathologische Variante des normalen menschlichen Verhaltens verstanden werden könnte (Mullen, Pathe & Purcell, 2001; Habermeyer & Hoff, 2002).

Aus den epidemiologischen Untersuchungen ergibt sich, dass Stalking am häufigsten von alleinstehenden Männern mittleren Alters verübt wird, die anamnestisch bereits wiederholt in sozialer und sexueller Hinsicht versagten. Als weibliche Stalker werden typischerweise ledige Frauen im mittleren Alter beschrieben, die bevorzugt unter Persönlichkeitsstörungen vom Borderline-Typus zu leiden scheinen (Meloy & Boyd, 2003).

Bezüglich der Opfer lässt sich festhalten, dass es sich in der Mehrzahl der Fälle um das jeweils andere Geschlecht handelt, folglich überwiegend um weibliche Opfer, wenngleich auch gleichgeschlechtliches Stalking beschrieben ist.

Es wurde von verschiedenen Autoren versucht, unter Zuhilfenahme von unterschiedlichen Kriterien eine Klassifikation von Stalkern zu postulieren. Zu den gängigsten etablierten Einteilungen zählt primär die Klassifikation nach Mullen (Mullen, Pathe, Purcell & Stuart, 1999), der ähnlich wie Autoren Palarea (Palarea, Zona, Lane & Langhinrichsen-Rohling, 1999) und Wright (Wright, Burgess, et al., 1996) die Beziehungsebene zwischen dem Täter und seinem Opfer in den Vordergrund stellt. Einem anderen klassifikatorischen Ansatz folgen die Einteilungen von Stalkern bei Meloy (Meloy, 1989), Zona (Zona, Sharma & Lane, 1993) sowie Kienlen (Kienlen, Birmingham, Solberg, O'Regan & Meloy, 1997), der auf dem Vorliegen wahnhafter Symptomatik basiert.

Die Angaben zur Lebenszeitprävalenz, Opfer von Stalking zu werden, divergieren zum Teil erheblich. Sie variieren zwischen der Prävalenz von 23 % in Australien (Purcell, et al., 2002), 12 % gemäß einer britischen Studie (Budd & Mattinson, 2000) und dem 5 %-igen Lebenszeitrisiko für Frauen nach Abrams (Abrams & Robinson, 1998). In einer amerikanischen Untersuchung zeichnete sich eine Lebenszeitprävalenz von 16 % ab (Tjaden & Thoennes, 1998).

2. Gewalt und Stalking gegen Ärzte

Stalking beschreibt also keine seltene Erscheinungsform in der möglichen Gestaltung zwischenmenschlicher Beziehungen, wenngleich es als Phänomen – sowohl im Hinblick auf die potentiellen Folgeerscheinungen für die Opfer (heftige Angstreaktionen, depressive Störungen, Symptome einer posttraumatischen Störung mit psychosozialen Folgen wie Isolation, gestörter interpersoneller Kontakt etc.) als auch unter der Berücksichtigung möglicher juristischer Konsequenzen – an Relevanz und Bedeutung für Psychiater und Juristen gewinnt. Wie zahlreiche kasuistische Berichte belegen, ist Stalking im klinischen Alltag in divergierenden Formen relativ häufig anzutreffen (Kamleiter & Laakmann, 2003; Habermeyer & Hoff, 2002; Borski, Kamleiter & Nedopil, 2005). Dabei kann der Arzt selbst Opfer des Stalking werden.

Unter der Überschrift "Gewalt gegen Ärzte/ Tödliche Bedrohung als Berufsrisiko" präsentierte Püschel in einer Ausgabe des Deutschen Ärzteblattes (Püschel & Cordes, 2001) eine Analyse von 21 Angriffen auf Ärzte während der Berufsausübung. Die ausgeübte Gewalt ging in den untersuchten Fällen von Geiselnahme, mit Beruhigungsmitteln behandelten Lebensmitteln über Strangulation und Schusswaffengebrauch bis zu einem Sprengstoffattentat. Die daraus resultierenden Folgen reichten von leichten Verletzungen bis hin zum Tod, der in etwa der Hälfte der erfassten Fälle berichtet wurde. Abgesehen von Beziehungstaten, die meist von den Familienangehörigen der Betroffenen aus Eifersucht oder nach erfolgter Trennung erfolgten, ergab die Analyse der dokumentierten Tatbestände in mehr als der Hälfte der Fälle Hinweise auf wahnhaftes Erleben beim Täter als Ursache für die verübte Gewalttat (z. B. Überzeugung von einer nicht standardmäßigen Behandlung oder eine wahnhafte Idee, von dem behandelnden Arzt gehe massive Gefahr für den Patienten aus).

Inwieweit die berichteten Fälle von Stalkingverhalten begleitet wurden bzw. auf diesem basierten, geht aus den dargebotenen Berichten nicht heraus.

Aggressive Handlungen seitens der Patienten gegenüber dem ärztlichen Personal sind besonders in der Fachrichtung Psychiatrie anzutreffen. In einer in England durchgeführten Studie gaben mehr als 40 % der befragten Psychiater persönliche Gewalterfahrungen während der Ausübung der ärztlichen Tätigkeit an. Die amerikanische Ärztezeitschrift JAMA (Lamberg, 2000) gab eine besonders hohe Wahrscheinlichkeit für Psychiater an, am Arbeitsplatz getötet zu werden (hinter Taxifahrern, Verkäufern an Nachtschaltern und Polizisten).

Es ist zudem von einer relativ hohen Dunkelziffer an Gewalterfahrungen auszugehen, da insbesondere in dieser fachärztlichen Richtung die Grenze zwischen der aktiv ausgeübten Gewalt und aggressivem Verhalten im Rahmen einer bestimmten klinisch relevanten Symptomatik oft unscharf ist und einer differenzierten Betrachtungsweise unter Berücksichtigung von Begleiterkrankungen oder/und der Primärpersönlichkeit des "Täters" bedarf.

2.1 Psychiater als Opfer von Stalking

Nur durch einige wenige Autoren wurde bisher belästigendes oder übergriffiges Verhalten durch den Patienten ärztlichem und medizinischem Personal gegenüber untersucht, wenngleich Stalking seitens des Opfers als psychische Gewalt, seelische Vergewaltigung und Psychoterror wahrgenommen und erlebt wird. Grenzüberschreitendes Verhalten gegen Ärzte und medizinisches Personal kann im klinisch praktischen Alltag divergierende Formen annehmen. Die Übergänge zwischen den einzelnen Erscheinungsformen der verbalen bzw. physischen Gewalt und Stalking sind oft fließend. Die bedrohlichen Verhaltensweisen können auch nach der Entlassung des Patienten aus der stationären Behandlung fortgesetzt werden. Eine steigende Bereitschaft zu ihrer Ausübung wird prinzipiell durch die aktuellen Berichte und Beobachtungen, die sich mit dem Thema beschäftigen, bestätigt.

Die Ergebnisse mehrerer Fragebogen-Untersuchungen aus dem angloamerikanischen Sprachraum beziffern die Häufigkeit sexueller oder geschlechtsspezifischer Belästigung von Ärztinnen mit 37-67% (Frank, Brogan & Schiffmann, 1998; Schneider & Phillips, 1997; White, 2000).

Die sexuelle Belästigung reichte von Enthüllung der Genitalien, unangebrachten Berührungen der Ärztinnen während der klinischen Untersuchung über exzessive Diskussionen von sexuellen Themen bis hin zu subtilen mehrdeutigen Verhaltensweisen und Spontanerektionen während der körperlichen Untersuchung. Die Belästigungen erlebten viele bereits in der Zeit der Ausbildung.

Eine Befragung von Ärztinnen und Ärzten eines Universitätsklinikum ergab, dass insgesamt 67 % der Befragten verbal oder tätlich aggressives Verhalten seitens des Patienten erfuhren (Corvendale, Gale, Weeks & Turbott, 2001). Dabei fiel die besonders hohe Gefährdung im Bereich der Psychiatrie auf. 92% der in der psychiatrischen Versorgung tätigen Ärztinnen und Ärzte wurden verbal bedroht, 64% tätlich attackiert und 34 % der Befragten berichteten über Vorfälle sexueller Belästigungen. Im Vergleich dazu gaben die in den anderen medizinischen Fächern tätigen Ärztinnen und Ärzte die Häufigkeit der verbalen Bedrohung mit 53%, der tätlichen Angriffe mit 25% und die Häufigkeit der sexuellen Belästigung mit 13 % an.

In einer jüngeren Arbeit aus den USA wurden die belästigenden Verhaltensweisen, denen die in der forensischen Psychiatrie tätigen Psychiater ausgesetzt sind, erläutert. Die Autoren konnten zeigen, dass die aggressive Bedrohung nach juristischem Vorgehen und offizieller Beschwerde die dritthäufigste Form von Belästigung darstellte (Norris & Gutheil, 2003).

Die Ergebnisse einer früheren Untersuchung zu diesem Thema, an der 480 forensisch tätige Psychiater teilgenommen hatten, ergaben, dass 42% der Befragten mit Belästigungen seitens der Patienten konfrontiert wurden. 17% der Betroffenen erlitten körperliche Verletzungen, 13% gaben Rechtsstreitigkeiten an und 3% wurden körperlich angegriffen (Miller, 1985).

Bereits 1968 beschrieb Meyendorf in seiner Dissertation das sogenannte "Belästigungssyndrom", das in seinen Hauptmerkmalen der gängigen Definition des Stalking entspricht (Meyendorf, 1968). "Das unwiderstehliche Bedürfnis, sich an eine oder mehrere Bezugspersonen, meistens den behandelnden Arzt, zu klammern, sich an ihnen durch monomanisches Reden (...) festzuhalten und sich nicht bewegen zu lassen, wenigstens vorübergehend von den Belästigungen Abstand zu nehmen" verstand er als Ausdruck des regressiven Verhaltens im Stadium eines psychotischen Durchgangssyndroms.

Abgesehen von aktuellen Kurzberichten und kasuistischen Fällen (Kamleiter & Laakmann, 2003; Habermeyer & Hoff, 2002; Borski, Kamleiter & Nedopil, in press) war Stalking gegen Ärzte jedoch bisher nur Gegenstand einer einzigen Untersuchung (Sandberg, McNiel & Binder, 2002), in deren Rahmen 82 klinisch tätige Mitarbeiter einer psychiatrischen Klinik zu tätlich-aggressivem oder sexuell-nötigendem Verhalten befragt wurden. Die Häufigkeit von bedrohlichem, belästigendem oder Stalkingverhalten wurde mit 53% angegeben, wobei sich in dieser Umfrage die Belästigung per Telefon oder Brief als die zweithäufigste Form heraus stellte.

Die Gruppe der auffälligen Patienten trug die Merkmale, die bereits aus den anderen Untersuchungen als typisch für Stalker beschrieben wurden (u.a. Sandberg, McNiel & Binder, 1998). Es handelte sich dabei in 79% der Fälle um Patienten männlichen Geschlechts im Alter unter 40 Jahren, die unter psychiatrischen Störungen aus dem schizophrenen (50%) oder affektiven (43%) Formenkreis verbunden mit Persönlichkeitsstörung und/ oder Substanzmissbrauch bzw. Substanzabhängigkeit litten. Mehr als die Hälfte wurde zum Zeitpunkt des auffälligen Verhaltens stationär behandelt. 61% der Patienten mit Stalkingverhalten fühlten sich vom Personal missverstanden und nicht richtig behandelt. In 25% der Fälle spielte das wahnhafte Erleben eine Rolle.

Wie aktuell das Thema Stalking im klinischen Alltag ist, zeigt ferner auch eine aktuelle Befragung von Fachkrankenschwestern (Laskowski, 2003), die unterstreicht, dass die potentiellen Opfer der Stalker nicht nur in den ärztlichen Reihen zu suchen sind.

2.2. Prädisponierende Faktoren und Mechanismen des Stalking

Trotz einer noch unzureichenden Studienlage weist vieles darauf hin, dass das medizinische Personal ein erhöhtes Risiko im Hinblick auf die Gefahr, Opfer von Stalking zu werden, aufweist (Pathe & Mullen, 1997). Alle fachärztlichen Richtungen können zwar betroffen sein, die höchste Gefährdung zeichnet sich jedoch anhand der bisherigen Untersuchungen für die Psychiater und Nervenärzte ab. Abgesehen von psychosozialen Belastungen reichen die Folgen von depressiven Störungen über Angsterkrankungen bis hin zum Tod.

Als begünstigende Faktoren des Stalkingverhaltens gegen Mediziner lassen sich in allererster Linie die Vertrauensstellung des Arztes sowie die enge therapeutische Bindung annehmen. Insbesondere Psychiater und Nervenärzte haben auf der professionellen Ebene überwiegend mit Menschen zu tun, die eher vereinsamt und sozial isoliert leben, und deren Biographie relativ häufig vom Misserfolg und sozialem Versagen gesäumt ist. Der behandelnde Arzt stellt für sie oft die einzige konstante Bezugsperson dar, zu der diese Patientengruppe über einen längeren Zeitraum regelmäßigen Kontakt pflegt. Die im ärztlichen Kontakt wahrgenommene Empathie und die ihnen gewidmete Aufmerksamkeit kann unter Umständen fehl gedeutet werden und zur Auslösung von verschiedenen Übertragungsphänomenen führen, woraus im Verhältnis des Patienten zum Arzt eine romantisch-verklärende Verliebtheit (verbunden mit der Hoffnung auf eine engere intime Beziehung mit dem Objekt der Begierde) oder ein romantisierend-kindliches Beziehungsmuster resultiert. Die Entwicklung einer romantischen Bindung kann einerseits wahnhaft motiviert sein (wie zum Beispiel im Rahmen der Erotomanie), andererseits kann sie auf dem Boden von unangemessenen Erwartungen entstehen. Letzteres ist für die Stalker mit eingeschränkter bzw. fehlender sozialer Kompetenz sowie für Primärpersönlichkeiten mit narzisstischen Zügen typisch.

Ein weiterer pathologischer Mechanismus in der Genese des Stalkingverhaltens gegen Ärzte ist durch die Entwicklung einer aggressiven Bindung charakterisiert. Neben einer wahnhaft überlagerten Motivation lässt sich diese Verhaltensweise bei Patienten beobachten, die aufgrund eines ihnen in ihrer Wahrnehmung zugefügten Unrechts handeln.

2.3 Stalking und Interventionsmöglichkeiten aus ärztlicher Sicht

Wie die jüngeren Untersuchungsergebnisse zeigen, zeichnet sich im Allgemeinen eine steigende Tendenz des Stalkingverhaltens ab, die auch die Reihen der Beschäftigten im medizinischen Sektor berührt. Das Risiko, als Mediziner Opfer eines Stalkers zu werden, ist aus den weiter oben geschilderten Gründen nicht zu unterschätzen und sollte ernst genommen werden. Manche Ärzte legen jedoch eine relativ hohe Toleranz hinsichtlich des belästigenden, übergriffigen ggf. kriminellen Verhaltens seitens der Patienten an den Tag, anstatt rasch, adäquat und professionell zu reagieren, um frühzeitig bereits im Vorfeld einen eventuell hohen seelischen und/oder körperlichen Schaden von der eigenen Person bzw. von den Familienangehörigen abzuwenden.

Bereits die ersten verbalen oder physischen Angriffe, eine angedeutete Liebeserklärung oder die ersten Annäherungsversuche sind ernst zu nehmen und erfordern eine klare Stellungnahme seitens des Arztes. Die ausdrückliche Betonung des bleibenden professionellen Charakters der therapeutischen Beziehung und das Setzen von klaren Grenzen kann zu diesem Zeitpunkt wirksam und für alle Beteiligten sehr hilfreich sein.

Setzt der Patient trotzdem die unangemessene Verhaltensweise fort und respektiert er die ihm gesetzten Grenzen nicht, so ist ein Wechsel des Therapeuten zu überlegen. Manchmal kann unter klinischen Bedingungen permanentes Stalkingverhalten erst durch eine stationäre Einweisung unterbrochen werden.

Fortwährend sollte eine akribische Dokumentation der Vorfälle (mit Angaben des Datums und der Uhrzeit) erfolgen. Das Krankenblatt bzw. Epikrisen und sonstiges Dokumentationsmaterial sollten sorgfältig an einem sicheren Ort aufbewahrt werden, um ggf. als Beweismaterial im Falle eines juristischen Nachspiels zu dienen. Die Justiz sollte bei Bedarf rechtzeitig eingeschaltet und die notwendigen juristischen Maßnahmen wie zivilrechtliche Schutzanordnungen frühzeitig in die Wege geleitet werden, wenngleich eine effektive juristische Intervention in den meisten Fällen erst bei unmittelbarer physischer Bedrohung erfolgt (Purcell, Pathe & Mullen, 2004).

Der betroffene Arzt sollte sich als Opfer aus dem öffentlichen Leben nicht schweigend zurückziehen. Ganz im Gegenteil: Er sollte versuchen, seine Kollegen und Vorgesetzte aktiv mit einzubeziehen. Im direkten sozialen Umfeld sollten sowohl alle Mitarbeiter des Opfers als auch die Familienangehörigen über die Vorkommnisse informiert und aufgeklärt werden.

2.4 Stalking – Präventionswege aus der Sicht der Ärzteschaft

Um der steigenden Stalking-Inzidenz bereits im Vorfeld präventiv begegnen zu können, wurden von verschiedenen Autoren sogenannte Anti-Stalking-Strategien und Trainingsprogramme entwickelt (Miller, 1985; Pathe, Mullen & Purcell, 2002; Harmon, O`Connor, Forcier & Collins, 2004; Pathe, Mackenzie & Mullen, 2004). Bei der Konzeptualisierung der Präventivmaßnahmen im Bereich der klinisch tätigen Ärzte sollten zudem berufsspezifische Besonderheiten ihre Beachtung finden.

Die Privatsphäre des behandelnden Arztes stellt auch im professionellen Umgang mit den Patienten ein hohes Gut dar, das respektiert und geschützt werden sollte. Unter diesem Aspekt sollten keine persönlichen Details oder Informationen den Patienten vermittelt werden, auf welche diese unter Umständen zurückgreifen könnten. Die Privatadresse sollte nicht an öffentliche Organisationen weiter gegeben werden, um den Zugriff von nicht befugten Personen zu verhindern. Eine geheime Telefonnummer ist für Ärzte, die derartigen Risiken ausgesetzt sind, empfehlenswert. Bei ihnen sollten die Wohnungsanlagen sowie die Behandlungsräume im Hinblick auf die eigene Sicherheit, die der Mitarbeiter bzw. der Familienangehörigen dementsprechend gestaltet werden (wie zum Beispiel Fluchtwege in den Praxisräumen, Außenbeleuchtung und Guckloch in der Außentür der Wohnung etc.).

Im Umgang mit vertraulichen elektronischen Daten ist ärztlicherseits besondere Vorsicht geboten, um die Intimsphäre der Patienten nicht zu verletzen, und auf diese Art und Weise vorbeugend einem subjektiv empfundenen Ungerechtigkeitsgefühl oder überzogenen bzw. unbegründeten Verdächtigungen seitens der Patienten entgegen zu wirken.

Weitere präventive Maßnahmen mit dem Ziel, eine Ausweitung des Stalkingverhaltens ggf. eine Eskalation zu verhindern, ähneln prinzipiell den bereits geschilderten Interventionsmaßnahmen.
Bei den ersten versuchten Annäherungsschritten empfiehlt es sich, mit Souveränität, Gelassenheit, aber auch mit Entschiedenheit und unmissverständlicher Klarheit zu reagieren. Bei konkret wahrgenommenen Risiken sollten die Patienten nur in Anwesenheit einer weiteren Person gesehen bzw. untersucht werden, und bedrohliche Vorfälle sollten präzise dokumentiert werden.

Des weiteren, vor allem beim wiederholten Auftreten von belästigendem, übergriffigem bzw. aggressivem Verhalten, sollten Vorgesetzte, Kollegen sowie ggf. weitere Behandler darüber in Kenntnis gesetzt werden. Fühlt sich ein behandelnder Arzt hilf- oder ausweglos, muss er die Betreuung eines Patienten beenden und sie an einen Kollegen mit den entsprechenden Hinweisen abgeben.

Im Falle einer realistischen Drohung oder einer konkreten Gefährdung für den behandelnden Arzt bzw. für andere, die nicht durch therapeutische oder organisatorische Maßnahmen abgewendet werden können, müssen auch juristische bzw. polizeiliche Maßnahmen erwogen und ggf. ergriffen werden.

3. Zusammenfassung und Diskussion

Im Bewußtsein der Öffentlichkeit sowie dem ärztlichen Selbstverständnis nach verbindet man den Arztberuf im Allgemeinen mit Attributen wie empathisches Verstehen, Helfen, Schmerzen lindern und Heilen. Die

Konfrontation mit dem facettenreichen Begriff der Gewalt geschieht beim Ausüben der ärztlichen Tätigkeit vordergründig in einem Gespräch mit den Opfern der Gewalt, die ärztlicher Hilfe bedürfen (zum Beispiel in der Psychotherapie, bei Hausbesuchen etc.). Es wird erwartet, dass der Arzt die Folgen der Gewalt "behebt". Wenn Ärzte selbst in die Rolle des Opfers von Bedrohung oder Gefährdung fallen, sind die Protagonisten therapeutischer Berufe oft hilflos. Sie fühlen sich entweder überfordert oder überschätzen ihre eigenen Fähigkeiten.

Die Gefährdung therapeutischen Personals erstreckt sich unter Umständen über die Grenzen der Behandlungsräume hinaus und sie kann auch Familienangehörige oder Mitarbeiter erfassen. Die Folgen der ausgeübten Gewalt, sei es in Form von subtilen Belästigungen, direkter Bedrohung, sexueller Übergriffe oder körperlicher Gewalttat, reichen von leichteren psychosozialen Einbußen über Befindlichkeitsstörungen und psychische Erkrankungen bis hin zum Aufgeben der beruflichen Tätigkeit und sozialen Ruin. Spätestens dann wird die gesellschaftliche Relevanz des Phänomens "Stalking" offensichtlich und greifbar.

Spezielle Gefahrensituationen ergeben sich einerseits aus den berufsspezifischen Grundlagen des ärztlichen Handelns (vertrauensvolles Arzt-Patient-Verhältnis etc.), andererseits aus der Tatsache, dass die meisten Ärzte mit Gewaltausübung gegen ihre Person nicht rechnen, diese unter Umständen im allgemeinen unterschätzen, und die mögliche Gefährdung erst sehr spät erkennen. Auch die diesbezügliche Ausbildung muss man sehr kritisch sehen und als mangelhaft bezeichnen. Weiterbildung zum Selbstschutz (durch Aneignung von entsprechenden Kommunikationstechniken ggf. Selbstverteidigung) wird selbst in Einrichtungen mit höherem Gefährdungspotential kaum angeboten.

Ein Blick auf die deutsche Internetseite "Ärztegesundheit" bestätigt in Übereinstimmung mit den jüngsten internationalen Untersuchungen die steigende Gewalt gegen Ärzte, aber es lässt sich weder das Stichwort "Stalking gegen Ärzte" noch irgendwelcher Beitrag zu dieser Thematik finden. Das Stalking ist mittlerweile durch die Medienarbeit ins Bewusstsein der Allgemeinbevölkerung getreten. Selbst wenn es sich dabei um einen Modebegriff handeln mag, und das Phänomen der Belästigung, Verfolgung und Bedrohung bereits in der Antike beschrieben wurde, hat sich durch die Popularisierung ein neues Bewußtsein für dieses Phänomen entwickelt, das auch eine neue Reflexion bezüglich des Umgangs und der Prävention mit "Stalking" und den Menschen, die dieses Phänomen auslösen, erfordert. Trotzdem stehen derzeit aber nur einige wenige wissenschaftliche Arbeiten, die sich explizit mit der Thematik "Stalking gegen Ärzte" befassen.

Belästigendes, aufdringliches und übergriffiges Verhalten, sexuelle Belästigung sowie subtile Stalkingverhaltensweisen mit oder ohne Gewalttaten sollten zwar im klinischen Alltag nicht überbetont, aber auch nicht unterschätzt werden. Die praktische Ausübung der ärztlichen Tätigkeit stellt gelegentlich eine Gradwanderung zwischen einer effektiven Behandlung von Patienten und der eigenen Sicherheit dar. Insbesondere im Bereich der psychiatrischen und nervenärztlichen Versorgung sollte ein Umdenken in Gang gesetzt und adäquate Kompromisslösungen angestrebt werden.

Dies unterstreicht zusätzlich die Notwendigkeit weiterer wissenschaftlicher Untersuchungen und Aufklärung, um die potentiellen Opfer bereits im Vorfeld juristischer Auseinandersetzungen zu schützen. Bedrohung und Gewalt sind nicht einfach hinzunehmen. Sie sind nicht immer Ausdruck pathologischer Einstellungen oder Reaktionen von Patienten, die einer Therapie zugänglich wären, und es ist auch nicht Ausdruck mangelnder therapeutischer Kompetenz, wenn ein Arzt Opfer von Stalking wird. Nicht nur das Phänomen als solches, sondern auch der Umgang mit konkretem Risiko und Schwierigkeiten bei Stalking sollten von den Betroffenen, von Fachkreisen, unter Umständen aber auch öffentlich diskutiert werden.

Literatur

Abrams, K. M. & Robinson, G. E. (1998). Stalking. Part I: An overview of the problem. *Can J Psychiatry*, 43, 473-476.

Borski, I., Kamleiter, M. & Nedopil, N. (2005). Psychiater als Opfer von Stalking. *Nervenarzt,* 76 (3), 331-334.

Budd, T. & Mattinson, J. (2000). *The extent and nature of stalking: Findings from the 1998 British Crime Survey.* London: Home Office.

Corvendale, J., Gale, C., Weeks, S. & Turbott, S. (2001). A survey of treats and violent acts by patients against training physicians. *Med.Educ.*, 35, 154-159.

Dan, B. & Kornreich, C. (2000). Talmudic, Koranic and other Classic Reports of Stalking. *British Journal of Psychiatry*, 177, 282.

de Clerambault, G. (1942). *Les psychoses passionnelles.* In: Oeuvres Psychiatriques. Presses Universitaires de France, Paris, 315-322

Deutsches Bundesgesetzesblatt. *Gesetz zur Verbesserung des zivilrechtlichen Schutzes bei Gewalttaten und Nachstellungen sowie zur*

Erleichterung der Überlassung der Ehewohnung bei Trennung BGBl I S. 3513
Dressing, H. & Gass, P. (2002). Stalking – vom Psychoterror zum Mord. *Nervenarzt*, 73, 1112-1115.
Frank, E., Brogan, D. & Schiffmann, M. (1998). Prevalence and correlates of harrasment among US women physicians. *Arch. Intern. Med.*, 158, 352-358.
Habermeyer, E. & Hoff, P. (2002). "Stalking": Eine populäre, aber lediglich eingeschränkt verwertbare Konzeption sozial störender Verhaltensweisen. *Fortschr Neurol Psychiat*, 70, 542-547.
Harmon, R. B., O`Connor, M., Forcier, A. & Collins, M. (2004). The impact of anti-stalking training on front line service providers using the anti-stalking training evalution protocol (ASTEP). *J Forensic Sci*, 49, 1050-1055.
Harmon, R. B., Rosner, R. & Owens, H. (1995). Obsessional harassment and erotomania in a criminal court population. *J Forensic Sci*, 40, 188-196.
James, D. V. & Farnham, F. R. (2003). Stalking and serious violence. *J Am Acad Psychiatry Law*, 31, (4), 432-439.
Kamleiter, M. & Laakmann, G. (2003). Stalking – Bedeutung für klinische Praxis und Rechtssprechung. *Psychiatr. Prax.*, 30, 152-158.
Kamphuis, J. H. & Emmelkamp, P. M. (2000). Stalking – a contemporary challenge for forensic and clinical psychiatry. *Br J Psychiatry*, 176, 206-209.
Kienlen, K. K., Birmingham, D. L., Solberg, K. B., O'Regan, J. T. & Meloy, J. R. (1997). A Comparative Study of Psychotic and Nonpsychotic Stalking. *The Journal of the American Academy of Psychiatry and the Law*, 25, (3), 317 – 334.
Lamberg, L. (2000). Best tactic for clinician safety: be prepared. *JAMA*, 284, (5), 553-554.
Laskowski, C. (2003). Theoretical and clinical perspectives of client stalking behavior. *Clin Nurse Sperc.*, 17, (6), 298-304.
Löbmann, R. (2002). Stalking: ein Überblick über den aktuellen Forschungsstand. *Monatsschrift für Kriminologie und Strafrechtsreform*, 85, 25-32.
McCann, J. T. (1998). Subtypes of stalking (obsessional following) in adolescents. *J Adolesc*, 21, 667-675.
Meloy, J. R. & Boyd, C. (2003). Female stalkers and their victims. *J Am Acad Psychiatry Law*, 31, (2), 211-219.
Meloy, J. R. & Gothard, S. (1995). Demographic and clinical comparison of obsessional followers and offenders with mental disorders. *Am J Psychiatry*, 152, 258-263.

Meloy, J. R. (1989). Unrequited love and the wish to kill. Diagnosis and treatment of borderline erotomania. *Bull Menninger Clin*, 53, 477-492.
Meloy, J.R. (1996). Stalking (obsessional following): a review of some preliminary studies. *Aggression and Violent Behaviour*, 1, 147-162.
Meyendorf, R. (1968). *Das Belästigungs-Syndrom als psychotisches Durchgangssyndrom*. Diss. München: Nervenklinik der Universität.
Miller, R. D. (1985). The harassment of forensic psychiatrists outside of court. *Bull Am Acad Psychiatry Law*, 13, 337-343.
Mullen, P. E., Pathe, M. & Purcell, R. (2001). Stalking: new construction of human behaviour. *Aust N Z J Psychiatry*, 35, 9-16.
Mullen, P. E., Pathe, M., Purcell, R. & Stuart, G. W. (1999). Study of stalkers. *Am J Psychiatry*, 156, 1244-1249.
Norris, D. M. & Gutheil, T. G. (2003). Harrasment and intimidation of forensic psychiatrists: an update. *Int. J Law Psychiatry*, 26, 437-445.
Palarea, R. E., Zona, M. A., Lane, J. C. & Langhinrichsen-Rohling, J. (1999). The dangerous nature of intimate relationship stalking: threats, violence and associated risk factors. *Behav Sci Law*, 17, 269-283.
Pathe, M. T. & Mullen, P. E. (1997). The impact of stalkers on their victims. *Br J Psychiatry*, 170, 12-17.
Pathe, M. T., Mullen, P. E. & Purcell, R. (2002). Patients who stalk doctors: their motives and management. *Med J Aust*, 176, (7), 335-8.
Pathe, M., Mackenzie, R. & Mullen, P. E. (2004). Stalking by law: damaging victims and rewarding offenders. *J Law Med*, 12, (1), 103-111.
Purcell, R., et al. (2002). The incidence and nature of stalking in the Australian community. *Aust N Z J Psychiatry*, 36, (1), 114-20.
Purcell, R., Pathe, M. & Mullen, P. E. (2004). Stalking: defining and prosecuting a new category of offending. *Int J Law Psychiatry*, 27, (2), 157-69.
Püschel, K. & Cordes, O. (2001). Tödliche Bedrohung als Berufsrisiko. *Dt Ärzteblatt*, 98, 4, 153-157.
Rosenfeld, B. (2003). Recidivism in Stalking and Obsessional Harassment. *Law and Human Behaviour*, 27, 251-265.
Sandberg, D. A., McNiel, D. E. & Binder, R. L. (1998). Characteristics of Psychiatric Inpatients Who Stalk, Threaten, or Harass Hospital Staff After Discharge. *Am J Psychiatry*, 155, 1102-1105.
Sandberg, D. A., McNiel, D. E. & Binder, R. L. (2002). Stalking, threatening, and harassing behavior by psychiatric patients toward clinicians. *J Am Acad Psychiatry Law*, 30, 221-229.
Schneider, M. & Phillips, S. P. (1997). A qualitative study of sexual harassment of female doctors by patients. *Soc.Sci.Med.*, 45, 669-676.
Tjaden, P. & Thoennes, N. (1998). *Stalking in America. Findings from the National Violence against Women Survey*. Washington, DC: US Departement of Justice.

White, G. E. (2000). Sexual harrasment during medical training: the perceptions of medical students at a university medical school in Australia. *Med.Educ.*, 34, 980-986.

Wright, J., Burgess, A. G., Burgess, A. W., Lazlo, A., McCrary, G. & Douglas, J. (1996). A Typology of Interpersonal Stalking. *Journal of Interpersonal Violence*, 11, 487-502.

Zona, M. A., Palarea, R. E. & Lane, J. (1998). Psychiatric diagnosis and the offender-victim typology of stalking. In: J. R. Meloy (Ed.), *The psychology of stalking: Clinical and forensic perspectives.* (p. 69-84). San Diego: Academic.

Zona, M. A., Sharma, K. K. & Lane, J. (1993). A comparative study of erotomanic and obsessional subjects in a forensic sample. *J Forensic Sci*, 38, 894-903.

Stalking und Gewalt

David V. James und Frank R. Farnham

1. Einführung

Die Angst vor Gewalt ist zentral für das Phänomen Stalking. Der Begriff "Stalking" beschreibt eine Konstellation von Handlungsweisen, die durch das wiederholte unerwünschte Eindringen in das Leben einer anderen Person in Form von direktem Kontakt bzw. Kommunikationsverhalten charakterisiert ist (Mullen, Pathé & Purcell, 2000). Jedoch können nicht alle Arten von sich wiederholenden, nicht gewünschten Akten des Eindringens in die persönliche Sphäre eines anderen als Stalking bezeichnet werden. Stalkingverhalten unterscheidet sich vom Spektrum "normaler" Interaktionen darin, dass es Angst oder Besorgnis bei dem Opfer auslöst, die auch in der Möglichkeit begründet ist, körperlichen Schäden durch den Stalker zu erleiden.

Gewalt stellt auch den Kernpunkt der öffentlichen Wahrnehmung von Stalking dar. Dies spiegelt sich in der Boulevardpresse wider, bei der Schlagzeilen zu Stalkingfällen Wörter wie "Horror", "Terror" oder "Folter" einsetzen, um die Auswirkungen auf die Opfer zu beschreiben. Bekannte Hollywoodfilme, wie etwa 'Play Misty for me' oder 'Fatal attraction', verstärken diesen Eindruck, indem sie plötzliche Gewalttaten schildern, verübt durch verrückte Verfolger. Vorfälle dramatischer Gewalt brachten das Phänomen Stalking in die öffentliche Aufmerksamkeit und fungierten als Auslöser für die Einführung von Anti-Stalking-Gesetzen. Ein herausragendes Ereignis hierbei war 1989 das Stalking und die Ermordung der Fernsehdarstellerin Rebecca Schaeffer durch einen verrückten Fan, was 1991 zu dem ersten Anti-Stalking-Paragraphen in Kalifornien führte. Es folgten ähnliche Gesetze im Rest der USA, in Kanada und in Australien. In vergleichbarer Weise brachten in Großbritannien Stalkingfälle von Prominenten und von der königlichen Familie das Thema Stalking auf die nationale Agenda, was wiederum die Einführung einer neuen Gesetzgebung voranbrachte (Wells, 1997).

Die meisten Gesetzgeber, die spezielle Anti-Stalking-Regelungen eingeführt haben, taten dies aufgrund von Verhaltensweisen, die andere Menschen in Angst um ihre Sicherheit versetzen (Saunders, 1998; Mullen et al, 2000). Das kalifornische Strafgesetzbuch definiert einen Stalker als "...jede Person, die willentlich in bösartiger Absicht eine andere Person wiederholt verfolgt oder belästigt und eine glaubwürdige Drohung tätigt mit dem Ziel diese Person in eine angemessene Angst vor dem Tod oder vor schwerem körperlichen Schaden zu versetzen". In Großbritannien definiert der sogenannte Protection from Harassment Act aus dem Jahr 1997 zwei Ebenen des Vergehens, wobei die schwerwiegendere für eine Person gilt, "...deren Art des Verhaltens in einer anderen Person die Angst auslöst..., dass Gewalt gegen sie eingesetzt wird".

Während Stalking als eigenes Konstrukt sich zunächst in Reaktion auf Prominentenfälle etablierte, wurde in den frühen 90ern auch die ungewollte Belästigung normaler Bürger miteinbezogen mit dem Bereich von häuslicher und von Beziehungsgewalt (Lowney & Best, 1995). Während frühe Stalkingstudien sich auf Prominte als Opfer konzentrierten (z.B. Dietz, Matthews, van Duyne, Martell & Crowder, 1991), richtete sich die neuere Forschung verstärkt auf die Allgemeinpopulation. Im Folgenden soll ein Überblick gegeben werden über die Literatur zu Stalking und Gewalt, wobei die meisten Arbeiten aus den USA und aus Australien stammen.

2. Häufigkeit von Stalkinggewalt

2.1 Untersuchungen anhand von Stalkern

Viele Autoren, die Samples von Stalkern untersuchten, machten auch Angaben über die Häufigkeit des Auftretens von Gewalt. Dabei variieren die Ergebnisse stark. Die gefundenen Gewaltraten waren dabei vor allem auf Effekte der Stichprobenselektion zurückzuführen und erfassten nicht so sehr die Basisrate, also das generelle Auftreten von Stalkinggewalt in der Bevölkerung. Da der Selektionseffekt wahrscheinlich in Richtung extremerer Stalkingfälle lief, kann aus den Ergebnissen dieser Studien (siehe auch Tabelle 1) vorsichtig geschlossen werden, dass in der Mehrheit der Fälle Stalker nicht gewalttätig werden.

Tabelle 1: Häufigkeiten von Gewalt in Stalkingstudien

	Stich-proben-größe	Häufigkeit von Gewalt (%)	Region
Studien von Stalkern			
Zona et el, 1993	74	3	Los Angeles
Harmon et al, 1995	48	21	New York
Meloy & Gothard, 1995	20	25	California
Kienlen et al, 1997	25	32	Missouri
Schwartz-Watts et al, 1997	18	39	South Carolina
Harmon et al, 1998	175	46	New York
Schwartz-Watts & Morgan, 1998	42	48	South Carolina
Mullen et al, 1999	145	36	Victoria
Meloy et al, 2000	65	46	California
Studien von Opfern			
Pathé & Mullen, 1997	100	34	Australia
Hall, 1998	145	38	7 US cities
Palarea et al, 1999	223	76	Los Angeles

2.2 Repräsentative Erhebungen

Die tatsächliche Häufigkeit von Stalkinggewalt kann nur aus umfassenden, randomisierten Stichproben aus der Allgemeinbevölkerung abgeleitet werden. Es gibt mehrere große Studien, bei denen die Gewaltrate bei Stalking Berücksichtigung fand. In Großbritannien führte die sogenannte "British Crime Survey" 1998 zum ersten Mal Befragungen über das Phänomen Stalking in England und Wales durch (Budd, Mattinson, & Myhill, 2000). Eine repräsentative Zufallsstichprobe von 9.988 Personen im Alter zwischen 16 und 59 Jahren füllte einen computergestützten Fragebogen über eigene Erfahrungen mit "andauernder, unerwünschter Aufmerksamkeit" aus. Die Untersuchung fand, dass "körperliche Gewalt" von 20% der Stalker angewandt wurde. Körperliche Gewalt wurde definiert als jegliche Form physischer Gewalt wie "... z.B. Stoßen, Schlagen, Treten oder dem Einsatz von Waffen". Da 11,8% der Stichprobe zu irgendeinem Zeitpunkt in ihrem Leben andauernder und ungewollter Aufmerksamkeit ausgesetzt waren, haben demzufolge 2,4% der erwachsenen Population einmal Stalkinggewalt erfahren.

In dem australischen Bundesstaat Victoria führte Purcell (2001) eine methodisch weniger anfällige Erhebung durch. Die Grundlage bildete eine postalische Befragung einer randomisierten Stichprobe von 3700 Erwachsenen aus dem Wählerverzeichnis. Stalking wurde definiert als ungewolltes Belästigen, welches mindestens einen Monat andauert. Die Untersuchung fand, dass 17,7% der Stalkingopfer körperliche Angriffe erlebt hatten, wobei in der Hälfte der Fälle Verletzungen auftraten. Die meisten Angriffe waren eher von geringer Schwere und beinhalteten Verhaltensweisen wie Schlagen, Stoßen oder Boxen. Die Verletzungen waren begrenzt auf blaue Augen, herausgeschlagene Zähne oder herausgerissenes Haar. Aber es gab auch einige schwerwiegende Attacken, so berichteten 2% der Opfer von versuchten oder ausgeführten Vergewaltigungen. Da 2,9% der Befragten angaben, im letzten Jahr gestalkt worden zu sein und 10,6% einmal im Leben diese Erfahrung machen mussten, waren demzufolge 0,5% der Bevölkerung in den letzten zwölf Monaten einmal Opfer von Stalkinggewalt, und 1,9% wurden einmal während ihres Lebens entsprechend viktimisiert.

2.3 Definitionen von Stalking

Eine der Hauptschwierigkeiten bei der Untersuchung von Stalking besteht darin, dass keine einheitliche Definition von Stalking Anwendung findet. Die zuverlässigste Definition stammt von Mullen und seinen Kollegen

(1999 & 2000). Anstelle einer reinen Beschreibung möglicher Stalkingverhaltensweisen legten sie vielmehr fest, dass es mindestens zehn Fälle ungewollter Belästigung oder Kommunikation über einen Zeitraum von mindestens vier Wochen gegeben haben muss, und dass dieses Verhalten bei dem Opfer Angst ausgelöst hat. Dies ist eine konservative Definition, die sicher stellt, dass alle somit erfassten Fälle eindeutig Stalkingverhalten beinhalten. In einer neueren Arbeit dieser Forschungsgruppe (Purcell, 2001; Purcell, Pathé & Mullen, 2002) konnte herausgearbeitet werden, dass zwei Wochen ungewollter Belästigung oder Kommunikation eine ausreichende Zeitspanne darstellt, um Stalking von anderen Verhaltensweisen abzugrenzen.

Andere Forscher wandten weniger strenge Definitionen an. Meloy & Gothard (1995) legten fest, dass das Verhaltensmuster mehr als eine offensichtliche Handlung ungewollter Annäherung umfassen muss, welches vom Opfer als belästigend empfunden wird. Indem zwei Belästigungen zur Feststellung von Stalking ausreichen, besteht ein Problem darin, dass kurz andauernde Konflikte bei Beziehungstrennungen miteingeschlossen sind, die nicht die obsessive Qualität von Stalking besitzen. Auf der anderen Seite bietet eine solche Definition den Vorteil, dass sie die meisten gesetzlichen Definitionen von Stalking in den USA und in anderen Ländern widerspiegelt. In Großbritannien setzten Budd et al (2000) bewusst eine Definition ein, die der englischen Anti-Stalking-Gesetzgebung entspricht. Deshalb war weder eine Mindestanzahl von Vorfällen noch ein Mindestzeitraum vorgegeben und auch das Element von Angst war nicht beinhaltet. Harmon, Rosner & Owens (1998) wandten ebenfalls eine breite Definition an: Sie verlangten mehr als zwei einschlägige Vorfälle, die mindestens ein Gefühl der Beunruhigung hervorriefen. In der Fachdiskussion über Stalking wird meist angenommen, dass unterschiedliche Forscher das gleiche Phänomen untersuchen. Obgleich dies zumeist der Fall ist, muss man dennoch bewusst auf die Definitionen achten, die in der jeweiligen Studie zugrunde gelegt wurde.

2.4 Opfer von Stalkinggewalt

Da die Mehrzahl der Stalkingopfer weiblich ist (ca. 85%), richtet sich auch die Mehrheit der Stalkinggewalt gegen Frauen. Zugleich berichten die meisten Studien über geringe Geschlechtsunterschiede bei den Häufigkeiten von Gewalt und Drohungen und dies sowohl auf Seiten der Opfer als auch der Täter. Dabei ist der oder die Betroffene nicht immer identisch mit dem Stalkingopfer. Z.B. zeigte sich in einer australischen Studie (Purcell, 2001; Purcell et al, 2002), dass dritte Personen, meist

Familienmitglieder, Intimpartner oder Freunde, in 10,3% der Fälle das Ziel von Gewalt waren. Andere Autoren berichteten über ähnliche Gewaltraten gegenüber Dritten. Die betroffenen Personen wurden dabei im Allgemeinen vom Stalker als jemand angesehen, der zwischen ihm und dem Opfer steht (Meloy, 1996; Meloy, 1999).

Eine düstere und eher bizarre Form der Gewalt stellen Angriffe auf Haustiere dar. Hall (1998) fand, dass in 13% der Fälle der Stalker ein Haustier verletzt oder getötet hatte. In der Studie von Tjaden und Thoennes (1998) gaben 8% der Opfer an, dass ihre Haustiere bedroht oder angegriffen wurden. Mullen et al (2000) berichteten u.a. über Fälle, in denen Hunde vergiftet und Katzen zerstückelt und per Post zurück an das Opfer gesendet wurden.

2.5 Zusammehänge zwischen Gewalt und anderen Faktoren

Das Ziel, Gewalt bei Stalking zu untersuchen, besteht darin, präventive Maßnahmen zu unterstützen. Solche Studien befinden sich in einem frühen Stadium. Um präventiv tätig werden zu können, ist es notwendig Risikofaktoren zu identifizieren, die statistisch signifikante Zusammenhänge zwischen Gewalt und Charakteristika von Stalkern bzw. deren Verhaltensweisen bilden. Nur einige wenige Studien verfügten über die für eine solche Fragestellung notwendige Stichprobengröße bzw. untersuchten eine ausreichend hohe Anzahl von Gewaltakten.

2.6 Mögliche Risikofaktoren

Einige Studien haben mögliche Risikofaktoren für Gewalt vorgeschlagen, ohne dabei signifikante statistische Zusammenhänge liefern zu können. Beispiele für solche Risikofaktoren sind eine zunehmende Nähe im Kontaktverhalten (Zona et al, 1993; Harmon et al, 1995); regelmäßige physische Annäherungen an das Opfer (Palarea, Zona & Lane, 1999); eine psychiatrische Vorgeschichte (Zona et al, 1993; Meloy & Gothard, 1995; Harmon et al., 1995); das Nichtvorhandensein einer Psychose (Kienlen, Birmingham, Solberg, O'Reagan & Meloy, 1997); vorhandene Persönlichkeitsstörungen (Meloy & Gothard, 1995; Meloy, 1996) und eine vorherige intime Beziehung zum Opfer (Zona et al, 1993; Kienlen et al, 1997; Schwartz-Watts & Morgan, 1998). Mehrere Studien fanden zudem einen statistisch signifikanten Zusammenhang zwischen dem Auftreten von Gewalt und einer vorherigen Intimbeziehung zwischen Stalker und Opfer (Pathe & Mullen, 1997; Harmon et al, 1998; Mullen, Pathé, Purcell &

Stuart, 1999, Palarea et al, 1999; Farnham, James & Cantrell, 2000; Meloy, Davis & Lovette, 2001), was bislang als stabilster Zusammenhangswert aller Untersuchungen bezüglich Gewalt gewertet werden muss.

2.7 Größer angelegte Studien

Zwei Studien, die auf psychiatrischen Untersuchungen von Stalkern basierten, erwiesen sich als groß genug, um statistisch signifikante Korrelationen zwischen Stalking und Gewalt herzustellen (Harmon et al, 1998; Mullen et al, 1999). Harmon et al (1998) werteten für einen Zehnjahreszeitraum die Akten von 175 Stalkern aus. Dabei zeigten 81 Stalker (84%) gewalttätiges Verhalten. Risikofaktoren der Gewalt waren eine vorherige Beziehung zum Opfer, Gewaltdrohungen und Alkohol- bzw. Drogenmissbrauch. Mullen et al (1999) untersuchten 145 Stalker, von denen 52 (36%) gewalttätiges Verhalten zeigten. Als signifikante Zusammenhänge mit Angriffsverhalten wurden das Aussprechen von Drohungen, Vorstrafen, Alkohol- bzw. Drogenmissbrauch und die Zuordnung zu einer Kategorie der Stalker-Typologie der Autoren gefunden. Allerdings blieb alleine der Faktor Vorstrafen signifikant, nachdem alle Variablen über eine Regressionsanalyse berechnet wurden. Insgesamt wiesen Stalker mit unterschiedlichen Motivationen unterschiedliche Häufigkeiten der Gewalt auf.

Zwei weitere bedeutsame Untersuchungen fanden ebenso statistisch relevante Risikofaktoren (Palarea et al, 1999; Brewster, 2000). Diese Arbeiten stützten sich vor allem auf Aussagen von Opfern und weniger auf die Untersuchung von Stalkern. So errechnete eine Studie von 223 Fällen der Threat Management Unit (TMU) der Polizei von Los Angeles signifikante Korrelation zwischen Gewalt und vorheriger intimer Beziehung sowie einer Vorgeschichte allgemeiner Gewalttätigkeit (Palarea et al, 1999). Der Zusammenhang von Gewalt mit einer vorhergehenden Partnerschaft war zudem positiv beeinflusst durch den Grad der Nähe zum Opfer und durch Drohungen sowohl gegenüber dem Opfer direkt als auch gegenüber dessen Eigentum. Eine weitere Studie, die auf Interviews mit 187 Betroffenen von Ex-Partner-Stalking beruhte, fand eine signifikante Korrelation zwischen verbalen Drohungen und nachfolgender Gewalt. (Brewster, 2000) Es ergab sich zudem ein statistischer Zusammenhang zwischen Drogen- bzw. Alkoholmissbrauch und dem Auftreten von Gewaltakten, bei denen das Opfer körperliche Verletzungen erlitt.

In einer Zusammenschau der Fachliteratur fassten Mullen et al (2000) Eigenschaften auf Seiten der Stalker zusammen, die wahrscheinlich mit einem höheren Gewaltrisiko verknüpft sind. Diese waren Alkohol- bzw. Drogenmissbrauch, eine kriminelle Vorgeschichte, insbesondere wenn gewalttätige oder sexuelle Angriffe zu verzeichnen waren, männliche Geschlechtszugehörigkeit, das Aussprechen von Drohungen, das Vorhandensein einer Persönlichkeitsstörung, eine intime Vorbeziehung zum Opfer, Arbeitslosigkeit und soziale Isolation. Als weniger leicht messbare Faktoren wurden genannt ein hoher Level an Wut gegenüber dem Opfer, ein ausgeprägter Besitzanspruch gegenüber dem Opfer und das Fantasieren über Gewalt. Es existiert die Vermutung, dass Risikofaktoren für Gewalt in Stalkingfällen große Übereinstimmungen mit Risikovariablen der Gewalt auch in anderen Bereichen aufweisen. So kam Meloy (2002) zu der Schlußfolgerung, dass die bis zum damaligen Zeitpunkt überschaubare Forschung zu Prädiktorvariablen im Bereich Stalking drei prägnante Faktoren fand, die Gewaltakte gegenüber dem Opfer oder dessen Eigentum vorhersagen: eine kriminelle Vorgeschichte, Alskohol- bzw. Drogenmißbrauch und eine intime Vorbeziehung mit dem Opfer. Diese drei Variablen entsprechen allgemeinen Vorhersagefaktoren der Gewalt.

3. Das Wesen der Gewalt

Die Art der Gewalt, die in den meisten Stalkerstudien untersucht wurde, war eher genereller und leichterer Natur. Beispielsweise beschrieben Harmon et al (1995) einen Stalker dann als gewalttätig, wenn er das Opfer oder eine dritte Person körperlich angreift, aber auch wenn er Eigentum attackiert oder beschädigt, wobei im letzteren Punkt jedwede Form physischen Kontakts beinhaltet war, wie beispielsweise das wiederholte Hämmern an eine Tür. Diese Definition von Gewalt unterschied also nicht zwischen wiederholtem heftigen Klopfen an eine Tür und einem Tötungsdelikt, was zwei sehr unterschiedliche Dinge darstellt. Mullen et al (1999) begrenzten ihre Definition von physischer Gewalt auf Angriffe gegen Personen. Bei den 52 gewalttätigen Stalkingfällen traten ein Kieferbruch, eine Stichwunde, sechs sexuelle Übergriffe und acht versuchte oder vollzogene Vergewaltigungen auf. Dennoch beschränkten sich in den meisten Fällen die physischen Verletzungen auf Prellungen oder Schürfwunden. In den Studien, die auf Opferberichten basieren, reichte etwa die Gewaltdefinition von Brewster (2000) von Stoßen, Schlagen, Treten und Beißen bis hin zu Vergewaltigungen oder Angriffen mit Waffen. Die körperlichen Verletzungen beinhalteten eine Bandbreite von kleinen Schnittwunden und Prellungen bis hin zu Knochenbrüchen. Palarea et al (1999) grenzten Gewalt gegen Person ab von Gewalt gegen Dinge, boten aber keine genaueren Definition für diese beiden Kategorien an.

4. Zusammenhänge mit schwerer Gewalt

Die Basisrate schwerer Gewalt in den meisten Stichproben von Stalkingfällen war zu gering, um statistische Zusammenhänge herstellen zu können. Bislang erschien nur eine solche Studie zu schwerer Gewalt bei Stalkern (James & Farnham, 2003). Diese Studie untersuchte prospektiv 85 Stalker aus einer forensischen Psychiatrie im Norden Londons, die die Definitionskriterien zu Gewalt von Mullen et al (1999 & 2000) erfüllten. 32% der Stalker begingen Tötungsdelikte oder schwere Gewalttaten. Diese Gruppe wurde hinsichtlich ausgewählter klinischer, demografischer und kriminologischer Variablen mit Stalkern verglichen, die nicht solche schwere Gewaltakte begangen hatten. Die Risikofaktoren bei schwerer Stalkinggewalt unterschieden sich von denen der allgemeinen Gewalt. Im Unterschied zu den Studien, bei denen Gewalt breit definiert worden war, zeigte schwere Gewalt einen signifikanten Zusammenhang mit dem Nichtvorhandensein einer kriminellen Vorgeschichte und mit einem vorhandenen Arbeitsverhältnis. Zugleich existierten keine Korrelationen mit Alkohol- bzw. Drogenmissbrauch, Persönlichkeitsstörungen oder Vorstrafen wegen Gewalt. Eine multivariate Auswertung produzierte ein statistisches Modell, welches drei Faktoren umfasste: das vorherige Aufsuchen des Wohnhauses des Opfers, das Nichtvorhandensein einer kriminellen Vorgeschichte und eine kurze Stalkingdauer. Dieses statistische Modell sagte 84% der Fälle korrekt vorher. Risikofaktoren, die gleichermaßen sowohl bei nicht so schwerer als auch bei schwerer Stalkinggewalt auftraten, waren eine intime Vorbeziehung und eine größere Anzahl an Stalkingverhaltensweisen. Es gab zudem leichtere Zusammenhänge zwischen schwerer Gewalt und der männlichen Geschlechtszugehörigkeit des Stalkers sowie mit Drohungen. Von beiden Faktoren wird vermutet, dass sie Korrelate allgemeiner Gewalt bei Stalking darstellen.

Aufgrund dieser Ergebnisse kann postuliert werden, dass Stalker, die schwere Gewalt ausüben, ein anderes Profil aufweisen, als solche, die nicht so schwere Gewalt anwenden. Schwere Gewalttaten erscheinen hier als katastrophenähnliche Ereignisse, durchgeführt von Personen ohne kriminelle oder gewalttätige Vorgeschichte, die äußerlich sozial integriert sind, indem sie z.B. einer Beschäftigung nachgehen. Dies bildet einen Unterschied zu denjenigen Tätern, die weniger schwere Angriffe begehen, bei denen Gewalt vermutlich eher einen gewohnheitsmäßigen sozialen Interaktionsstil darstellt. Diese Gruppe ist zumeist vorbestraft und lebt sozial am Rand, aufgrund von mangelnder Selbstkontrolle durch Alkoholmissbrauch oder durch eine psychotische Störung. Es war zudem auffällig, dass ein signifikanter Zusammenhang zwischen schwerer Gewalt und einer depressiven Erkrankung des Stalkers bestand.

Aufgrund dieser Studie kann nicht angenommen werden, dass Risikofaktoren bei schwerer und bei nicht so schwerer Stalkinggewalt übereinstimmen. In anderen Worten ausgedrückt: Risikofaktoren, wiederholt an eine Tür zu klopfen (Harmon et al, 1998), unterscheiden sich wahrscheinlich von solchen schwerer Gewalt, wie z.b. jemandem die Kehle durchzuschneiden. Das Nichtvorhandesein von Risikovariablen für allgemeine Gewalttätigkeit bedeutet nicht, dass in Stalkingfällen keine schwere Gewalt auftreten kann. Die Tatsache, dass die Dauer von Stalking signifikant kürzer war in den Fällen mit schwerer Gewalt, belegt, dass für die Pävention eine frühe Intervention besonders wichtig ist.

Diese Studie zeigt auf, dass statistische Gewaltvorhersageinstrumente nur begrenzt anwendbar sind, wenn nicht zugleich auch unterschiedliche Gewaltlevel separat betrachtet werden. Die Prädiktoren einer Form der Gewalt kann sich von anderen stark unterscheiden (Dietz et al, 1991). Obwohl betont wurde, dass die Konstruktion von Gewaltvorhersageinstrumenten wichtig ist (Monahan & Steadman, 1994), tendieren selbst die besten Studien in diesem Bereich (Steadman, Silver, Monahan, Appelbaum, Robbins, Mulvey, Grisso, Roth & Banks, 2000; Monahan, Steadman, Appelbaum. Robbins, Mulvey, Silver, Roth & Grisso, 2000) dazu, eher relativ weit gefasste Definitionen von Gewalt zu verwenden (z.B. Steadman & Silver, 2000).

4.1 Drohungen und Gewalt

Drohungen kommen häufig bei Stalking vor und Wissenschaftler haben versucht, deren Bedeutung näher zu bestimmen. Purcell (2001) fand, dass in 29,3% der Stalkingfälle in ihrer Stichprobe auch explizite Drohungen auftraten. Dies beinhaltete auch Drohungen, Dritte zu verletzen, wie Partner, Kinder, Familienmitglieder oder Freunde. 44% der Personen, die bedroht wurden, wurden später angegriffen und 73% der Personen, die attackiert wurden, hatten vorher auch Drohungen erhalten. Harmon et al (1998) untersuchten mit einer weiter gefassten Gewaltdefinition den Zusammenhang zwischen Drohungen und Gewalt. 60% der Stalker, die drohten wurden später auch gewalttätig, verglichen mit nur 20% derjenigen, die keine Drohungen ausgesprochen hatten. In anderen Worten: Die Mehrheit der drohenden Stalker griff auch an, während die Mehrheit der nicht drohenden Stalker dies nicht tat. Andere Studien kamen ebenfalls zu dem Ergebnis, dass die meisten Stalker, die Gewalt anwendeten, ihre

Intention vorher in Drohungen zum Ausdruck gebracht hatten (Pathe & Mullen, 1997; Mullen et al, 1999; Palarea et al, 1999). Dies scheint auch bei schwerer Gewalt zuzutreffen (James & Farnham, 2003). 85% derjenigen Stalker, die schwer gewalttätig wurden, drohten vorher, verglichen mit 62% der Stalker, die weniger schwere Gewalt anwendeten. Möglicherweise sind Drohungen um so häufiger, je schwerer die Gewalt ist.

4.2 Gewalt gegenüber Dingen

Zwei repräsentative Erhebungen nannten Häufigkeiten zum Auftreten von Sachbeschädigungen. Tjaden & Thoennes (1998) kamen zu dem Ergebnis, dass das Eigentum von 30% der Stalkingopfer beschädigt wurde. Eine australische Untersuchung (Purcell, 2001; Purcell et al., 2002) fand, dass 23% der Opfer über Sachbeschädigungen berichteten, wobei am häufigsten zerschlagene Fensterscheiben und Türen, zerstochene Autoreifen und zerstörte Gärten genannten wurden. In nicht repräsentativen Untersuchungen von Stalkingfällen bewegten sich die Auftretenshäufigkeiten von Sachbeschädigungen zwischen 30% und 40% (Pathe & Mullen, 1997; Hall, 1998; Mullen et al, 1999). Andere Studien berücksichtigen Sachbeschädigungen nicht oder schloßen dies in ihre Definition von Gewalt mit ein (Harmon et al, 1995; Meloy & Gothard, 1995; Kienlen et al, 1997; Schwartz-Watts et al, 1997; Harmon et al, 1998). Mullen et al (1999) fanden, dass Sachbeschädigungen bei Alkohol- und Drogenmissbrauch und Vorstrafen des Stalkers erhöht auftraten. Allgemein stießen in der wissenschaftlichen Beschäftigung mit Stalking Sachbeschädigungen auf weniger Aufmerksamkeit als Gewalttätigkeit.

5. Motive für Stalkinggewalt

Die Ursachen für Gewalttätigkeiten im Verlauf von Stalking sind komplex und beinhalten wahrscheinlich eine Reihe sozialer und psychologischer Faktoren. Die Literatur verweist auf einige Variablen, die hier eine Rolle spielen könnten.

5.1 Beziehung zum Opfer

Die nützlichste Typologie bezogen auf die Motivation von Stalkern stellt das Modell von Mullen et al (2000) dar. Die Autoren unterscheiden 5 Stalkertypen: den zurückgewiesenen Stalker, den intimitätssuchenden

Stalker, den inkompetenten Verehrer, den Rachestalker und den sexuellen Jagdstalker. In einer Studie von 145 Stalkern, von denen 39% gewalttätig wurden (Mullen et al, 1999), fanden sich signifikante Unterschiede zwischen den Stalkertypen bezogen auf Häufigkeit von Drohungen, Angriffen und der Beschädigung von Eigentum des Opfers. Gewalttätige Angriffe traten am häufigsten beim zurückgewiesenen Stalker auf (59%) und auch beim sexuellen Jagdstalker (50%). Der Rachestalker (87%) und der zurückgewiesene Stalker (74%) drohten am häufigsten. Der sexuelle Jagdstalker und der zurückgewiesene Stalker machten am häufigsten ihre Drohungen wahr und bei dem Rachstalker war dies am wenigsten wahrscheinlich.

Die Vorherrschaft zurückgewiesener Stalker bei Gewaltakten spiegelt sich auch in den stabilen Ergebnissen anderer Studien wider, wonach ehemalige Intimpartner am häufigsten gewalttätig werden (Pathe und Mullen, 1997; Harmon et al, 1998; Mullen et al, 1999; Palarea et al, 1999; Farnham et al, 2000; Meloy et al, 2001). Besondere Merkmale dieser Gruppe sind die Wut über Zurückweisung und das Gefühl des Stalkers, dass ihm unrecht widerfahren ist. Eifersucht und Besitzdenken bilden weitere Motoren seiner Wut und es erscheint logisch anzunehmen, dass das hohe Level an Wut eine wichtige Rolle bei der Entstehung der Gewalt spielt. Mullen et al (2000) kamen zu der Schlußfolgerung, dass vor allem folgende Faktoren die Gewalt gegen das Stalkingopfer motivieren: ein hoher Level an Wut gegenüber dem Opfer, ein Besitzanspruch auf das Opfer und Fantasien über einen Gewaltakt, die gewöhnlich sexueller Natur sind. Die Autoren hoben ebenfalls hervor, dass die Gelegenheit zur Gewaltausübung und der Zugang zu Waffen wichtige situative Risikofaktoren darstellen und dass Stalker, die konkrete Pläne für einen Angriff entwickeln, diesen wahrscheinlich auch ausführen.

5.2 Psychiatrische Diagnosen

Die Studie von Harmon et al (1998) fand, dass psychiatrische Diagnosen und gewalttätiges Verhalten signifikant zusammenhingen. Stalker, die sowohl auf Achse II Persönlichkeitsstörungen aufweisen als auch eine Diagnose bzgl. von Alkohol- und Drogenmissbrauch hatten, waren am häufigsten gewalttätig (88%). Die nächstaggressivste Gruppe waren Stalker mit einer Kombination von Achse I und II Diagnosen (78%) und solche, die ausschließlich wegen Alkohol- und Drogenmissbrauch auffielen (73%). Im Gegensatz dazu waren diejenigen Stalker mit einer Diagnose alleine auf Achse I am wenigsten wahrscheinlich gewalttätig (33%). Ein Zusammenhang zwischen Gewalt und Persönlichkeitsstörung, nicht aber zwischen

Gewalt und psychotischen Erkrankungen wurde auch andernorts berichtet (z.B. Kienlen et al, 1997; Mullen et al, 1999; Farnham et al, 2000). Zusammenhänge zwischen Alkohol- und Drogenmissbrauch und allgemeiner Gewalt fanden sich ebenso an anderer Stelle (Harmon et al, 1998; Mullen et al, 1999; Brewster, 2000), diese Korrelationen traten aber nicht bei schwerer Gewalt auf (James & Farnham, 2003). Insgesamt scheint es so zu sein, dass es nicht die psychotischen Stalker sind, die am häufigsten gewalttätig sind, sondern Ex-Partner ohne psychotische Auffälligkeiten.

5.3 Psychopathologien

White & Cawood (1998) gingen davon aus, dass das Vorliegen von depressiven Symptomen und Suiziddrohungen als Risikofaktoren betrachtet werden sollten. In Fällen schwerer Gewalt (James & Farnham, 2003) traten hochsignifikante Zusammenhänge mit einer Diagnose von Depression auf. Meloy (2002) vermutete, dass Stalkinggewalt oftmals affektiver Natur ist und von Gefühlen der Wut, Scham und Demütigung begleitet ist. Er mutmaßte, dass gewaltsame affektive Reaktionen eher bei Personen mit einer Borderline-Persönlichkeitsstruktur auftreten. Zudem wies er auf eine zweite Gruppe hin, die eher gewaltsam zu sein scheint, nämlich pathologische Narzissten. Dies soll vor allem mit Angriffen auf Personen des öffentlichen Lebens in Zusammenhang stehen. Meloys Beobachtungen spiegeln Aspekte früherer Studien zur Psychopathologie der häuslichen Gewalt (Dutton, Saunders, Starzomski & Bartholomew, 1994) und zur Psychologie des Stalkings (Kienlen, 1998) wider. Z.B. versuchte Kienlen Stalking aus dem Blickwinkel der Bindungstheorie zu erklären und sah Verbindungen zwischen einer frühen Bindungsstörung und dem Verhalten im Erwachsenenalter.

6. Psychische Gewalt

Die Gewalt bei Stalking ist nicht immer nur körperlicher, sondern auch seelischer Art. Psychische Gewalt betrifft jedes Stalkinopfer. Die psychischen Auswirkungen von immer wiederkehrenden Drohungen und von Ungewissheit sind beträchtlich (Pathe & Mullen, 1997; Hall, 1998; Mullen et al, 2000; Purcell, 2001; Pahte 2002) und dürfen nicht unterschätzt werden. In der Studie von Pathe und Mullen (1997) erfüllte ein Drittel der Opfer die Kriterien des DSM-IV für die Posttraumatische Belastungsstörung. Gefühle der Machtlosigkeit und ein Anstieg der

Beunruhigung und Nervosität betraf die größte Mehrheit. Ein Viertel dachte über Suizid nach oder unternahm Selbstmordversuche.

7. Prävention von Gewalt

Der effektivste Weg, um präventiv gegen Gewalt vorzugehen, sind frühe und durchgängige Interventionen gegenüber dem Stalking, ebenso wie eine Behandlung des Stalkers, insofern dies möglich ist.

7.1 Strategien zur Bekämpfung von Stalking

Die frühestmögliche Strategie wäre die Vermeidung naher Beziehungen mit Menschen, die besitzergreifend, überempfindlich, in der Beziehung unselbständig oder eifersüchtig sind. Hat aber das Stalking erst mal begonnen, können bestimmte Vorgehensweisen angewendet werden, die sowohl von Praktikern (Snow, 1998; de Becker, 1997) als auch von Wissenschaftlern (Mullen et al, 2000; Pathe, 2002) beschrieben wurden. Die Darstellung all dieser Möglichkeiten liegt außerhalb des Rahmens dieses Beitrags, stichwortartig können aber folgende Maßnahmen genannt werden: keinen Kontakt zum Stalker haben, Freunde und das Umfeld informieren, ein frühes Einschalten der Polizei, Dokumentation und das Treffen von Sicherheitsmaßnahmen.

7.2 Behandlung von Stalkern

Dies ist oftmals nur möglich, wenn es gerichtlich angeordnet wurde oder der geistige Zustand des Stalkers eine psychiatrische Unterbringung rechtfertigt. Mullen et al betreiben seit einigen Jahren eine spezielle Klinik in Melbourne, in der Stalker behandelt werden, und veröffentlichten hierzu erste Erfahrungen und Ansätze (Mullen et al, 2000).

8. Fazit

Die Prävention von Gewalt bei Stalking stellt ein realistischeres Ziel dar als die Vorhersage von Gewalt. Obwohl einschlägige Studien Informationen für Kliniker und Poizeibehörden bereitstellen können, reichen die Erkenntnisse jedoch nicht aus, um gefährliche Stalker im Einzelfall früh zu identifizieren. Der gegenwärtige Trend in Nordamerika, statistische Vorhersageinstrumente für Gewalt zu entwickeln, dürfte für Stalking schwer realisierbar sein. Das heterogene Wesen von Stalking durchkreuzt Versuche, menschliches Verhalten auf Checklisten zu reduzieren. Stalking ist eher ein soziales Konstrukt als eine eigenständige psychologische oder kriminologische Einheit, und der Betriff umfasst eine Mixtur aus Verhaltensweisen und Motivationen. Ähnlich ist auch Gewalt ein heterogenes Phänomen, welches eine Trennung in verschiedene Subtypen erfordert, wenn man es erforschen will. Dies ist bei Stalking schwierig, da die Basisrate für schwere Gewalttaten gering ist und deshalb kaum ausreichend große Stichproben gewonnen werden können.

Gewalt tritt in einer Minderheit von Stalkingfällen auf, wenngleich eine deutliche Dunkelziffer vorhanden sein dürfte. Das Eskalationsrisiko bei Stalking sollte nie unterschätzt werden. Der Schwerpunkt sollte allerdings eher auf einer frühen Intervention und im Risikomanagement liegen, als auf Versuchen, Gewalt vorhersagen zu wollen.

Literatur

de Becker, G. (1997) *The Gift of Fear. Survival Signals that Protect Us from Violence.* London: Bloomsbury.
Brewster, M.P. (2000) Stalking by former intimates: verbal threats and other predictors of physical violence. *Violence & Victims*, 15, 41-54.
Budd, T., Mattinson, J. & Myhill, A. (2000) *The extent and nature of stalking: findings from the 1998 British Crime Survey.* Home Office Research study 210. London: Home Office. Also available at: http://www.homeoffice.gov.uk/rds/pdfs/hors210.pdf
Dietz, P.E., Matthews, D.B., van Duyne, C., Martell, D.A. & Crowder, J. (1991) Threatening and otherwise inappropriate letters to Hollywood celebrities. *Journal of Forensic Sciences*, 36(1), 185-209.
Dutton, D.G., Saunders, K., Starzomski, A. & Bartholomew, K. (1994) Intimacy-anger and insecure attachment as precursors of abuse in intimate relationships. *Journal of Applied Social Psychology*, 24, 1367-1386.
Farnham, F.R., James, D.V., & Cantrell, P. (2000) Association between violence, psychosis and relationship to victim in stalkers. *Lancet*, 355, 199.
Hall, D. M. (1998) *The Victims of Stalking.* In: J. Reid Meloy (ed.): *The psychology of stalking: clinical and forensic perspectives.* San Diego: Academic Press.
Harmon, R.B., Rosner, R. & Owens, H. (1995) Obsessional harassment and erotomania in a criminal court population. *Journal of Forensic Sciences*, 40(2),188-196.

Harmon, R.B., Rosner, R. & Owens, H. (1998) Sex and violence in a forensic population of obsessional harassers. *Psychology, Public Policy, and Law*, 4, 236-249.
James, D.V. & Farnham, F. (2003) Stalking and serious violence. *Journal of the American Academy of Psychiatry and the Law*, 31, 432 – 439.
Kienlen, K.K., Birmingham, D.L., Solberg, K.B., O'Regan, J.T. & Meloy, J.R. (1997) A comparative study of psychotic and non-psychotic stalkers. *Journal of the American Academy of Psychiatry and the Law*, 25(3), 317-334.
Kienlen, K.K. (1998) *Developmental and social antecedents of stalking*. In J.Reid Meloy (ed.) *The Psychology of Stalking*. San Diego & London: Academic Press.
Lowney, K.S. & Best, J. (1995) Stalking strangers and lovers: changing media typifications of a new crime problem. In: J. Best (ed.): *Images of Issues: Typifying Contemporary Social Problems*. New York: Aldine de Gruyter.
Meloy, J.R. (1996) Stalking (obsessional following): a review of some preliminary studies. *Aggression and Violent Behavior*, 1, 147-62.
Meloy, J.R. (1998) A clinical investigation of the obsessional follower: 'she loves me, she loves me not...' In L. Schlesinger (ed.), *Explorations in Criminal Psychopathology*, Springfield, Ill: Charles. C. Thomas Press.
Meloy, J.R. (1999) Stalking: an old behaviour, a new crime. *Psychiatric Clinics of North America*, 22, 85-99.
Meloy, J.R. (2002) *Stalking and violence*. In J. Boon & L. Sheridan (eds.): *Stalking and psychosexual obsession*. Chichester: Wiley.
Meloy, J.R. & Gothard, S. (1995) Demographic and clinical comparison of obsessional followers and offenders with mental disorders *American Journal of Psychiatry*, 152, 258-263.
Meloy, J.R., Davis, B., & Lovette, J. (2001) Risk Factors for Violence Among Stalkers. *Journal of Threat Assessment*, 1(1), 3-16.
Monahan, J. & Steadman, H.J. (1994) Toward a rejuvenation of risk assessment research. In J. Monahan & H.J. Steadman (eds.) *Violence & Mental Disorder*. University of Chicago Press: Chicago.
Monahan, J., Steadman, H.J., Appelbaum, P.S., Robbins, P.C., Mulvey, E.P., Silver, E., Roth, L.H. & Grisso, T. (2000) Developing a clinically useful actuarial tool for assessing violence risk. *British Journal of Psychiatry*, 176, 312-319.
Mullen, P., Pathé, M., Purcell, R. & Stuart, G.W. (1999) Study of stalkers. *American Journal of Psychiatry*, 156, 1244-49.
Mullen, P.E., Pathe, M. & Purcell, R. (2000) 'Stalkers and their victims'. Cambridge: Cambridge University Press. ISBN 0521669502.
Palarea, R.E., Zona, M.A., Lane, J.C. & Langhinrisichsen-Rohling, J. (1999) The dangerous nature of intimate relationship stalking: threats,

violence and associated risk factors. *Behavioural Sciences and the Law,* 17: 269-283.

Pathé, M. (2002) *Surviving Stalking.* Cambridge: Cambridge University Press.

Pathé, M. & Mullen, P.E. (1997) The impact of stalkers on their victims. *British Journal of Psychiatry,* 170,12-17.

Purcell, R. (2001) *The incidence, nature and impact of stalking: a community study.* PhD thesis: Monash University.

Purcell, R., Pathé, M. & Mullen, P. E. (2002). The prevalence and nature of stalking in the Australian community. *Australian and New Zealand Journal of Psychiatry, 36,* 114-120.

Saunders, R. (1998) The Legal Perspective on Stalking. In J. Reid Meloy (ed.) *The Psychology of Stalking: Clinical and Forensic Perspectives.* San Diego & London: Academic Press.

Schwartz-Watts, D. Morgan, D.W. & Barnes, C.J. (1997) Stalkers: the South Carolina experience. *Journal of the American Academy of Psychiatry and the Law,* 25(4), 541-545.

Schwartz-Watts, D. & Morgan, D.W. (1998) Violent versus non-violent stalkers. *Journal of the American Academy of Psychiatry and the Law,* 26(2), 241-245.

Snow, R.W. (1998) *Stopping a stalker: a cop's guide to making the system work for you.* Perseus.

Steadman, H.J. & Silver, E. (2000) Immediate precursors of violence among persons with mental illness. In S. Hodgins (ed.): *Violence among the Mentally Ill: effective treatments and management strategies.* Dordrecht: Kluwer.

Steadman, H.J., Silver, E., Monahan, J., Appelbaum, P.S., Robbins, P.C., Mulvey, E.P., Grisso, T., Roth, L.H. & Banks, S. (2000) A classification tree approach to the development of actuarial violence risk assessment tools. *Law and Human Behavior,* 24(1), 83-100.

Tjaden, P., Thoennes, N. (1998) *Stalking in America: findings from the National Violence against Women Survey.* Washington DC: US Department of Justice, National Institute of Justice Centers for Disease Control and Prevention.

Wells, C. (1997) Stalking: the criminal law response. *Criminal Law Review,* 463-470.

White, S.G. & Cawood, J.S. (1998) Threat management of stalking cases. In J. Reid Meloy (ed.) *The Psychology of Stalking: Clinical and Forensic Perspectives.* San Diego & London: Academic Press.

Zona M, Sharma K & Lane J. (1993) A comparative study of erotomanic and obsessional subjects in a forensic sample. *Journal of Forensic Sciences,* 38, 894-903.

Die Beziehung zwischen Stalking und häuslicher Gewalt

Heike Küken, Jens Hoffmann und Hans-Georg W. Voß

Im Folgenden soll eine Studie vorgestellt werden, deren Ziel es war, Berührungspunkte der Phänomene Stalking und häusliche Gewalt herauszuarbeiten. Besonderes Augenmerk legten wir einmal auf einen Vergleich der psychischen und physischen Auswirkungen von Stalking und von häuslicher Gewalt auf die Betroffenen, zum anderen auf Verhaltensweisen, welche sich bereits im Verlauf der vorangegangenen Paarbeziehung zeigten. Letzteres Verhalten wurde retrospektiv durch Opferbefragungen erfasst. Wir vermuteten, dass es einige kritische Handlungsmuster gibt, die eine Unterscheidung zwischen den Dynamiken bei Stalking und bei häuslicher Gewalt ermöglichen. Zunächst wird jedoch eine kurze Übersicht gegeben, über das, was bisher über den Überschneidungsbereich zwischen Stalking und häuslicher Gewalt bekannt ist. Weiterführende Darstellungen des bisherigen Standes der Forschung und der Theorienbildung zu dieser Fragestellung finden sich bei Löbmann (2004) und bei Hoffmann (2005).

1. Definition der Phänomene

Eine einheitliche Definition des Phänomens Stalking erweist sich aufgrund der Vielfältigkeit der in Erscheinung tretenden Verhaltensweisen und der unterschiedlichen interpersonellen Dynamiken zwischen Täter und Opfer als relativ schwierig. Voß und Hoffmann (in diesem Band) versuchten gemeinsame Komponenten der unterschiedlichen Definitionsversuche zu erfassen und kamen zu folgendem Ergebnis: Das Verhalten des Stalkers zielt darauf ab, einen anderen Menschen durch die Reduktion seines Handlungsspielraums zu beeinträchtigen, was von dieser Person, sprich dem Opfer, nicht erwünscht wird, sondern bei ihm häufig Angst und Panik verursacht.

Auch Definitionen des Phänomens häusliche Gewalt weisen eine deutliche Bandbreite auf, beispielsweise indem sie zwischen den Bereichen (1) körperliche, (2) sexualisierte und (3) psychische Gewalt unterscheiden (Hoffmann, 2005; Franke, Seifert, Anders, Schröer & Heinemann, 2004).

Als Arbeitsdefinition für ihre qualitative Arbeit beschrieben Douglas und Dutton (2001) häusliche Gewalt als physische Akte der Aggression gegen den Partner innerhalb einer ehelichen, eheähnlichen oder partnerschaftlichen Beziehung. Auch wir operationalisierten für unsere Studie häusliche Gewalt als physische Gewalt zwischen Intimpartnern, psychologische und sexuelle Gewaltkomponenten wurden in der Untersuchung alleine aus pragmatischen, forschungsökonomischen Gründen nicht berücksichtigt.

2. Überschneidungen zwischen Stalking und häuslicher Gewalt

Was rechtfertigt nun also eine vergleichende Untersuchung dieser verschiedenen Versionen zwischenmenschlicher Belästigung?

Zum einen tragen sich etwa 50 Prozent aller Stalking- Vorfälle zwischen Ex- Beziehungspartnern zu (Sheridan & Blaauw, in diesem Band; Hoffmann & Wondrak, 2005). Dabei zeigt sich, dass ein gewichtiger Anteil dieser Beziehungen vor dem Stalking bereits von häuslicher Gewalt geprägt waren. Wie groß ist diese Überschneidung nun in konkreten Zahlen?

In einer Studie im deutschsprachigen Raum fand sich, dass etwa drei Viertel der Ex-Partner-Stalker sowohl während als auch nach der Beziehung körperlich aggressiv gegenüber dem Opfer waren (Voß, Hoffmann & Wondrak, 2005; Hoffmann & Wondrak, 2005). Die National Violence Against Women Study in den USA (Tjaden & Thoennes, 1998 a & b) erbrachte eine etwa vergleichbare Prozentzahl: Hier erfuhren 81 Prozent der weiblichen Opfer von Ex-Beziehungsstalking bereits im Verlauf der Beziehung physische Gewalt. Weitere 31 Prozent wurden sexuell missbraucht. Die „Täter"-Sicht betrachtend, berichteten Douglas und Dutton (2001) von zwei Studien, in denen 50 bzw. 65 Prozent der befragten Ex- Beziehungsstalker angaben, bereits in der Beziehung gewalttätig gewesen zu sein.

Auffällig ist weiterhin, dass Ex-Partner-Stalking häufig von gewalttätigen Handlungen seitens des Stalkers begleitet wird (z.B. Mullen et al., 2000; Wondrak, Meinhardt, Hoffmann & Voß, in diesem Band). Dies ist insbesondere dann der Fall, wenn es in der vorherigen Paarbeziehung bereits zu häuslicher Gewalt kam (vgl. Coleman, 1997; Baldry, 2002; Küken, 2004).

3. Datengewinnung und Stichprobe unserer Untersuchung

In unserer Studie wurden insgesamt 150 Personen befragt. Dabei wurden die Untersuchungsteilnehmer abhängig von der Art ihrer Gewalt- und Stalkingerfahrungen in vier Gruppen eingeteilt. Die Gruppe „Stalking" bestand aus 39 Opfern von Ex- Beziehungsstalking. 30 weitere Teilnehmer mussten Gewalt zwischen Intimpartnern erfahren und wurden somit der Gruppe „häusliche Gewalt" zugerechnet. 47 Teilnehmer waren der Gruppe „Stalking und häusliche Gewalt" zugehörig, welche sowohl häusliche Gewalt als auch Stalking durch den Ex-Partner erleben musste. Die Gruppe „ohne Vorerfahrung", aus 34 Teilnehmern bestehend, erlebte ohne Auffälligkeiten die Beendigung einer partnerschaftlichen Beziehung und diente als Kontrollgruppe. Die Untersuchungsteilnehmer wurden auf verschiedenem Wege auf unsere Studie aufmerksam. Potentielle Stalking-Opfer konnten den Fragebogen auf der Internetpräsenz der Arbeitsgruppe „Stalking" abrufen. Opfer häuslicher Gewalt wurden über Frauenhäuser für die Studie gewonnen. Personen, die sowohl häusliche Gewalt als auch Stalking erfahren hatten, gelangten über beide Wege an unsere Fragebögen. Durch gezieltes Ansprechen in unserem persönlichen Umfeld erreichten wir schließlich Personen, die ohne Auffälligkeiten das Ende einer Paarbeziehung erlebt hatten. Die eingesetzten Fragebögen erfragten soziodemographische Merkmale von Opfern und „Tätern" und Charakteristika der Paarbeziehung. Ebenso wurden nähere Umstände des Stalking-Vorfalls und frühere Gewalterfahrungen erfasst sowie körperliche und seelische Auswirkungen des Erlebten für die Betroffenen.

Einer der Kernpunkte der Untersuchung war die Abfrage von 34 Verhaltensweisen, die der jeweilige Ex- Partner möglicherweise bereits im Verlauf der Paarbeziehung gezeigt hatte. Diese Beziehungsverhaltensweisen basieren auf einer Itemliste von Coleman (1997) und gliederten sich in elf Kategorien. Jede erfragte Verhaltensweise war mit dem folgenden Vorsatz eingeleitet: „Mein Ex- Partner/ meine Ex- Partnerin hat …".
- *Kontrolle* („…häufiger versucht zu bestimmen, was ich in meiner Freizeit tue"; „…häufiger meine persönlichen Sachen durchsucht"; „…häufiger versucht, mich dazu zu bewegen zu sagen, wohin ich gehe oder was ich tun werde")
- *„Ängstliche" Bindung* („…mir häufiger gesagt, nicht ohne mich leben zu können"; „…mir häufiger gesagt, Angst um unsere Beziehung zu haben"; „…mir häufiger gesagt, nicht mehr von mir loszukommen")
- *Ärger/ Eifersucht* („…mir häufiger unterstellt, ich sei untreu"; „…sich häufiger geärgert, wenn ich mit anderen Personen gesprochen habe und ihn/ sie nicht „genügend beachtet" habe"; „…häufiger versucht, mich davon abzuhalten, nach Personen des anderen Geschlechts zu schauen")

- *Liebesbeweise* („...häufiger von mir verlangt, ihm/ ihr zu versichern, dass ich ihn/ sie liebe"; „...häufiger versucht, seine/ ihre Liebe zu demonstrieren, indem er/ sie ständig bei mir war"; „...mir häufiger Geschenke als Beweis seiner Liebe gemacht";
- *Einschüchterung* („...mir häufiger gesagt, ich würde „ohne Geld dastehen", wenn ich ihn/ sie verlasse"; „...häufiger versucht, mir Angst einzujagen"; „...mir häufiger gesagt, ich käme ohne ihn/ sie im Leben nicht zurecht")
- *Isolation* („...häufiger versucht, meine Kontakte zu Freunden zu unterbinden"; „...häufiger verhindert, dass ich in wichtigen Angelegenheiten selbst entscheide"; „...häufiger versucht, meine Freizeitaktivitäten zu unterbinden")
- *Kritik* („...mich häufiger als unfähig dargestellt, etwas Bestimmtes zu tun"; „...häufiger meine Entscheidungen missbilligt"; „...häufiger an meinem Äußeren herumgemäkelt")
- *Körperliche und sexuelle Gewalt* („...häufiger Sachen von mir absichtlich beschädigt oder zerstört"; „...mir häufiger körperliche Gewalt angedroht"; „...mich zu sexuellen Handlungen gezwungen, die ich nicht wollte"; „...mich geschlagen oder sonst wie körperlich beeinträchtigt")
- *Falsche Versöhnung* („...mir gegenüber häufig beteuert, sich zu bessern"; „...mich wiederholt angefleht, ihm/ ihr zu verzeihen und ihm/ ihr eine neue Chance zu geben"; „...mich mit Geschenken überhäuft, um mich zu beschwichtigen")
- *Erpressung* („...mir damit gedroht, sich etwas anzutun, wenn ich ihn/ sie verlasse"; „...mir damit gedroht, dass ich die Kinder nicht bekommen werden, wenn er/ sie geht"; „...mir häufiger damit gedroht, meine Freunde über mich „aufzuklären", wenn ich ihn/ sie verlasse")
- *Narzisstische Bedürfnisse* („...häufiger von mir verlangt, dass ich ihn/ sie bewundere"; „...häufiger sich darüber beklagt, dass er/ sie mir nur wenig bedeutet"; „...häufiger nur von sich selbst gesprochen und sich nicht für meine Gefühle interessiert")

Die vier Untersuchungsgruppen unterschieden sich hinsichtlich der sozio-demographischen Merkmale Alter der Teilnehmer, Nationalität, Schulbildung und Religion nur unwesentlich. So waren die Teilnehmer zum Untersuchungszeitpunkt durchschnittlich 33.93 Jahre alt, primär deutscher Nationalität, verfügten über einen Realschulabschluss oder das Abitur und waren zu gleichen Teilen katholisch, evangelisch und konfessionslos.

Ein deutlicher Unterschied zeigte sich jedoch bei der Geschlechtszugehörigkeit der Teilnehmer. So war der Anteil der Frauen in den Gruppen „Stalking" (92.3%), „häusliche Gewalt" (100%) und „Stalking und häusliche Gewalt" (95.7%) erheblich höher als in der Gruppe „ohne

Vorerfahrung" (73.5%). Unterschiede fanden sich auch bei den Berufsangaben der Untersuchungsteilnehmer. In den Gruppen „Stalking" und „Stalking und häusliche Gewalt" war der am häufigsten ausgeübte Beruf der des Angestellten, während die meisten Teilnehmer der Gruppe „häusliche Gewalt" Hausfrauen waren oder zum Erhebungszeitpunkt keinen Beruf ausübten. Auch dieses Ergebnis wird verständlich, wenn man bedenkt, dass Opfer häuslicher Gewalt, die vorübergehend in einem Frauenhaus leben, oftmals keiner beruflichen Tätigkeit nachgehen können.

4. Folgen der Viktimisierung durch Stalking und durch häusliche Gewalt

4.1 Aktuelle Forschungslage

Sowohl in Studien zu häuslicher Gewalt als auch zu Stalking zeigte sich, dass die Auswirkungen für die Betroffenen oftmals gravierend sind. In einer Literaturübersicht fanden Jones, Hughes und Unterstaller (2001), dass Opfer häuslicher Gewalt häufig unter wesentlichen Symptomen der Posttraumatischen Belastungsstörung leiden. Konkret bewegte sich der Anteil je nach Studie zwischen 31% und 84%. Zwar zeigte sich ein deutlicher Zusammenhang zwischen der Schwere der körperlichen Gewalt und dem Ausmaß der Belastung bei den Betroffenen. Zugleich jedoch führte auch alleine die Ausübung psychischer Gewalt zu einer Erhöhung der Traumasymptome.

Vergleichbare Ergebnisse traten ebenfalls bei Untersuchungen von Stalkingopfern auf, wobei dort nicht diejenigen Betroffenen gesondert berücksichtigt wurden, die von einem bereits in einer vorangegangenen Beziehung gewalttätigen Ex-Partner verfolgt und belästigt wurden. So litten in Untersuchungen in Australien 37% (Pathé & Mullen, 1997), in den Niederlanden 59% (Kamphuis & Emmelkamp, 2001 & in diesem Band) und in Deutschland ebenfalls 59% (Hoffmann, Özsöz & Voß, 2004) unter Traumasymptomen, die in ihrer Ausprägung der Diagnose einer Posttraumatischen Belastungsstörung entsprachen. Insgesamt zeigt sich immer wieder, dass Stalking für die Betroffenen eine Vielzahl negativer Auswirkungen mit sich bringt (Hoffmann, 2005; Wondrak et al., in diesem Band). Diese reichen von den bereits erwähnten psychischen Belastungen, die sich auch in Einzelsymptomen wie Angstgefühlen, erhöhter Reizbarkeit, Misstrauen oder Niedergeschlagenheit ausdrücken, über körperliche Folgen wie Magenbeschwerden oder Schlafstörungen bis hin zu sozialen Einschnitten, etwa durch Isolation in Folge der Angst vor dem Stalker oder durch den Wechsel des Jobs oder des Wohnortes.

4.2 Ergebnisse unserer Untersuchung

Auch in der vorliegenden Studie trat bei den Betroffenen eine Vielzahl körperlicher und seelischer Auswirkungen bei häuslicher Gewalt bzw. Stalking auf. Diese zeigten sich in gänzlich unterschiedlichen Formen wie Kopfschmerzen, Schlafstörungen oder auch in beständigem Misstrauen gegenüber anderen Personen. Im Folgenden sollen die Belastungssymptome der beiden Stalkingbedingungen mit und ohne Auftreten häuslicher Gewalt genauer beleuchtet werden und mit den Ergebnissen der Kontrollgruppe verglichen werden, die ja weder vor noch nach der Trennung negative Erfahrungen gemacht hatte.

Interessant ist, dass wir zwischen den Gruppen „Stalking" und „Stalking und häusliche Gewalt" keinen signifikanten Unterschied in der Auftretenshäufigkeit der Belastungsmerkmale feststellen konnten (siehe Tabelle 1). Auch wenn die prozentuale Auftretenshäufigkeit in der Gruppe „Stalking und häusliche Gewalt" augenscheinlich höher erscheint, so waren die Unterschiede jedoch statistisch unbedeutsam. Im Vergleich mit der Gruppe, deren Teilnehmer keinerlei Erfahrungen mit diesen Phänomenen machen mussten, bestanden jedoch jeweils deutliche Unterschiede (siehe Tabelle 1). In der Gruppe „Stalking und häusliche Gewalt" traten sogar alle Belastungsmerkmale statistisch signifikant häufiger auf als in der Gruppe „ohne Vorerfahrung". Die Häufigkeit von Krankschreibungen aufgrund der genannten Auswirkungen korrespondierte mit den oben dargestellten Ergebnissen. Mit einem Fünftel (20.5%) Krankschreibungen auf Seiten der Stalking- Opfer und mehr als einem Drittel (37.1%) auf Seiten der Betroffenen von Stalking *und* häuslicher Gewalt waren diese deutlich häufiger arbeitsunfähig als die Untersuchungsteilnehmer, die keine Erfahrung mit diesen Phänomenen machen mussten (2.9%).

Diese Ergebnisse unserer Studie stimmen mit den oben dargestellten Erkenntnissen aus anderen Untersuchungen überein, dass Opfer von Stalking und häuslicher Gewalt aufgrund ihrer Viktimisierung unter zum Teil massiven gesundheitlichen und emotionalen Auswirkungen leiden. In der vorliegenden Arbeit wurden jedoch ausschließlich Fälle von Ex-Beziehungsstalking untersucht. Dabei gilt zu bedenken, dass Opfer dieser Stalking-Form u.a. auf Grund von Schuldzuweisungen ihres sozialen Umfeldes nicht selten sogar noch gravierendere Auswirkungen als Opfer anderer Stalkingformen erleben.

Tabelle 1: Auftretenshäufigkeiten der körperlichen und seelischen Auswirkungen

Auswirkungsart	Häufigkeiten		
	„Stalking"	„ohne Vorerfahrung"	„Stalking und häusliche Gewalt"
Keine	0%	50%	0%
Nervöser Magen	46.2%	17.6%	65.7%
Kopfschmerzen	38.5%	8.8%	51.4%
Schlafstörungen	69.2%	23.5%	85.7%
Nervosität	79.5%	11.8%	82.9%
Gefühl innerer Unruhe	84.6%	17.6%	97.1%
Angst	84.6%	14.7%	88.6%
Panikattacken	28.2%	8.8%	48.6%
Wut/ Aggression	71.8%	20.6%	74.3%
Depression	48.7%	26.5%	62.9%
Misstrauen gegen andere	69.2%	26.5%	80.0%

Anmerkung. Mehrfachnennungen möglich

Auswirkungen des Zusammenspiels von häuslicher Gewalt *und* Stalking wurden in der Fachliteratur bisher nicht beschrieben. Nach Baldry (2002) ist jedoch zu vermuten, dass diese auf Grund der doppelten Viktimisierung erheblich sind. Umso verwunderlicher war es, dass sich die Gruppen „Stalking und häusliche Gewalt" und „Stalking" in unserer Untersuchung in keiner Weise voneinander unterschieden, obwohl die Teilnehmer der erstgenannten Gruppe bereits während der Paarbeziehung physischen Missbrauch erdulden mussten. Eine Annahme, dass sich in dieser Gruppe vermehrt negative Auswirkungen finden würden, wurde insofern nicht bestätigt. Den Grund hierfür vermuten wir in einer gewissen Erwartungshaltung der Opfer häuslicher Gewalt, die aufgrund ihrer Erfahrungen erwartet oder zumindest nicht ausgeschlossen haben könnten, dass die Belästigung die Beendigung der Beziehung überdauert. Diese Erwartung hätte die Situation berechenbarer gemacht und somit die situative Belastung etwas vermindert. Es ist zudem denkbar, dass sich die Opfer häuslicher Gewalt mit der Zeit Coping- Strategien zum Management bedrohlicher Situationen angeeignet hatten, die Stalkingopfern, die solche Belästigungen nicht kannten, gänzlich fehlten.

5. Gemeinsamkeiten und Unterschiede in Verhalten und Persönlichkeit von Ex- Beziehungsstalkern und häuslichen Gewalttätern

5.1 Aktuelle Forschungslage

Auf Parallelen im Verhalten von Ex-Beziehungsstalkern und Aggressoren im häuslichen Kontext wies de Becker (2000) hin. Handlungsmuster beider Gruppen würden Strategien beinhalten, die in bestimmter Hinsicht das gleiche Ziel besitzen. Übereinstimmungen fänden sich beispielsweise in den Versuchen, (1) bei dem Opfer Gefühle der Sympathie oder der Schuld hervorzurufen, (2) sich auf angebliche Versprechungen und Übereinkommen aus der Vergangenheit zu berufen, (3) das Opfer zu bedrängen, sich mit dem „Täter" zu treffen und (4) Angst auszulösen durch Drohungen und aggressive Handlungen.

Über die psychologischen Gemeinsamkeiten zwischen Stalking und häuslicher Gewalt wurde bislang wenig publiziert. Meistens ging man schlichtweg davon aus, dass Stalking die Fortsetzung häuslicher Gewalt auf der Ebene des Psychoterrors darstellt (Hoffmann, 2005). Eine differenziertere Sicht der psychologischen Gemeinsamkeiten und Unterschiede hinsichtlich des Verhaltens und der Persönlichkeit von Ex-Beziehungsstalkern und häuslichen Gewalttätern arbeiteten Douglas und Dutton (2001) heraus. Sie nahmen dabei Bezug auf ein früheres typologisches System häuslicher Gewalttäter von Dutton (Dutton & Golant, 1995), welches drei Typen unterscheidet:
• Der generell antisoziale häusliche Gewalttäter neigt nicht nur innerhalb der Partnerschaft zu aggressiven Handlungen, sondern auch in seinem Verhalten im Allgemeinen. Solche Persönlichkeiten sind oftmals durch einen fehlenden Bindungsstil gekennzeichnet, d.h. sie bauen selten eine tiefes emotionales Verhältnis zu anderen auf. Bricht eine Beziehung auseinander, sehen sie sich deshalb eher nach einem neuen Gefährten um, als emotional auf ihren früheren Partner fixiert zu bleiben und diesen obsessiv zu verfolgen. Unter antisozialen Persönlichkeiten finden sich deshalb vergleichsweise selten Stalker, zumindest bei Ex-Partnern.
• Der überkontrollierte häusliche Gewalttäter unterdrückt aufgrund einer Selbstunsicherheit negative Emotionen. Da sie auf diese Weise jedoch nicht abgebaut werden, brechen sie periodisch als Gewalt gegen den Intimpartner und zwar insbesondere in Form von psychischem Missbrauch hervor. Dies passiert aber seltener als bei den anderen Typen.
• Der emotional instabile häusliche Gewalttäter ist impulsiv und zeigt Instabilität im Affekt und in zwischenmenschlichen Beziehungen. Er

zeichnet sich oftmals durch einen ängstlichen Bindungsstil aus und neigt wiederholt zur Ausübung häuslicher Gewalt.

Dutton und Golant (1995) zufolge zeigen nun sowohl Ex- Beziehungsstalker als auch emotional instabile häusliche Gewalttäter Züge von Cluster B- Persönlichkeitsstörungen. Diese beinhalten Symptome, die von sehr wechselhaften Verhaltensweisen bis zu übersteigertem Selbstbewusstsein, übertriebenem Ausdruck von Emotionen und antisozialem Verhalten reichen (APA, 1998). Cluster B-Persönlichkeiten sind emotional launenhaft, zeigen dysfunktionales Beziehungsverhalten und neigen zu Substanzmissbrauch.

Ebenfalls bei beiden „Täter"- Gruppen finden sich Elemente der Borderline- Persönlichkeit. Die Borderline-Persönlichkeit bindet sich an seinen Intimpartner, um ihr Selbstempfinden zu stützen und aufrechtzuerhalten, ja um sich letztlich über ihn zu definieren. Wenn sich der Partner trennen will oder eine Trennung androht, kann sich dies vernichtend auf das fragile Selbstempfinden der Borderliner-Persönlichkeit auswirken. Als Reaktionen sind zunehmende Forderungen, Wut und Missbrauch denkbar (Douglas & Dutton, 2001). Sowohl der Stalker als auch der emotional instabile häusliche Gewalttäter schwanken beständig zwischen Idealisierung und Abwertung ihres Partners. Sie sind in hohem Maße von diesem abhängig und reagieren mit Empörung und Unverständnis auf (tatsächliche oder eingebildete) Trennungswünsche. In solchen Situationen verhalten sich beide „Täter"-Typen eifersüchtig, wütend und rechthaberisch, was möglicherweise in gewalttätigem Verhalten eskaliert.

Eine noch unbeantwortete Frage ist die nach dem Verlauf von Stalking. Überlegungen hierzu lassen sich aus dem in der Fachliteratur beschriebenen Verlauf von häuslicher Gewalt ableiten. Hier wird Gewalt zwischen Intimpartnern oftmals als siebenstufiger sog. „cycle of domestic violence" dargestellt (Baldry, 2002). Der Kreislauf beginnt mit der (1) Phase der Einschüchterung und Kontrolle seitens des dominierenden Partners. Es folgt die (2) Phase der Isolation bzw. des sozialen Rückzug des „Opfers". In der (3) Phase der Kritik wertet der „Täter" das „Opfer" mit Worten und Handlungen ab, um dessen Selbstbewusstsein zu schwächen. Kommt es in der (4) Phase der Abtrennung zu einem Versuch des „Opfers", sich aus der Beziehung zu lösen, reagiert der „Täter" in der nächsten Phase (5) mit physischer Gewalt bzw. sexuellem Missbrauch. In der (6) Phase der falschen Versöhnung versucht der „Täter" durch Geschenke oder Versprechungen, sich zu ändern, das Vertrauen des Opfers wiederzuerlangen. Wenn das Opfer dem Glauben schenkt, wiederholt sich der beschriebene Kreislauf unter Intensivierung der Ernsthaftigkeit und

Häufigkeit der Phasen. Sollte das Opfer den Mut finden, den „Täter" zu verlassen, setzt möglicherweise noch die (7) Phase der Erpressung mittels der Kinder ein. Nach Dutton, van Ginkel und Landolt (1996) ist Stalking als Facette des Prozesses der Abtrennung zu verstehen und insofern der Phase (4) zuzurechnen. Denkbar ist es aber auch, Stalking als eigenständigen Zyklus abzubilden. So verändert sich die qualitative Natur des Stalking mit der Zeit. In einer Phase des Spannungsaufbaus zeigt der Stalker demnach intrusive und bedrohende Verhaltensweisen wie persönliche Kontaktversuche, wiederholte Telefonanrufe und Drohungen. Die aufgebaute Spannung entlädt sich im darauf folgenden körperlichen Angriff („Bedrohungs- und Angriffsphase"). In der Phase der Reue zeigt der Stalker qualitativ verändertes Stalking- Verhalten wie das Zusenden ungewollter Geschenke usw. (Douglas & Dutton, 2001).

Neben den aufgeführten Gemeinsamkeiten finden sich aber auch Unterschiede. So vermuten Douglas & Dutton (2001) u.a., dass Ex-Partner-Stalkern obsessiver sind und seltener in Phasen wechselnder Intensität agieren als emotional instabile häusliche Gewalttäter. Obwohl es also einen großen Bereich der Überlappung zwischen beiden Gruppen gibt, ist dennoch nicht davon auszugehen, dass sie sich problemlos zu einem Typ vereinigen lassen.

5.2 Ergebnisse unserer Studie

Gemeinsamkeiten und Unterschiede zwischen Ex-Beziehungsstalkern und häuslichen Gewalttätern versuchten wir über Verhalten der Täter, das sich bereits im Verlauf der Paarbeziehung zeigte, zu ermitteln. Uns interessierte besonders, durch was sich der häusliche Gewalttäter, der nach Beendigung der Paarbeziehung zum Stalker wird, auszeichnet. Ist sein Verhalten die Summe der Verhaltensweisen von häuslichen Gewalttätern und Stalkern oder ähnelt er einem dieser beiden Typen mehr als dem anderen? Unsere anfängliche Vermutung, das Verhalten beider Typen summiere sich auf, wurde nicht bestätigt.

Vielmehr kamen wir zu folgendem Ergebnis: Das Beziehungsverhalten des häuslichen Gewalttäters, der nach Beendigung der Beziehung zum Stalker wurde, entsprach im Wesentlichen dem des häuslichen Gewalttäters ohne anschließendes Stalking. Es fanden sich auch einige Gemeinsamkeiten mit der Gruppe der Stalker, allerdings traten sehr wenige Übereinstimmungen mit der Gruppe auf, in der weder häusliche Gewalt noch Stalking zu verzeichnen waren. Es war aber dennoch eindeutig festzustellen, dass sich der „Täter"-Typus, der die Elemente der häuslichen Gewalt und des

Stalking in sich vereint, sich in der Paarbeziehung eher wie ein häuslicher Gewalttäter als wie ein Stalker verhielt. Der Ex- Beziehungsstalker wiederum war dem Intimpartner, der weder Gewaltbereitschaft noch Stalkingverhalten zeigte, am ähnlichsten. Obwohl auch zwischen diesen Gruppen eindeutige Unterschiede bestanden (der Stalker zeigte mehr auffälliges Verhalten), waren es in ihrer Anzahl doch deutlich weniger als im Vergleich mit den anderen beiden Gruppen. Der häusliche Gewalttäter (der zusätzlich stalkt oder nicht), zeigte im Allgemeinen das auffälligste Beziehungsverhalten (Erpressung, Einschüchterung, Drohungen etc.). Die Fülle dieser Verhaltensweisen, überrascht wenig vor dem Hintergrund, dass sich häusliche Gewalt letztlich nicht nur in physischer sondern auch in sexueller und psychischer Gewalt äußern kann.

Es stellte sich weiterhin die Frage, ob es Kategorien von Beziehungsverhaltensweisen gibt, die eine Unterscheidung der Phänomene Stalking und häusliche Gewalt ermöglichen. Diese Frage konnte eindeutig beantwortet werden. So zeigten Ex- Beziehungsstalker während der Paarbeziehung vermehrt Verhaltensweisen der Kategorien „*Ängstliche*" *Bindung* und *Falsche Versöhnung*. Zwei Verhaltensweisen traten sogar bei jedem Stalking-Vorfall auf und waren somit als zuverlässige Stalking-Prädiktoren zu verstehen: „Mir häufiger gesagt, Angst um unsere Beziehung zu haben" („*Ängstliche*" *Bindung*) und „Mich wiederholt angefleht, ihm/ ihr zu verzeihen und ihm/ ihr eine neue Chance zugeben" (*Falsche Versöhnung*). Die Annahme, die u.a. von Langhinrichsen-Rohling, Palarea, Cohen, & Rohling (2002) formuliert, Stalker kennzeichne oftmals ein ängstlicher Bindungsstil, stimmte insofern mit unseren Untersuchungsergebnissen überein. Auch die Ergebnisse zur Kategorie „Falsche Versöhnung" sind nachzuvollziehen, da Ex- Beziehungsstalking oftmals als Versuch, die Beendigung einer Beziehung rückgängig zu machen und sich mit dem Partner zu versöhnen, angesehen wird.

Häusliche Gewalttäter zeigten im Gegensatz zu Stalkern Verhaltensweisen, die sich allen Kategorien zuordnen liessen. Eine Ausnahme waren lediglich die Verhaltensweisen der Kategorien „*Ängstliche*" *Bindung* und *Falsche Versöhnung*, die im Vergleich zu den Verhaltensweisen anderer Kategorien seltener gezeigt wurden. Dies bestätigte das oben dargestellte Ergebnis, dass diese Kategorien eher dem Stalking zugehörig sind. Eine weitere Ausnahme stellte die Verhaltensweise „Mir häufiger Geschenke als „Beweis" seiner/ ihrer Liebe gemacht" („*Liebesbeweise*") dar, die in allen vier Untersuchungsgruppen gleich häufig genannt wurde und sich damit nicht zur Differenzierung von Stalking und häuslicher Gewalt eignete.

Zum besseren Verständnis wird nachfolgend tabellarisch dargestellt, in welchen Gruppen die jeweiligen Verhaltenskategorien unterschiedliche Häufigkeiten zeigten.

Tabelle 2: Auftreten der Verhaltenskategorien in den Untersuchungsgruppen

„Stalking"	„Stalking und häusliche Gewalt"	„häusliche Gewalt"	„ohne Vorerfahrung"
	Kontrolle	*Kontrolle*	
„Ängstliche" Bindung	*„Ängstliche" Bindung*		
	Ärger/ Eifersucht	*Ärger/Eifersucht*	
	„Liebesbeweise"		
		Einschüchterung	
	Isolation	*Isolation*	
	Kritik	*Kritik*	
	Körperliche und sexuelle Gewalt	*Körperliche und sexuelle Gewalt*	
Falsche Versöhnung	*Falsche Versöhnung*		
		Erpressung	
	Narzisstische Bedürfnisse	*Narzisstische Bedürfnisse*	

6. Diskussion

Wenn man sich mit der Beziehung von Stalking und häuslicher Gewalt beschäftigt, stellt sich irgendwann die Frage, wie sich die beiden Phänomene zueinander verhalten. Insbesondere ist zu diskutieren, ob Stalking ein eigenständiges Problemverhalten darstellt oder lediglich ein Teil bzw. eine Weiterführung häuslicher Gewalt ist. Wenn dem so wäre, müsste es aber in letzter Konsequenz nach der Beendigung jeder gewaltgeprägten Beziehung zum Stalking kommen und nach einer gewaltfreien Beziehung dürfte dies niemals der Fall sein. Augenscheinlich ist dem aber nicht so. Stalking tritt nicht immer nach gewaltgeprägten Beziehungen auf und regelmäßig auch nach gewaltfreien Partnerschaften.

Dieser vermeintliche Widerspruch läßt sich vielleicht mittels einer differenzierten Betrachtung der Tätergruppe der Ex-Partner-Stalker besser verstehen.

In Abhängigkeit davon, ob die untersuchten Paarbeziehungen vor ihrer Beendigung gewaltgeprägt waren, lassen sich zwei verschiedene Arten von Stalking und damit auch von Ex-Partner-Stalkern unterscheiden: So deutet das „defensive" Stalking nach Beendigung einer (zumindest physisch) gewaltfreien Beziehung eher auf obsessives Verlangen hin mit dem Ziel, die ehemalige Beziehung wiederherzustellen, als auf Dominanz- und Kontrollbestrebungen. Das Stalking zeichnet sich durch ein wiederholtes und penetrantes Demonstrieren von „Liebesbekundungen" aus und kündigt sich bereits während der Paarbeziehung an durch beständige Versöhnungsversuche (erfasst z.B. durch das Item: „Mein Ex- Partner hat mir häufiger gesagt, Angst um unsere Beziehung zu haben") und „ängstliches" Bindungsverhalten (erfasst z.B. durch das Item: „Mein Ex- Partner hat mich wiederholt angefleht, ihm zu verzeihen und ihm noch eine Chance zu geben"). Während des Stalking kommt es vergleichsweise selten zur Ausübung von physischer Gewalt. Stalking, das die Beendigung einer gewaltgeprägten Beziehung begleitet, besitzt hingegen möglicherweise primär „offensiven" Charakter. Es dient dem Ziel, die Kontrolle über den Ex-Partner aufrechtzuerhalten oder wiederzuerlangen. Auch dieser „Täter"-Typ zeigt während der Beziehung defensives Verhalten, verhält sich zudem aber auch erpresserisch, einschüchternd und kontrollierend. Während des Stalking kommt es häufig zur Anwendung von Gewalt.

Die Ergebnisse verleiten dazu, die Einheitlichkeit der Gruppe der Ex-Beziehungsstalker in Frage zu stellen. Denn innerhalb dieser oftmals als relativ homogen dargestellten Gruppe (vgl. u. a. Mullen et al., 2000), bestehen offenbar erhebliche Unterschiede, so dass eine Unterteilung in mindestens zwei Untergruppen sinnvoll erscheint.

Literatur

APA (1998): *DSM-IV: Diagnostisches und Statistisches Manual psychischer Störungen*. Göttingen: Hogrefe.
Baldry, A. C. (2002). From domestic violence to stalking: The infinite cycle of violence. In J. Boon & L. Sheridan (Eds.), *Stalking and psychosexual obsession* (pp. 83- 104). Chichester: Wiley.
Beck, M., Rosenberg, D., Chideya, F., Miller, S., Foote, D., Manly, H. & Katel, P. (1992, July 13). Murderous obsession. *Newsweek*, pp. 60- 62.
Burgess, A. W., Baker, T., Greening, D., Hartman, C. R., Burgess, A. G., Douglas, J. E. & Halloran, R. (1997). Stalking behaviors within domestic violence. *Journal of Family Violence, 12*, 389- 403.
Coleman, F. L. (1997). Stalking behavoir and the cycle of domestic violence. *Journal of Interpersonal Violence, 12*, 420- 432.

Davis, K. E., Ace, A. & Andra, M. (2002). Stalking perpetrators and psychological maltreatment of partners: Anger- jealousy, attachment insecurity, need for control, and break- up context. In K. E. Davis, I. H. Frieze & R. D. Maiuro (Eds.), *Stalking. Perspectives on victims and perpetrators* (pp. 237- 264). New York: Springer.
de Becker, G. (2000). *Protecting the Gift.* New York: Dell Publishing.
Douglas, K.S. & Dutton, D.G. (2001). Assessing the link between stalking and domestic violence. *Aggression and Violent Behavior, 6,* 519-546.
Dutton, D. G. & Golant, S. K. (1995). *The Batterer. A Psychological Profile.* New York: Basic Books.
Dutton, D.G., Ginkel, C. van & Landolt, M. A. (1996). Jealousy, intimate abusiveness, and intrusiveness. *Journal of Family Violence, 11,* 411- 423.
Franke, B., Seifert, D., Anders, S., Schröer J. & Heinemann, A. (2004). Gewaltforschung zum Thema „häuslicher Gewalt" aus kriminologischer Sicht. *Rechtsmedizin,* 14, 193 – 198.
Hoffmann, J. (2005). *Stalking.* Heidelberg, New York, Tokio: Springer.
Hoffmann, J. & Wondrak, I. (2005). Stalking und Häusliche Gewalt. In Freiburger Interventionsprojekt gegen Häusliche Gewalt (Hrsg.), *Stalking und Häusliche Gewalt – Interdisziplinäre Aspekte und Interventionsmöglichkeiten.* S. 13 – 22. Freiburg: Eigenverlag.
Hoffmann, J., Özsöz, F. & Voß, H.-G. (2004). Erfahrungen von Stalking-Opfern mit der deutschen Polizei. *Polizei & Wissenschaft, 4,* 41 – 53.
Jones, L., Hughes, M. & Unterstaller, U. (2001). Post-Traumatic Stress Disorder (PTSD) in Victims of Domestic Violence. A Review of the Research. *Trauma, Violence & Abuse,* 2, 99 - 119.
Kamphuis, J. H. & Emmelkamp, P. M. G. (2001). Traumatic Distress Among Support-Seeking Female Victims of Stalking. *American Journal of Psychiatry 158,* (5), 795 – 798.
Küken, H. (2004). *Zur Beziehung zwischen Häuslicher Gewalt und Stalking.* Unveröffentlichte Diplomarbeit, Technische Universität Darmstadt.
Langhinrichsen- Rohling, J., Palarea, R. E., Cohen, J. & Rohling, M. L. (2002). Breaking up is hard to do: Unwanted pursuit behaviors following the dissolution of a romantic relationship. In K. E. Davis, I. H. Frieze & R. D. Maiuro (Eds.), *Stalking. Perspectives on victims and perpetrators* (pp. 212- 236). New York: Springer.
Löbmann, R. (2004). Stalking in Fällen häuslicher Gewalt. In J. Bettermann & Feenders M. (Hrsg.), *Stalking. Möglichkeiten und Grenzen der Intervention* (S. 75- 100). Frankfurt: Verlag für Polizeiwissenschaft.
Mechanic, M. B., Weaver, T. L. & Resick, P. A. (2002). Intimate partner violence and stalking behavoir: Exploration of patterns and correlates in a sample of acutely battered women. In K. E. Davis, I. H. Frieze & R. D.

Maiuro (Eds.), *Stalking. Perspectives on victims and perpetrators* (pp. 62- 88). New York: Springer.

Mullen, P. E., Pathé, M. & Purcell, R. (2000). *Stalkers and their victims.* Cambrigde: Cambridge University Press.

Pathé, M. & Mullen, P. E. (1997). The impact of stalkers on their victims. *British Journal of Psychiatry, 170,* 12- 17.

Tjaden, P., & Theonnes, N. (1998a). *Stalking in America: Findings from the national violence against women survey.* Washington, DC: U.S. Department of Justice.

Tjaden, P. & Thoennes, N. (1998b). *Stalking and Domestic Violence. The Third Annual Report to Congress under the Violence Against Women Act.* Washington, DC: US Departement of Justice.

Tjaden, P., & Thoennes, N. (2001). *Stalking: Its role in serious domestic violence cases. Executive summary.* Washington, DC: U.S. Department of Justice.

Voß, H.-G. W., Hoffmann, J. & Wondrak, I. (2005). *Stalking in Deutschland - Zur Psychologie der Betroffenen und Verfolger.* Baden-Baden: Nomos Verlag.

Risikoanalyse und das Management von Stalkingfällen

Jens Hoffmann

1. Stalking - ein vielschichtiges Problem ohne einfache Lösung

Stalking ist ein komplexes psychologisches und soziales Geschehen, hinter dem sich eine Vielzahl von Motiven, Emotionen, Handlungen, Psychopathologien und Interaktionen verbergen kann. Als weiteres Charakteristikum ist die häufig außerordentliche Dynamik dieser Vorfälle auffällig. Bedenkt man diese beiden Aspekte erscheint es einleuchtend, dass es nicht eine einzige Lösungsstrategie geben kann, die für alle Stalkingfälle Gültigkeit besitzt. Vielmehr ist es sinnvoll, zunächst eine individuelle Einschätzung vorzunehmen, die mit dem Fortschreiten des Geschehens immer wieder auch aktualisiert werden sollte. Darauf aufbauend läßt sich schließlich ein Managementansatz entwickeln, der der obsessiven Natur des Stalking folgend sinnvollerweise meist längerfristig angelegt ist. Simplifizierenden "Kochrezepten", die angeblich auf einfache Art den Stalker rasch zur Beendigung seines Verhaltens bringen sollen, ist mit Vorbehalt zu begegnen. Unangemessene Empfehlungen können gelegentlich sogar das Gegenteil des Erwünschten bewirken und zu einer höheren Gefährdung der Betroffenen und ihres Umfeldes führen sowie eine Verfestigung der Obsessionen des Stalkers mit sich bringen.

Als weiteres Grundprinzip für den Umgang mit Stalking gilt, dass es sinnvoll ist, dezidiert eine Position des *Pragmatismus* einzunehmen. Dies bedeutet, dass zunächst eine nüchterne Situationseinschätzung und eine realistische Zielsetzung für das Fallmanagement vorgenommen werden sollten, die die Bedürfnisse der Betroffenen, vorhandene Ressourcen, das Einflusspotenzial auf den Stalker u.s.w. aufeinander abstimmen. Dabei gilt es, den eigentlichen Zweck der Massnahmen fest im Blick zu halten. Dies ist in aller Regel die physische Unversehrtheit des Opfers und eine substanzielle Minderung oder falls möglich sogar eine Beendigung der psychosozialen Belastungssituation durch das Stalking. Nicht selten tauchen bei Betroffenen auch andere Motivationen auf, wie endlich aktiv zu werden und nicht mehr alles hinzunehmen oder Rache an dem Stalker zu üben. Der letztere Punkt ist häufig als Wunsch bei männlichen Partnern von Opfern zu beobachten. Derartige Handlungstendenzen sind jedoch in der Regel für das eigentliche Ziel der Intervention kontraproduktiv, nämlich mögliche Risiko- und Belastungsmomente des Stalking zu minimieren.

2. Grundsätzliche Handlungstrategien für Betroffene

Obgleich jeder Einzelfall differenziert betrachtet und behandelt werden muß, lassen sich doch einige sinnvolle Grundmaßnahmen benennen. Diese sind eher defensiver Natur und dienen vor allem dem Schutz und der psychischen Entlastung, so dass sie in der Regel kaum die Gefahr einer Eskalation in sich bergen.

2.1 Konsequente Kontaktvermeidung mit dem Stalker

Es ist zentral als Betroffener nur einmal gegenüber dem Stalker zu formulieren, dass man von nun an keinerlei weiteren Kontakt mehr wünscht. Danach sollten alle weiteren Versuche der Annäherung und Kommunikation konsequent abgeblockt werden, auch wenn dies in manchen Momenten schwer erscheint. Das bedeutet, dass auch auf fortgesetzte Anrufe, Ansprachen, Briefe etc. nicht mehr eingegangen werden darf. Ebenso sind "letzte Treffen", jede Form von Verhandlungen oder ähnliches unbedingt zu vermeiden. Stalker versuchen oftmals mit Apellen an Mitleid, Drohungen, Beschimpfungen und anderen emotionalen Druckmittel die Strategie der Kontaktvermeidung aufzubrechen - dies geschieht nicht selten mit beachtlicher Ausdauer.

Dem stattzugeben wäre auch aus folgendem Grund ein Fehler. Für einen Stalker ist in der Regel jede Reaktion - auch eine wütende - ein Erfolg, da dies erneut eine Form von Kontakt herstellt. Wenn das Opfer nach dem 100. Telefonanruf wütend den Hörer abhebt und doch antwortet, signalisiert dies dem Stalker, dass er lange durchhalten muss, dann aber doch noch zum Erfolg kommt. Dies führt oftmals zu einer Verstärkung der Stalkinghandlungen, ein aus lerntheoretischer Perspektive gut erklärbares Verhaltensmuster (Westrup, 1998).

Es ist wichtig, den finalen Kontaktabbruch so eindeutig und direkt wie nur irgend möglich auszudrücken. Z.B. wird die Absage „Ich kann mit dir nicht zusammen sein, ich habe einen Freund." von der stalkenden Person häufig in dem Sinne umgedeutet, „Hätte sie keinen Freund, hätte sie Interesse an mir!". Dies hat nicht selten eine Fortsetzung des Stalkingverhaltens zur

Folge. Viele Stalker neigen zu einer systematischen Wahrnehmungsverzerrung, zum einen was ihre Interpretation der Kommunikation der anderen Seite angeht, zum anderen hinsichtlich der Rechtfertigung ihres eigenen obsessiven Verhaltens (Hoffmann, Voß & Wondrak, 2005). Dies kann zum einen auf psychische Abwehrmechanismen wie etwa Rationalisierung, Verleugnung oder Idealisierung zurückzuführen sein (Meloy, 1998), um die Fantasie einer gemeinsamen Beziehung nicht zu beschädigen. Eine andere Erklärung zielt auf ausgeprägte Lerndefizite in der Herkunftsfamilie des Stalkers ab bezüglich der Frage wie zwischengeschlechtliche Kommunikation überhaupt funktioniert und wie sie entschlüsselt werden kann (P. Dietz, persönliche Mitteilung Juli 2001).

2.2 Begegnungen mit dem Stalker aus dem Weg gehen

Die Handlungsempfehlung, Begegnungen mit dem Stalker aus dem Weg zu gehen, wird nachvollziehbarerweise von Betroffenen oftmals als ungerecht erlebt: "Ich soll mein Leben einschränken, obgleich es doch der andere ist, der Unrecht tut und mich verfolgt und belästigt." Jedoch je länger Verfolger und Opfer nicht aufeinandertreffen, desto mehr steigt die Wahrscheinlichkeit, dass die obsessive Fixierung des Stalkers abklingt. Das bedeutet in der Praxis für die Betroffenen diejenigen Orte zu meiden, an denen man möglicherweise dem Stalker begegnet. Das bringt nicht selten erhebliche soziale Einschränkungen mit sich, gerade wenn der Stalker der Expartner ist und große Überschneidungen im Freundeskreis und Freizeitverhalten bestehen und somit z. B. bestimmte Vereinsaktivitäten oder das abendliche Ausgehen ausgesetzt werden müssen. Auch hier gilt eine pragmatische Sichtweise: "Oft kann ich nicht das Verhalten des Stalkers direkt beeinflussen, sondern nur mein eigenes Verhalten, um ein Ende der Belästigungshandlungen zu erreichen."

2.3 Dokumentation des Stalkingverhaltens

Die erste Reaktion von Betroffenen, wenn sie wieder einen unerwünschten Brief oder Anruf erhalten, ist oftmals diesen wegzuschmeißen bzw. die Nachricht zu löschen, um Abstand zu gewinnen. Dies ist nachvollziehbar, aber ein Fehler. Die bessere Strategie ist es, alle Zuschriften zu behalten und - wenn möglich – aufgezeichnete Anrufe auf dem Anrufbeantworter dauerhaft zu archivieren. Falls der Stalker versucht das Opfer persönlich aufzusuchen, sollte dies mit Zeit- und Ortsangabe dokumentiert und eventuell vorhandene Zeugen sollten notiert werden. Diese Informationen sind zum einen bedeutend für eine eventuelle juristische Würdigung, aber auch für eine Risikoanalyse, da sich so für Experten die Längsschnittdynamik des Falls rekonstruieren lässt.

2.4 Bekanntmachen des Stalkingvorfalls im Umfeld

Es hat sich immer wieder als sinnvoll erwiesen, wenn Betroffene ihr privates und berufliches Umfeld darüber informieren, dass sie gestalkt werden. Ein solcher offensiver Umgang sollte vom Opfer selbst eher als Zeichen von Stärke gesehen werden und weniger als Gefühl von Peinlichkeit, Scham oder Niederlage, wie dies oftmals geschieht. Aufgeklärte Familienmitglieder, Nachbarn und Kollegen können die Betroffenen warnen und darüber informieren, falls der Stalker versucht Kontakt aufzunehmen oder sich zu nähern. Auch vermindert ein solcher Weg die Möglichkeit, dass der Stalker hinter dem Rücken des Opfers und gegen dessen Willen persönliche Informationen erfragt. Nicht zuletzt können mögliche Missverständnisse minimiert werden, wenn beispielsweise am Arbeitsplatz die Mitarbeiter und Vorgesetzten gewarnt sind, dass ungewöhnliche oder merkwürdige Kontaktversuche auftreten können.

2.5 Suche nach Unterstützung

Das typische Gefühl für Stalkingbetroffene ausgeliefert, ohne Kontrolle und alleine zu sein, lässt sich oftmals durch soziale Unterstützung zumindest im Ansatz mildern. Es ist hilfreich, wenn mit Personen des Vertrauens die Sorgen und Ängste in Hinsicht auf den Stalker geteilt werden. Zudem werden viele Opfer von dem falschen Gedanken gequält, eine Mitschuld an dem Stalking zu haben. Sollte es zu belastend sein, die Briefe des Stalkers zu lesen, können Betroffene jemanden bitten dies für sie zu tun und zu warnen, falls dort Besorgnis erregende Inhalte zu finden sind. Eine weitere erprobte Möglichkeit besteht darin psychotherapeutische Unterstützung, Selbsthilfegruppen oder Beratungsstellen aufzusuchen, um Belastungen abzumildern (Pathé, 2002; Hoffmann, 2005a).

3. Individuelle Einschätzung des Stalkingfalls

Als Grundlage für eine Einschätzung ist es ratsam, zunächst alle zugänglichen relevanten Informationen zusammenzutragen. Erste Quelle wird dabei in der Regel das Interview mit dem Opfer sein. Bei der Gesprächsführung sollte darauf geachtet werden, den emotionalen Zustand und Belastungsgrad der vom Stalking Betroffenen zu berücksichtigen (Copson & Marshall, 2002). Desweiteren können- falls vorhanden- Briefe, Anrufbeantworteraufzeichnungen u.ä. des Stalkers herangezogen werden und gegebenfalls Interviews mit anderen Beteiligten beziehungsweise Zeugen des Stalkingvorfalls geführt werden.

Durch eventuelle Traumatisierungen treten manchmal Verzerrungen in den Berichten der Opfer auf. Es empfiehlt sich deshalb, Emotionen und Interpretationen der Betroffenen so weit als möglich bei der Einschätzung auszublenden und vor allem konkrete und möglichst objektivierbare Verhaltensweisen abzufragen - eine Analyseebene, die sich bei der Bewertung delinquenten Verhaltens bewährt hat (Musolff & Hoffmann, 2001). Die Fokussierung auf Verhalten kann ebenfalls helfen das sogenannte "Falsche-Opfer-Syndrom", welches gelegentlich auftritt, zu identifizieren. Hierbei handelt es sich um eine nur scheinbare oder manchmal auch bewusst vorgetäuschte Viktimisierung, die beispielsweise auf Wahnvorstellungen, eine persönliche Krise oder auf Geltungssucht zurückzuführen ist (Mullen, Pathé & Purcell, 2000; Sheridan & Blaauw, 2004; Bettermann, 2005).

Insgesamt gilt es bei der Bewertung eines Stalkingfalles zahlreiche Aspekte des Geschehens zu berücksichtigen, die sich oftmals auch wechselseitig beeinflussen. Zwar ist es sinnvoll alle bekannten positiven und negativen Risikofaktoren systematisch durchzugehen, um kein bedeutsames Moment zu übersehen, dennoch sollte der Prozess der Risikoanalyse nicht als einfaches Durchgehen einer Checkliste betrachtet werden. Vielmehr steht am Ende in der Regel ein ganzheitlicher Eindruck, der auch die individuellen Besonderheiten des Geschehens und die vorherrschenden Dynamiken berücksichtigt.

Im Folgenden werden relevante Einflussgrößen nach verschiedenen Bereichen sortiert vorgestellt. Die Einteilung dient der Übersichtlichkeit und ist in dieser Form nicht zwingend, auch andere Gruppierungen sind denkbar. Die Nennung von Risikofaktoren kann in dem begrenzten Rahmen dieses Beitrags alleine ausschnittartig geschehen und erhebt nicht den Anspruch erschöpfend zu sein. Der folgende Abschnitt gibt deshalb nur einen ersten Einblick in den aktuellen Wissensbestand zur Einschätzung von Stalkingfällen.

3.1 Stalker

Für die Bewertung von stalkenden Personen wurden zum einen spezielle typologische Modelle entwickelt. Diese Klassifikationssysteme sollen es ermöglichen einen konkreten Täter einem speziellen Stalkertypus zuzuordnen und aufgrund dieser Zuordnung wiederum Ableitungen etwa über seine Gefährlichkeit und mögliche Managementstrategien zu ziehen. Eine solche typologische Vorgehensweise ist nicht ohne Schwierigkeiten (zum Einsatz von Typologien zur Analyse von delinquentem Verhalten vgl. auch Hoffmann & Musolff, 2000). Beispielsweise sind einzelne Personen oftmals nicht eindeutig nur einer Gruppe zuzuordnen, zudem sind Typologien quasi per Definition bereits reduktionistisch. Dennoch haben sich die Modelle bewährt, um einen Ausgangspunkt für eine Bewertung des Einzelfalls zu erhalten. Bei Berücksichtigung der individuellen Umstände des jeweiligen Geschehens als mögliches Korrektiv lassen sich mit Hilfe solcher Systeme tatsächlich oftmals Risikoeinschätzungen durchführen. Als die im Bereich des Stalking zur Zeit einflussreichste Typologie gilt das System der australischen Forschungsgruppe um Paul Mullen (Mullen, Pathé & Purcell 2000; Mullen & MacKenzie, 2004), ein speziell auf das Fallmanagent ausgerichtetes Modell wurde von der britischen Psychologin Lorraine Sheridan und ihren Kollegen entwickelt (siehe auch den Beitrag von Sheridan und Blaauw in diesem Band). Zudem existieren weniger bekannte Typologien für spezielle Subpopulationen, beispielsweise für Stalker von prominenten Persönlichkeiten (de Becker, 1994; Hoffmann, 2002a).

Prinzipiell lassen sich *statische* und *dynamische* Risikofaktoren voneinander unterscheiden (Nedopil, 2000). Statische Faktoren sind stabile, relativ unveränderliche Grössen, die oft in der Vorgeschichte des Täters fussen, dynamische Faktoren sind dagegen einem möglichen Wandel unterworfen und spiegeln eher aktuelle Einstellungen und Anpassungsleistungen der zu bewertenden Person wider.

Als *statische* Risikovariablen bei Stalking wurden unter anderem (vgl. auch die Übersicht von James und Farnham in diesem Band) das Vorhandensein von Persönlichkeitsstörungen, von Depression und Eifersuchtswahn (Silva, Derecho, Leong & Ferrari, 2000) genannt. Als in mehreren Studien gefundene Faktoren erwiesen sich eine Vorgeschichte von Gewalttätigkeit, Alkohol- und Drogenmißbrauch und frühere und aktuelle Drohungen an das Opfer (Rosenfeld, 2004; Hoffmann, 2005a). An dieser Stelle sei darauf hingewiesen, dass einzelne Risikofaktoren nicht für alle Arten von Stalkern gelten. So scheint der bereits erwähnte Zusammenhang von Drohungen und physischer Gewalt offenbar nicht für Prominentenstalker zu gelten (Meloy,

2001). Es ist extrem hilfreich eine Vorstellung darüber zu haben, aus welchem Grund ein Faktor beispielsweise mit Gewalttätigkeit korreliert und deshalb als statische Risikovariable eingestuft wird. Denn erst das Wissen um inhaltliche Verknüpfungen und Ursachen ermöglicht es einzuschätzen, welche Bedeutung und welches Gewicht der Faktor für den vorliegenden *konkreten Einzelfall* besitzt.

Beispiele für in der Fachliteratur diskutierte *dynamische* Risikofaktoren stellen etwa das momentane Ausmaß der Fixierung auf das Opfer und die aktuelle Feindseligkeit dar (Morrison, 2001). Dynamische Aspekte beziehen sich oftmals auf die persönliche Perspektive der zu bewertenden Person. Dahinter steckt die Annahme, dass die subjektive Realitätswahrnehmung und nicht "objektive Fakten" handlungsleitend für ein Individuum sind. Um eine Einschätzung vornehmen zu können, muss man also ein qualitatives Verständnis der Person und ihrer aktuellen Lage entwickeln. Dies kann geschehen, indem man zum Beispiel spezielle Fragen darüber stellt, in welcher Situation sich der Stalker befindet. Auf das gegenwärtige Potenzial für physische Gefährlichkeit bezogen, könnte dies etwa Fragen nach der aktuellen pragmatischen Durchführbarkeit eines Angriffs (z.B. Zugang zu Waffen) und der Entschlossenheit und Intention Gewalt auszuüben (z.B. konkrete Planungen und Tatvorbereitungen) beinhalten (Borum & Reddy, 2001).

Es sollte auch auf das Vorhandensein spezieller Psychopathologien geachtet werden, wobei schwere psychische Störungen bei Stalkingfällen in der allgemeinen Bevölkerung im Unterschied zu Prominentenstalking offenbar nicht sehr häufig auftreten (Kamphuis, Emmelkamp & de Vries, 2004; Hoffmann, 2005a). Dennoch spielen etwa Wahnerkrankungen wie die Erotomanie, wenn sie vorhanden sind, eine wichtige Rolle in der Dynamik des Stalking. Denn die meisten Personen verhalten sich konsistent zu der individuellen Logik ihres Wahnsystems. Auch das Wissen, um eventuell bestehende Persönlichkeitsstörungen des Stalkers ist für das Fallmanagement von Bedeutung, bedenkt man etwa die leichte Kränkbarkeit von Narzissten und den abrupten Wechsel zwischen Idealisierung und Wut bei der Borderlinepersönlichkeit, hierauf wird später noch genauer eingegangen.

3.2 Opfer

Es ist so, dass bestimmte Berufsgruppen, die ein gewisses Sozialprestige besitzen und eventuell zusätzlich noch gegenüber anderen Personen helfend und unterstützend tätig sind, ein erhöhtes Risiko tragen, Opfer von Stalking zu werden. Hierzu zählen unter anderem Ärzte und

Psychotherapeuten (Pathé, Mullen & Purcell, 2002; Sandberg, McNiel & Binder, 2002; Borski & Nedopil, in diesem Band), Professorinnen und Professoren und natürlich prominente Persönlichkeiten (Hoffmann, 2002b; 2005a).

Diese verschiedenen Gruppen sind zum Teil spezifischen Stalkingeffekten ausgesetzt. Eine Binnendifferenzierung bei Personen des öffentlichen Lebens soll dies illustrieren. Beispielsweise erhalten Stars aus der Unterhaltungsindustrie mehr Zuschriften mit Inhalten von Zuneigung und Bewunderung, Politikerinnen und Politiker bekommen unter anderem eher Drohschreiben zugesendet (Dietz, Matthews, Martell, Stewart, Hrouda & Warren, 1991).

Mit den verschiedenen Berufsgruppen sind oftmals auch verschiedene Interaktionspotenziale zwischen Stalkern und Betroffenen verknüpft. So dürfte etwa ein Professor, der von einem Studenten verfolgt und belästigt wird an der Universität durch die Offenheit dieser Institution bedingt Schwierigkeiten haben den unerwünschten Kontakt zu unterbinden. Ein Lokalpolitiker ist durch seine Verpflichtung bei bestimmten öffentlichen Terminen in seiner Region anwesend zu sein, vergleichsweise zugänglich und berechenbar für einen Stalker. Zugleich verfügt er nicht wie ein Mitglied einer Staatsregierung über umfangreiche Schutzmaßnahmen.

Auf einer eher individuellen Ebene lässt sich unterscheiden über welche finanziellen und sozialen Ressourcen die Betroffenen verfügen. Kann es sich das Opfer zum Beispiel leisten, seinen Wohnraum durch Sicherungsmaßnahmen wie Gitter oder Überwachungskameras zusätzlich zu schützen? Hat es eine Familie, die ihm beisteht oder Freunde und Verwandte, bei denen es für einige Zeit Unterschlupf erhalten und sich so vorübergehend den Zudringlichkeiten des Stalkers entziehen kann?

Desweiteren ist die emotionale Stabilität und Belastbarkeit des Opfers zu betrachten und ebenso seine Einsicht trotz Unterstützung etwa durch die Polizei immer noch die letzte Verantwortung für die eigene Sicherheit tragen zu müssen (Williams, Lane & Zona, 1996). Auch in der Entschlossenheit und im Durchhaltevermögen notwendige Maßnahmen auch über einen längeren Zeitraum hinweg zu verfolgen, unterscheiden sich Betroffene voneinander. So gibt es Personen, denen es wiederholt nicht gelingt, den Kontaktabbruch gegenüber dem Expartner von dem sie gestalkt werden konsequent einzuhalten. Das hat natürlich zur Folge, dass das unerwünschte Verhaltensmuster deutlich schwieriger eingedämmt werden kann, wenn dies nicht gar sogar unmöglich ist.

3.3 Situative Faktoren

Auch das konkrete Umfeld, in dem das Stalking stattfindet, hat grossen Einfluss auf die individuelle Bewertung des Falls. So sind etwa die räumliche Entfernung zwischen Stalker und Opfer, aber auch die zeitlichen und logistischen Ressourcen des Belästigers die mögliche Distanz zu überwinden, zentrale Faktoren. Allerdings ist hier vor einer zu einfachen Betrachtung zu warnen. In einem Stalkingvorfall, in dem der Autor dieses Beitrags konsultierend tätig war, erhielt ein deutscher Ingenieur von einer Kollegin aus einem in Taiwan ansässigen Unternehmen regelmäßige Liebesbekundungen per E-Mail. Diese fielen durch eine ungewöhnliche Intensität und zahlreiche schicksalhafte Andeutungen auf. Der Ingenieur war der Frau nur ein einziges Mal während eines Auftrags in Taiwan bei einem Arbeitsessen begegnet, wobei auch zahlreiche andere Kollegen anwesend waren. Dabei kam es außer einem freundlichen Gespräch zu keinerlei näherem Kontakt. Der Mann antwortete nach seiner Rückkehr nur einmal zu Beginn ablehnend auf eine ihrer Nachrichten und ließ dann alle folgenden E-Mails unkommentiert. Nach drei Jahren stand die Frau plötzlich vor dem Tor seiner Firma in Deutschland. Sie erklärte, sie habe den weiten Weg nur angetreten, um ihn zu sehen.

Weitere situative Faktoren betreffen beispielsweise die Einschätzung kaum vermeidbarer sozialer Berührungspunkte, wie etwa ein gemeinsames Kind, die gleiche Arbeitsstätte oder ein geteilter Freundeskreis über den der Stalker regelmäßig Informationen über das Opfer beziehen kann.

Allgemein gesprochen ist es für die Analyse und das Managament von Stalkingfällen oft sinnvoll, Gefährlichkeit als eher situativ strukturiertes Konzept zu begreifen. Beispielsweise wäre ein von einem überführten Gewalttäter in einem Hochsicherheitsgefägnis verfaßter Drohbrief an den Regierungschef eines Landes weniger besorgniserregend als ein Drohschreiben von einem wütenden, kürzlich entlassenen Mitarbeiter, von dem bekannt wird, dass er versucht hat, eine Schusswaffe zu kaufen (Ugolini & Kelly, 2001).

3.4 Dynamik

Der Begriff der Dynamik zielt in diesem Kontext auf bevorstehende oder mögliche Interaktionen mit dem Stalker ab, die zu einer Verhaltensänderung oder Eskalation führen können. Beispiele hierfür sind wenn bei Fällen von Ex-Beziehungsstalking eine Scheidung eingereicht wird oder um das Sorgerecht für ein gemeinsames Kind verhandelt wird.

Für eine besondere gefährliche Dynamik bei Stalkingfällen führte der US-amerikanische forensische Psychologe J. Reid Meloy (1996) den Ausdruck "Dramatic Moments" (Dramatische Momente") ein. Dies drückt aus, dass in Phasen, in denen sich der Stalker zurückgewiesen oder herabgesetzt fühlt, das Potenzial für Gewalt deutlich ansteigt.

Dahinter steht die Vorstellung, dass aufgrund einer biographisch früh erworbenen Selbstwertproblematik bestimmte Personen extrem "verwundbar" für Zurückweisung sind, hier wird oftmals von einer narzisstischen oder Borderline-Störung gesprochen (Kernberg, 1998; siehe auch Voß und Hoffmann, in diesem Band). Das Gefühl einer Ablehnung kann deshalb zu Aggressionen bis hin zu schwersten physischen Attacken gegen das Opfer oder Menschen aus dessem Umfeld führen (Kohut, 1973; Meloy, 1992). Für solche psychologischen Dynamiken wurde übrigens beträchtliche Übereinstimmung zwischen Stalkingvorfällen und Fällen häuslicher Gewalt gefunden, so dass hier mittlerweile von einer inhaltlichen Überschneidung der beiden Phänomene ausgegangen wird (Douglas & Dutton, 2001; Küken, Hoffmann & Voß, in diesem Band).

Situative Einflüsse, die zu einer Eskalation seitens des Stalkers führen können, sind unter anderem Interventionen Dritter, Gerichtsentscheidungen, ein juristisches Vorgehen (dazu weiter unten mehr), eine Krise im Leben des Stalkers oder eine neue Beziehung des Opfers.

Nicht zuletzt aufgrund derartiger Dynamiken ist es wichtig für Betroffene im Umgang mit dem Stalker zwar bestimmt, aber immer höflich und ruhig zu bleiben. Wie eben ausgeführt kann Aggressivität von Seiten des Opfers oder von dessen Umgebung eher zu einer Eskalation beitragen, als dass sie beruhigt, effektiv einschüchtert bzw. das Stalkingverhalten beendet.

Betrachtet man all die Aspekte, die bei Stalking eine relevante Rolle spielen, wird einem das grosse Veränderungspotenzial jedes einzelnen Falles bewusst. Das bedeutet in Konsequenz, dass es meistens nicht ausreicht, einen Stalkingvorfall einmal zu bewerten, sondern es gilt ihn regelmäßig zu reevaluieren, gerade wenn es Veränderungen in den Kontextbedingungen gibt oder neue Aktionen des Stalkers zu beobachten sind.

4. Managementstrategien

Beim Management von Stalkingfällen hat sich vielfach ein Teamansatz bewährt (Meloy, 1996). Der Umgang mit obsessiver Verfolgung und

Belästigung erfordert oftmals die Beteiligung unterschiedlicher Disziplinen wie etwa Psychologen, Psychiater, Kriminalisten, Juristen, Pädagogen oder Sozialarbeiter. Und auch in der Planung möglicher Interventionsmaßnahmen ist eine interdisziplinäre Kooperation zumeist sinnvoll. Beispielsweise kann ein Anwalt benennen, welche rechtlichen Konsequenzen für den Täter vermutlich zu erreichen wären. Ein in Stalking und in der Risikoanalyse geschulter Psychologe vermag in Ergänzung mögliche Eskalationen im Vorfeld einzuschätzen und die Erfolgswahrscheinlichkeit verschiedener Interventionen hinsichtlich des Eindrucks auf den Stalker abzuwägen.

Prinzipiell ist es wichtig, Intervention gut zu planen und vorzubereiten. Dabei sollten auch alternative Handlungsmöglichkeiten bedacht und etwaige Reaktionen des Stalkers antizipiert werden. Es ist extrem kontraproduktiv, wenn der Stalker zwar wahrnimmt, dass gegen ihn vorgegangen wird, dies aber ohne Wirkung oder ohne deutlich negative Konsequenzen für ihn bleibt. Eine solche Erfahrung vermag ein Gefühl der Unverwundbarkeit zu erzeugen und zur Folge zu haben, dass sich das Stalkingverhalten sogar noch intensiviert (Hoffmann, 2001).

Grundsätzlich lässt sich entscheiden, ob in einem Fall zunächst eher *offensive* oder *defensive* Strategien gefahren werden sollen. *Offensive* Strategien beinhalten direkte Massnahmen gegen den Stalker, die auch von diesem wahrgenommen werden und die das Ziel haben, das unerwünschte Stalkingverhalten zu beenden. Hier sind etwa juristische oder polizeiliche Interventionen zu nennen.

Bei *defensiven* Strategien ist es dem Stalker in der Regel nicht bewusst, dass Gegenmaßnahmen eingeleitet wurden. Beispiele hierfür sind die Installation von Warnsystemen etwa durch die diskrete Aufklärung nahestehender Personen sowie Verhaltensstrategien, die Kontakt mit dem Stalker vermeiden helfen oder die Einrichtung von Alarmanlagen.

Der große Vorteil defensiver Ansätze ist, dass die Gefahr einer Eskalation vergleichsweise gering gehalten wird. Immer wieder geschieht es, dass Betroffene sich durch ein offensives Vorgehen in einen jahrelangen "Krieg" mit dem Stalker verwickeln (de Becker, 1994), wobei vielleicht mit einer behutsameren Herangehensweise der Vorfall nach einem halben Jahr abgeklungen wäre. Auch gilt es zu bedenken, dass eine einmal eingenommene Eskalationsebene nicht mehr zurückgeschraubt werden kann, wohingegen eine Progression hin zu offensiveren Interventionen immer möglich ist.

Manchmal läßt sich aus pragmatischer Sicht nur eine defensive Strategie verwirklichen. Ist es beispielsweise schlichtweg nicht möglich das Verhalten des Täters aktiv zu ändern, bleibt keine Alternative zu einem solchen Ansatz. Zeigt sich jedoch ein hohes Gefährlichkeitspotenzial, kann es – muss aber nicht - entscheidend sein, schnell sehr offensiv zu handeln. Als allgemeine Daumenregel lässt sich festhalten, dass je früher eine offensive Intervention durchgeführt wird desto besser die Chance auf Erfolg ist, da der Stalker zu Beginn seiner Kampagne meist noch vergleichsweise wenig emotionale Energie "investiert" hat.

Es ist von großem Vorteil für professionelle Personen, die regelmäßig mit Opfern von Stalking in Kontakt kommen, sich zu vernetzen. Dies meint hier Kontakte mit Hilfsorganisationen, Behörden, Selbsthilfegruppen etc. Aufzubauen, um Betroffenen in einer akuten Notsituation schnell kompetente und verfügbare Ansprechpartner zu nennen.

Im Folgenden sollen mehrere Managementstrategien vorgestellt werden, wobei dies wiederum auch nur schlaglichtartig geschehen kann:

4.1 Aufklärung und Unterstützung des Opfers

Der Aufklärung des Opfers kommt in mehrerer Hinsicht eine Schlüsselrolle im Fallmanagement zu. Zunächst können fachliche Informationen den Betroffenen helfen, zumindest in Ansätzen Kontrolle über eine für sie bislang nicht vorhersehbare Situation zurückzugewinnen. Opfer nehmen ihren Verfolger oftmals als "verrückt" und nicht berechenbar wahr, eine extreme Belastungssituation, da Kontrollverlust einen mächtigen psychologischen Stressor darstellt. Alleine indem sie Hinweise erhalten, weshalb der Stalker so handelt wie er es tut und welche weiteren Entwicklungswege des Vorfalls möglich sind, fühlen sich Betroffene oftmals erleichtert, da ihnen zumindest ein wenig Ungewißheit genommen wurde. Noch besser ist es, wenn ihnen eine individuelle Analyse ihres Falles und ihres Verfolgers zur Verfügung gestellt werden kann.

Ein weiterer wichtiger Aspekt ist es, Betroffenen Verhaltensmaßnahmen zu erläutern, mit deren Hilfe sie ihren eigenen Schutz und die Bewältigung des Stalkingvorfalls verbessern können. Dies kann neben den oben genannten allgemeinen Handlungsempfehlungen wie einen konsequenten Kontaktabbruch auch bestimmte Strategien beinhalten sich im öffentlichen Raum zu bewegen oder sich vor dem Stalker telefonisch abzuschirmen. Der Ansatz durch ein Ausbleiben von Reaktionen und einem sich Unsichtbarmachen seitens des Opfers den Stalker sozusagen "ins Leere laufen zu lassen", zeigt, wenn er konsquent durchgehalten wird, mittel- und langfristig oftmals verblüffenden Erfolg.

Zudem ist es vorteilhaft eine explizite Arbeitsbeziehung mit dem Opfer zu verabreden. Dies kann beispielsweise die gemeinsame Festlegung von Zielen des Fallmanagements beinhalten sowie Vereinbarungen auf welche Weise neue Aktivtäten des Stalkers weitergemeldet werden.

4.2 Therapeutische Behandlung des Stalkers

Eine psychotherapeutische oder psychiatrische Behandlung kann in vielen Fällen in denen der Stalker sich in einer seelischen Krise befindet, eine strukturelle Persönlichkeitsschwäche aufweist oder an einer psychischen Erkrankung leidet von großer Hilfe sein. Dies hat neben der vorrangigen allgemeinen Prävention - Stalker sind oftmals "Wiederholungstäter" - und dem zentralen Schutz und der Entlastung der aktuell verfolgten Person auch den Vorteil, dass dem Stalker selbst geholfen werden kann. Bedauerlicherweise projizieren viele der Täter die "Schuld" an ihren Stalkingverhaltensweisen auf die Opfer beziehungsweise haben keine "Krankheitseinsicht" und demzufolge keine Motivation für eine Therapie (Hoffmann, 2005a). Entgegen früherer Lehrmeinung kann auch eine von außen quasi aufgezwungene Therapie, etwa im Rahmen einer Bewährungsauflage, Erfolg zeigen, wenn ausreichender äußerer Druck aufgebaut wird und speziell auf Stalking ausgerichtete Therapiekonzepte vorliegen (Tschan & Hoffmann, zur Veröffentlichung eingereicht; Tschan, in diesem Band).

Allerdings scheint es zudem eine Subpopulation zu geben, die selbst unter ihrem Verhalten leidet und die auch zu einem gewissen Grad das Problematische an ihren belästigenden Handlungen reflektiert. Beispielsweise wenden sich von Zeit zu Zeit Stalker an unsere Arbeitsstelle für Forensische Psychologie mit der Bitte ihnen Ansprechpartner für eine Therapie zu nennen. Diese Personen geben an ihr Verhalten als zwanghaft zu empfinden. Für solche Fälle könnten öffentlich bekannt gemachte Unterstützungsangebote große Präventivkraft haben.

4.3 Distanz schaffen

In bedauerlichweise gar nicht so seltenen Fällen sehen sich Opfer gezwungen ihren Wohnort zu wechseln, um ihrem Stalker zu entkommen (Kamphuis & Emmelkamp, in diesem Band; Wondrak, Meinhardt, Hoffmann & Voß, in diesem Band). Diese Maßnahme kann in manchen

Fällen tatsächlich eine effektive oder vielleicht sogar die letzte Möglichkeit darstellen, einer dauerhaften Bedrohung zu entrinnen (vgl. auch Sheridan & Blaauw, in diesem Band). Vor der Durchführung solch eines Schrittes ist es enorm wichtig dafür Sorge zu tragen, dass es dem Stalker nicht gelingt, die neue Adresse herauszufinden, eine Schwierigkeit, die nicht unterschätzt werden sollte.

In einigen extremen Fällen geben Betroffene sogar nahezu ihr gesamtes soziales Umfeld auf und beginnen unerkannt ein anderes Leben an einem anderen Ort. US-amerikanische Experten sprechen bei einer derart radikalen Maßnahme von "social death" (sozialer Tod). Eine solche Intervention mutet den Betroffenen Ungeheures zu und sollte nur in Betracht gezogen werden, wenn alle anderen Mittel erschöpft sind.

4.4 Einschalten der Polizei

Wie sinnvoll diese Maßnahme ist, hängt maßgeblich von den strukturellen Begebenheiten der lokalen Behörde und von der Person des eingreifenden Beamten ab. Wird der Stalker mit einem unengagierten Polizisten konfrontiert, der keinerlei Entschlossenheit signalisiert dem bedrohlichen Verhalten von staatlicher Seite her Einhalt zu gebieten kann dies, wie bereits erwähnt, sogar zu einer Bekräftigung des Stalkingverhaltens führen. Werden dem Täter jedoch Grenzen aufgezeigt und wird ihm ernsthaft deutlich gemacht, dass er nun unter der Aufmerksamkeit der Polizei steht, erweist sich dies in nicht wenigen Fällen als durchaus wirkungsvoll (Hoffmann, Özsöz & Voß, 2004).

Einen weiteren wichtigen Aspekt stellt dar, inwiefern die Polizeibehörde als Institution auf derartige Fälle vorbereitet ist. In den USA sind spezielle Stalkingbeamten vielerorts eine Selbstverständlichkeit, die in der Einschätzung und im Umgang mit solchen Fällen ausführlich geschult sind. In einigen Städten exisieren sogar spezielle Stalking-Task-Forces, die interdisziplinär zusammgesetzt sind (Hoffmann, 2005b). In Deutschland hat die Bremer Polizei eine Vorreiterstellung eingenommen. Sie ernannte mehrere Stalkingbeauftragte, die eng mit der Staatsanwaltschaft zusammenarbeiten, so dass in der Strafverfolgung einzelne Verhaltensweisen des Stalkers wie wiederholte kleinere Sachbeschädigungen zusammengeführt werden und damit nicht mehr unter der polizeilichen Wahrnehmungsschwelle bleiben (Bettermann, in diesem Band).

4.5 Juristische Maßnahmen

In der internationalen Fachwelt gibt es bereits eine längere Diskussion darüber welche Auswirkungen bestimmte juristische Interventionen bei Stalkingfällen haben und in welcher Weise sie angewendet werden sollten. Besonders umstritten sind gerichtlich angeordnete Annäherungs- und Kontaktverbote. Einige Experten (z.B. de Becker, 1994; P. Dietz, persönliche Mitteilung, Juli 2001) zweifeln deren Wirksamkeit an und sehen sogar oftmals eine Gefährdung der Opfer durch derartige Maßnahmen, da die darin ausgesprochene öffentliche Zurückweisung des Stalkers ihrer Meinung nach zu einer gewaltsamen Eskalation bis hin zum Tötungsdelikt führen kann. Andere Fachleute sehen in solchen juristischen Instrumenten dagegen ein probates Mittel zur Bekämpfung von Stalking (z.B. Willliams, Lane & Zona, 1996).

Mittlerweile wurden mehrere Studien durchgeführt, um die Auswirkungen von Annäherungs- und Kontaktverboten besser einschätzen zu können. Relativ sicher scheint, dass diese Anordnung in vielen Fällen von dem Stalker gebrochen wird. So fand sich in einer US-amerikanischen Untersuchung eine Mißachtung in 70 Prozent aller Fälle (Tjaden & Thoennes, 1998). Eine Studie anhand von 75 Betroffenen von Stalking in Deutschland zeigte, dass sich nur etwa jeder fünfte Stalker an derartige Verbote hielt, der Rest setzte seine Belästigungshandlungen trotz rechtlicher Intervention fort (Özsöz, 2004). Spitzberg (2002) führte eine Metaanalyse von entsprechenden Untersuchungen aus dem Bereich häusliche Gewalt und Stalking durch, wobei knapp 40 Prozent das Verbot missachteten und in etwa jedem fünften aller Fälle die Lage sogar eskalierte.

In einer langfristigen Perspektive sprechen jedoch mehrere Autoren von dem Erfolg derartiger Maßnahmen in Kombination mit polizeilichen Interventionen (Willliams, Lane & Zona 1996; Lemmey 1999).

Die wichtige Frage, ob auf Annäherungs- und Kontaktverbote manchmal auch Gewalttätigkeiten folgen wurde von Langford, Isaac und Adams (2000) anhand einer Stichprobe von Männern, die ihre Partnerin getötet hatten, untersucht. Es zeigte sich, dass bei knapp 30 Prozent der Mörder in ihrer Vorgeschichte bereits einmal eine derartige Maßnahme veranlaßt worden war, in 15 Prozent der Fälle war die Anordnung zum Zeitpunkt der Tötung in Kraft. Campbell (2005) berichtete, dass in ihrem Sample von 456 Frauen, die von ihrem Partner oder Expartner getötet oder mit tödlicher Intention attackiert worden waren, mehr als ein Viertel eine einstweilige Verfügung gegen den Täter erwirkt hatten.

Auf Grundlage des aktuellen Kenntnisstandes kann demnach eine mögliche Erhöhung der Gefahr für Betroffene durch derartige Interventionen tatsächlich nicht ausgeschlossen werden. Die auch von einigen deutschen Polizeistellen gegebenen Empfehlungen an Opfer *generell* solche Maßnahmen einzuleiten muss deshalb kritisch gesehen werden. Zumindest ist es wichtig darüber zu informieren, dass eine mögliche Eskalation in dieser Phase einsetzen kann und dass sich das Opfer in diesem Zeitraum zusätzlich schützen oder abwesend sein sollte.

In einer differenziellen Untersuchungsanordnung versuchten Meloy, Cowett, Parker, Hofland und Friedland (1997) herauszufinden, ob es bestimmte Risikofaktoren gibt, die darauf hinweisen, dass ein Stalker das Annäherungs- und Kontaktverbot nicht einhalten wird beziehungsweise, dass es zu einer Eskalation kommt. Sie identifizierten folgende vier Risikovariablen: frühere Verletzungen derartiger Anordnungen, bereits vorausgegangene Gewalttätigkeit des Stalkers gegen das Opfer, obsessive Fixierung auf das Opfer und eine geringe Durchsetzungsfähigkeit der Polizei für solche Maßnahmen in dem entsprechenden Gebiet.

Praktische Erfahrungen legen nahe, dass eventuell noch weitere Risikofaktoren existieren, wie beispielsweise folgende: häufiger früherer Kontakt mit der Polizei wegen delinquentem Verhaltens, eine aktuelle Lebenssituation, in der der Stalker nicht mehr viel zu verlieren hat, schwere Depressionen und vorhandene antisoziale, psychopathische, narzisstische oder Borderline-Persönlichkeitszüge im klinischen Sinne.

Auch das Beispiel juristische Intervention verdeutlicht, dass keine eindeutigen Erfolgsrezepte im Vorgehen bei Stalkingfällen existieren, sondern dass prinzipiell eine individuelle Falleinschätzung vorgenommen werden muss, aus der heraus dann Managementstrategien entwickelt werden.

5. Fazit

Über die Einschätzung und den kompetenten Umgang mit individuellen Stalkingfällen existiert mittlerweile ein beträchtlicher Fundus an Erkentnissen, welcher sich aus Praxiserfahrungen und aus den Ergebnissen wissenschaftlicher Studien zusammensetzt. Im Gegensatz zu anderen Staaten wie beispielsweise den USA oder Kanada ist in Deutschland bei potenziellen Ansprechpartnern für Stalkingopfer die Philosophie des sogenannten Bedrohungsmanagements (Threat Management) bislang wenig verbreitet. Diese Vorgehensweise, wie hier beispielhaft vorgestellt, zielt darauf ab, mögliche Eskalationsszenarien früh zu erkennen und eine Zuspitzung des Falles erst gar nicht zuzulassen, sondern durch verschiedene Interventionsmaßnahmen zu verhindern (Kropp, Hart, Lyon & LePard, 2002). Gerade die Polizei tut sich mit einer solchen Vorgehensweise schwer, ist sie doch traditionell eher auf die Verfolgung rechtlich faßbarer Regelverletzungen sozialisiert. Doch neben der Repression besteht ihr Auftrag eben auch in der Gefahrenabwehr. Ein weiterer Hinderunsggrund für den Einsatz des Bedrohungsmanagements ist der hierzulande weit verbreitete Glauben, dass Gewalt nicht vorhersehbar ist und sozusagen "vom Himmel fällt." Gerade in Fällen von Stalking zeichnen sich die meisten gewalttätigen Eskalationen bereits deutlich im Vorfeld ab, so dass in der Arbeit mit Opfern präventive Ansätze, die den Blick nach vorne auf mögliche Gefahrenpunkte richten, viel Leid zu verhindern in der Lage sind.

Literatur

Bettermann, J. (2005). *Falsches-Opfer-Syndrom in Fällen von Stalking.* Frankfurt/Main: Verlag für Polizeiwissenschaft.

Borum, R. & Reddy, M. (2001). Assessing Violence Risk in Tarasoff Situations. *Behavioral Sciences and the Law, 19,* 375-385.

Campbell, J. C. (2005). Helping Women Understand Their Risk in Situations of Intimate Partner Violence. *Journal of Interpersonal Violence, 19,* 12, 1464-1477.

Copson, G. & Marshall, N.(2002). Police Care and Support for Victims of Stalking. In J. Boon & L. Sheridan (Eds.), *Stalking and Psychosexual Obsession.* Chichester: Wiley.

de Becker. G. (1994). *Intervention Decisions: The Value of Flexibility.* A Confidential White Paper Report Prepared for the 1994 CIA Threat Management Conference. Unveröffentlichtes Manuskript.

Dietz, P. E., Matthews, D. B., Martell, D. A., Stewart, T. M., Hrouda, D.R. & Warren, J. (1991). Threatening and Otherwise Inappropriate Letters to Members of the United States Congress. *Journal of Forensic Science, 36,* 5, 1445– 468.

Douglas & Dutton (2001). Assessing the link between stalking and domestic violence. *Aggression and Violent Behaviour, 6,* 519-546.

Hoffmann, J. (2001). Stalking – Forschung und Krisenmanagement. *Kriminalistik, 1,* 34–37.

Hoffmann, J. (2002a). *A Typology of Celebrity Stalkers and Assassins.* Paper, vorgestellt auf der "1. Conference Internationale Sur L'Analyse

Criminelle Et Le Profilage Criminel" in Paris. Unveröffentlichtes Manuskript.
Hoffmann, J. (2002b). Star-Stalker: Prominente als Objekt der Obsession. In: W. Ullrich & S. Schirdewahn (Hrsg.), *Stars – Annäherung an ein Phänomen*. (S. 181-203). Frankfurt/Main: Fischer.
Hoffmann, J. (2005a). *Stalking*. Heidelberg: Springer.
Hoffmann, J. (2005b). Polizeiarbeit und Stalking. In D. Schröder & R. Berthel (Hrsg.), *Gewalt im sozialen Nahraum II*. (S. 103-122). Frankfurt/Main: Verlag für Polizeiwissenschaft.
Hoffmann J. & Musolff, C. (2000). *Täterprofil und Fallanalyse*. Wiesbaden: BKA-Wissenschaftsreihe.
Hoffmann, J., Özsöz, F. & Voß, H.-G. (2004). Erfahrungen von Stalking-Opfern mit der deutschen Polizei. *Polizei & Wissenschaft, 4*, 41–53.
Hoffmann, J., Voß, H.-G. & Wondrak, I. (2005). Ein Blick auf den normalen
Stalker. In H. Dressing & P. Gass (Hrsg.), *Stalking! Verfolgung, Bedrohung, Belästigung*. (S. 127-142). Bern: Huber.
Kamphuis, J. H., Emmelkamp, P. M. G. & de Vries, V. (2004). Informant Personality Descriptions of Postintimate Stalkers Using the Five Factor Profile. *Journal of Personality Assessment, 82* (2), 169–78.
Kernberg, O. (1998). *Borderline-Störungen und pathologischer Narzissmus*. Frankfurt/Main: Suhrkamp.
Kohut, H. (1973). Überlegungen zum Narzissmus und zur narzisstischen Wut. *Psyche, 6*, 513-554.
Kropp, R. P., Hart, S. D., Lyon, D. R. & LePard, D. P. (2002). Managing Stalkers: Coordinating Treatment and Supervision. In J. Boon & L. Sheridan (Eds.), *Stalking and Psychosexual Obsession*. (p. 141– 164). Chichester: Wiley.
Langford, L., Isaac N. & Adams, S (2000). Criminal and Restraining Order Histories of Intimate-Partner Related Homicide Offenders in Massachusetts, 1991-1995. In P. H. Blackman, V. L. Leggett, B. L. Olson & J. P. Jarvis (Ed.), *The Varities of Homicide and its Research*. (p. 51–61). Quantico: FBI Academy.
Lemmey, D. (1999). *Stalking of Battered Women before and after Seeking Criminal Justice Help*. Denton, Texas: Dissertationsarbeit.
Meloy, J. R. (1992). *Violent Attachments*. Nortvale: Jason Aronson.
Meloy, J. R. (1997). The Clinical Risk Management of Stalking: "Someone is watching over me...". *American Journal of Psychotherapy, 2*, 174–184.
Meloy, J. R. (1998). The Psychology of Stalking. In J. R. Meloy (Ed.), *The Psychology of Stalking*. (p.1-23). San Diego: Academic Press.
Meloy, J. R. (2001). Communicated Threats and Violence Toward Public and Private Targets. *Journal of Forensic Sciences, 46*, 5, 1211-1213.

Meloy, J.R., Cowett, P. Y., Parker, S.B., Hofland, B. & Friedland, A. (1997). Domestic Protection Orders and the Prediction of Subsequent Criminality and Violence toward Protectees. *Psychotherapy, 51*, 174-184.

Morrison, K.A. (2001). Predicting Violent Behavior in Stalkers. *Journal of Forensic Sciences, 46*, 6, 1403-1410.

Mullen, P. E. & MacKenzie, R. (2004). Assessing and Managing Risk in Stalking Situations. In J. Bettermann & M. Feenders (Hrsg.): *Stalking – Möglichkeiten und Grenzen der Intervention.* (S. 51-74). Frankfurt/Main: Verlag für Polizeiwissenschaft.

Mullen, P. E., Pathé, M., & Purcell, R. (2000). *Stalkers and their victims.* Cambridge: Cambridge University Press.

Musolff, C. & Hoffmann, J. (2001). *Täterprofile bei Gewaltverbrechen.* Heidelberg: Springer.

Nedopil, N. (2000). *Forensische Psychiatrie.* Stuttgart: Georg Thieme Verlag.

Özsöz, F. (2004). *Die Erfahrungen von Betroffenen von Stalking mit der Polizei und Justiz.* Unveröffentlichte Diplomarbeit. Institut für Psychologie, Technische Universität Darmstadt

Pathé, M. (2002). *Surviving Stalking.* Cambridge: Cambridge University Press.

Pathé, M., Mullen, P. E., & Purcell, R. (2002). Patients who stalk doctors. *Medical Journal of Australia, 176*, 335-338.

Rosenfeld, B. (2004). Violence Risk Factors in Stalking and Obsessional Harassment. *Criminal Justice and Behavior, 31*, 1, 9 – 36.

Sandberg, D. A., McNiel, D. E. & Binder, R. L. (2002). Stalking, Threatening, and Harassing Behavior by Psychiatric Patients Toward Clinicians. *Journal of the American Academy of Psychiatry and the Law, 30*, 221–229.

Sheridan, L. & Blaauw, E. (2004). Characteristics of False Stalking Reports. *Criminal Justice and Behavior, 31*, 1, 55-72.

Silva, J.A., Derecho, M.P.H., Leong, G.B & Ferrari, M.M. (2000). Stalking Behavior in Delusional Jealousy. *Journal of Forensic Sciences, 45*, 1, 77-82.

Spitzberg, B. H. (2002). The Tactical Topography of Stalking Victimization and Management. *Trauma, Violence & Abuse, 3*, (4), 261–288.

Tjaden, P. & Thoennes, N. (1998). *Stalking and Domestic Violence. The Third Annual Report to Congress under the Violence Against Women Act.* Washington, DC: US Departement of Justice.

Tschan, W. & Hoffmann, J (2005). *Therapie von Stalkern.* (Zur Veröffentlichung eingereichtes Manuskript).

Ugolini, J.A. & Kelly, K. (2001). Case Management Strategies Regarding Stalkers and Their Victims. In J. A. Davis (Ed.), *Stalking Crimes and Victim Protection.* (pp. 301-316). Boca Raton: CRC Press.

U.S. Department of Justice (1998). *Stalking and Domestic Violence: The Third Annual Report to Congress under the Violence Against Women Act.* Washington.

Westrup, D. (1998), Applying Functional Analysis to Stalking Behavior. In J. R. Meloy (Ed.), *The Psychology of Stalking.* (p. 275-294). San Diego: Academic Press.

Williams, W. L., Lane, J. & Zona, M.A. (1996). Stalking – Successful Intervention Strategies. *The Police Chief,* 2, 24–26.

Deliktfokussierte Behandlung von Stalkern

Werner Tschan

1. Einleitung

Behandlung impliziert, dass wir von Krankheiten ausgehen. Nun ist jedoch Stalking nicht zwangsläufig mit psychischer Krankheit gleichzusetzen, sondern stellt primär ein komplexes Fehlverhalten verbunden mit unterschiedlichen Grenzverletzungen gegenüber betroffenen Personen dar. Ein deliktfokussierter Behandlungsansatz stellt das Tatverhalten und den Tathergang ins Zentrum der Intervention. Stalking führt bei betroffenen Opfern zu Angst resp. einem Gefühl des Bedrohtseins. Rund die Hälfte aller Stalkingfälle beruht auf vermeintlichen Besitzansprüchen gegenüber einer (ehemaligen) Intimbekanntschaft (Wondrak, 2004), in den anderen Fällen sind die Belästiger meist Bekannte oder Arbeitskollegen und in weniger als zehn Prozent Fremde (Hoffmann & Wondrak, 2005). Stalking kann einerseits als Versuch aufgefasst werden, eine (intime) Beziehung (zurück) zu gewinnen, andererseits kann Stalking als Rachehandlung verstanden werden, wo es bloss darum geht, die andere Person infolge vermeintlichem oder tatsächlich erlebtem Unrecht zu schädigen. Stalking stellt in vielen Situationen eine Fortsetzung von häuslicher und sexueller Gewalt dar – wo der Beziehungsabbruch infolge von Grenzverletzungen innerhalb der Partnerschaft erfolgt. In einer Untersuchung von Mullen, Pathé, Purcell und Stewart (1999) zeigten sich durchwegs hohe Prozentsätze von Stalkern, die bereits innerhalb der Intimbekanntschaft ein deutliches Fehlverhalten an den Tag legten.

Ein zweiter Bereich stellt Stalking am Arbeitsplatz dar. So berichteten beispielsweise rund 50% der ärztlichen Mitarbeiter von psychiatrischen Kliniken im Raum München über entsprechende Erfahrungen (Bettermann, 2004). Wird ein engerer Begriff von Opfererfahrung verwendet, liegt die Zahl bei 20% aller Ärzte, die Stalking erlebt hatten. Diese Zahlen aus Deutschland decken sich mit internationalen Erfahrungen im Gesundheitsbereich (Di Martino, 2002). Rund die Hälfte aller Mitarbeiter im Gesundheitswesen berichten über Gewalterfahrungen (Workplace Violence, 2002). Stalking kommt in allen Bereichen der Wirtschaft vor, und kann sich beispielsweise in Zusammenhang mit Mobbingsituationen oder in Zusammenhang mit ungerecht erlebten Kündigungen und anderen Konfliktsituationen manifestieren.

Obwohl in einigen Verhaltensbereichen deutliche Auffälligkeiten zu verzeichnen sind, weisen bei weitem nicht alle Stalker zum Tatzeitpunkt diagnostizierbare psychiatrische Störungsbilder auf. Abgesehen von Fällen von Prominentenstalking, in denen psychotische Erkrankungen gehäuft auftreten (Hoffmann & Schröck, 2004), sind es zumeist Persönlichkeitsstörungen, die diagnostisch und therapeutisch von Bedeutung sind (Fiedler, 2001). Erwähnenswert ist zudem, dass der Liebeswahn oder die Erotomanie, sprich die wahnhafte Vorstellung von einer anderen, meist sozial höherstehenden Person geliebt zu werden, bei Stalking seltener ist, als anfänglich angenommen (Tschan & Hoffmann, zur Veröffentlichung eingereicht). Eine solche Störung scheint in nur etwa 10 Prozent aller Fälle eine Rolle zu spielen (Mullen et al., 1999).

Tschan und Hoffmann diskutieren in einem Beitrag (zur Veröffentlichung eingereicht), ob man bei der Diagnose einer psychischen Störung bei Stalkern immer davon ausgehen sollte, dass die Erkrankung ursächlich für das Verhalten obsessiver Verfolgung und Belästigung ist. Beispielsweise fanden Kennedy und Kollegen (2002) bei einer Untersuchung einer kleinen Gruppe von erotomanen Patienten, dass lediglich knapp die Hälfte auch Stalkinghandlungen zeigte. Der Zusammenhang zwischen psychischer Erkrankung und Stalking ist also kein zwingender. Diese These wird weiter durch die bereits erwähnte Tatsache untermauert, dass viele Stalker keine diagnostizierbaren psychiatrischen Störungsbilder aufweisen, womit andere Entstehungsbedingungen angenommen werden müssen.

Die Behandlung von Stalkern beruht auf einer deliktfokussierten Interventionsstrategie mit Anwendung kognitiv-verhaltenstherapeutischer Behandlungstechniken. Bei Vorliegen gravierender Krankheitsbilder müssen diese vorgängig so weit behandelt werden, dass sich eine deliktfokussierte Arbeit anschliessen kann. Ich schliesse mich der Meinung von Voß (2004) an, wenn er festhält: *„Die bisher von verschiedenen Autoren vorgeschlagenen Typologien von Stalkern, die hauptsächlich eine Taxonomie von Verhaltensweisen und Persönlichkeitscharakteristika des Stalkers beinhalten, sind ... eher als „Momentaufnahmen" oder als das jeweilige Endprodukt in der Entwicklung des Geschehen zu betrachten. Als ein statistisches Konzept verschleiert so der typologische Forschungsansatz die Tatsache, dass in vielen Fällen von Stalking ein und dieselbe Person nacheinander unterschiedlichen Typenklassifikationen entsprechen kann."* (S. 46)

Die Behandlung von Stalkern kann nicht als isolierte Massnahme betrachtet werden, sondern wird erst im Verbund mit weiteren Schritten seine Zielsetzung erfüllen können: die Verhinderung weiterer Stalkingdelikte (unmittelbarer Schutz betroffener Opfer, Rückfallprävention). Erforderlich ist eine klare Stalkinggesetzgebung, die einerseits zu sofortigen Interventionsmöglichkeiten zum Schutz betroffener Personen beiträgt, und andererseits wirkungsvolle Interventionen auf Täterseite erlaubt. Neben Kontaktverboten gehören dazu allfällige Waffenverbote und verpflichtende Teilnahme an deliktorientierten Therapien. Dabei darf nicht primär die Frage im Vordergrund stehen, ob der Stalkingtäter an psychischen Krankheiten leidet, sondern das Stalkingverhalten per se muss Anlass solcher Massnahmen sein. Nur mittels klarer gesetzlichen Auflagen werden Stalkingtäter zu wirkungsvollen Behandlungsmassnahmen verpflichtet werden können. Sowohl in Deutschland wie auch im übrigen Europa besteht unmittelbarer Handlungsbedarf zur Schaffung der erforderlichen gesetzlichen Grundlagen.

2. Unsichere Bindungserfahrungen als Erklärungsansatz für Stalking

In der Individualgenese von Stalking zeigt sich vielfach, dass frühe Bindungsstörungen kausal für das Fehlverhalten verantwortlich sind. Bindungserfahrungen führen zur Ausformung von inneren Arbeitsmodellen über Beziehungsgestaltung, damit verbundenen Erwartungen an sich und an andere. Die Regulation von Nähe und Distanz wird ebenso durch die Bindungserfahrungen geprägt. Auch die Entwicklung von Selbstwertgefühlen und der eigenen Identität ist eng mit der Bindungserfahrung (Fonagy et al., 2002) verknüpft. Das Erleben einer sicheren Bindung bildet eine der wesentlichen Voraussetzungen einer gedeihlichen Entwicklung (Bowlby, 1988), und legt die Grundlage späterer Beziehungsgestaltung im Erwachsenenalter. Die Forschungsbefunde der „Affective Neuroscience", d.h. das Zusammenspiel neurophysiologischer Prozesse und menschlichem Verhalten, bestätigen die Hypothesen der Bindungstheorie (Panksepp, 1998).

Menschen mit sicheren Bindungserfahrungen fühlen sich grundsätzlich in der Gegenwart anderer Menschen wohl. Sie können negative und kränkende Erfahrungen in ihr Selbst- und Weltverständnis integrieren, ohne übermässige Hass-, Wut-, oder Rachegefühle zu entwickeln. Anders für Menschen mit unsicheren Bindungserfahrungen – die folglich keine stabilen inneren Bezugspunkte zu anderen Menschen haben – sie reagieren zeitlebens unsicher, misstrauisch oder gar ablehnend. Ihre Fähigkeit zur Regulation von Nähe und Distanz ist beeinträchtigt, und damit auch ihre Möglichkeiten, adäquate Grenzen zu setzen. Ihre negativen Bindungserfahrungen verhindern, dass sie Konflikte, Kränkungen und Zurückweisungen ohne übermässige Folgen in ihr Selbstbild integrieren können. Auch können sie sich grundsätzlich innerhalb von menschlichen Beziehungen nie recht wohl fühlen, und reagieren mit anhaltendem Misstrauen und Angst vor erneuten Verletzungen. Ihre Beziehungsgestaltung erweist sich deshalb anfällig für Störungen.

Mehrere Untersuchungen (Lewis et al., 2001; Dye & Davis, 2003) zeigen, dass unsichere Bindungsmuster gehäuft bei Stalkern auftreten. Betroffene Personen sind unsicher gegenüber Intimpartnern, wo sie zwischen der Befürchtung abgewiesen zu werden und der Sehnsucht nach Intimität hin und her gerissen sind. Viele leiden an einem tiefen Misstrauen gegenüber Vertrautheit und emotionaler Nähe. Nach Kienlen et al. (1997) haben zwei Drittel aller Stalker ihre primären Bezugspersonen während der Kindheit verloren (Tod, Trennung), und 42 % erlebten keine ausreichende Beziehungskonstanz (Trennungen, Fremdplazierungen, wechselnde Bezugspersonen) gegenüber ihren primären Bezugspersonen. 55 % der Stalker berichteten über emotionalen, körperlichen oder sexuellen Missbrauch durch ihre primären Bezugspersonen. Kienlen et al. untersuchten weiter, welche Auslösefaktoren sich mit dem Stalking Verhalten assoziieren lassen. In 48% ging dem Stalking ein Bruch einer intimen Beziehung resp. die Trennung einer Ehe voraus, und in 48% verloren die Stalker ihren Arbeitsplatz. In 28% war die Beziehung zu eigenen Kindern in Frage gestellt (Trennung, Sorgerecht). Wenn auch Stalking durch eine Vielzahl von Gründen bedingt sein mag, so spielen sicherlich die Bindungserfahrungen eine entscheidende Rolle (Lewis et al., 2001) – Stalking kann sich umgekehrt nur im zwischenmenschlichen Kontext abspielen. Das Erleben von Macht gegenüber dem Opfer soll eigene Ohnmachtsgefühle aufwiegen.

3. Stalking als Massenphänomen

Es gibt mehrere Gründe, weshalb Stalking zunehmend auch therapeutische Fachleute beschäftigen wird (Tschan & Hoffmann, zur Veröffentlichung eingereicht). Viele Stalker sind behandelbar. Der repressive Ansatz der Strafjustiz mit der blossen Bestrafung der Stalker führt kaum zu zielgerichteten Verhaltensänderungen. Stalking ist eine kriminelle Tat und wird folglich nur mit einem Katalog von stringenten Massnahmen angegangen resp. verhindert werden können. Die Behandlung stellt einen wichtigen Teil innerhalb dieser Interventionsänsätze dar. Stalking trifft einen erheblichen Teil der Bevölkerung. Voß (2004) berichtet von einer Meta-Analyse von 103 Arbeiten mit zusammengenommen 70 000 Personen, die ergab, dass 24% aller Frauen und 10% aller Männer mindestens einmal in ihrem Leben Erfahrungen mit Stalking gemacht haben. Eine deutsche Untersuchung von Dressing, Kuehner und Gass[1] ergab, dass 12 Prozent der Befragten einer deutschen Großstadt bereits Stalkingerfahrungen machen mussten. Ein weiterer Aspekt sind die zum Teil enormen psychischen Auswirkungen für die Opfer angesichts des Bedrohungspotentials oder tatsächlich erlebten körperlichen Übergriffen. Bei einer Befragung von 550 Stalkingbetroffenen aus dem deutschsprachigen Raum gaben 39 Prozent an, körperlicher Gewalt ausgesetzt zu sein, die von leichten Formen wie Festhalten und Stoßen über Schläge bis hin in seltenen Fällen zu Mordversuchen reichte, in 14 Prozent wurde von sexuellen Übergriffen berichtet (Wondrak, 2004). In einer anderen Erhebung wiesen laut Eigenauskunft fast 60 Prozent der Stalkingopfer die wesentlichen diagnostischen Kriterien der Posttraumatischen Belastungsstörung auf (Hoffmann, Özsöz & Voß, 2004). *Häufig geht bei der Ermordung früherer Partnerinnen Stalking voraus* – was erneut die Notwendigkeit einer konsequenten Gewaltprävention mit allem Nachdruck verdeutlicht (Gropp & Pechstaedt, 2004). Das bedeutet, dass der Interventionsansatz, Stalker von ihrem grenzverletzenden Verhalten abzubringen, einen wirkungsvollen Opferschutz darstellt. Dabei gilt es außerdem zu bedenken, dass Stalker oftmals Wiederholungstäter sind. Mindestens ein Drittel aller Stalkingtäter belästigt mehr als einmal eine Person in ihrem Leben (Hoffmann, Voß & Wondrak, 2005). Behandlung kann auch mithelfen, die Zahl der Mehrfachtäter zu reduzieren.

4. Traditionelle Therapieansätze

Der traditionelle Ansatz bestand in der Behandlung der „zugrundeliegenden" Krankheit. Der Liebeswahn (Erotomanie) ist ein Beispiel einer derartigen Psychopathologie, die gemeinsam mit Stalking auftreten kann. Die Heilungschancen wurden kontrovers (z.B. Leong, 1994) beurteilt. Entsprechend dem traditionellen Verständnis wurde das Stalkingverhalten als Teil des Krankheitsgeschehens aufgefasst – bei deren fachgerechter Behandlung sich das Stalking nicht weiter zeigen würde. Das mag für die Erotomanie zutreffen, wo Stalking als Symptom der Wahnkrankheit auftritt. Verschiedene Autoren (Mullen & Pathé, 1994; Rosenfeld, 2000; Kennedy et al., 2002) haben zeigen können, dass mittels neuroleptischer

---

[1] Siehe den Beitrag von Dressing, Kühner und Gass in diesem Band

Behandlung eine Besserung der Grundstörung zu erreichen ist, und dass das Stalkingverhalten in den Hintergrund tritt, oder gänzlich aufhört. Analoge Vorgehensweisen wurden bei Depressionen und Substanzabhängigkeiten (Alkohol, Medikamente, Drogen) mit wechselndem Erfolg versucht.

Tritt Stalking im Zusammenhang mit Persönlichkeitsstörungen auf, gelangten neben klassischen psychotherapeutischen Verfahren ergänzend soziale Kompetenztrainings zum Einsatz (Mullen, Pathé & Purcell, 2001; Kropp et al., 2002). Hintergrund bildet die Überlegung, dass ein Grossteil der obsessiven Verfolger einen sozial isolierten und zurückgezogenen Lebensstil führt und Stalking in diesen Fällen als kompensatorische Handlung für einen Mangel an befriedigenden zwischenmenschlichen Kontakten betrachtet werden kann. Eine Verbesserung der sozialen Fähigkeiten kann zu anderer Kontaktaufnahme resp. Beziehungsgestaltung beitragen, und damit das Stalkingverhalten überflüssig werden lassen.

Die Konzeption von deliktfokussierten Therapieansätzen für Stalker stellt einen Paradigmawechsel dar. Tschan und Hoffmann (zur Veröffentlichung eingereicht) diskutierten die in der Literatur beschriebenen Ansätze, welche diese Entwicklung vorgezeichnet haben. Zunächst wurden eher generelle Marschrichtungen skizziert. Beispielsweise sprach sich Westrup (1998) für einen streng behavioristischen Ansatz bei der Behandlung von Stalkern aus, der von den Prinzipien des operanten Konditionierens geleitet ist. Dabei wird davon ausgegangen, dass Verhalten durch die daraus resultierenden Konsequenzen, seien sie positiver oder negativer Natur, determiniert ist. Badcock (2002) brachte zwei weitere unterschiedlich theoretisch ausgerichtete Interventionsansätze ins Spiel. Basierend auf einem klassisch geprägten psychoanalytischen Ansatz soll der Stalker durch das Erkennen und erneute Durchleben zugrunde liegender Konflikte kathartisch geheilt werden können. Zum anderen postuliert er dysfunktionale kognitive Schemata, die in der Kindheit erlernt und im weiteren Leben durch verstärkende Mechanismen wie Vermeidungsverhalten, Grübeln und selektive Wahrnehmung aufrechterhalten wurden. Bei Exbeziehungs-Stalkern etwa könnte ein kognitives Schema in der Vorstellung bestehen, dass das Vertrauen in intime Beziehungen von dem Partner prinzipiell verraten wird. Diese Sichtweise führt dazu, dass er Situationen zu vermeiden versucht, in denen Zurückweisung erfahren werden kann und dadurch Selbstwert bedroht wird. Zu diesem Zwecke kann er zum Beispiel gegenüber dem Opfer eine feindselige Haltung einnehmen oder bewusst Stalking als Kontrollverhalten einsetzen (Tschan & Hoffmann, zur Veröffentlichung eingereicht).

Das einzige etwas detaillierter ausgearbeitete Konzept zur Behandlung von Stalkern wurde von Mullen, Pathé und Purcell (2000) veröffentlicht. Ihr Interventions-Ansatz ist behavioral-kognitiv ausgerichtet und richtet sich nach einer Täter-Typologie mit fünf unterschiedlichen und charakteristischen Anlasstaten. In einem ersten Schritt wird der Fokus auf die eigenen Emotionen des Stalkers gelenkt. Dabei geht der Therapeut auf die innerpsychische Funktion der Fixierung ein, wie etwa das Zurückdrängen von Einsamkeitsgefühlen. Schließlich wird die verzerrte Wahrnehmung des Stalkers bezüglich des Verhaltens und der Motive des Opfers thematisiert und die persönlichen Folgen seiner Handlungen für den Stalker selbst werden verdeutlicht. Schließlich gilt es eine empathische Einstellung gegenüber dem Opfer zu erarbeiten und befriedigende soziale Beziehungen in anderen Bereichen aufzubauen (Tschan & Hoffmann, zur Veröffentlichung eingereicht).

Wiederholt wurde darauf hingewiesen, dass Stalker kaum aus eigenen Schritten eine Behandlung aufsuchen werden. Entsprechend ihrer Selbstlegitimierungsstrategien betrachten sie Stalking nicht als Fehlverhalten – schliesslich ist in ihren Augen das Opfer dafür verantwortlich, dass es soweit kommen musste. Dieser als "blaming the victim" (im deutschen meist als Täter-Opfer-Umkehr übersetzt) bezeichnete Mechanismus verunmöglicht den Schritt in eine Therapie. Die Behandlungen müssen deshalb Teil von Massnahmen sein, sollen sie effektiv durchgeführt werden können.

5. Ein deliktfokussiertes Behandlungskonzept für Stalker

Ein deliktfokussierter Behandlungsansatz stellt das Stalking Verhalten in den Mittelpunkt. Die kriminelle Tat ist Folge einer bestimmten aus der Persönlichkeit resultierenden Risikodisposition zu diesem Fehlverhalten und ausgelöst durch situative Umstände. *Stalking ist nicht gleichzusetzen mit „Verhalten" einer Person aufgrund von Persönlichkeitseigenschaften (ein häufiges Missverständnis)* (Voß, 2004, S. 47). Stalking kann im Sinne einer Eskalationsspirale verstanden werden, wo die verschiedenen Stufen resp. Prozessvariabeln, die zu dessen Entstehung führen, einer therapeutischen Intervention zugänglich werden. Stalking setzt ein geplantes und zielstrebiges Verhalten voraus, wo ein Täter über einen bestimmten Zeitraum das Opfer verfolgt und bedroht. Stalking erfordert Zeit und Energie. 40% der Befragten in einer deutschen Untersuchung gaben an, dass der Täter mehrmals täglich versucht hatte, mit den Opfern in Kontakt zu kommen (Wondrak, 2004).

Die Hartnäckigkeit führt zusammen mit der Unvorhersehbarkeit des Stalkingverhaltens zum Kontrollverlust auf Seiten der Opfer. Zwischen der tätereigenen Risikodisposition und der jeweiligen Eskalationsspirale besteht ein enger Zusammenhang – die Vorgehensweise des Täters (beispielsweise die Hartnäckigkeit) ist Ausdruck einer bestimmten Persönlichkeit sowie prägenden Lebenserfahrungen. Der Täter wird mittels Selbstlegitimierungsstrategien sein Tun als rechtens darstellen – und wird folglich wie bereits erwähnt kaum für eine Behandlung motiviert sein. In seinem Erleben liegt das Fehlverhalten nicht bei ihm – sondern beim Opfer, das ihn gekränkt hat, sitzen gelassen hat, ihm gekündigt hat, etc.

Täterbehandlung ist nur im Verbund mit klaren richterlichen resp. administrativen Weisungen sinnvoll. Die tätereigene Motivationslage ist nicht ausreichend, um in therapiebedingten Konfliktsituationen die Behandlung durchzustehen und nicht abzubrechen. Umgekehrt ist die Therapiewilligkeit bei Stalkern grösser, als gemeinhin angenommen wird – allerdings fehlt es in deutschsprachigen Raum weitgehend an geeigneten Behandlungsmöglichkeiten. Diesbezüglich besteht ein eindeutiger Handlungsbedarf. Der vorliegende Beitrag soll einen Anstoss zur Professionalisierung des Therapieangebotes für Stalkingtäter liefern.

Es wird ein semistrukturiertes deliktfokussiertes therapeutisches Konzept auf der Basis von kognitiv-verhaltenstherapeutischen Interventionen vorgestellt. Die Stalkingbehandlung beruht dabei auf einem initialen Assessment, dem Behandlungsvertrag, der eigentlichen Behandlung, und einer anschliessenden Monitoringphase.

6. Assessment

Das Assessment liefert die Basis der Behandlungsplanung. Das Assessment entspricht der Indikationsstellung zur Therapie und soll nicht durch den Behandler selbst durchgeführt werden. Das Assessment soll auch Auskunft über die Einschätzung der Gefährlichkeit geben – was in der Behandlungsplanung zu berücksichtigen ist, und allenfalls weitere Massnahmen erfordert (bsp. Waffenverbote, Kontaktverbote), die als eigentliche Therapievoraussetzung zuerst veranlasst werden müssen. Folgende Punkte fliessen in die Beurteilung ein:

- Allgemeine Anamnese (biographische Daten), insbesondere:
    - aktuelle (resp. zum Tatzeitpunkt) vorliegende psychische Störungen
    - Bindungserfahrungen und -muster
    - soziale Situation

- Erwerbssituation, Finanzen
- Vorstrafen
* Einsicht in das eigene Fehlverhalten
* Bereitschaft und Motivation (resp. Gründe) zur Verhaltensänderung
* Ursache und Motivation für das Stalkingverhalten („Was wollte der Stalker mit seinem Verhalten bezwecken?")
* Einschätzung des Gefährlichkeitspotentials
* Einschätzung des Fortsetzungs- und Rückfallrisikos

Das Assessment muss durch fremdanamnestische Angaben ergänzt werden. Die Angaben der Stalker müssen mit den Angaben der Opfer abgeglichen werden – im Falle von Differenzen in den Darstellungen müssen im Assessment plausible Erklärungshypothesen für diesen Sachverhalt geliefert werden. Therapie setzt eine minimale Kooperation voraus, die in Frage gestellt ist, wenn der Täter wesentliche Aspekte seines Stalkingverhaltens bestreitet.

Voraussetzung jeder Stalkingtherapie ist weiter eine minimale Einsicht in die Behandlungsnotwendigkeit. Diese Einsicht kann damit begründet sein, dass der Stalker akzeptieren kann, dass andere mit seinem Verhalten nicht einverstanden sind, und damit negative Konsequenzen bei Fortsetzung des Fehlverhaltens drohen, wie etwa juristische Maßnahmen (Kontaktverbote, etc.) oder Gefängnisstrafen.

Basierend auf dem Assessment wird ein Behandlungsplan formuliert, der die wesentlichen Ziele berücksichtigt, die in der Behandlung erreicht werden sollen. Eine zeitliche Strukturierung kann durch Formulierung von Teilzielen erreicht werden. Es ist darauf zu achten, dass die Behandlungsziele der Situation angemessen und realisierbar sind.

Ein Assessment im Hinblick auf die Behandlungsindikation ist keine Ermittlung zum Sachverhalt (finding of facts). Das Assessment sollte daher ausdrücklich nicht durch Ermittlungs- und Gerichtsbehörden zweckentfremdet und für etwas verwendet werden, für das es nicht konzipiert ist. Wo das Strafverfahren die Tat- und den Tathergang zweifelsfrei beweisen muss, verhält sich ein Stalker nachvollziehbar anders, als in einem Behandlungsprogramm, welches ihm etwas bringen soll. Diese völlig andere Motivationslage erfordert, dass das Justizsystem die Assessment-Akten vor einem Zugriff schützt, resp. sie allenfalls als das verwendet, was sie darstellen. Es ist ein Verwertungsverbot für straf- und zivilrechtliche Ermittlungsinstanzen zu formulieren, welches sicherstellt, dass weder Aussagen noch Assessment-Beurteilungen in die Ermittlungstätigkeit resp. die Strafverfahren einfliessen. Die Begründung liefert die Menschenrechtskonvention, die besagt, dass von einem Beschuldigten im Strafverfahren keine Kooperation vorausgesetzt werden darf.

Aufgrund des Assessments kann beurteilt werden, für welche Stalker eine Behandlung in Frage kommt. Man hüte sich vor einem blinden Aktionismus, der darin bestehen würde, nun alle Fälle von Stalkern unbesehen von ihrer individuellen Situation durch Behandlungsprogramme schleusen zu wollen. Wir müssen von folgender Realität ausgehen, dass einzelne Stalker:

1) ambulant zu behandeln sind
2) nur im stationären Rahmen behandelt werden können
3) unbehandelbar (massnahmeunwillig, -unfähig) sind

Das Assessment soll die notwendigen Entscheidungsgrundlagen liefern. Stationäre Behandlungen sind insbesondere bei Gefährlichkeit des Täters zu diskutieren. Die gesetzlichen Bestimmungen müssen so formuliert sein, dass auch Stalker ohne nennenswerte psychiatrische Probleme (Mullen et al., 1999) zu einem Trainingsprogramm verpflichtet werden können – da die überwiegende Mehrheit aller Stalker ohne diesen äusseren Druck nicht die erforderliche Motivation zum Durcharbeiten derartiger Programme aufbringen wird.

7. Behandlungsvertrag

Der Behandlungsvertrag regelt Rechte und Pflichten zwischen Therapeuten und Stalker. Neben den Fragen zum Setting (Zeitpunkt, Dauer, Frequenz, Kosten, Kostenträger) ist insbesondere die Frage der Auskunftspflicht resp. die Geheimhaltung gegenüber Dritten zu klären. Eine mögliche Zusammenarbeit mit anderen Stellen, beispielsweise Opferberatungsstellen, Ermittlungs- und Vollzugbehörden, muss klar formuliert sein. Eine absolute Transparenz in Bezug auf alle Mitteilungen und Kontakte ist erforderlich, soll die fragile Vertrauensbasis vom Stalkingtäter zum Therapeuten nicht Schaden nehmen. Ein möglicher Rahmenvertrag ist in Tschan (2005) beschrieben.

Jegliches Neukontrakting in einer laufenden Behandlung führt zu Vertrauensverlust, und muss tunlichst vermieden werden. Neben dem initialen Assessment zeigt sich in der gemeinsamen Abfassung der Behandlungsvereinbarung erneut die Kooperationsbereitschaft, was für das Behandlungsergebnis entscheidend sein dürfte.

8. Die deliktfokussierte Behandlung

Es gelangt ein semistrukturiertes deliktfokussiertes Behandlungsprogramm basierend auf kognitiv-verhaltenstherapeutischen und psychoedukativen Interventionstechniken zur Anwendung. Ziel ist eine Verhaltensänderung zu erreichen, dass sich das Stalkingverhalten nicht wiederholt. Der Stalker muss andere Copingmechanismen erlernen und sie anwenden wollen bzw. können (Miller et al., 1991). Anstelle von Behandlung ziehen wir es vor, den Begriff eines Trainingsprogrammes zu verwenden, um der simplen Tatsache zu folgen, dass nur ein kleiner Teil aller Stalker als krank angesehen werden kann. Es wird deshalb nicht von Heilung einer irgendwie gelagerten Persönlichkeitsproblematik ausgegangen, sondern von einer kontrollierten Verhaltensänderung.

Liegen psychische bzw. somatische Störungsbilder vor, sind diese vorgängig zu behandeln. Das Stalkingverhalten per se kann als Beeinträchtigung der Exekutivfunktionen (Steuerungsfunktion) aufgefasst werden, muss jedoch wie gesagt nicht notwendigerweise auf einer psychischen Störung beruhen. So können beispielsweise bestimmte Rollenstereotypien ein Stalkingverhalten erklären, wie auch fehlende Kenntnisse über rechtliche Bestimmungen gelegentlich einen Erklärungsansatz darstellen können. Beispielsweise kann ein überholtes männliches Rollenstereotyp gegenüber Frauen im Sinne von Selbstlegitimierungsstrategien das Stalkingverhalten (nach dem Motto, dass dies gerechtfertigt ist ...) begründen. Es sind dieselben Erklärungsansätze, wie sie bei häuslicher Gewalt bekannt sind. Solange Gewalt im intimen Nahraum als tolerierter Weg der Durchsetzung individueller Interessen („das steht mir zu ...") angesehen wird, wird sich auch bei Stalking kein Unrechtsbewusstsein zeigen. Die normativen Auswirkungen der Gesetzgebung spielen eine entscheidende Rolle für das moralische Empfinden der Staatsbürger – die bisher fehlende Stalkinggesetzgebung in Kontinental-Europa erscheint nicht zuletzt unter diesem Aspekt hoch problematisch!

Weiter zeigen sich Rollenerwartungen unter dem Einfluss des Zeitgeistes und der westlichen Kultur. Das Stereotyp, dass eine Frau nicht immer Nein meint, wenn sie Nein sagt, und dass der Mann in seinem Werbeverhalten nur ausdauernd genug sein muss, bildet das Leitmotiv für viele unserer Einstellungen – wie sie sich regelmässig im Stalkingverhalten wieder finden. Hoffmann (2004) beschreibt klassische Filmszenen, wie beispielsweise in Dustin Hofmans "Die Reifeprüfung", und weist auf die Kommentare von de Becker (1999) hin, dass der Filmheld für seine Grenzverletzungen auch noch gelobt wird. Damit wird Gewalt zu einem sozial legitimierten Mittel zur Durchsetzung eigener Interessen – die vor allem in Zusammenhang mit Liebeswerben von einer Mehrheit geteilt werden.

Die deliktfokussierte Stalker Behandlung kann nach deliktspezifischen und persönlichkeitsspezifischen Aspekten differenziert werden. Diese Einteilung ist als Orientierungsrahmen zu verstehen – im Einzelfall ist zu prüfen, inwieweit beispielsweise Alkoholkonsum zu einem deliktspezifischen Aspekt werden kann, wo das Trinken zu einer Einschränkung der exekutiven Steuerungsfunktionen führt, die bewusst gesucht wird, und die im Sinne einer Angstverminderung und Reduktion von Kontrollfunktionen (sich Mut antrinken etc.) das Stalkingverhalten erst ermöglicht.

Deliktspezifische Aspekte:

- Stalking-Rekonstruktion (Tatverlauf)
- Kognitive Verzerrungen
- Erklärungskontext
- Steuerung Innen - Aussen
- Deliktteil der Persönlichkeit
- Kontrolle und Optimierung der Steuerung
- Opferempathie entwickeln
- Offenheit lernen
- Übernahme eigener Verantwortung
- Krisenmanagement

Der Kerngedanke der deliktfokussierten Täterarbeit beruht auf der Erkenntnis, dass der Täter mit seiner Tat seine „ureigene individuelle Handschrift" offenbart (Musolff, 2002). Die Auskünfte über das "wie, wann, warum, weshalb, wozu" können unmittelbar aus der Tatrekonstruktion gewonnen werden. Welche affektiven, kognitiven und physiologischen Vorgänge lassen sich aus dem Tathergang ableiten und erkennen? Im Rahmen der laufenden Behandlung erfahren diese Angaben eine fortlaufende Verfeinerung. Dieses Wissen ist Voraussetzung für die Formulierung und Konzeption einer effektiven Rückfall-Präventionen. Der Täter wird in Zukunft seine Deliktimpulse um so besser steuern können, je genauer er über die Faktoren, die das eigene Tatgeschehen bedingt haben, Bescheid weiss. Die Umstände, welche die Tatdynamik und die Beziehungsaspekte zwischen Täter und Opfer geprägt haben, sind nicht in erster Linie persönlichkeitsbezogen, sondern stellen ein interaktionelles Muster dar – welches sich im Tatgeschehen abbildet.

Der Therapeut muss über ein konzeptionelles Verständnis des Tathergangs verfügen – erst vor diesem Verständnishorizont kann ein deliktorientiertes Arbeiten erfolgen. Neben den motivationalen Aspekten und dem theoretischen Grundverständnis muss der Behandler selbstverständlich die therapeutischen Interventionstechniken beherrschen. Jede deliktfokussierte Täterbehandlung beruht in erster Linie einmal auf „guter" Psychotherapie. Dies zeigt sich mit grosser Deutlichkeit bei der Etablierung eines wirkungsvollen Krisenmanagements: welche Bedingungen müssen erfüllt sein, damit der Stalker unter Belastung nicht erneut rückfällig wird, und was bringt ihn dazu, das Gelernte und Erarbeitete auch tatsächlich anzuwenden. Erst unter Belastungsbedingungen wird sich zeigen, ob die Behandlung erfolgreich und wirkungsvoll ist.

Persönlichkeitsspezifische Aspekte

- Umgang mit Aggressivität und Wut
- Umgang mit Macht und Ohnmacht
- Eigene Opfererfahrungen
- Angstminderung, Selbstsicherheit
- Verbesserung von Identitätsproblemen
- Eigene Sexualität, Partnerschaft
- Alkohol, Medikamente und Drogen
- Lebensgestaltung im weiteren Sinn

Neben diesen mehrheitlich aus der Behandlung von Sexualstraftätern (Marshall, 1999) abgeleiteten Behandlungsschwerpunkten gelangen bei der Stalkingbehandlung weitere Aspekte zur Bearbeitung, wie etwa Fragen der Lebensgestaltung, der persönlichen Lebensinhalte, der spirituellen Dimensionen, etc.. Dazu gehören u.a.:

- Ernährungsfragen
- Nikotin, Suchtmittel
- Ausreichender Schlaf
- Ausgleichende Tätigkeiten
- Berufliche Perspektive
- Sportliche Aktivitäten
- Spirituelle Aspekte
- Umwelt und Lebenssinn

Neben kognitiv-verhaltenstherapeutisch orientierten Interventionen gelangen psychoedukative Interventionen, Kunsttherapieverfahren, Entspannungstechniken, Bewegungstherapie und medikamentöse Behandlungen zur Anwendung. Medikamente sind insbesondere zu diskutieren, wenn Schlafstörungen, gravierende Angstsymptome, sowie depressive Stimmungsbilder, vorliegen. Zur medikamentösen Behandlung werden in erster Linie Antidepressiva vom Typ der selektiven Serotonin-Reuptakehemmer (SSRI) resp. der selektiven Noradrenalin-Reuptakehemmer (SNRI) eingesetzt. Die Antidepressiva können aufgrund ihres Nebenwirkungspotentials zur Dämpfung sexueller Impulse verwendet werden. Bei ausgeprägten Impulskontrollstörungen können zudem niedrigdosierte Neuroleptica versucht werden.

Der Aufbau des Behandlungsprogrammes basiert auf den Erkenntnissen des "Problem Based Learnings" (Weber, 2004) sowie dem Ansatz von Prochaska und DiClemente (1992) über Verhaltensänderungen. Der durch die einzelnen Module vorgegebene Rahmen muss je nach Bedarf schwerpunktmässig erweitert werden. Dies überlässt dem einzelnen Therapeuten eine individuelle Gestaltung, resp. Fokusbehandlung entsprechend der individuellen Tätersituation. Der vorgegebene Ablauf bietet Gewähr, dass alle Module abgearbeitet werden, und nicht infolge Abwehr, Bagatellisierung oder anderen Gründen als überflüssig angesehen werden. Als Therapeut soll man stets die Ausgangslage des Stalkers vor Augen halten – das Programm fokussiert auf den Tatablauf, und nicht auf persönlichkeitsspezifische Aspekte. Die Tat in Verbindung mit dem Tatablauf stellt die „Handschrift" des Täters dar, die es zu erkennen gilt – in erster Linie im Hinblick auf eine mögliche Rückfallprävention. Diese Art von Behandlung erfordert von Stalkingtäter eine hohe Offenheit und Kooperationsbereitschaft – die Schaffung einer verlässlichen therapeutischen Arbeitsbeziehung ist deshalb unerlässlich.

Die einzelnen Module[2]:

1 Stalker-Behandlungskonzept
2 Bindungstheorie und Stalking
3 Grenzen
4 Epidemiologie
5 Psychotraumatologie
6 Folgen für Stalking Opfer
7 Opferberatung
8 Wie fängt Stalking an?
9 Fantasien beim Stalker
10 Masken
11 Stalking als Prozess (Eskalationsspirale)

---

[2] Das vollständige Programm ist über die Homepage www.bsgp.ch einsehbar und erhältlich.

12 Tatrekonstruktion
13 Einordnung der eigenen Problematik
14 20 Schritte
15 20 Schritte zum zweiten
16 Rechtliche Aspekte bei Stalking
17 Täter und Täterinnen
18 Abgrenzung: Stalking – häusliche Gewalt – Gewalt am Arbeitsplatz – Mobbing
19 Schuld, Neuanfang
20 Rückfall-Prävention
21 Eigene Eskaltionsspirale
22 Risikoanalyse und Self-Management
23 Selbstverantwortung
24 Evaluation, Abschlussritual

Parallel zu den einzelnen Behandlungssitzungen erhalten die Täter eine modulartige Zusammenfassung der jeweiligen Lerninhalte, Literaturhinweise, aktuelle Aufgaben und Ausblicke auf die kommenden Themen. Diese schriftlichen Unterlagen dienen der Vertiefung des aktuellen Modulteils und erlauben dem Teilnehmer neben einer selbstständigen Arbeitsweise eine individuelle Vertiefung einzelner Aspekte unter Verwendung weiterführender Literatur.

Zwischen den einzelnen Modulen haben die Teilnehmer „Hausaufgaben" zu erledigen, wie beispielsweise in verschiedenen Versionen Briefe an ihre Opfer zu schreiben (die jedoch nie abgesandt werden!). Sie haben Unterlagen durchzuarbeiten, sie müssen Stellungnahmen verfassen, wie zum Beispiel eine Zusammenstellung über die Folgen des Stalkingverhaltens für die Opfer, etc. Diese „Hausaufgaben" dienen einer interaktiven Gestaltung einzelner Module, und helfen mit, das Gehörte zu verarbeiten. Die Teilnehmer haben zudem diverse Literaturbeiträge durchzuarbeiten (Bibliotherapie), welche anhand strukturierter Fragen abgearbeitet werden. Teilnehmer können genau so gut die erforderlichen Dinge durchlesen, wie es die Therapeuten können. Man braucht nicht nochmals alles zu wiederholen, sondern kann sich auf das Wesentliche fokussieren.

Die einzelnen Module haben das Ziel der Erkennung des Tatablaufs und der Beziehungsdynamik zwischen Täter und Opfer aus unterschiedlichen Perspektiven, und aus unterschiedlichem Kenntnisstand, um daraus wirkungsvolle und adäquate Rückfallpräventionsstrategien ableiten zu können. Die Entwicklung von Opferempathie stellte eine wichtige Voraussetzung dafür dar, dass Täter inskünftig gewillt sind, eine andere

Copingstrategie anzuwenden. Sie müssen erkennen, was sie ihren Opfern angetan haben. Die Psychotraumatologie in Verbindung mit der Bindungstheorie vermittelt das nötige empirisch abgesicherte Wissen. Der Umgang mit eigenen Bedürfnissen, seien es Bindungsbedürfnisse, seien es Wünsche nach Anerkennung und Erfolg, werden nicht pathologisiert, sondern vielmehr als entscheidender Motivator für Verhaltensänderungen eingesetzt. Viele Beziehungsstalker leiden unter unsicheren Bindungserfahrungen und fühlen sich demzufolge kaum in der Lage, stabile intime Beziehungen einzugehen oder aufrechtzuhalten. Nach Untersuchungen durch Pathé (2002) haben über die Hälfte aller Stalker nie eine längere Beziehung führen können, und rund ein Drittel ist geschieden oder getrennt. Durch ein fokussiertes Selbstsicherheitstraining, Förderung der Sozialkompetenz, Umgang mit Hass-, Wut, und Neidgefühlen, lernen diese Menschen neue Coping-Strategien im Umgang mit anderen Personen.

Ein entscheidender Punkt betrifft die Haltung des Therapeuten gegenüber dem Täter. Die Untersuchung des Behandlungserfolges resp. der Prozessvariabeln zeigt eindeutig, welche Wichtigkeit einer klaren, verlässlichen und gleichwohl empathischen Grundhaltung zukommt (Kobbé, 2004; Marshall et al., 2003). Dieser Punkt bedarf in der Ausbildung und Schulung von Therapeuten einer besonderen Beachtung. Der Behandlungserfolg hängt nicht bloss von den individualpathologischen Voraussetzungen auf Täterseite ab, sondern ebenso von Therapeutenseite. Die Schaffung eines Vertrauensraumes, resp. einer sicheren und verlässlichen Beziehung (Bowlby, 1988) ist Teil der Behandlung und stellt einer der wesentlichsten professionellen Aufgaben dar.

9. Therapieerfolg und Risikobeurteilung

In der Abschlussphase wird eine gemeinsame Evaluation der Behandlungsergebnisse vorgenommen und schriftlich festgehalten. Der eigentliche Behandlungsabschluss erfolgt dann, wenn sichergestellt ist, dass der Stalker willens und fähig ist, inskünftig verlässlich eine andere Copingsstrategie anzuwenden. Nach der Behandlung sollte sich in jedem Fall ein Monitoring anschliessen, wie es nachfolgend beschrieben wird.

Die Behandlungserfolge wie auch die Risikobeurteilung müssen kontinuierlich evaluiert werden. Entsprechende Instrumente müssen entwickelt werden. Vorbildfunktion hat das von Urbaniok (2004) entwickelte FOTRES (forensisches operationalisiertes Therapie-Risiko-Evaluations-System). Die Ergebnisse sollen im Sinne eines Feedback in die Behandlungskonzeption einfliessen. Wer der Meinung ist, dass Eigenmotivation eine wesentliche Voraussetzung zum Gelingen des Behandlungsprogramms darstellt, unterliegt einem bekannten therapeutischen Bias. Motivation kann nicht vorausgesetzt werden, sondern ist Teil der Behandlungsstrategie. Der Täter wird umso mehr motiviert sein, je mehr er erfahren kann, dass ihm andere Copingmechanismen zur Verfügung stehen. Dies wird sich erst im Laufe des Behandlungsprozesses zeigen können.

10. Monitoring

Das Monitoring ist keine Behandlung und stellt somit nicht etwa ihre Fortsetzung dar. Das Monitoring soll sicherstellen, dass über die eigentliche Behandlung hinaus ein Ansprechpartner zur Verfügung steht, wenn sich im Alltag erneut Schwierigkeiten zeigen sollten. Diese „Sicht von Aussen" soll die eigene Wahrnehmung bestärken, resp. zu kritischer Auseinandersetzung einladen, wo sich dies als notwendig erweist. Das Monitoring darf nicht zu Kontrollzwecken umfunktioniert werden, soll es seine unterstützende Funktion erfüllen.

11. Hilfe statt Strafe

Die hier vorgestellte Behandlungskonzeption ist keine Strafe, sondern soll betroffenen Tätern zu einer anderen Copingstrategie verhelfen, wie sie ihre Anliegen und Bedürfnisse in einer Form leben lernen, die nicht zu Schädigungen und Verletzungen anderer Personen führt, und sie nicht in Konflikt mit Gesetzen bringt. Wo die Strafe der Vergangenheitsbewältigung dient, erfüllt der hier vorlegte Behandlungsansatz weit mehr die Anforderungen einer restaurativen Strafrechtspflege (Pieth, 2001). Dieses Postulat deckt sich auch mit modernen Erkenntnissen aus der Victimologie. Opfer wünschen in einem hohen Prozentsatz, dass mittels „erzieherischer" Massnahmen auf den Täter eingewirkt werden soll (Baurmann & Schädler, 1999). Wegschliessen und einsperren ist selten erstes Anliegen von Opfern – es artikuliert sich da, wo die Gefährlichkeit von Tätern resp. von Tätergruppen systematisch unterschätzt wird, und wo regelmässig weitere Personen zu Schaden kommen. Derzeit kann dies in erster Linie bei sexuell motivierten Tötungsdelikten festgestellt werden.

Wichtige Anstösse zur Entwicklung des vorliegenden Behandlungskonzepts haben Therapiemanuale für Sexualdelinquenten gegeben. Einerseits ist hier das von Hilary Eldrige und Ruud Bullen (o.Jg.) verfasste Handbuch zur Rückfallprävention zu nennen: „Dauerhafte

Veränderungen". Andererseits das von Ulrich Kobbé ins deutsche übersetzte Arbeitsbuch „Täterhilfe" von Kris Vanhoeck und Els van Daele (2000). Die Anwendung aktueller pädagogischer und didaktischer Konzepte in Verbindung mit kognitiv-verhaltenstherapeutischen Interventionsmodellen dient der Etablierung einer innovativen und wirkungsvollen Rückfallprävention bei Stalkern.

12. Zusammenfassung und Diskussion

Die frühen Ansätze von Täterbehandlung beruhen auf einer Fortsetzung des Strafgedankens und führten kaum zu nennenswerten Verhaltensänderungen. Dies hat sich seit 1990 deutlich geändert, seit ein Paradigmawechsel zu anderen Behandlungsansätzen geführt hat. Durch geeignete Interventionsverfahren konnte beispielsweise die Rückfallquote verurteilter Sexualstraftäter auf 10 -15% gesenkt werden (Pfäfflin, 2001). Neben enorm erweiterten Kenntnissen über das Täterverhalten erklärt die therapeutische Vermittlung von sozialen Fertigkeiten sowie von Bindungskompetenz (Kobbé, 2004) die Verbesserungen. Die Täter lernen ihre persönlichen vulnerablen Bereiche kennen, und werden darin angeleitet, wie sie in entsprechenden Situationen vorgehen können. Erst wenn sie willens und fähig sind, werden sie inskünftig ihr grenzüberschreitendes Verhalten ändern können – wenn sie zugleich einsehen, dass die Verhaltensänderung zu ihrem eigenen Vorteil wird, dann führt dies zu einem enormen Motivationsschub. Ohne diese Eigenmotivation wird kaum eine Stalkingbehandlung von Erfolg gekennzeichnet sein. Es ist Teil der Behandlung, die Bedingungen und Voraussetzungen zu schaffen, wo diese Eigenmotivation sich entwickeln kann. Dabei muss diese Motivation ursprünglich nicht genuin intrinsisch vorhanden sein, sondern kann auch von außen, beispielsweise durch eine Strafandrohung, erreicht werden. Dies wird zum Teil bereits wie selbstverständlich im Ausland praktiziert, indem Stalker per Gerichtsentscheid zu einer Therapie verpflichtet werden.

Ein deliktfokussiertes semistrukturiertes Programm bietet Gewähr, alle wesentlichen Aspekte mit dem Täter durchzuarbeiten. Die Täter lernen dabei, die Kette mit den frühzeitigen Auslösebedingungen und der folgenden Eskalationsspirale zu erkennen, und damit auch die Schritte, die zu einer erfolgreichen Rückfallprävention beitragen. Da lange nicht alle Fälle von Stalking auf Krankheiten beruhen, sprechen wir nicht von Heilung, sondern von Risiko-Management, und damit anzudeuten, dass der nachhaltige Umgang mit den jeweiligen Risiko-Situationen das entscheidende Element der Behandlung darstellt.

Es muss jedoch immer auch bedacht werden, dass das Management von Stalkingfällen zumeist ein interdisziplinäres Unterfangen darstellt. Kriminalisten, Psychiater, Psychologen, Pädagogen und Juristen arbeiten sinnvollerweise Hand in Hand, so dass hier eine lokale Zusammenarbeit in Form eines Netzwerkes aufgebaut werden sollte. Gerade der äußere Druck ist vielfach notwendig, sei es vom Gericht, dem Arbeitgeber oder dem sozialen Umfeld des Stalkers, um die notwendige Voraussetzung zu schaffen, dass die Stalkerbehandlung zu einem erfolgreichen Abschluss gebracht werden kann. Die Therapie von Stalkern kann jedoch nur im Verbund mit entsprechenden gesetzlichen Bestimmungen und spezifischer Schulung der polizeilichen Einsatzkräfte (Robinson et al., 2004) ihre Zweckbestimmung erreichen – den Schutz von betroffenen Personen.

Literatur

Badcock, R. (2002). Psychopathology and Treatment of Stalking. In J. Boon & L. Sheridan (Hrsg.), *Stalking and Psychosexual Obsession*. (pp. 125-140) Chichester: Wiley.
Baurmann, M. & Schädler, W. (1999). *Das Opfer nach der Straftat – seine Erwartungen und Perspektiven*. Wiesbaden: Bundeskriminalamt.
Bettermann, J. (2004). Stalking – Möglichkeiten und Grenzen der Intervention: Eine Einleitung. In J. Bettermann & M. Feenders (Hrsg.), *Stalking. Möglichkeiten und Grenzen der Intervention*. (S. 21-35). Frankfurt a.M.: Verlag für Polizeiwissenschaft.
Bowlby, J. (1988). *A Secure Base. Parent-Child Attachment and Healthy Human Development*. London: Routledge.
de Becker, G. (1999). *Mut zur Angst*. Frankfurt a.M.: Krüger Verlag.
Di Martino, V. (2002). *Workplace violence in the health sector*. Geneva: International Labour Organization, International Council of Nurses, World Health Organization and Public Services International.
Dye, M. L. & Keith, E. D. (2003). Stalking and Psychological Abuse: Common Factors and Relationship-Specific Characteristics. *Violence and Victims, 18*, 2, 163 – 180.
Eldrige, H. & Bullen, R. (ohne Jahresangabe). *Dauerhafte Veränderung. Handbuch zur Rückfallprävention*. Leiden: Ambulant Bureau Jeugdwelzijnszorg.
Fiedler, P. (2001). *Persönlichkeitsstörungen*. Weinheim: Psychologie Verlags Union.
Fonagy, P., Gergely, G., Jurist, E. L., Target, M. (2002). *Affect Regulation, Mentalization, and the Development of the Self*. New York: Other Press.
Gropp, St. & von Pechstaedt, V. (2004). Reaktionsmöglichkeiten der Zivilgerichte auf Stalking nach dem Gewaltschutzgesetz. In J.

Bettermann & M. Feenders (Hrsg.), *Stalking. Möglichkeiten und Grenzen der Intervention.* (S. 169 – 185). Frankfurt a.M.: Verlag für Polizeiwissenschaft.

Hoffmann, J. (2003). Polizeiliche Prävention und Krisenmanagement in Fällen von Stalking. *Kriminalistik, 12*, 726 - 731.

Hoffmann, J. (2004). Star-Stalker: Prominente als Opfer der Obsession. In J. Bettermann & M. Feenders (Hrsg.), *Stalking. Möglichkeiten und Grenzen der Intervention.* (S. 101 – 120). Frankfurt a.M.: Verlag für Polizeiwissenschaft.

Hoffmann, J. & Schröeck, F. (2004). *Eine psychologische Analyse von Briefen obsessiver Fans an Personen des öffentlichen Lebens.* Unveröffentlichtes Manuskript. Arbeitsstelle für Forensische Psychologie, TU Darmstadt.

Hoffmann, J. & Wondrak, I. (2005). Stalking und Häusliche Gewalt. In Freiburger Interventionsprojekt gegen Häusliche Gewalt (Hrsg.), *Stalking und Häusliche Gewalt – Interdisziplinäre Aspekte und Interventionsmöglichkeiten.* (S. 13 – 22). Freiburg: Eigenverlag.

Hoffmann, J., Özsöz, F. & Voß, H.-G. W. (2004). Erfahrungen von Stalking-Opfern mit der deutschen Polizei: Wie hilfreich können behördliche Interventionen sein? *Polizei und Wissenschaft, 4,* 41 – 53..

Hoffmann, J., Voß, H.-G. & Wondrak, I. (2005). Ein Blick auf den normalen Stalker. In Dressing, H. & Gass, P. (Hrsg.), *Stalking! Verfolgung, Bedrohung, Belästigung.* (S. 127-142) Bern: Huber.

Kennedy, N., McDonough, M., Kelly, B. & Berrios, G. E. (2002). Erotomania Revisited: Clinical Course and Treatment. *Comprehensive Psychiatry, 43,* 1, 1 – 6.

Kienlen, K. K., Birmingham D. L., Solberg K. B., O'Regan J. T. & Meloy J. R. (1997). A Comparative Study of Psychotic and Nonpsychotic Stalking. *The Journal of the American Academy of Psychiatry and the Law, 25,* 3, 317 – 334.

Kobbé, U. (2004). *Täterbehandlung zwischen Ächtung und Achtung.* Referat an 5. Bundestagung der Deutschen Gesellschaft gegen Kindesmisshandlung und –vernachlässigung (DGGKV) in Hamburg.

Kropp, R. P., Hart, St. D., Lyon, D. R. & LePard D. (2002). Managing Stalkers: Coordinating Treatment and Supervision. In J. Boon & L. Sheridan (Hrsg.), *Stalking and Psychosexual Obsession.* (pp. 141 – 164). Chichester: Wiley.

Lewis, S. F., Fremouw, W. J., Del Ben, K. & Farr, Ch. (2001). An Investigation of the Psychological Characteristics of Stalkers: Empathy, Problem-Solving, Attachment and Borderline Personality Features. *Journal of Forensic Science, 46,* (1), 80-84.

Leong, G. B. (1994). De Clérambault Syndrome (Erotoamania) in the Criminal Justice System: Another Look at this Recuring Problem. *Journal of Forensic Sciences, 39,* 2, 378-385.
Marshall, W. L. (1999). Diagnosing and treating sexual offenders. In A. K. Hess & I. B. Weiner (Eds), *The Handbook of forensic psychology.* (pp. 640 – 670). New York: Wiley.
Marshall, W.L., Fernandez, Y.M., Serran, G.A., Mulloy, R., Thornton, D., Mann, R.E. & Anderson, D. (2003). Process variables in the treatment of sexual offenders: a review of the relevant literature. *Aggression and Violent Behavior, 8,* 205 – 234.
Miller, W. R., Rollnick, St. (1991). *Motivational Interviewing. Preparing people to chance addictive behavior.* New York: Guilford Press.
Mullen, P. E. & Pathé, M. (1994). The Pathological Extensions of Love. *British Journal of Psychiatry, 165,* 614 – 623.
Mullen, P. E., Pathé, M. & Purcell, R. (2000). *Stalkers and their Victims.* Cambridge u. a. O.: Cambridge University Press.
Mullen, P. E., Pathé, M. & Purcell, R. (2001). The Management of Stalkers. *Advances in Psychiatric Treatment, 7,* 335 – 342.
Mullen, P. E., Pathé, M., Purcell, R. & Stewart, G. E. (1999). Study of Stalkers. *American Journal of Psychiatry, 156,* 1244 – 1249.
Musolff, C. (2002). Tausend Spuren und ihre Erzählung. Hermeneutische Verfahren in der Verbrechensbekämpfung. In C. Musolff & J. Hoffmann (Hrsg.), *Täterprofile bei Gewaltverbrechen. Mythos, Theorie und Praxis des Profilings.* (S. 151 – 180). Berlin: Springer.
Panksepp, J. (1998). *Affective Neuroscience. The foundations of human and animal emotions.* New York: Oxford University Press.
Pathé, M. (2002). *Surviving Stalking.* Cambridge u. a. O.: Cambridge University Press.
Pfäfflin, F. (2001). Rückfallpräventionsprogramme für Sexualstraftäter. *Recht und Psychiatrie, 19,* 140 – 151.
Pieth, M. (2001). *Bedingte Freiheit. Disziplinierung zwischen Gnade und Kontrolle.* Basel: Helbing und Lichtenhahn.
Prochaska, J. O., DiClemente, C. C. & Norcross, J. C. (1992). In search of how people change. *American Psychologist, 47,* 1102-1114.
Robinson, G. E. & Abrams, K. M. (2004). *The stalking victim: causes, consequences and therapeutic considerations.* Paper presented to the 157th American Psychiatric Association Annual Meeting in New York.
Rosenfeld, B. (2000). Assessment and Treatment of Obsessional Harassment. *Aggression and Violent Behavior, 5,* 6, 529 – 549.
Rosenfeld, B. (2003). Recidivism in Stalking and Obsessional Harassment. *Law and Human Behavior, 27,* 3, 251 – 265.
Tschan, W. & Hoffmann, J. (zur Veröffentlichung eingereicht). *Therapie von Stalkern.*

Tschan, W. (2005). *Missbrauchtes Vertrauen – Sexuelle Grenzverletzungen in professionellen Beziehungen.* 2. Auflage. Basel: Karger.
Urbaniok, F. (2004). *FOTRES. Forensisches operationalisiertes Therapie-Risiko-Evaluations-System.* Oberhofen: Zytglogge Verlag.
Vanhoeck, K. & van Daele, E. (2000). *Arbeitsbuch Täterhilfe. Therapie bei sexuellem Missbrauch.* Lengerich: Pabst Science Publ.
Voß, H.-G. W. & Hoffmann, J. (2002). Zur Phänomenologie und Psychologie des Stalking: eine Einführung. In H.-G. W. Voß & J. Hoffmann (Hrsg.), Themenheft Stalking. *Polizei & Wissenschaft, 4,* 4 - 14.
Voß, H.-G. W. (2004). Zur Psychologie des Stalkings. In J. Bettermann & M. Feenders (Hrsg.), *Stalking. Möglichkeiten und Grenzen der Intervention.* (S.. 37 – 49). Frankfurt a.M.: Verlag für Polizeiwissenschaft.
Weber, A. (2004). *Problem-Based Learning.* Bern: H.e.p. Verlag.
Westrup, D. (1998). Applying Functional Analysis to Stalking Behavior. In J. R. Meloy (Hg.), *The Psychology of Stalking.* (pp. 275-294). San Diego: Academic Press.
Wondrak, I. (2004). Auswirkungen von Stalking aus Sicht der Betroffenen. In J. Bettermann & M. Feenders (Hrsg.), *Stalking. Möglichkeiten und Grenzen der Intervention.* (S. 21 – 35). Frankfurt a.M.: Verlag für Polizeiwissenschaft.
Workplace Violence in the health sector: Framework Guidelines. (2002). International Labour Organization, International Council of Nurses, World Health Organization and Public Services International. Geneva.

Polizeiliche Intervention in Fällen von Stalking

Zentrale Ergebnisse der Evaluation des Stalkingprojektes der Polizei Bremen

Julia Bettermann

Stalking rückt in jüngster Zeit auch in der Bundesrepublik Deutschland vermehrt in das Blickfeld der Polizei. Der Wissensstand ist hier zu Lande noch gering. Es existieren jedoch erste Versuche sich dem Phänomen angemessen zu nähern (vgl. auch Bettermann & Feenders, 2004). In diesen Bereich fällt das Stalkingprojekt der Polizei Bremen. Der folgende Beitrag beschäftigt sich mit polizeilicher Intervention in Fällen von Stalking. Ausgehend von der Präsentation polizeilicher Sondereinheiten in den USA und Großbritannien wird die Evaluationsstudie des Stalkingprojektes der Polizei Bremen ergebnisorientiert vorgestellt. Die lokalen Erfahrungen werden mit dem internationalen Forschungsstand verglichen. Abschließend werden Möglichkeiten und Grenzen polizeilicher Arbeit in diesem Deliktsfeld diskutiert.

1. Was ist Stalking?

Allgemein lässt sich Stalking als das wiederholte Belästigen und Verfolgen einer Person beschreiben, das beim Opfer Angst auslöst. Typische Stalkingverhaltensweisen sind unerwünschte Kommunikationsversuche, die sich in Telefonaten, Briefen, E-Mails oder SMS äußern. Die Nachrichten enthalten häufig implizite und/oder explizite Drohungen (Meloy 1998, 2002). Das Beobachten und Verfolgen einer Person sowie Sachbeschädigung und physische Gewalt, die in seltenen Fällen bis hin zur Tötung reicht, sind ebenfalls Faktoren, die berücksichtigt werden müssen. Allerdings unterscheiden sich die Definitionen von Stalking je nach ihrer Ausrichtung. So zielen juristische Begriffsbestimmungen auf die Erfassung kriminellen Verhaltens. Wissenschaftliche und klinische Definitionen beinhalten die Bestimmung von Verhaltensweisen als Grundlage für weitere Untersuchungen (Meloy, 1998).

2. Die Entstehung polizeilicher Sondereinheiten

1990 entstand im Los Angeles Police Department (LAPD) die so genannte Threat Management Unit (TMU), eine Einheit, die ihre grundsätzliche Aufgabe darin hatte, das Phänomen Stalking in seinen unterschiedlichen Ausprägungen zu verstehen und ein Ablaufschema für den Bereich des Fallmanagements zu entwickeln. Der an dem Aufbau der Einheit maßgeblich mitbeteiligte John Lane berichtet, dass der Fall der 1989 ermordeten Schauspielerin Rebecca Schaeffer einen Wendepunkt markierte. Für die Polizei zeigte sich die Notwendigkeit proaktiv agieren zu können, um so potenziellen Eskalationen präventiv zu begegnen (Zona et al., 1998).

Ebenfalls 1990 wurde in Kalifornien die erste Anti-Stalking-Gesetzgebung verabschiedet. Nach Saunders (1998) handelt es sich hierbei um eine direkte Folge des Mordes an Rebecca Schaeffer und einer anderen Schauspielerin. Baldry (2002) weist daraufhin, dass die kalifornische Gesetzgebung ihren Ursprung in Fällen häuslicher Gewalt hatte, da es den Gerichten nicht möglich war, missbrauchte Frauen vor der potenziellen Tötung durch ihren Ex-Partner zu schützen. An anderer Stelle wird in der Literatur darüber berichtet, beide Bereiche, die Tötung aus dem Spektrum des Prominentenstalking sowie die Morde an vier jungen Frauen durch die jeweiligen Ex-Partner, hätten eine Aufmerksamkeit in der medialen Berichterstattung erfahren, die die Lücken der bisherigen Gesetzgebung offenbarten. Die von der Öffentlichkeit geforderte Reaktion war eine schnelle politische Antwort: Stalking wurde in Kalifornien mit Wirkung zum 1. Januar 1991 ein Straftatbestand (Mullen et al., 2000).

Die Threat Management Unit des LAPD befasste sich anfänglich hauptsächlich mit Fällen aus dem Bereich des Prominentenstalking. Dies änderte sich nach einer gewissen Zeit, als eine Auswertung der Daten ergab, dass die Anzahl der Fälle, die die normale Bevölkerung betrafen, vor allem das Stalking unter ehemaligen Partnern, einen erheblichen Anteil ausmachte. Eine Überarbeitung der Interventionsmethoden gewährleistete von nun an einen adäquaten Umgang mit diesen Fällen, da die bisherigen Maßstäbe auf den Prominenten-Bereich zugeschnitten waren. Die von der Einheit gesammelten Daten ermöglichten eine Untersuchung über Fälle kriminellen Stalking, aus denen eine Täter-Opfer-Typologie entwickelt wurde (Zona et al., 1998). Der Grundgedanke der Einheit ist ein frühes Erkennen von Bedrohungslagen, um so durch gezielte Interventionen steigende Gefährdung zu verhindern. Derzeitig werden von der Einheit jährlich 200 Fälle betreut, von denen nur noch weniger als ein Drittel in den Bereich des Prominentenstalking fallen (Hoffmann, 2003). In einigen Städten der USA trifft man inzwischen auf spezialisierte Anti-Stalking-

Einheiten oder zumindest auf spezialisierte Polizisten (vgl. z.B. Hoffmann, 2003; von Pechstaedt, 1999).

In Großbritannien, auch hier stellt Stalking einen Straftatbestand dar, wurde im Jahr 2000 vom Innenministerium und der Londoner Polizei ein Leitfaden für den Umgang mit Stalkingfällen entwickelt, der den zuständigen Polizeibeamten Unterstützung in folgenden Bereichen bieten soll:
- erfolgreiche Methoden der Ermittlung
- zivil- und strafrechtliche Intervention
- Kontakte zu Opferschutzeinrichtungen sowie
- Vermittlung von Verhaltensratschlägen an die Opfer (Copson & Marshall, 2002).

3. Das Stalkingprojekt der Polizei Bremen

Am ersten Januar des Jahres 2001 startete die Polizei Bremen ein Stalkingprojekt. Ausschlaggebend dafür war, dass es in den lokalen Medien im Vorfeld eine vermehrte, ausführliche Berichterstattung über schwerwiegende Stalkingfälle in der Stadt gab. Weiter bekundete die Staatsanwaltschaft ein Interesse Fälle dieser Art differenzierter zu bearbeiten. In der Bundesrepublik gab es zum damaligen Zeitpunkt keinen vergleichbaren Versuch Fälle von Stalking bei der Polizei gesondert zu erfassen (Kudlik, 2002). Dem Projekt wurde ein Ablaufschema zu Grunde gelegt, das beschreibt, wie zukünftig mit den Fällen verfahren werden soll. Es handelt sich hierbei um die „Handlungshinweise für polizeiliche Maßnahmen in Fällen von Stalking". Diese Hinweise gehen in einem einleitenden Teil auf die Tat, das Opfer und den Stalker ein. Danach wird das Verhalten der Polizei im Sinne des Konfliktmanagements dargestellt. Hierzu gehören:
- Verhaltensgrundsätze im ersten Kontakt mit Geschädigten
- die Berichterstattungspflicht
- das Durchführen erster Maßnahmen
- der Umgang mit der weiteren Bearbeitung sowie
- der Verweis auf begleitende Maßnahmen.

Die Berichterstattungspflicht beinhaltet u.a. „*Über jeden Hinweis auf Stalking ist ein Bericht bzw. eine Anzeige zu fertigen, diese sind mit dem Aufkleber „Stalking" zu kennzeichnen. Bei Anzeigen ist im Feld Sondervermerk „Stalking" einzutragen.*" Die Handlungshinweise sind das theoretische Gerüst des Stalkingprojektes. In jeder der fünf Polizeiinspektionen wurde die Institution eines so genannten Stalkingbeauftragten eingerichtet. Diesen Stalkingbeauftragten gehen für jeden einzelnen Fall feste Sachbearbeiter zur Hand. Des Weiteren wurde im Sonderdezernat der Staatsanwaltschaft „Gewalt gegen Frauen" eine Sonderzuständigkeit „Stalking" geschaffen (vgl. auch Oehmke, 2004).

In der Regel umfassen Projekte feste Laufzeiten, so dass beispielsweise anhand eines Vorher-Nachher-Designs eine mögliche Wirkung bestimmter Maßnahmen überprüft werden kann. Dies gestaltet sich im Fall des Stalkingprojektes anders. Es handelt sich hierbei vielmehr um eine konkrete handlungsorientierte Reaktion auf aktuelle Anlässe mit Projekt-Charakter. Die Laufzeit wurde nicht begrenzt.

4. Methodisches Vorgehen der Evaluationsstudie

Die Evaluation kriminalpräventiver Projekte ist dem Feld der Evaluation von Interventionsprojekten zuzuordnen (Volkmann & Jäger, 2000). Unter Evaluationsforschung versteht man die „systematische Anwendung sozialwissenschaftlicher Forschungsmethoden zur Beurteilung der Konzeption, Ausgestaltung, Umsetzung und des Nutzens sozialer Interventionsprogramme" (Rossi et al., 1988, S. 3). Dies ist über unterschiedliche Wege zu erreichen. In der polizeilichen Praxis sind folgende Formen von Bedeutung: die formative Evaluation, die Prozessevaluation, die Wirkungsevaluation sowie die Effizienzanalyse (Projektgruppe Evaluation der Kommission Polizeiliche Kriminalprävention 2002; Volkmann & Jäger, 2000).

Gegenstand der Studie war die Evaluation des Stalkingprojektes der Polizei Bremen. Das Projekt wurde für den Zeitraum vom 01. Januar 2001 bis zum 01. April 2002 von der Autorin untersucht (Bettermann, 2002a). Schwerpunkt war die systematische Erhebung von erstem Erfahrungswissen im praktischen Umgang der Polizei mit Stalking. Es handelt sich demzufolge um eine explorative, beginnende Felderkundung, die sich an den Ausführungen der Projektgruppe Evaluation der Kommission Polizeiliche Kriminalprävention (2002) grob orientiert. Ziel war es also nicht zu repräsentativen Ergebnissen zu gelangen, sondern die Praxis der ersten 15 Monate des Projektes zu reflektieren.

Die Evaluation setzte sich aus vier Untersuchungsschritten zusammen:
- Auswertung der so genannten komprimierten Daten
- Experteninterviews mit den Stalkingbeauftragten
- ExpertInneninterviews mit den Staatsanwältinnen
- Befragung der Geschädigten.

Zunächst wurden die komprimierten Daten der Fälle ausgewertet. Es handelt sich hierbei um polizeiinterne, computergestützte, personenbezogene Daten, aus denen Informationen über die Geschädigten, Tatverdächtigen und Vorgänge zu entnehmen sind. Sie sind die Datenbasis der Evaluationsstudie und bieten einen faktischen Überblick über die von der Polizei Bremen registrierten Fälle von Stalking. Berücksichtigt wurden die Fälle, die bei der Erfassung eine Stalkingkennzeichnung erhielten, denen somit entweder eine Strafanzeige folgte oder die in der Rubrik Stalkinghinweis liefen. Unter Stalkinghinweis fallen Vorgänge, denen kein Straftatbestand zu Grunde liegt. Die Daten wurden zwei Gruppen zugeordnet:
- den Fällen (N1=73) und
- den Konstellationen (N2=48).

Die Fälle beziehen alle 73 registrierten Stalkingvorkommnisse, ungeachtet des Mehrfachauftretens einiger Geschädigten-Tatverdächtigen Konstellationen, ein. Es bedarf der Betrachtung der Fälle um bspw. Ergebnisse zu der Variablen Deliktart zu ermitteln, da diese in jedem einzelnen Fall variieren kann. Die 48 erfassten Konstellationen beziehen jede Geschädigten-Tatverdächtigen Konstellation nur ein Mal mit ein.

Der zweite Schritt der Evaluation war die Befragung der damals fünf männlichen Stalkingbeauftragten durch Experteninterviews (Meuser & Nagel, 1991; Mieg & Brunner, 2002). Bei den Stalkingbeauftragten handelte es sich um Experten, weil sie über einen privilegierten Zugang zu Informationen über Personen und/oder Entscheidungsprozesse verfügten. Das Wissen und die Erfahrung der Stalkingbeauftragten in ihrer Funktion sollten hierbei erfasst werden. So versprach dieser Teil einen Einblick in die polizeilichen Abläufe. Die Experten wurden über einen Fragebogen (schriftlich) und ein Interview befragt. Der Fragebogen zielte auf die einzelnen vorgeschriebenen Maßnahmen des Stalkingprojektes und ihre Durchführung. Im Interview wurde vertiefend auf generelle Aspekte des Projektes eingegangen.

Das Bremer Sonderdezernat der Staatsanwaltschaft „Gewalt gegen Frauen" beinhaltet eine Sonderzuständigkeit für den Bereich „Stalking". Mit den zwei Staatsanwältinnen des Sonderdezernates wurden ebenfalls Expertinneninterviews geführt. Von Seiten der Staatsanwaltschaft aus kann, so wurde vermutet, die subjektive Bewertung der Stalkingbeauftragten mit mehr Distanz eingeschätzt werden. So versprach die Position der Staatsanwältinnen des Sonderdezernates eine kritische Außensicht auf die Arbeit der Polizei in Fällen von Stalking. Des Weiteren wurden Informationen über die Zusammenarbeit von Polizei und Staatsanwaltschaft angestrebt.

Die Geschädigten wurden in Form einer schriftlichen Befragung über einen postalisch versandten Fragebogen in die Untersuchung mit einbezogen. Das Sample setzte sich aus den Personen zusammen, deren komprimierte Daten im ersten Schritt des Evaluationsvorhabens ausgewertet wurden. Die Erfahrungen, die Geschädigte mit der Polizei auch im Sinne der durchzuführenden Maßnahmen gemacht hatten, sollten genauer betrachtet werden. Es interessierte, wer als Opfer von Stalking identifiziert wurde, d.h. anhand welchen Merkmalsystems das Phänomen Stalking in der Praxis festgemacht wurde. 53 der 57 ermittelten Geschädigten[3] wurden angeschrieben. Die dem Fragebogen beigefügten Kontaktadressen der Bremer Polizei und des „Weissen Ringes" sollten gewährleisten, dass im Falle einer zu großen psychischen Belastung der Opfer im Zuge der Befragung ein professioneller Ansprechpartner bekannt ist. Der Rücklauf betrug 21 Fragebögen. Auffällig war, dass die Fragebögen sehr gewissenhaft ausgefüllt wurden und die Bereitschaft auf offene Fragen zu antworten sehr hoch war. Dies stand im Widerspruch zu den bisherigen Erfahrungen der Polizei Bremen mit Bürger- und Kontaktbefragungen.

Diese Schritte bieten jeweils einen unterschiedlichen Blickwinkel auf das Stalkingprojekt. So sind die Ergebnisse aus den komprimierten Auskünften als Datenbasis der Untersuchung zu verstehen. Sie bieten einen faktischen Überblick über die von der Polizei Bremen registrierten Fälle von Stalking. Auf diesem Fundament bauen sich die drei weiteren Schritte auf. Internationale Studien wurden als äußeres Referenzsystem einbezogen. Die Resultate der vier Teilschritte wurden verglichen. Hieraus leiten sich die zentralen Ergebnisse der Evaluationsstudie ab, von denen im Folgenden die wichtigsten präsentiert werden.

---

[3] Es kommt zu mehr Geschädigten (N3=57) als Konstellationen (N2=48), da in einigen Konstellationen zwei bis drei Geschädigte in Erscheinung treten. Es wurden nur Geschädigte angeschrieben, die älter als 16 Jahre waren und deren genaue Anschrift bekannt war.

Opferbefragung

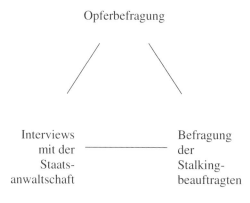

Interviews mit der Staatsanwaltschaft

Befragung der Stalkingbeauftragten

komprimierte Daten

5. Daten zu den ermittelten Geschädigten

Die komprimierten Daten gaben Auskunft über die demographischen Daten aller ermittelten Geschädigten. 78,9% aller Geschädigten (N3=57) waren weiblich, wohingegen 21,1% männlich waren. Teilweise waren pro Konstellation (N2=48) mehr als ein Geschädigter vermerkt. In 14,6% der Konstellationen waren zwei Geschädigte vermerkt und in 2,1% wurden drei Geschädigte ermittelt.

Die von den Geschädigten in der Befragung angegebenen Stalkingverhaltensweisen entsprechen den aus der wissenschaftlichen Literatur bekannten Aktivitäten der Täter.

Tabelle 1: Art der Belästigung

Art der Belästigung*	in Prozent
Nachlaufen	76,2
Telefonanrufe	61,9
Briefe	61,9
Wortloses Herumstehen	61,9
SMS	52,4
Eindringen in die Wohnung	47,6
Beschädigung von Eigentum	42,9
Fragen in ihrem Umfeld nach ihrer Person	42,9
Körperlicher Angriff	42,9
Unerwünscht „Geschenke"	28,6
Belästigung dritter Personen	9,5
E-Mails	4,8
Nächtliches Klingeln an der Tür	4,8

* Mehrfachnennungen möglich

Es wurde gefragt, ob die geschädigte Person im Zusammenhang mit der Belästigung bedroht wurde. Dies wurde von 81%der Befragten bestätigt. Weiter wurde betrachtet, ob der Geschädigte erpresst wurde. Dies bejahten 33,3%. Die Frage, ob es zu einer sexuellen Belästigung kam, fiel bei 9,5% positiv aus. An dieser Stelle ist kritisch anzumerken, dass die Befragten „Bedrohung" für sich vermutlich nicht im Sinne des § 241 StGB definiert haben. In diesem Fall würde der Tatbestand der Bedrohung beinhalten, dass der Stalker z.B. am Telefon oder in Briefen droht, sein Opfer oder eine nahe stehende dritte Person würden Opfer eines Verbrechens werden. Weiter stellt sich die Frage nach impliziten und expliziten Drohungen (Meloy, 1998, 2002). Würde ein Opfer, das sich durch das Aneinanderreihen von unterschiedlichen Verhaltensweisen bedroht fühlt, das jedoch nie explizit bedroht wurde, auf diese Frage mit ja antworten?

Das Maß der Angst der Opfer sowie die Wiederholung der Taten sind weitere Kriterien zur Bestimmung von Stalking. 61,9 % der befragten Geschädigten wurden länger als drei Monate gestalkt, bevor sie sich an die Polizei wandten. Insgesamt berichteten 76,2 % davon mindestens einen Monat vor dem ersten Kontakt zur Polizei belästigt worden zu sein (siehe Tabelle 2). 61,9% wurden mehrmals täglich belästigt/gestalkt. Das Maß der Angst zum Zeitpunkt des Stalking stuften vier von fünf Geschädigten als „starke Beunruhigung", dem höchsten Wert auf der Vierer-Skalierung, ein.

Tabelle 2: Dauer des Stalking vor dem ersten Kontakt zur Polizei

Dauer	in Prozent
über drei Monate	61,9
1 – 3 Monate	14,3
1 – 4 Wochen	19,0
weniger als eine Woche	4,8

Diese Werte belegen, dass die von der Polizei Bremen als Stalking gekennzeichneten Fälle, die in der Opferbefragung betrachtet werden, typische Merkmale von Stalking aufweisen und sich ihre Identifikation als Stalkingfälle bestätigt. Internationale repräsentative Bevölkerungsbefragungen (Budd & Mattinson, 1998; Purcell et al., 2002; Tjaden & Thoennes, 1998) weisen Werte auf, die im Vorfeld des Projektes laut gewordene Zweifel, ob es sich bei den registrierten Geschädigten überhaupt um „echte" Stalkingopfer handele, widerlegen. Unterscheiden sich diese Untersuchungen auch in der Zusammensetzung der Samples, der Methode und dem Land, in dem sie durchgeführt wurden, so lassen sich doch Stalkingverhaltensweisen identifizieren, die in allen Studien aufgeführt werden und ebenso von den Bremer Geschädigten angegeben wurden. Die Ergebnisse der ersten deutschen empirischen Studie der Technischen Universität Darmstadt weisen ebenfalls die o.g. Parallelen auf (Wondrak, 2004). Auffallend hoch erscheinen an dieser Stelle die erlebten Gewalterfahrungen der Betroffenen: In der Darmstädter Studie gaben 43% der Geschädigten an körperlich attackiert worden zu sein. In Bremen berichteten 42,9% der Geschädigten davon einen körperlichen Angriff des Stalkers erlebt zu haben.

Identifikationskriterien des Stalking sind neben dem Maß der Angst, die Bedrohung (implizit oder explizit) des Opfers sowie die Dauer und Wiederholung der Belästigungen. Tjaden und Thoennes (1998) weisen nach, dass die Anzahl der sich selbst als Opfer identifizierenden Personen in einem erheblichen Maße zunimmt, wenn die zu empfindende Angst niedriger sein darf. So steigt die Rate der Frauen, die irgendwann in ihrem Leben einmal Opfer von Stalking wurden von 8,1% auf 12%, legt man der Befragung eine weitgefasste Definition zu Grunde. Die der Männer steigt unter gleichen Voraussetzungen von 2,2% auf 4%. Purcell et al. (2002) zeigen in einer repräsentativen Befragung der australischen Bevölkerung auf, dass das Vorkommen von Stalking ebenfalls abnimmt, umfasst die Definition mindestens 10 Vorkommnisse in einem Zeitraum von 4 Wochen und mehr. Erfüllte bei einer weiteren Definition, in Anlehnung an die Gesetzestexte, noch einer von vier Befragten die Kriterien, so gab bei der engeren Bestimmung des Phänomens nur noch einer von zehn an irgendwann in seinem Leben einmal Opfer von Stalking gewesen zu sein. Betrachtet man in diesem Kontext die Dauer des Stalking der Bremer Geschädigten so wird deutlich, dass es sich zu einem Großteil um Fälle handelt, die die Kriterien einer engen Definition erfüllen.

6. Wann ist der Fall ein Fall?

Die zuvor aufgeführte Betrachtung der Merkmalssysteme der Fälle und die Identifikation der Geschädigten als Opfer von Stalking auch nach wissenschaftlichen Kriterien, gewinnt an Bedeutung, wird die Verunsicherung auf Seiten der Stalkingbeauftragten rund um das Phänomen berücksichtigt. Vier der Stalkingbeauftragten grenzten Stalking von sich wiederholenden Belästigungen unter ehemaligen Partnern ab. Es wurde darauf verwiesen, hierbei handele es sich nicht um das „richtige" Stalking. Äußerungen lauteten: *„Überwiegend die auseinander gegangenen Beziehungen und das nicht Verkraften des einen Partners, insbesondere meistens der Mann, der ihr zwei, drei mal nachstellt ... und Stalking ist für mich in der Definition anders – reines Stalking:"* oder *„Man kann natürlich sagen und da hab´ ich manchmal das Gefühl ... alles was irgendwie kleine Beziehungskisten betrifft ..., dass man das sofort als Stalking benennt. Das ist 'ne Gefahr, weil dann ist fast alles was hier abläuft, innerhalb der Strafgesetze der einfachsten Kriminalität, irgendwie 'ne Sache von Stalking."*

Diese Aussagen sprechen zwei Bereiche an:
- zum einen Stalking unter ehemaligen Partnern und
- zum anderen die Schwellenproblematik, der das Phänomen unterliegt.

6.1 Stalking und häusliche Gewalt

Fälle unter ehemaligen Partnern sind eine Möglichkeit der Verbindung zwischen Tätern und Opfern. Diese Konstellationen stellen eine wissenschaftliche Kategorie erheblichen Ausmaßes der Beziehungstypen zwischen Täter und Opfer und können eine gefährliche Brisanz aufweisen (Meloy, 2002, Mullen et al., 2000; Sheridan & Blaauw, 2002b, Wondrak, 2004). Der National Violence Against Women Survey, in dessen Rahmen die Untersuchung „Stalking in America" stattfand, hatte zum Ergebnis, dass 59% der weiblichen und 30% der männlichen Opfer von einem Täter gestalkt wurden, zu dem sie eine ehemalige oder noch andauernde intime Beziehung hatten (Tjaden & Thoennes, 1998). In Bremen gaben die Befragten die in Tabelle 3 aufgeführten Beziehungsformen an. Auffällig ist, dass die in dieser halboffenen Frage vorgegebenen Typen „Arbeitskollege", „Fremder" sowie „guter Bekannter/Freund" keine Nennungen erhielten.

Tabelle 3: Beziehungskonstellation Täter – Opfer

Beziehungskonstellation	in Prozent
Ex-Partner	57,1
Über Kontakt zum primären Opfer	14,3
Flüchtiger Bekannte/r	9,5
Affäre	9,5
Klient, Kunde, Student o.ä.	4,8
Nachbar	4,8

In der Literatur werden unterschiedliche Zeitpunkte definiert an denen häusliche Gewalt endet und Stalking beginnt. Während der „National Violence Against Women Survey" Zahlen auch für Stalking in gegenwärtigen Beziehungen ermittelt, grenzen Mullen et al. (2000) Stalking und häusliche Gewalt strikter voneinander ab. Voraussetzung bei der Einstufung, ob es sich um ein Stalkingopfer handelt ist hier, dass die partnerschaftliche Beziehung beendet ist. In der Praxis haben diese Differenzen der verschiedenen Definitionsansätze eine geringere Bedeutung. Wichtig ist, dass – wenn vorhanden – der Zusammenhang der Phänomene und die potentielle Eskalationsgefahr der Stalkingverläufe unter (ehemaligen) Partnern erkannt werden. Die Wahrscheinlichkeit, dass ein gewalttätiger Partner mit dem Ende der Beziehung seine missbräuchlichen Übergriffe einstellt, ist gering. In der Praxis wird er sich vielmehr einen neuen Weg suchen, um sein Verhalten fortzusetzen und dies schließt eine mögliche Steigerung der Gewalt mit ein. Verschiedene Variablen beeinflussen das Niveau der Gewalt und das Maß des Stalking nach Beendigung einer Beziehung. Hierzu gehören: die Art der vorausgegangenen Beziehung, mögliche gemeinsame Kinder, die Länge der Beziehung, Art und Dauer der häuslichen Gewalt, früheres polizeiliches Einschalten sowie Interventionen von Polizei und Gerichten (Baldry, 2002). Weiter ist es wichtig zu beachten, dass in Fällen unter Ex-Partnern häusliche Gewalt keine zwingende Voraussetzung für späteres Stalking ist. Es bedarf in der zukünftigen Stalkingforschung einer differenzierteren Betrachtung der großen heterogenen Gruppe der ehemaligen Partner.

6.2 Zur Schwellenproblematik

Gefragt nach der Praxis der Identifikation von Stalking vor Ort oder an den Wachen erwähnten zwei Stalkingbeauftragte, es sei zu einer Übersensibilisierung gerade unter jungen und weiblichen Kollegen gekommen. „*Das eigentliche Problem, na ja Problem will ich nicht sagen, das ist vielleicht auch ganz gut so, die Kollegen ins Besondere die Kolleginnen sind übersensibel in dieser Beziehung und bezeichnen viele Geschichten als Stalkingfälle, die gar keine sind.*" Einer der Stalkingbeauftragten wies daraufhin, für ihn entstände der Eindruck, es handele sich um das sozial adäquate Verhalten eines Partners in Zeiten der Trennung. Hier bleibt zu fragen, inwieweit Stalking herunter gespielt oder ob an dieser Stelle die Schwellenproblematik thematisiert wird, der Stalking unterworfen ist. Schwellenproblematik meint, dass einzelne durchaus stalkingtypische Verhaltensweisen das Phänomen noch nicht ausmachen. In Zeiten der Trennung sind Versöhnungsversuche, das Bemühen die Beziehung wieder herzustellen durchaus gängig. Verhaltensweisen dieser Art lägen so unterhalb dieser Schwelle. Die Bewertung durch die betroffene Person trägt nun maßgeblich dazu bei, zu bestimmen, wann die nächst höhere Stufe erklommen wird. Eine Beurteilung des Verhaltens als unerwünscht und Angst einflößend markiert den Übergang von gesellschaftlich und kulturell anerkannten Formen zu den Grenzen überschreitenden, belästigenden Verhaltensweisen des Stalking (Voß & Hoffmann, 2002). In Fällen vorausgehender häuslicher Gewalt stellt sich die Frage im Allgemeinen jedoch nicht, inwieweit es sich um noch tolerierbare Versöhnungsversuche handele. In solchen Fällen bedarf es einer sofortigen klaren Positionierung der Polizei auf Seiten des Opfers.

Der Schwellenproblematik ebenfalls unterworfen sind juristische Definitionen. In den meisten australischen Staaten wurde die strafrechtlich relevante Grenze bei mindestens zwei Vorkommnissen gezogen. In zwei Staaten existieren jedoch keine Einschränkungen betreffend der Wiederholung und so ist es theoretisch möglich, aufgrund einer einzelnen belästigenden Verhaltensweise wegen Stalking verurteilt zu werden. Die niedrigen Schwellen wurden gewählt, um Gewalttaten vorzubeugen. Sie können jedoch dazu verleiten legitime Aktivitäten zu kriminalisieren (Mullen et al., 2000). In Deutschland lag, zumindest bis 2005, kein eigener Straftatbestand für Stalking vor. Dennoch, so zeigt die Untersuchung in Bremen, muss für polizeiliche Interventionen definiert werden, wo die Grenze zwischen sozial adäquatem Verhalten und Stalking verläuft, um festzulegen, wann ein Einschreiten erforderlich ist. Dass diese Grenze von Fall zu Fall variieren kann und dass das subjektive Empfinden der Geschädigten maßgeblich zur Definition beiträgt, muss berücksichtigt werden. Zeitweise ist eine Dynamik zwischen Täter und Opfer zu beobachten, die es auf den ersten Blick erschwert, die Rollen eindeutig zuzuweisen. Constance Ohms (2004) spricht in diesem Zusammenhang bei bestimmten Fällen häuslicher Gewalt in lesbischen Beziehungen nicht mehr ausschließlich von Tätern und Opfern, sondern führt den Begriff der Akteurin ein. Es stellt sich die Frage nach der Existenz einer Subgruppe im Bereich der Stalkingkonstellationen, auf die eine modifizierte Variante des Modells der Akteurinnen zuträfe.

6.3 Stalkingdefinitionen im polizeilichen Alltag

Die Bestimmung von Stalking bereitete den Stalkingbeauftragten aber auch unabhängig der Fälle unter Ex-Partnern Probleme. In Bremen wurde von den Stalkingbeauftragten in zwei Fällen eine eigene Definition des Phänomens nicht ausschließlich in Abgrenzung zu anderen Erscheinungsformen geboten: *„Wenn keine Straftaten vorliegen, wenn es wirklich reines Stalking ist. ... Bei den echten Stalkingfällen, ich nenn´ die echte, wo der Stalker nicht bekannt ist."* Der Mythos des fremden Täters hält sich hartnäckig (Hoffmann, 2003). Tatsächlich weist die überwiegende Anzahl wissenschaftlicher Untersuchungen nach, dass ein eher geringer Anteil der Geschädigten von Unbekannten gestalkt wird und dass der Großteil der Täter aus dem sozialen Umfeld (z.B. Ex-Partner, Arbeitskollege, Bekannter, Nachbar) des Opfers stammt.

Es wurden von den Stalkingbeauftragten Einschätzungen geäußert, die Opfer seien ausschließlich oder bis auf sehr wenige Ausnahmen weiblich. In einem Fall sagte der Befragte: *„Betroffen waren nur Frauen, Frauen von Männern. Zielgruppe ist die Frau."* Ein anderer berichtete von ungefähr 97% – 98% weiblicher Geschädigter. Verglichen mit den Ergebnissen der komprimierten Daten stellt sich die Frage, wie es zu dieser Wahrnehmung kommen konnte, zumal die Stalkingbeauftragten auch die Fälle männlicher Opfer bearbeitet haben. So gibt es zwar weit weniger männliche als weibliche Geschädigte, doch wird die Einschätzung „bis auf wenige Ausnahmen" widerlegt, da laut komprimierten Daten gut jedes fünfte Opfer männlich war. Internationale Untersuchungen ermitteln vergleichbare Werte. In den USA waren 22% der identifizierten Opfer männlich (Tjaden & Thoennes, 1998), in Australien waren es 25% (Purcell et al., 2002) und auch die Darmstädter Untersuchung ermittelt, dass jedes fünfte Opfer männlich war (Wondrak, 2004). Es bleibt zu hinterfragen, warum die existierende männliche Opferperspektive kaum oder nicht wahrgenommen wurde. *„Man könnte auch formulieren: Männern ist es in unserer Gesellschaft verwehrt, darauf zu insistieren, dass sie Opfer sind. Tat und Täter gehören zur männlichen Definition, sind in einem Zuschreibungsblock so miteinander verschmolzen, dass sie Männlichkeit – bis in den Alltag hinein – geradezu konstituieren"* (Böhnisch, 2000, S. 70). In diesem Zusammenhang stellt sich auch vermehrt die Frage nach dem

Dunkelfeld männlicher Opfer. Der Einfluss des Verteilerplanes der Staatsanwaltschaft auf die Wahrnehmung der Geschlechterverteilung von Seiten der Bremer Polizei kann nicht abschließend beurteilt werden. Doch ist zu vermuten, dass es eine Wirkung auf die Beamten hatte, dass Stalking dem Ressort „Gewalt gegen Frauen" zugeordnet wurde, in dem nur die Perspektive weiblicher Opfer bei männlichen Tätern bearbeitet wurde. An dieser Stelle lässt sich somit in Anlehnung an Hoffmann (2003) ein weiterer Mythos formulieren: Stalkingopfer sind weiblich bei männlichen Tätern.[4]

In allen Interviews mit den Bremer Stalkingbeauftragten wurde darauf hingewiesen, eine Sensibilisierung der Polizeibeamten fände statt. Gleichzeitig wandten jedoch auch drei Befragte ein, die Situation könne besser sein. Die Wahrnehmung von Stalking durch die Beamten vor Ort wurde in drei Fällen positiv eingeschätzt. Diesen Aussagen, Sensibilisierung und Identifikation liefen gut, steht die beschriebene Verunsicherung bei der Definition von Stalking gegenüber. Für einen der Befragten war ein Erkennen deshalb nicht möglich, da das Prinzip des Schichtdienstes die Wahrnehmung von Folgetaten erschwere. *„Auch der Schichtdienst, wenn das Opfer fünf Mal erscheint, kann es fünf verschiedene Anzeigen-Aufnehmende haben."* Dies macht deutlich wie unerlässlich ein polizeiinternes, einfaches sowie verlässliches Auskunftswesen ist. Sollte sich ein Opfer wegen neuer Vorfälle an die Polizei wenden, muss die bisherige Fallgeschichte abrufbar sein, so dass der bisherige Verlauf identifiziert und der Fall eingeordnet werden kann. Es ist eine Fehlannahme davon auszugehen, alle Geschädigten würden die Vorkommnisse generell im Kontext der Stalkingverläufe darstellen. Die Opfer haben möglicherweise Angst (auch vor der Polizei), sie fühlen sich kraftlos sowie isoliert und könnten über die geringen juristischen Möglichkeiten frustriert sein. Diese Faktoren wirken auf die Kommunikation und müssen von Seiten der Polizei im Kontakt mit Geschädigten berücksichtigt werden (Copson & Marshall, 2002).

In drei der Interviews wurde direkt angesprochen, es sei mit der Definition von Stalking nicht so einfach. Die Äußerung eines Stalkingbeauftragten erschien repräsentativ für die Situation aller Interviewten: *„Stalking ist für mich ein sehr diffuser Begriff, weiterhin auch wenn ich aus dem Internet und sonst woher meine Begriffsdefinition bekommen habe."*

---

[4] Es geht an dieser Stelle nicht darum weiblichen Opfern ihre berechtigten Anliegen abzusprechen. Auch wird nicht in Frage gestellt, dass die Mehrheit der Opfer weiblich ist und die Gefahren im Bereich des Ex-Partner-Stalking für Frauen deutlich höher sind als für Männer (Tjaden & Thoennes, 1998).

7. Einschätzung von Gefahrenlagen

Die Notwendigkeit der Einschätzung von Gefahrenlagen setzt voraus, dass jedem Fall ein potentielles Eskalationsrisiko immanent ist. Die Berichterstattung der Medien ist stark durch spektakuläre Fälle geprägt. Dies verstellt den Blick darauf, dass es statistisch gesehen in einer Minderheit von Fällen zu physischer Gewalt kommt. In Großbritannien erlebten beispielsweise 19% der weiblichen und 24% der männlichen Opfer körperliche Gewalt als Bestandteil des Stalking (Budd & Mattinson, 1998). Diese Zahlen besagen aber auch, dass es in ungefähr jedem fünften Fall physische Gewalt gab. Bei spezifizierter Betrachtung durch eine Metaanalyse stellte sich weiter heraus, dass die Gewaltrate in der Gruppe der Ex-Partner 50% übersteigt. Meloy (2002) ermittelte anhand der Zahlen des National Violence Against Women Survey, dass in den Fällen ehemaliger Partner eine Tötungsrate von unter 0,25% vorliegt. D.h. wiederum, dass einer von maximal 400 Fällen mit der Tötung des Geschädigten endet. Verdeutlicht man sich an dieser Stelle das Vorkommen von Stalking in der Bevölkerung (Budd & Mattinson, 1998; Purcell et al., 2002; Tjaden & Thoennes, 1998), erscheinen diese Zahlen in einem anderen Licht und die Notwendigkeit zuverlässige Gefahrenprognosen erstellen zu können wird deutlich.

7.1 Berücksichtigung der Berufserfahrung

Ein Programmziel des Stalkingprojektes war es, Gefahreneinschätzungen in Fällen von Stalking vornehmen zu können. Die Unsicherheiten der Stalkingbeauftragten rund um die Bestimmung des Phänomens lassen jedoch Defizite vermuten. Auf die Frage, wie die Beamten in ihrer Funktion vorgingen, um Gefährdungslagen einzuschätzen, äußerte ein Stalkingbeauftragter: *„Das hat nichts mit Stalking zu tun, sondern das ist eigentlich eine Überlegung, die ich bei jeder Strafsache annehme ... prüfen wir erst einmal was für eine Strafsache ist das überhaupt ... wird erst einmal eine Grobschätzung gemacht und das ist viel Erfahrung, die da eine Rolle spielt. So aus dem Bauch heraus, ist da eine Gefährdungslage gegeben?"* Insgesamt drei der Befragten wiesen auf die Voraussetzung einer Qualifikation durch Lebens- und Berufserfahrung hin, um Gefahreneinschätzungen vornehmen zu können. Auch in der Literatur wird die Vermutung geäußert, dass die meisten Risikofaktoren für Gewalt in Fällen von Stalking sich nicht wesentlich von denen anderer Deliktfelder unterscheiden. Eine Ausnahme stellen hier jedoch die Fälle mit sehr schwerer Gewalt dar (James & Farnham, 2002).

7.2 Indikatoren für ein geringes bzw. erhöhtes Risiko

Pro Interview wurden in Bremen trotz Nachfragen maximal zwei konkrete Punkte genannt, auf die bei der Einschätzung einer Gefährdungslage geachtet wird: Zusammenfassend wurde auf:
- die Intensität der Einbildung einer Beziehung durch den Täter zum Opfer und der daraus resultierenden graduellen Steigerung der Gefährdungslage verwiesen.
- Ebenfalls galten die Stalker als gefährlich, die bereits bei der Polizei bekannt sind.
- Auch wurde Gefährdung von der Härte der bisher stattgefundenen Delikte abhängig gemacht.
- Die Hartnäckigkeit des Täters wurde als ein weiteres Kennzeichen für eine mögliche Gefährdung aufgeführt.

Meloy (2002) entwickelt drei signifikante Risikofaktoren: Vorstrafen des Täters, Drogenmissbrauch sowie eine vorherige Beziehung zwischen Täter und Opfer. Die Forschungsgruppe um Mullen veröffentlichte zwei Merkmals-Listen: für Faktoren, die mit einem geringen Risiko assoziiert werden sowie für Merkmalen, die in Verbindung mit einem höheren Risiko an Gewalt stehen. Diese Listen sollen jedoch als Tendenzen verstanden werden, da der Stand der Forschung es nicht erlaube, exakte Risikofaktoren zu benennen. Instrumente, die zur Bestimmung von Risiken eingesetzt würden, liefen eher Gefahr zur Stigmatisierung beizutragen, als dass sie zu sicheren Gefahrenprognosen führten (Mullen et al., 2000).

Ähnliche Auswirkungen, so zeigte sich in Bremen, können aber auch auftreten, wenn bestimmte Verhaltensweisen von der Polizei als generell ungefährlich eingestuft werden. In einem Fall wurde beschrieben, was nicht ernst genommen werde, somit keine Gefährdungslage darstelle: das Auflauern, das Hinterherlaufen sowie die Belästigung über Telefon. In zwei der Interviews wurde erwähnt, eine gefährliche Situation im Bereich Stalking sei noch nie erlebt worden. Ein Stalkingbeauftragter äußerte: *„Eine Gefährdungslage gibt es in Stalkingfällen in meinem Bereich bisher nicht. ... Ich möchte auch behaupten, das werde ich weiterhin nicht erleben."* Ein Standard zur Gefahreneinschätzung, so äußerten die Stalkingbeauftragten, bestände in der Überprüfung, ob der Täter bereits bekannt sei. Bei der Analyse der komprimierten Daten zeigte sich, dass 52,4% der Tatverdächtigen bereits vier und mehrmals bei der Polizei Bremen als Tatverdächtige in Erscheinung getreten waren. Die komprimierten Daten ergaben weiter, dass in 24,7% der registrierten Fälle von Stalking eine Körperverletzung vorlag. Die Befragung der Geschädigten wies sogar nach, dass 42,9% der Geschädigten einen körperlichen Angriff durch ihren Stalker erlebten. Es erscheint in diesem Zusammenhang erstaunlich, von einem Stalkingbeauftragten zu hören, er ginge nicht davon aus, akute Gefährdungslagen im Bereich Stalking zu erleben.

Interessanterweise traten 33,4% der Geschädigten selber irgendwann mindestens ein Mal als Tatverdächtige bei der Bremer Polizei in Erscheinung. Es ließ sich im Zusammenhang der Untersuchung jedoch nicht klären, inwieweit es sich hierbei um bspw. reaktive Taten, vom Stalker als Bestandteil seiner Belästigung getätigte Anzeigen oder unabhängig vom Stalkingverlauf registrierte Vorfälle handelte.

Die verallgemeinernden Aussagen der Stalkingbeauftragten, Verhaltensweisen wie Auflauern und Hinterherlaufen seien keine Indikatoren für eine akute Gefährdungslage, muten nach einer wenig differenzierten Betrachtung an. Hier bestätigt sich die zuvor beschriebene Befürchtung der Stigmatisierung. Die Belästigungsarten werden aus dem Kontext der Stalkingverläufe gerissen und als einzelne Verhaltensweise beurteilt. Zwar zeigt sich in der Literatur, dass bestimmte Tätertypen eher zu bestimmten Belästigungsarten tendieren, doch sind diese Auflistungen nicht erschöpfend zu verstehen. Es wird darauf verwiesen, bestimmte Täter ließen sich nicht eindeutig zuordnen und die Aufführungen seien eher in der Funktion eines Gerüstes zu sehen, das seine Anwendung in einer sinnvollen Orientierungshilfe verstände (Mullen et al., 2000). Der Einzelfall muss jeweils individuell eingeschätzt werden. Es bedarf immer einer differenzierten Betrachtung von Rahmenbedingungen, Dynamiken der Fälle und der gesamten Täterpersönlichkeit sowie seiner Entwicklung während des Stalkingverlaufes (Hoffmann 2002; Voß & Hoffmann, 2002).

7.3 Reflektion der eigenen Unsicherheit

Drei der befragten Stalkingbeauftragten thematisierten explizit ihre Unsicherheiten im Bereich der Einschätzung von Gefährdungslagen. So wurde konkret geäußert, es fiele schwer eine Gefahrenprognose zu erstellen, man könne nicht beurteilen, wie das Maß der Steigerung in einem Fall aussehe. Auch das Prinzip der Anzeigenerstattung als Erfolgsrezept wurde von einem Stalkingbeauftragten hinterfragt. Es gäbe gewaltige Probleme, auf die das Opfer auch hingewiesen werde, da im Vorfeld nicht abzusehen sei, ob es durch eine Anzeige besser werde. Es könne die Situation auch verschlimmern, da man ja nicht wisse, wie der Täter sich verhalte. Der Wunsch nach Sicherheit im Umgang mit solchen Situationen wird artikuliert: *„Was kann ich denn da tun?"* Strafrechtliche

Interventionen gegen Stalker führen häufig nicht zu der Ruhe, die sich die Opfer wünschen. Im Gegenteil, in einigen Fällen kann die Anzeige, da sie für den Täter eine erneute Zurückweisung oder aber auch eine Verstärkung bedeutet (die Anzeige ist in diesem Fall eine Form von Beachtung) zu einer Steigerung der Stalkingverläufe bis hin zur Eskalation führen (Voß & Hoffmann, 2002). Auch wird in vielen Fällen die Schwelle zur Strafbarkeit nicht überschritten. So berichtete eine Staatsanwältin des Sonderdezernates, diese Fälle müssten dann, auch wenn von der Polizei eine Anzeige aufgenommen wurde, eingestellt werden. Bemerkt ein Stalker die fehlgeschlagenen Versuche seines Opfers sich zu wehren, kann dies dazu führen, dass der Täter Vorstellungen über eine eigene Unverletzbarkeit entwickelt, die wiederum zur Steigerung der Belästigungen führen können (Hoffmann, 2003). Die Befragung der Bremer-Geschädigten ergab, dass 66,7% aller Befragten Anzeige erstatteten.

7.4 Schwerwiegende Fälle ohne Stalkingvermerk

Von Seiten einer Staatsanwältin wurde die Information geliefert, dass es zu schwerwiegenden Fällen von Stalking kam, die durch das Projekt nicht erfasst wurden. Bei den Stalkingbeauftragten liefen eher die „einfachen Delikte" auf. Sie berichtete, dass es Delikte gab, die in sexueller Nötigung oder Vergewaltigung endeten und diese wurden über das K 32 (Sexualdelikte/Menschenhandel) an die Staatsanwaltschaft herangetragen. Bei einigen Sexualdelikten stellte sich dann erst später, teilweise durch Hinweise in den Akten oder im Vernehmungsgespräch heraus, dass im Vorfeld Stalking existierte. Es wurde festgestellt, in keinem dieser Fälle sei eine Stalkingsonderkennzeichnung in den Akten gewesen, da sie alle über das K 32 liefen. An dieser Stelle bleibt zu fragen, warum diese Fälle nicht bereits vor der Eskalation erkannt wurden. Sicher ist festzustellen, dass diese Opfer im Sinne einer Erreichbarkeit der Zielgruppe von dem Stalkingprojekt nicht erfasst wurden. Copson und Marshall (2002) verweisen darauf, dass es Mythen über Vergewaltigungen sowie über Stalking gibt, die Parallelen aufweisen. Werden von den Geschädigten bestimmte Kriterien nicht erfüllt, wird ihre Glaubwürdigkeit angezweifelt. Es bleibt zu untersuchen, ob Stalkingopfer, die sexuell viktimisiert werden, in doppelter Hinsicht mit Vorurteilen zu kämpfen haben, bzw. ob es Unterschiede z.B. je nach Täter-Opfer-Konstellation gibt.

7.5 Drohungen und Gewalt

Keiner der befragten Stalkingbeauftragten benannte im Rahmen seiner Ausführungen über Gefahrenprognosen den Zusammenhang von Drohungen und Gewalt. Es wird nicht thematisiert, ob eine Verbindung zwischen diesen beiden Punkten eher vermutet, ausgeschlossen oder unter spezifischen Bedingungen angenommen wurde. Bei der Befragung der Bremer Geschädigten berichteten 81% der Opfer von Bedrohungen. Wie bereits oben aufgeführt ist nicht zu ermitteln, um welche Form von Drohungen es sich handelt. Die Spannbreite der Ergebnisse der Studien, die den Zusammenhang zwischen direkt mitgeteilten Drohungen und Gewalt untersuchen, ist weit. In einigen wird ein genereller Zusammenhang festgestellt, andere sehen keinen (Meloy, 2002). Mullen et al. (2000) klassifizieren Drohungen als Versprechen. Nicht alle Versprechen würden (glücklicherweise) erfüllt, aber ein signifikanter Anteil der Täter, die ihrem Opfer Schmerzen und Verletzungen zusichern, halten sich an ihre Aussagen. Meloy (2002) differenziert zwischen verschiedenen Modi der Gewalt. Er kommt zu dem Ergebnis, dass den meisten Drohungen keine Gewalt folgt – jedoch: Kennen sich Täter und Opfer, werden im Vorfeld der meisten Gewalttaten Drohungen ausgesprochen. James und Farnham (2002) unterscheiden zwischen schwereren und leichteren Stalkingverläufen. Sie entwickeln die Hypothese: Je schwerer die Gewalt desto eher könnten ernstzunehmende Drohungen im Vorfeld stattgefunden haben. Die Ergebnisse einer Fallstudie des Hessischen Landeskriminalamtes stützen die Vermutung. Es wurden fünf dramatische Stalkingfälle untersucht, die alle mit der versuchten Tötung des Opfers endeten. In vier der Fälle gab es im Vorfeld konkrete Morddrohungen (Goebel & Lapp, 2003).

8. Qualität des Kontaktes zwischen Geschädigten und Polizei

Die Bewertung der Wirkung polizeilicher Intervention ist im Kontext der erreichten Zielgruppe und der Haltung der Beamten diesen Menschen gegenüber zu betrachten. Wie bereits aufgeführt wurde vermutet, dass die meisten Geschädigten weiblich sind bei männlichen Tätern. Die Auswertung der komprimierten Daten ergab jedoch, dass vier Fünftel aller Geschädigten weiblich waren und nur drei Viertel aller Konstellationen sich in das oben aufgeführte Geschlechterschema weibliches Opfer bei männlichem Täter einordnen ließen. Es ist nicht zu klären, wie sich die Einstellung der Stalkingbeauftragten auf den Umgang mit den Opfern auswirkte, die nicht in das verinnerlichte, klassische Muster passten. Männliche Opfer häuslicher Gewalt berichten aber bspw. davon, dass sie große Probleme haben, von Seiten der Polizei ernst genommen zu werden.

In den Interviews wurde von den Stalkingbeauftragten die Position vertreten, ein erster Zugang zu den Geschädigten sei deshalb gewährt, da diese in der Regel ja nicht um die strafrechtliche Problematik der Fälle wüssten und so den Kontakt zur Polizei suchen würden. Diese Einschätzungen sind kritisch zu betrachten, zeigen doch Zahlen aus den USA: Nur 55% der weiblichen und 48% der männlichen Stalkingopfer wandten sich trotz des existenten Stalkingstraftatbestandes an die Polizei (Tjaden & Thoennes, 1998).

Die Stalkingbeauftragten berichteten ebenfalls davon, dass sich Menschen meldeten, die ihrer Einschätzung nach keine Stalkingopfer waren, sondern in den Beamten adäquate Gesprächspartner für ihre anders gelagerten Probleme vermuteten. Oft stelle sich im Nachhinein heraus, die Schilderungen der Opfer entsprächen nicht der Wahrheit und ein Beamter gelang zu der Schlussfolgerung, wenn ein Opfer ein gesteigertes Gesprächsbedürfnis habe, könne es sich in diesem Fall nicht um Stalking handeln. Von anderen Beamten wurde jedoch differenzierter auf die psychische Situation der Opfer verwiesen, die das Kommunikationsverhalten gegenüber der Polizei beeinflusse. Zentral für die Bestimmung eines Falles als Stalking ist die Wahrnehmung der Opfer. Aufgrund dieser subjektiven Wahrnehmung erscheint es logisch, dass Beurteilungen von einander abweichen können. Diesem Bereich sind auch die so genannten „falschen Opfer" von Stalking zuzuordnen. Sie beanspruchen für sich Stalkingopfer zu sein, sind jedoch tatsächlich nicht das Ziel von Belästigungen. Die Gründe, warum Menschen für sich diesen speziellen Opferstatus wählen, sind verschieden. Das Los Angeles Police Department schätzt für seinen Bereich, das 2% aller Fälle dieser Kategorie zugeordnet werden können (Mohandie et al., 1998; Mullen et al., 2000). Sheridan und Blaauw (2002a) ermitteln in ihrer Studie, dass 11,5% der befragten Geschädigten falsche Angaben über ihren Opferstatus machten.

Der Zugang zu den Geschädigten sei, nach Aussagen der Stalkingbeauftragten, auch in Zeiten einer verstärkten Berichterstattung der lokalen Medien über Fälle von Stalking und die Sonderzuständigkeiten der Polizei vereinfacht gewesen. *„Wir hatten so'n Boom nach zwei, drei Zeitungsartikeln. Dann hatten wir auch ein erhöhtes Anzeigenaufkommen."* Es wurde vermutet, dass es den Geschädigten nach den Artikeln leichter fiele, sich an die Polizei zu wenden. Die Befragung der Geschädigten ermittelte jedoch, dass keines der Opfer angab, durch die Medien über das Projekt informiert worden zu sein. Tabelle 4 zeigt auf über welche Wege die Geschädigten noch auf das Projekt aufmerksam wurden.

Tabelle 4: Wie wurden Sie auf das spezielle Stalkingangebot der Polizei aufmerksam?

Art der Information*	in Prozent
Information eines Polizeibeamten	76,2
Freunde, Verwandte, Bekannte	23,8
Faltblatt „Stalking" der Polizei	9,5
durch diesen Fragebogen	4,8
Zeitung/Zeitschrift	0

* Mehrfachnennungen möglich

Es bleibt zu überlegen, ob durch die mediale Berichterstattung die Aufmerksamkeit von Polizisten gewonnen wurde, sich so deren Wahrnehmung verbesserte und es im Zuge dessen zu einer Häufung von Anzeigen kam.

9. Möglichkeiten polizeilicher Intervention

In der Literatur werden diverse Kataloge von Maßnahmen angeboten, die Opfern zu vermitteln seien (Bettermann, 2002b; Hoffmann, 2002, Löbmann, 2002; Mullen et al., 2000). Erst der Aufsatz von Copson und Marshall (2002) nähert sich der Frage, welchen dieser Bereiche die Polizei bedienen könne und welche nicht in ihr Aufgabengebiet fielen. Die Bremer Polizei machte eigene praktische Erfahrungen damit, welche Maßnahmen sich den Geschädigten vermitteln ließen. Die Stalkingbeauftragten betrachteten in diesem Bereich zwei problematische Themenkomplexe: die Disziplinen übergreifende Netzwerkarbeit sowie zivilrechtliche Interventionsmöglichkeiten. Weiter wurden eine Vielzahl unterschiedlicher Schritte genannt, die sich als Vermittlung gängiger Verhaltensratschläge zusammenfassen lassen.

9.1 Notwendigkeit der Netzwerkarbeit

Der Kontakt zu anderen Einrichtungen, die ergänzend von den Geschädigten genutzt werden konnten, wurde von drei Stalkingbeauftragten angeboten. Zumindest als unbefriedigend empfanden ihn die Befragten. Vor allem wurde moniert, dass die Einrichtungen nicht spezialisiert seien und sich so bei ihnen niemand für die Stalkingopfer zuständig fühlte. Man wusste deshalb nicht, wohin man die Opfer schicken sollte. Auch äußerten die Beamten den Wunsch nach Fortbildung über die Psychologie des Stalking. Die große Bedeutung einer interdisziplinären Zusammenarbeit wurde auch von der Threat Management Unit des Los

Angeles Police Department erkannt. Polizei, Psychologen und Psychiater arbeiten hier in einem Team (Hoffmann, 2003). Netzwerkarbeit ermöglicht einen Fall auf unterschiedlichen Ebenen anzugehen. Die verschiedenen Disziplinen ergänzen sich und es bietet sich die Möglichkeit einen umfassenden Eindruck über den entsprechenden Fall und die Möglichkeiten der Intervention zu erhalten. Bspw. könnte ein Sozialpädagoge handlungsorientiert mit den Geschädigten in deren Alltag arbeiten, ein Psychologe könnte therapeutische Unterstützung leisten und bei spezieller Ausbildung die Wahrscheinlichkeit einer Eskalation des Falles einschätzen, so dass die Polizei Rückschlüsse über die Wirkung geplanter Interventionsschritte ziehen könnte.

9.2 Wissensstand über zivilrechtlichen Schutz

Am 01. Januar 2002 trat das Gewaltschutzgesetz im Rahmen des Aktionsplanes der Bundesregierung zur Bekämpfung von Gewalt gegen Frauen in Kraft. Zu diesem Zeitpunkt lief das Bremer Stalkingprojekt bereits ein Jahr. In den Handlungshinweisen befand sich lediglich ein kurzer Hinweis darauf, dass ein entsprechendes Gesetz in Planung sei. Das Gewaltschutzgesetz beinhaltet u.a. zivilrechtliche Interventionsmöglichkeiten in Fällen von Stalking (Gropp, 2002, 2004; von Pechstaedt, 2002). Drei der befragten Stalkingbeauftragten berichteten darüber, dass die Opfer die Möglichkeit zivilrechtliche Schritte einzuleiten gerne in Anspruch nahmen. Die Möglichkeit strafrechtlich gegen die Täter bei Verstoß gegen eine Auflage vorgehen zu können, wie es das Gewaltschutzgesetz ermöglicht, motiviere die Geschädigten sehr, berichtete einer der Befragten. Einheitlich wurde festgestellt, dass es hier dem eigenen Wissensstand nach jedoch noch nie bis zur Strafanzeige gekommen sei. Der genaue Ablauf bei Verstößen gegen die gerichtlichen Auflagen, so teilte ein Stalkingbeauftragter mit, sei für ihn nicht eindeutig. Wer werde denn bei Verstoß eingeschaltet und auf welchem Wege liefen die Dinge dann? Es war ersichtlich, dass von Seiten der Polizei der Versuch unternommen wurde, die zivilrechtlichen Möglichkeiten zu vermitteln. Der Kenntnisstand über das Gewaltschutzgesetz sowie der praktische Umgang hiermit waren jedoch nicht ausreichend. Das Fachwissen war lückenhaft und in der Anwendung herrschte Unsicherheit. Eine Klarstellung darüber, welche Optionen unter das Gewaltschutzgesetz, welche in den Bereich des Bremer Polizeigesetzes fielen, fand ebenfalls nicht statt. Auch wurde nicht über Risiken reflektiert, die besonders zivilrechtliche Interventionen bergen. Allerdings ist hier jedoch zu berücksichtigen, dass zum Zeitpunkt der Interviews das In-Kraft-Treten des Gesetzes erst sechs Monate zurück lag.

Die internationale Fachwelt streitet über die Wirksamkeit von Annäherungsverboten und Kontaktsperren. Während einige Spezialisten in derartigen Verboten einen Anstieg von Eskalationspotentialen sehen, da der Täter eine solche Maßnahme als erneute Zurückweisung empfinden würde, die ihn bedroht, worauf er mit Gewalt reagiert (Kienlen, 1998; Meloy, 2002), bewerten andere zivilrechtliche Interventionen als angemessene Strategie (Hoffmann, 2002). Eine US-amerikanische Untersuchung hatte zum Ergebnis, dass 69% der Frauen und 81% der Männer, die ein Unterlassungsurteil gegen den Täter erlangten, davon berichteten, dass dieser es verletzte (Tjaden & Thoennes, 1998). Die Staatsanwältinnen des Sonderdezernates berichteten übereinstimmend, die zivilrechtlichen Interventionsmöglichkeiten bei Fällen von Stalking durch das Gewaltschutzgesetz seien noch nicht richtig angelaufen. Tendierten bei der einen Staatsanwältin die Aussagen dazu, dass einstweilige Verfügungen häufig beantragt würden und sie es als Frage der Zeit betrachtete, bis dieser Weg häufiger beschritten werde („*Die Verfügungen müssen ja auch erst mal in der Welt sein, um dagegen verstoßen zu können.*"), sah die andere Befragte dies kritisch, dieser Weg werde nicht oft genutzt. Es wurde darauf verwiesen, dass es sinnvoll sei, wenn Anzeigen bei Verstößen gegen Unterlassungsurteile bei der Polizei gestellt würden, denn die Dokumentation der Polizei habe eine gute Beweiskraft. Zum Zeitpunkt der Interviews gab es einen Fall, in dem ein Täter gegen ein Unterlassungsurteil verstieß und Anklage von Seiten des Sonderdezernates erhoben wurde. Es war den Staatsanwältinnen aber noch nicht bekannt, wie sich dieser Fall weiter entwickeln würde. Es wurde darauf verwiesen, es bedürfe einer gewissen Anlaufzeit für dieses neue Gesetz.

9.3 Die Sonderzuständigkeit zwischen Praxis und Bürokratie

Wichtiger Bestandteil des Bremer Stalkingprojektes war die Sonderzuständigkeit der Stalkingbeauftragten. 81% der Geschädigten, die sich an die Polizei wandten, berichteten davon, dass sie an den spezialisierten Beamten verwiesen wurden und ein Gespräch mit ihm stattfand. In einer offenen Frage gaben die Opfer an, welche in diesen Gesprächen vermittelten Informationen sie am hilfreichsten fanden. 29,4% führten die Verhaltensregeln im Umgang mit dem Stalker und den Taten auf. Jeweils 17,6% stuften die Informationen über zivilrechtliche Schritte sowie das in dem Gespräch vermittelte Wissen, sie könnten sich mit ihren Anliegen jederzeit wieder an die Polizei wenden, als hilfreich ein. 11,8% sagten, es half ihnen zu wissen, dass sie nicht die einzigen von Stalking betroffenen waren. Auf die Frage, ob das Beratungsgespräch ihr Verhalten dem Täter gegenüber verändert habe, waren die Einschätzungen der

Geschädigten geteilt. Jeweils 50% stimmten der Einschätzung zu bzw. widersprachen ihr.

Die Handlungshinweise sehen für die Geschädigten verschiedene Ansprechpartner entsprechend des Stadiums der Bearbeitung vor. Nach den ersten Maßnahmen, die u.a. die Registrierung des Falles als „Stalkingfall" beinhalten sowie den ersten Kontakt vor Ort oder an der Wache inklusive der Einleitung entsprechender Maßnahmen bei Bedarf, soll die Akte an den Stalkingbeauftragten übergeben werden. Dieser entscheidet über das weitere Vorgehen, das in Form eines Kataloges dargestellt ist. Weiter benennt er einen festen Ansprechpartner, der in der Sachbearbeitung angesiedelt ist. Der feste Ansprechpartner veranlasst nun wiederum weitere Maßnahmen oder führt sie selber durch. Bei allen Schritten ist ein enger Kontakt zum Opfer zu halten. Administrative Abläufe dieser Art stellen die andere Seite polizeilicher Intervention dar. Die Aufgabenverteilung zwischen den Stalkingbeauftragten und den Sachbearbeitern in ihrer zusätzlichen Funktion als feste Ansprechpartner wurde in der Praxis sehr unterschiedlich gehandhabt. Den Interviews war nicht eindeutig zu entnehmen, wo genau die Grenzen verliefen. Es entstand der Eindruck, dass die Abläufe selbst innerhalb der einzelnen Polizei-Inspektionen nicht einheitlich waren. Sicher ließ sich feststellen, dass in zwei der Inspektionen eine weit weniger rigorose Trennung der Aufgaben praktiziert wurde. So äußerte ein Stalkingbeauftragter: *„Das hab´ ich auch nicht verstanden. Der feste Ansprechpartner waren wir doch. ... Ich als Polizeibeamter war derjenige, der die Sache regeln sollte."* In diesen zwei Inspektionen konnte ein enger Kontakt zwischen Opfern und Stalkingbeauftragten eher gewährleistet werden. Die Beauftragten der verbleibenden Inspektionen grenzten sich stärker ab und verwiesen wie vorgegeben an die Sachbearbeitung. In zwei dieser drei Inspektionen wurde ein sachliches, zumeist nur anfänglich gesteigertes Interesse der Opfer ihr Anliegen zu vermitteln festgestellt. Der Kontakt zu den festen Ansprechpartnern in der Sachbearbeitung wurde hier normalerweise nicht gesucht.

Ebenfalls im Zusammenhang mit der Aufgabenverteilung kritisierte ein anderer Stalkingbeauftragter, dass der Informationsfluss auf allen Ebenen, polizeiintern bis hin zur Staatsanwaltschaft, ins Stocken gekommen sei. Auch wurde bemängelt, die Stalkingbeauftragten hätten unterschiedliche Positionen bei der Polizei inne. Dies wirke einer Vereinheitlichung entgegen. Aufgeführt wurde hier, dass ein spezialisierter Beamte, der dicht an der Position des Sachbearbeiters arbeite, verstärkt Gefahr laufe, seine Objektivität dem Opfer gegenüber zu verlieren. *„Der andere hat ja in der Zwischenzeit schon mal mit dem Täter gesprochen, der kriegt ´nen ganz anderen Blick, das muss nicht ... unbedingt positiv sein, ... da denkt der* *vielleicht, den steck´ ich so unter den Tisch, dass der nachher denkt, dass das Opfer der Täter ist."*

Den Bremer Stalkingbeauftragten wurde ihre Position zusätzlich zu ihrem bisherigen Betätigungsfeld zugewiesen. Sie fanden sich in einer Situation wieder, die für sie durch eine erhöhte zeitliche Beanspruchung und eine zusätzliche psychische Belastung geprägt war. Diese Belastungssituation wirkte auf das Projekt. Sie begrenzte z.B. die Möglichkeit Gespräche zu führen, eine empathische Haltung den Geschädigten gegenüber zu gewährleisten, Interventionen vorzubereiten bzw. ein umfassendes Bild des Phänomens, möglicher Täter-Opfer-Konstellationen und der Motive zu entwickeln. In den Interviews mit den Staatsanwältinnen wurde darauf verwiesen, es bestünde die Notwendigkeit die Stalkingbeauftragten aufgrund ihrer Mehrarbeit zu entlasten.

9.4 Wirkung polizeilicher Intervention

Versucht man nun die Wirkung polizeilicher Intervention zu bewerten, kann dies über verschiedene Größen geschehen. In Bremen wurden zum einen das Ende der Stalkingverläufe und zum anderen die Zufriedenheit der Geschädigten mit der Arbeit der Polizei als Indikatoren gewählt. 33,3% der Geschädigten berichteten zum Zeitpunkt der Befragung noch immer von ihrem Täter gestalkt zu werden. D.h. ein Drittel der Befragten erlebte Monate nach der Registrierung ihres Kontaktes zur Polizei und trotz der erfahrenen polizeilichen Intervention noch andauernde Stalkingverläufe durch den gleichen Täter. Verdeutlicht man sich an dieser Stelle, dass auf Befragungen der Polizei erfahrungsgemäß Personen antworten, die zufrieden mit der Institution sind (Lederer, 1999) und das Scham, Angst, Ohnmachtsgefühle sowie Frustration gerade Stalkingopfer davon abhalten in Kontakt mit der Polizei zu treten bzw. sich wieder an sie zu wenden (Copson & Marshall, 2002), erfährt der Wert von einem Drittel noch gestalkter Opfer eine kritische Bedeutung. In den USA ergab eine Untersuchung, nur 25% der Opfer gelangten zu der Einschätzung, das Stalking endete, weil die Polizei den Stalker warnte (15%), in Arrest nahm (9%) oder der Täter verurteilt wurde (1%) (Tjaden & Thoennes, 1998). Mullen et al. (2000) kommen zu dem Ergebnis, dass bestimmte Tätertypen sehr hartnäckig sind und sich nicht durch Warnungen, Sanktionen oder ähnliches beeindrucken lassen. Andere Stalker ließen sich durch polizeiliche Maßnahmen ermahnen, da sie ihren eigenen Nutzen sehr rational abwägen.

Zur Messung der Zufriedenheit („Zufriedenheit mit dem Kontakt zur Polizei insgesamt") sollten die Befragten auf einer Skala von eins bis fünf (sehr zufrieden bis sehr unzufrieden) ihren Kontakt zur Polizei insgesamt beurteilen (siehe Grafik 1). 66,7% stuften sich als sehr zufrieden oder zufrieden ein. Im Mittelfeld siedelten sich lediglich 4,8% an. Jedoch gaben 23,8% an, sie seien unzufrieden oder sehr unzufrieden. Knapp jeder fünfte Befragte berichtete von Schwierigkeiten bei seinem ersten Kontakt mit der Polizei sowie im Gespräch mit dem Stalkingbeauftragten. Problematisch waren die Bereiche mangelndes Verständnis und/oder die Schwierigkeit den Beamten den Ernst der Lage zu vermitteln.

Grafik 1: Zufriedenheit mit dem Kontakt zur Polizei insgesamt

Hoffmann (2003) vergleicht die Bremer Ergebnisse mit der ersten Zwischenauswertung der Darmstädter Studie. 190 Personen, die sich selbst als Opfer von Stalking einstuften nahmen an einer Befragung via Internet teil. 45% dieser Personen wandten sich aufgrund ihrer Stalkingerfahrungen an die Polizei ohne dort auf spezialisierte Beamte o.ä. zu stoßen. Hier berichteten 73% von Schwierigkeiten der Polizei den Ernst ihrer Lage zu vermitteln. Die Opfer machten zu einem großen Teil die Erfahrung, dass ihre Erlebnisse bagatellisiert wurden. Dieser Vergleich zeigt, trotz der Schwierigkeiten des Bremer Projektes und der begrenzten Aussagekraft einer kleinen Untersuchung mit einem stark selektiven Sample, dass eine positive Wirkung anzunehmen ist. Der polizeiliche Einsatz zeigte selbst bei geringem Fachwissen einen positiven Effekt auf die Geschädigten. Hoffmann vermutet diesen im subjektiven Sicherheitsgefühl und somit auch in der geringeren psychischen Belastung der Opfer.

10. Das Sonderdezernat der Staatsanwaltschaft

Im Folgenden wird der Blickwinkel der Staatsanwältinnen des Sonderdezernates „Gewalt gegen Frauen" dargestellt. Drei zentrale Themenfelder werden an dieser Stelle besprochen: Welchen Anteil machte Stalking im Sonderdezernat der Staatsanwaltschaft aus, wodurch zeichneten sich die Fälle aus, die die Staatsanwaltschaft bearbeitete und welche Rolle kam den Sonderzuständigkeiten der Polizei und Staatsanwaltschaft zu. Auf die Aspekte Sexualdelikte in Zusammenhang mit Stalking und die Bedeutung des Gewaltschutzgesetzes, wird an dieser Stelle nicht weiter eingegangen, sie wurden bereits behandelt.

10.1 Anteil von Stalkingfällen

Das Bremer Sonderdezernat der Staatsanwaltschaft „Gewalt gegen Frauen" umfasst folgende Zuständigkeiten: Sexualdelikte zum Nachteil von Geschädigten ab 18 Jahren unabhängig vom Geschlecht, Delikte häuslicher Gewalt zum Nachteil von Frauen durch Männer (soweit es in den Zuständigkeitsbereich der Staatsanwaltschaft fällt) und die Sonderzuständigkeit „Stalking". Die zwei Staatsanwältinnen arbeiteten nicht ausschließlich im Bereich des Sonderdezernates, mehr als die Hälfte ihrer Tätigkeit betraf die Bearbeitung regulärer Fälle. Dem Bereich „Stalking" wurden nur Fälle zum Nachteil von Frauen durch Männer zugeordnet. Alle weiteren Geschlechterkonstellationen wurden nach Buchstaben außerhalb des Sonderdezernates bearbeitet. Durch diese Praxis galt das Expertinnenwissen der Staatsanwältinnen für diesen großen aber beschränkten Ausschnitt. Stalking war für die Staatsanwältinnen kein randständiges Thema, es gehörte vielmehr zum Tagesgeschäft. In einem Interview wurde geschätzt, Stalking mache 10% im Umfang der alltäglichen Arbeit aus. Eine Staatsanwältin äußerte: *„dass man jedenfalls so einen Fall pro Tag bestimmt auf dem Tisch hat."* Die Frage nach der Anzahl der Ermittlungsverfahren von Fällen mit der Kennzeichnung „Stalking", die seit Beginn des Projektes zum 1. Januar 2001 aufgenommen wurden, könne, wie beide Befragten mitteilten, deshalb nicht beantwortet werden, da diese Fälle nicht gesondert gezählt wurden. *„Grob gegriffen"* seien aber um die 100 Verfahren durch ihre Hände gegangen.

10.2 Kennzeichen der Fälle

Die Staatsanwaltschaft findet im Bereich Stalking nach eigenen Angaben Fälle vor, die sich durch eine gute Identifikation und Beweissicherung von Seiten der Polizei auszeichnen. Lediglich die strafrechtliche Bewertung weiche manchmal ein bisschen ab. Diese Beurteilung verwundert in Anbetracht der Unsicherheit der Stalkingbeauftragten rund um die Phänomenologie. Das prägnanteste Merkmal der Fälle, die durch die Polizei mit der Sonderkennzeichnung übergeben wurden, sei „die Häufigkeit des ungewollten Kontaktes" gewesen. Die Beziehungskonstellationen zwischen Opfer und Täter waren unterschiedlicher Natur. Eher selten war der direkte persönliche Kontakt der Staatsanwältinnen zu den Opfern. Vorwiegend wurde der Kontakt zur Polizei gesucht. Jedoch auch hier erschienen die Geschädigten, dem Erfahrungswissen folgend, nicht direkt zu Beginn der Stalkingdelikte, sondern erst wenn ihre Selbsthilfekapazitäten nicht mehr ausreichten. Die Befragung der Geschädigten bestätigt diese Aussage. 76,2% wurden mindestens einen Monat gestalkt, bevor sie sich an die Polizei wandten. Es wurde darauf verwiesen, dass die strafrechtliche Problematik der Fälle von Stalking auch auf die Staatsanwaltschaft wirkte. Taten, die keinen Straftatbestand erfüllten, mussten eingestellt werden. Weiter beobachteten die Befragten, dass zu wenige Strafanträge gestellt wurden. *„Woran es manchmal etwas hapert sind Strafanträge. Viele Delikte sind Antragsdelikte, also z.B. Beleidigung ist ein reines Antragsdelikt, wenn ich keinen Strafantrag habe, der innerhalb von drei Monaten seit Kenntnis der Tat da sein muss, kann ich nichts machen."*

10.3 Bewertung der Sonderzuständigkeiten

Die Staatsanwältinnen berichteten, der Kontakt zur Polizei wäre bei Stalkingdelikten enger gewesen als in anderen Bereichen, jedoch nicht so eng wie der im Bereich der Sexualdelikte zum K 32. Der erweiterte Kontakt lief in der Regel telefonisch ab und wurde bei Bedarf auch von beiden Seiten genutzt. Eine der Interviewten äußerte, ein Treffen im Vorfeld des Projektes, an dem die Stalkingbeauftragten und die Staatsanwältinnen beteiligt waren, habe folgende Wirkung gezeigt: *„Und ab und an nehmen das auch manche zum Anlass, ... Ich ruf' auch mal an."* Die Installation von Sonderzuständigkeiten bei Polizei und Staatsanwaltschaft war ein zentraler Punkt des Stalkingprojektes. Die Rolle der Stalkingbeauftragten wurde von den Staatsanwältinnen als sinnvoll eingestuft, so habe man einen festen Ansprechpartner geschaffen, der für die gegenüberliegende Seite die Kontaktaufnahme erleichterte. Dies gelte für sie selber, die so leichter zum Hörer griffen, wie auch für die Opfer, da diese nun wussten, wer bei der Polizei für sie zuständig war. Es unterstützte die Kommunikation, dass das Gegenüber bekannt und seine Zuständigkeit fest beschrieben war. Die Stalkingbeauftragten äußerten in ihren Interviews ähnliches. Die Namen der Staatsanwältinnen waren ihnen bekannt und es wurde gesagt, man rufe schon mal an. So förderten die Sonderzuständigkeiten den Fluss der Informationen in der Praxis. Kontakte wurden eher genutzt, wenn feste Ansprechpartner, die sich stärker verantwortlich fühlten, benannt waren. Zu ähnlichen Resultaten gelang eine wissenschaftliche Untersuchung über staatsanwaltschaftliche Sonderdezernate „Gewalt gegen Frauen". Diese Dezernate würden geschaffen, um die Verfahren zu konzentrieren. Ein besserer Kontakt zu den zuständigen Stellen der Polizei im Rahmen der Ermittlungsarbeit solle erreicht werden und Spezialisierung hinsichtlich der Beurteilung von Sachverhalten entwickelt werden. Einen besseren Kontakt erreiche man durch ein frühzeitiges Einschalten der Staatsanwaltschaft. Dies wiederum werde dadurch gefördert, dass der Polizei ihr staatsanwaltschaftlicher Ansprechpartner bekannt sei und ein Kontakt auch ohne die Kenntnis des staatsanwaltschaftlichen Aktenzeichens zu Stande kommen könne (Jäger, 2000).

Die Sonderzuständigkeit „Stalking" der Staatsanwaltschaft wurde von den Bremer Staatsanwältinnen jedoch auch kritisch bewertet. Während eine der Interviewten eine staatsanwaltschaftliche Sonderzuständigkeit ablehnte, wurde von der anderen Staatsanwältin auf praktische Schwierigkeiten verwiesen, da das Sonderdezernat häufig für die eigenen Stalkingfälle nicht eingeteilt wurde. *„Wobei es so ist, dass in den Gerichtsverhandlungen, die Anklage erfolgt ja, wenn es normale Stalkingfälle sind, also ohne Vergewaltigung und so, erfolgt die ja zum Amtsgericht. Da wir nun sehr viel Landgerichtssachen machen, werden wir selten in unseren eigenen Fällen eingeteilt. D.h. wir klagen die an und sehen sie dann, wenn wir die vorher nicht gesehen haben, dann sehen wir die nie, dann ist alles nur von Papier."* Aufgrund dieser Tatsache sprach sich die Befragte dafür aus, die Sonderzuständigkeit Stalking bei den Amtsanwälten anzusiedeln.

Sonderzuständigkeiten können aber gerade im Bereich Stalking mit seiner strafrechtlichen Problematik kein Allheilmittel darstellen. Die verstärkte Notwendigkeit einer außerhalb von Polizei und Staatsanwaltschaft angesiedelten Interventionsmöglichkeit wurde von einer Staatsanwältin betont. In Fällen, in denen eine strafrechtliche Relevanz nicht gegeben sei, die Opfer aber trotzdem einer großen Belastung ausgesetzt seien, bedürfe es einer verantwortlichen Hilfsorganisation o.ä.. Diese könnte die Opfer unterstützen und die Stalkingbeauftragten entlasten. Auch der Wunsch, in der Öffentlichkeit ein größeres Bewusstsein für Stalking zu schaffen, könnte durch die Öffentlichkeitsarbeit eines Interventionsprojektes umgesetzt werden. Der Vorschlag ein Hilfsangebot außerhalb der Polizei anzusiedeln, wurde ebenfalls von den Stalkingbeauftragten geäußert.

11. Fazit

Es stellt sich die Frage nach Möglichkeiten und Grenzen polizeilicher Intervention in Fällen von Stalking. Aus dem Bremer Projekt lassen sich folgende Schlussfolgerungen ziehen:
- Es besteht die Notwendigkeit die Sonderzuständigkeiten beizubehalten und auszubauen.
- Ein Bedarf an spezialisierten Interventionsstellen außerhalb von Polizei und Staatsanwaltschaft ist sichtbar.
- Netzwerkarbeit ist unerlässlich und muss entwickelt werden.
- Fortbildungen müssen gewährleistet werden.
- Die Handlungshinweise als Grundlegung des Projektes bedürfen einer Überarbeitung.

Das Prinzip der Sonderzuständigkeiten hat sich in Bremen, auch wenn es zu Schwierigkeiten kam, bewährt. Den Geschädigten wurden spezialisierte Ansprechpartner zur Seite gestellt. Aufgrund der Komplexität des Phänomens Stalking sind Sonderzuständigkeiten erforderlich. Ein professioneller Umgang mit den Opfern und differenzierte Interventionsstrategien können nicht nebenbei, z.B. an der Wache gewährleistet werden. Die Befragung der Stalkingbeauftragten zeigte auch, wie wichtig es ist diese Posten an Freiwillige zu vergeben. Eine Beteiligung der Sonderzuständigen an der Weiterentwicklung des Projektes erscheint sinnvoll. Die Motivation der Beamten sowie die Verantwortlichkeit dem Projekt gegenüber können hiermit erhöht werden. Hoffmann (2003) erkennt, dass die Sonderbeauftragten durch eine Evaluation der von ihnen bearbeiteten Fälle einen wertvollen Beitrag für die Stalkingforschung leisten könnten. Ähnlich wurde in der Threat Management Unit des Los Angeles Police Department verfahren. Die Arbeit von Russell Palarea an der Datenbasis der Einheit half eine funktionstüchtige Typologie zu entwerfen und lieferte wichtige Erkenntnisse für die Einschätzung von Gefährdungslagen (Zona et al., 1998). Eine positive Bewertung der Kommunikation zwischen Staatsanwaltschaft und Stalkingbeauftragten wurde in Bremen ebenfalls als Erfolg der Sonderzuständigkeiten verzeichnet. Zukünftig sollte den Stalkingbeauftragten jedoch die Möglichkeit eines regelmäßigen inhaltlichen Austausches untereinander geboten werden. Dies könnte in Form von monatlichen Dienstgesprächen geschehen. Die Überlegung, ob der Kreis der Sonderzuständigen um eine auf Stalking spezialisierte psychologische Fachkraft erweitert werden sollte, ist anzustellen. Zukünftige Treffen in größeren Abständen zwischen dem Sonderdezernat der Staatsanwaltschaft und den Stalkingbeauftragten müssen stattfinden. Das Dezernat K 32 (Sexualdelikte/ Menschenhandel), das Fälle sexuellen Missbrauchs als Höhepunkt von Stalkingverläufen bearbeitete, könnte sich an diesen Treffen beteiligen. Die Belastungssituation ist für die Stalkingbeauftragten in Bremen erheblich. Es ist nicht tragbar, dass der Posten zusätzlich zu der regulären Tätigkeit vergeben wurde. Eine Freistellung von anderen Bereichen ist erforderlich. Ebenfalls bleibt zu überlegen wie mit der psychischen Belastung durch die Fallarbeit umzugehen ist.

Es wurde mehrfach die Notwendigkeit einer außerhalb von Polizei und Staatsanwaltschaft angesiedelten spezialisierten Anlaufstelle für Stalkingopfer betont. Trotz eines präventiven Ansatzes kann von Seiten der Polizei nicht die gesamte Betreuung der Geschädigten gewährleistet werden. An dieser Stelle bedarf es optimaler Weise eines Interventionsprogrammes für Opfer von Stalking. Eine enge Zusammenarbeit mit der Polizei sollte angestrebt werden. Das Aufgabenfeld eines solchen Projektes könnte neben der Opferbetreuung auch die Öffentlichkeitsarbeit sein, da das Phänomen „Stalking" hier zu Lande in einem immer noch nicht ausreichendem Maße bekannt ist (vgl. auch Kerbein & Pröbsting, 2002) und sich das Fachwissen über angemessene Interventionsstrategien erst langsam zu verbreiten beginnt. In diesem Zusammenhang ist auch die Bedeutung der Netzwerkarbeit zu betonen. Ein gemeinsames Wirken verschiedener Disziplinen birgt den Ansatz sich dem Phänomen von unterschiedlichen Perspektiven zu nähern und so beispielsweise in der Fallarbeit den Nutzen strafrechtlicher Schritte umfassender bewerten zu können, als dies von der Warte eines einzelnen Polizisten aus möglich wäre. Die polizeiliche Intervention sollte sich als (wichtiger) Baustein in einer Kette diverser Maßnahmen verstehen (Copson & Marshall, 2002).

In Bremen hat sich gezeigt, Fortbildungen im Bereich Stalking sind unerlässlich. Die Stalkingbeauftragten ebenso wie die Sachbearbeiter in ihrer Funktion als feste Ansprechpartner nahmen an keiner Veranstaltung dieser Art teil. Dies wurde z.B. in einer allgemeinen Unsicherheit rund um die Definition und in einzelnen kontraproduktiven Ratschlägen den Opfern gegenüber deutlich. Es muss gewährleistet werden, dass die Stalkingbeauftragten fortgebildet werden und dass Beamte vor Ort in der Lage sind, Stalkingfälle als solche zu erkennen. So erscheint es unerlässlich, Stalking als festen Bestandteil in die Ausbildung von Polizei-Beamten aufzunehmen. Neben der Phänomenologie, Strategien eines angemessenen

Umganges mit den Geschädigten, einem Wissen über Gefahrenprognosen sowie über Interventionsmöglichkeiten, sollte ein Schwerpunkt auf der kritischen Vermittlung straf- und zivilrechtlicher Schritte liegen.

Für das Bremer Projekt ist eine Überarbeitung der Handlungshinweise unerlässlich. Die einleitenden Sätze über Tat, Opfer und Täter müssen dem neuesten Forschungsstand angepasst werden und sollten die Funktion eines Leitfadens für Polizisten einnehmen können. Die angestrebte Vereinheitlichung polizeilicher Intervention in Fällen von Stalking sollte durch unkomplizierte Abläufe vorangetrieben werden. Sowohl für die Stalkingbeauftragten, als auch für die Beamten vor Ort und die Geschädigten muss jederzeit ersichtlich sein, in wessen Bereich die Zuständigkeit eines Vorganges fällt. Das Gewaltschutzgesetz wurde bisher nicht in die Handlungshinweise integriert. Neben einer Aufnahme dieser zivilrechtlichen Neuerung bedarf es einer Differenzierung zwischen den Möglichkeiten des Gewaltschutzgesetzes und der Zuständigkeit des Bremer Polizeigesetzes.

Folgende Aspekte sollten im Rahmen des Stalkingprojektes noch berücksichtigt werden: Da die Stalkingbeauftragten Unsicherheit bei dem Erstellen von Gefahrenprognosen zeigten und thematisierten, stellt sich die Frage, inwieweit eine Checkliste[5] in der Funktion eines ersten Filters erforderlich ist (Hoffmann, 2001). Goebbel und Lapp (2003) führen im Anschluss an die Analyse von fünf Stalkingfällen, die alle mit der versuchten Tötung des Opfers endeten, Bedingungen auf, die Indikatoren für eine erhöhte Gefährdung des Opfers sein können. Ebenfalls muss berücksichtigt werden, dass es zu Schwierigkeiten bei der Nutzung der Erfassungsbögen für Strafanzeigen kommen kann. Bspw. greifen in Bremen die zur Verfügung stehenden Alternativen der Kategorie „Opfer-/Tatverdächtige-Beziehung" im Bereich Stalking unzureichend. Dies kann gerade im Bereich des Ex-Partner-Stalking zu dramatischen Versäumnissen führen. Von den Stalkingbeauftragten wurde auf so genannte „falsche Opfer" von Stalking aufmerksam gemacht, die sich an sie wendeten. Diese Beobachtung wird von aktuellen wissenschaftlichen Untersuchungen bestätigt (Sheridan & Blaauw, 2002a). Für die Zukunft bedarf es einer Richtlinie, wie hiermit verfahren werden soll.

Die Polizei Bremen versuchte im Rahmen eines Projektes auf das Phänomen Stalking zu reagieren. Sie konnte sich dabei auf einen nur geringen wissenschaftlichen Kenntnisstand berufen und hat sich als Pionier

---

[5] Es steht an dieser Stelle außer Frage, dass Checklisten nicht die individuelle und wiederholte Beurteilung eines Falles ersetzen, doch bieten sie die Möglichkeit einer ersten groben Einschätzung, der weitere Schritte zu folgen haben.

in ein in Deutschland wenig erforschtes Gebiet vorgewagt. Nach der Evaluation bietet sich nun die Möglichkeit aus den systematisch erhobenen Erfahrungen zu lernen und die Aspekte des Projektes zu überarbeiten und neu zu gestalten, die sich als problematisch erwiesen haben.

Literatur

Baldry, A.C. (2002). From Domestic Violence to Stalking: The Infinite Cycle of Violence. In Boon, J. & L. Sheridan (Hrsg.), *Stalking and Psychosexual Obsession – Psychological Perspectives for Prevention, Policing and Treatment*. Chichester.

Bettermann, J. (2002a). *Evaluationsbericht – Das Stalkingprojekt der Polizei Bremen*. Unveröffentlichter Forschungsbericht der Polizei Bremen.

Bettermann, J. (2002b). Stalking - ein altbekanntes Phänomen erhält einen Namen. *Sozialmagazin, 12*, 16-27.

Bettermann, J. & Feenders, M. (2004) (Hrsg.). *Stalking – Möglichkeiten und Grenzen der Intervention*. Frankfurt a.M.

Böhnisch, L. (2000). Männer als Opfer – ein paradigmatischer Versuch. In Lenz, H.-J. (Hrsg.), *Männliche Opfererfahrungen – Problemlagen und Hilfeansätze in der Männerberatung*. Weinheim.

Budd, T. & Mattinson, J. (1998). *Stalking: Findings from the 1998 British Crime Survey*. Homepages unter http://www.homeoffice.gov.uk/rds/pdfs/r129.pdf, abgerufen im Februar 2003.

Copson, G. & Marshall, N. (2002). Police Care and Support for Victims of Stalking. In Boon, J. & L. Sheridan, L (Hrsg.), *Stalking and Psychosexual Obsession – Psychological Perspectives for Prevention, Policing and Treatment*. Chichester.

Goebel, G. & Lapp, M. (2003). Stalking mit tödlichem Ausgang. *Kriminalistik, 06*, 369-377.

Gropp, S. (2002). Stalking – Braucht die Polizei strafrechtliche Sondertatbestände, um zu intervenieren? *Neue Kriminalpolitik, 03*, 112-115.

Gropp, S. (2004). Reaktionsmöglichkeiten der Zivilgerichte auf Stalking nach dem Gewaltschutzgesetz. In Bettermann, J. & M. Feenders (Hrsg.), *Stalking – Möglichkeiten und Grenzen der Intervention*. Frankfurt a.M.

Hoffmann, J. (2003). Polizeiliche Prävention und Krisenmanagement in Fällen von Stalking. *Kriminalistik, 12*, 726-731.

Hoffmann, J. (2002). Risiko-Analyse und das Management von Stalking-Fällen. *Polizei & Wissenschaft, 04*, 35-44.

Hoffmann, J. (2001). Stalking - Forschung und Krisenmanagement. *Kriminalistik, 01*, 34-37.
Jäger, M. (2000). *Das staatsanwaltschaftliche Sonderdezernat „Gewalt gegen Frauen"*. Frankfurt a. M.
James, D.V. & Farnham, F.R. (2002). Stalking and Violence. *Polizei & Wissenschaft, 04*, 26-34.
Kerbein, B. & Pröbsting, P. (2002). Stalking. *Zeitschrift für Rechtspolitik, 02*, 76-78.
Kienlen, K.K. (1998). Developmental and Social Antecedents of Stalking. In Meloy, J.R. (Hrsg.), *The Psychology of Stalking - Clinical and Forensic Perspectives*. San Diego u.a.
Kudlik, G. (2002). *Stalking – Krankheit? Straftat? Phänomen?* Diplomarbeit Hochschule für öffentliche Verwaltung, Bremen.
Lederer, A. (1999). Polizeiliche BürgerInnenbefragungen - Ist die Polizei unterwegs zu mehr Bürgernähe? *Bürgerrechte und Polizei*/CILIP 03. Homepages unter http://www.cilip.de/ausgabe/64/befrag.htm, abgerufen im Februar 2002.
Löbmann, R. (2002). Stalking - Ein Überblick über den aktuellen Forschungsstand. *Monatsschrift für Kriminologie und Strafrechtsreform, 01*, 25-32.
Meloy, J.R. (2002). Stalking and Violence. In Boon, J. & L. Sheridan (Hrsg.), *Stalking and Psychosexual Obsession – Psychological Perspectives for Prevention, Policing and Treatment*. Chichester.
Meloy, J.R. (1998). The Psychology of Stalking. In Meloy, J.R. (Hrsg.), *The Psychology of Stalking - Clinical and Forensic Perspectives*. San Diego u.a.
Meuser, M. & Nagel, U. (1991). ExpertInneninterviews – vielfach erprobt, wenig bedacht. In Garz, D. & K. Kraimer (Hrsg.), *Qualitativ – Empirische Sozialforschung: Konzepte, Methoden, Analysen*. Opladen.
Mieg, H.A. & Brunner, B. (2002). *Experteninterviews – Eine Einführung und Anleitung*. (MUB-Working Paper 6) Homepages unter http://www.uns.umnw.ethz.ch/mub_publications/experteninterview.pdf, abgerufen im Juni 2002.
Mohandie, K., Hatcher, C. & Raymond, D. (1998). False Victimisation Syndromes in Stalking. In Meloy, J.R. (Hrsg.), *The Psychology of Stalking - Clinical and Forensic Perspectives*. San Diego u.a.
Mullen, P.E., Pathé, M. & Purcell, R. (2000). *Stalkers and their victims*. Cambridge.
Oehmke, R. (2004). Das Stalkingprojekt der Polizei Bremen. In Bettermann, J. & M. Feenders (Hrsg.), *Stalking – Möglichkeiten und Grenzen der Intervention*. Frankfurt a.M.

Ohms, C. (2004). Stalking und häusliche Gewalt in lesbischen Beziehungen. In Bettermann, J. & M. Feenders (Hrsg.), *Stalking – Möglichkeiten und Grenzen der Intervention*. Frankfurt a.M.
Pechstaedt, V. von (1999). *Stalking: Strafbarkeit nach englischem und deutschem Recht*. Göttingen.
Pechstaedt, V. von (2002). Stalking und das deutsche Recht. *Polizei & Wissenschaft, 04*, 45-52.
Projektgruppe Evaluation der Kommission Polizeiliche Kriminalprävention (2002) (Hrsg.). *Handbuch der Polizei für die Planung, Durchführung und Evaluation von Präventionsprojekten* - Vortest-Version. o.O.
Purcell, R., Pathé, M. & Mullen, P.E. (2002). The prevalence and nature of stalking in the Australian community. *Australian and New Zealand Journal of Psychiatry, 01*, 114-120.
Rossi, P.H., Freeman, H.E. & Hofmann, G. (1998). *Programm-Evaluation - Einführung in die Methoden angewandter Sozialforschung*. Stuttgart.
Saunders, R. (1998). The Legal Perspective on Stalking. In Meloy, J.R. (Hrsg.), *The Psychology of Stalking – Clinical and Forensic Perspectives*. San Diego u.a.
Sheridan, L. & Blaauw, E. (2002a). *False reports of stalking*. Unveröffentlichtes Manuskript.
Sheridan, L. & Blaauw, E. (2002b). Stalker typologies and intervention strategies. *Polizei & Wissenschaft, 04*, 15-25.
Tjaden, P. & Thoennes, N. (1998). *Stalking in America: Findings from the National Violence Against Women Survey*. Homepages unter http://www.ncjrs.org/pdffiles/169592.pdf, abgerufen im September 2002.
Volkmann, H.-R. & Jäger, J. (2000). *Evaluation kriminalpräventiver Projekte - Eine Grundlegung für die Praxis*. Münster.
Voß, H.-G.W. & Hoffmann, J. (2002). Zur Phänomenologie und Psychologie des Stalking: eine Einführung. *Polizei & Wissenschaft, 04*, 4-14.
Wondrak, I. (2004). Auswirkungen von Stalking aus Sicht der Betroffenen. In Bettermann, J. & M. Feenders (Hrsg.), *Stalking – Möglichkeiten und Grenzen der Intervention*. Frankfurt a.M.
Zona, M.A., Palera, R.E. & Lane, J.C. (1998). Psychiatric Diagnosis and the Offender-Victim Typology of Stalking. In Meloy, J.R. (Hrsg.), *The Psychology of Stalking – Clinical and Forensic Perspectives*. San Diego u.a.

Ein Stalking-Forschungsprojekt bei der belgischen Polizei

Anne Groenen und Geert Vervacke

„Ich habe den Stalkingvorfall erst heute der Polizei gemeldet, weil ich bei dem Gedanken, ihn trotz all seiner Probleme verlassen zu haben, Schuld empfand. Außerdem waren wir verheiratet und ich liebte ihn noch immer."
„Ich verstehe nicht, warum ihn die Polizei nicht verhaftet hat. Er stalkt mich seit Monaten. Er verfolgt mich überall hin und hat mich schon oft bedroht. Muss er mich erst umbringen, bis die Polizei etwas unternimmt?"
(Auszüge von Polizeiberichten über Fälle von Stalking).

1. Einleitung

Stalking und häusliche Gewalt nehmen heutzutage einen beträchtlichen Teil polizeilicher Arbeit in Anspruch (Wakim & Work, 2002). In der Vergangenheit hingegen hatte die Beschäftigung mit Problemen dieser Art am Ende der polizeilichen Prioritätenliste gestanden. Da diese Phänomene als Privatangelegenheit eingestuft wurden, erhielten die Polizeibeamten sogar die Anweisung, Interventionen zu vermeiden, ausgenommen Fälle, die eine Bedrohung für Leib und Leben darstellten (Bell, 1985).

In den neunziger Jahren des vergangenen Jahrhunderts gewann persönliche Unversehrtheit immer mehr Bedeutung als ein Gut, welches geschützt werden muss. Nicht mehr nur körperliche, sondern auch psychische Verletzungen wurden nun als wichtiger Aspekt persönlicher Beeinträchtigung verstanden (Wells, 1997). Eine wichtige Rolle beim zunehmenden Verständnis von Stalking als ernsthaftem Problem spielten die Medien. Zunächst berichteten sie nur über das Phänomen des Prominentenstalking, später stand das Stalking zwischen Ex- Partnern, Bekannten und Fremden im Mittelpunkt. Schrittweise wurde auch die Öffentlichkeit der Ernsthaftigkeit des Phänomens Stalking gewahr. Ebenso wurden neue Gesetze zum Schutz der persönlichen Unversehrtheit erlassen, beispielsweise Regelungen, die Vergewaltigungen in partnerschaftlichen Beziehungen und Stalking unter Strafe stellten, aber auch spezielle Projekte zur Unterstützung von Opfern von häuslicher Gewalt und von Stalking wurden ins Leben gerufen.

In den letzten Jahren wächst das wissenschaftliche Interesse am Phänomen Stalking. Obgleich verschiedene Definitionen von Stalking vorgeschlagen wurden, wird ein Stalker übereinstimmend als eine Person angesehen, welche wiederholt ungewollte Verhaltensweisen zeigt, die bei einer anderen Person Furcht auslösen (Pathé & Mullen, 1997; Melton, 2000).

Im Gegensatz zu der großen Anzahl von generellen Publikationen zum Thema Stalking steht die geringe Zahl spezieller Veröffentlichungen über (polizeiliche) Interventionen. Mit der zunehmenden öffentlichen Sensibilisierung für Stalking (Kamphuis & Emmelkamp, 2001) und dem Anstieg des Anzeigeverhaltens von Betroffenen bei der Polizei besteht die Notwendigkeit effiziente Interventionsstrategien zu entwickeln.

Der vorliegende Beitrag beschäftigt sich damit, wie die Polizei mit Stalking umgeht beziehungsweise damit umgehen sollte. Zunächst einmal ist es dabei wichtig, über detailliertes Wissen über das Phänomen Stalking zu verfügen. So wird auf die Prävalenz und die Charakteristika von Stalking eingegangen ebenso wie auf das Anzeigeverhalten der Opfer. Um die Merkmale angezeigter Vorfälle zu untersuchen, wurden 100 Akten über Stalkingfälle bei der Polizei in Leuven, einer Stadt in Belgien, analysiert. Weiterhin werden Richtlinien für polizeiliche Interventionen diskutiert. So sind spezifische kommunikative Fertigkeiten im Umgang sowohl mit Opfern als auch mit Tätern von Nöten. Der Beitrag schließt mit einer Beschreibung des Basta- Projektes, welches ein Beispiel für ein interdisziplinäres Projekt für das Management von Stalkingfällen darstellt, bei dem Polizei, helfende Berufe und Sicherheitsdienste zusammenwirken.

2. Das Phänomen Stalking

2.1 Prävalenz

Heutzutage wird Stalking als ernstzunehmendes Problem betrachtet, wobei prinzipiell jeder zum potenziellen Opfer werden kann (Purcell, Pahté & Mullen, 2002). Studien zeigen abhängig von der Definition des Phänomens und der methodischen Herangehensweise eine erhebliche Spannbreite bei der Einschätzung der Prävalenzraten (O` Connor & Rosenfeld, 2004). In den neunziger Jahren wurden zwei wichtige Untersuchungen zum Thema initiiert, die American National Violence Against Women Survey (NVWS)

(Tjaden & Thoennes, 1998) und die British Crime Survey (BCS) (Budd, Mattinson & Myhil, 2000). In der NVWS wurde Stalking definiert als ein „auf eine spezielle Person gerichtetes Verhaltensmuster, das eine visuelle oder physische Annäherung, ungewollte Kommunikationsversuche, verbale, schriftliche oder implizite Drohungen oder eine Kombination hieraus enthält, die bei einer Person normalerweise Angst auslöst." In dieser Studie, in der 16.000 Männer und Frauen telefonisch befragt wurden, gaben 5.2% der Teilnehmer an, bereits einmal Opfer von Stalking geworden zu sein. In der BCS wurde Stalking definiert als das Phänomen „ständiger und ungewollter Aufmerksamkeit ausgesetzt zu sein". Hier wurde eine repräsentative Stichprobe von 9.988 Teilnehmern ausgewählt, die einen Fragebogen zum Thema eigenständig ausfüllten. In dieser Untersuchungsgruppe gaben 11.8 % der Befragten an, bereits Opfer von Stalking gewesen zu sein.

Die meisten Stalking- Opfer sind weiblich, 78% laut NVWS und 73% laut BCS. Im Gegensatz dazu sind die meisten Stalker männlichen Geschlechts (NVWS: 87%, BCS: 81%). Jüngere Menschen sind einem höheren Risiko, Opfer von Stalking zu werden, ausgesetzt. In der NVCW war die Hälfte (52%), und in der BCS war nahezu ein Drittel (30%) der Opfer jünger als 30 Jahre.

Die Beziehung zwischen dem Stalker und seinem Opfer kann Ex- Beziehungspartner genauso umfassen wie Bekannte oder Fremde. In mehr als der Hälfte der in der NVWS erfassten Stalkingfälle hatten Stalker und Opfer eine intime Vorbeziehung (52%). In jeweils einem Viertel der Fälle war der Stalker ein Bekannter (24%) bzw. ein Fremder (24%). In der BCS wurden die meisten Opfer von einem Fremden (34%) oder von einem Bekannten (32%) gestalkt. In den verbleibenden Fällen war der Stalker ein Ex- Partner (29%).

2.2 Merkmale

Stalking ist durch ein Muster vielfältiger Verhaltensweisen gekennzeichnet, welches zwischen den einzelnen Fällen stark variieren kann. Die am stärksten übereinstimmende Erfahrung der Opfer in der NVWS war, verfolgt und ausspioniert zu werden (79.8%). Die Stalker initiierten ebenso ungewollte Telefonanrufe (57%) oder schickten ungewollte Briefe oder Geschenke (32%). Die Hälfte der in der BCS befragten Opfer gab an, vom Stalker in Gespräche verwickelt worden zu sein (49%). Ebenfalls wurde in einem Drittel oder mehr der Fälle angegeben körperlich eingeschüchtert worden zu sein (42%), physische Übergriffe erfahren zu haben (34%) oder bemerkt zu haben, wie der Stalker vor dem Wohnsitz wartet (33%).

Bei einem Teil der Stalkingfälle tritt gewalttätiges Verhalten auf. Es ist schwierig vorherzusagen, wann Stalker gewalttätig werden. Es gibt Situationen, in denen das Stalking Jahre andauert ohne dass es zu solchen Handlungen kommt. Auf der anderen Seite existieren Fälle, in denen es rasch zu tödlicher Gewalt kam (Fein, Vossenkuil & Holden, 1995). In der NVSW wurden 44.6% der Opfer von dem Stalker bedroht. Weibliche Opfer, die mit dem Stalker eine intime Vorbeziehung hatten, bildeten dabei eine Hochrisikogruppe für körperliche Übergriffe (81%) und sexuellen Missbrauch (31%).

2.3 Anzeigeverhalten

Nicht jedes Opfer ist willens, das Stalking bei der Polizei zu melden. In der NVWS zeigte die Hälfte der Stalkingopfer (53.1%) den Vorfall an. In der BCS war es ungefähr ein Drittel (32%). In der NVWS offenbarten sich mehr Frauen (55%) als Männer (48%) als Stalkingopfer.

Bemerkenswert ist, dass in einigen Fällen jemand anderes als das Opfer die Polizei kontaktierte. In der BCS wurde in 32% der Fälle mit weiblichen Opfern die Polizei informiert, wobei in 24% der Fälle das Opfer selbst den Vorfall meldete und in 8% der Fälle jemand anderes. Die Polizei wurde ebenfalls in 32% der Fälle mit männlichen Opfern informiert, wobei hier 21% der Opfer selbst die Polizei kontaktierten und in 11% der Fälle es jemand anderes tat.

Aus verschiedenen Gründen zeigen die Polizeistatistiken kein valides Bild von den realen Dimensionen des Phänomens Stalking, wie die oben aufgeführten Ergebnisse zeigen. Zunächst einmal könnten Opfer aufgrund von Scham, Angst oder Liebe für den Stalker gehemmt sein, diesen anzuzeigen. Außerdem gehen sie möglicherweise auch davon aus, dass es der Polizei nicht möglich ist ihr Problem zu lösen (Morewitz, 2003; Shell & Lanteigne, 2000).

Das Anzeigeverhalten ist auch davon abhängig, ob das Opfer den Vorfall als Straftat wahrnimmt. In der BCS brachten mehr Befragte den Stalkingvorfall zur Anzeige, wenn sie diesen als Straftat ansahen als wenn sie ihn nur als falsches Verhalten, aber nicht als Verbrechen einstuften. 56% der Befragten, die das Stalking als Straftat wahrnahmen, meldeten es bei der Polizei, während nur 24% der Befragten, die dies nicht taten, die Polizei kontaktierten (Budd et al., 2000).

Falsche Angaben bei der Polizei sind ein weiterer Grund, warum die Polizeistatistiken nicht die realen Ausmaße des Stalking widerspiegeln. Den Ergebnissen von Sheridan und Blaauw (2004) zufolge sind etwa 10% der Stalkingopfer keine wirklichen Betroffenen. Diese Studie basiert auf den Angaben von Opfern, die den Vorfall bei einer Selbsthilfegruppe für Stalking gemeldet hatten (Sheridan & Blaauw, 2004). Die Untersuchung gibt keine Auskunft über das Anzeigeverhalten der Opfer, deshalb ist es auch nicht möglich, Schlussfolgerungen über die Anzahl falscher Azeigen bei der Polizei zu ziehen. Zona und Kollegen fanden in einer Stichprobe von 341 Polizeiberichten von der Threat Management Unit des Los Angeles Police Department (LAPD) einen Prozentsatz von 1.8% falscher Meldungen angeblicher Stalkingopfer (Zona, Palerea & Lane, 1998). Es ist also zu vermuten, dass insgesamt eine geringe Menge angezeigter Stalkingvorfälle als Falschbeschuldigung eingestuft werden muss.

Als weiteren Punkt wird die Polizei nicht jeden Stalkingfall als solchen klassifizieren. Es ist möglich, dass die Polizei permanente Telefonanrufe des „Stalkers" als übliches romantisches Werben fehl interpretiert (Oglive, 2000). Wenn ein Stalker ein schweres Verbrechen wie Einbruch oder Vergewaltigung begeht, wird dies ebenfalls oftmals nicht als Stalking klassifiziert sondern eben als Einbruch oder Vergewaltigung, so dass in diesen Fällen in den Polizeiberichten kein Bezug zu Stalking vorhanden ist.

3. Charakteristika der angezeigten Stalkingvorfälle

3.1 Methode und Datenerhebung

Die vorliegende Studie ist Teil eines Untersuchungsprojektes der Katholischen Universität von Leuven, Abteilung für Strafrecht und Kriminologie zum Thema Stalking (Groenen & Vervaeke, 2005). Dabei wurden im Justizbezirk von Leuven 100 Polizeiberichte als Zufallsstichprobe aus einer Gesamtheit von 500 solcher Berichte ausgewählt. Die Datenanalyse basiert auf gemeldeten Stalkingfällen aus den Jahren 1999 bis

2003.[6] Es handelt sich um Fälle, die vom Opfer der Polizei gemeldet wurden und in denen der soziale Dienst der Polizei involviert war.

Für die Analyse der Polizeiberichte wurde eine auf einer Auswertung der Fachliteratur basierende Checkliste erarbeitet. Diese Liste beinhaltete 24 Aspekte des Stalkingvorfalls (z.b. rechtliche Zuordnung, Datum des Vorfalls, Örtlichkeit), 25 Opfermerkmale (z.b. demographische Angaben, emotionale und physische Belastung, materieller Schaden) und 33 Merkmale der als Stalker verdächtigten Person (z.b. demographische Angaben, Vorhandensein von Alkohol- bzw. Drogenmissbrauch). Es wurden dabei ebenso objektive Aspekte (z.b. Alter, Familienverhältnisse) wie auch subjektive Aspekte (z.b. Grund für das Stalkingverhalten, Persönlichkeitseinschätzung des Opfers und des Verdächtigen) erfasst. Des Weiteren wurde jeweils eine individuelle Fallvignette aus den Aussagen der Opfer und der Verdächtigen sowie aus den polizeilichen Akten herausgearbeitet.

Die 100 Polizeiberichte bezogen sich auf 106 Opfer und 104 Stalker. Die Gruppe der Betroffenen war in der Mehrzahl weiblich (91.5% Frauen, 8.5% Männer). Die Stalkergruppe hingegen setzte sich aus 73% Männer und 15% Frauen zusammen. In den verbleibenden 12% war der Stalker ein Fremder und somit das Geschlecht unbekannt. Circa dreiviertel der Opfer und Stalker waren während der Stalkingdauer allein stehend. In den meisten Fällen hatten Stalker und Opfer eine intime Vorbeziehung gehabt (63%). In einem Viertel der Fälle war der Stalker ein Bekannter (25%) und in den verbleibenden Fällen ein Fremder (12%).

Das durchschnittliche Alter der Opfer mit 37 Jahren und das der Stalker mit 38 Jahren unterschieden sich kaum voneinander. Das jüngste Opfer war 14 und das älteste Opfer 85 Jahre alt. Das Alter des jüngsten Stalkers betrug 13 und das des ältesten Stalkers 75 Jahre. In 35% der Fälle beinhalteten die Polizeiberichte keine Angaben über das Alter des Stalkers.

---

[6] Der Beginn der Analyse datiert sich auf das Jahr 1999, weil am 30. Oktober 1998 in Belgien ein Anti- Stalking Gesetz verabschiedet worden war. Der belgische Gesetzgeber benutze eine relativ weite Definition und beschrieb Stalking als eine Form sozialer Beeinträchtigung, wobei der Terminus „belaguer" Verwendung fand. „Belaguer" bezeichnet dabei *„jedes Verhalten, welches das Opfer bedrängt, wobei der Stalker wusste oder hätte wissen müssen, dass sein Verhalten Beunruhigung auslöst".*

3.2 Charakteristika

Die Stalkingdauer betrug zwischen einem Tag und acht Jahren. In den meisten Fällen hielt das Stalking auch nach der Anzeige bei der Polizei noch an. Obgleich die Polizeiberichte oftmals nicht die exakte Anzahl der Tage aufführten, war dennoch eine Schätzung auf Ebene der Monatszahl zumeist möglich. In mehr als einem Fünftel der Fälle dauerte das Stalking demnach einen Monat oder weniger an (22%), in einem Viertel der Fälle mehrere Monate, in 26% weniger als sechs Monate und in 26% zwischen sechs Monaten und einem Jahr. Bei 20% der Fälle hielt das Stalking länger als ein Jahr an. Für die verbleibenden 6% der Fälle gab es keine Informationen über die Dauer der Verfolgung.

Die gängigste Form des Stalking umfasst Männer, die Frauen stalken, mit denen sie vormals eine intime Beziehung hatten. In 63% der Fälle ist laut Opfer das Ende der Liebesbeziehung der Auslöser für die Verfolgung gewesen. Bemerkenswert ist, dass in 20% der Fälle die Polizeiberichte keine Informationen über den Grund des Stalking enthielten. In den verbleibenden Fällen waren als Gründe für die Verfolgung unter anderem Rache, Nachbarschaftsstreitigkeiten und das Ende einer therapeutischen Arbeitsbeziehung aufgeführt.

In den meisten polizeilichen Unterlagen war mehr als ein Übergriff registriert (55%). Die Stalkingfälle wurden rechtlich unter anderem als Stalking („Beleaguer"), Drohung, Belästigung, Telefonbelästigung, Probleme mit dem Besuchsrecht, Vandalismus, Einschränkung der persönlichen Freiheit, Missbrauch und Verleumdung qualifiziert.

Die Stalker nutzten vielfältige Strategien, um mit dem Opfer in Kontakt zu treten. Die meisten Stalker riefen ihr Opfer an (68%), verfolgten das Opfer oder suchten es persönlich auf (44%) oder schickten E-Mails, SMS oder Briefe (30%). Andere Stalker zerstörten persönliches Eigentum des Opfers (14%). In 71.2% der Fälle gaben die Opfer an, vom Stalker bedroht worden zu sein und in einem Drittel der Fälle trat physische Gewalt auf (34%), wobei in 61.8% der Fälle der Stalker mehr als einmal gewalttätig wurde.

Nur wenige Opfer meldeten der Polizei den Übergriff innerhalb von 24 Stunden (28%). Ein Viertel wartete mehr als einen Monat, bevor es die Polizei kontaktierte (25%) und 7% der Opfer meldeten den Vorfall erst nach einem Jahr. Für die verbleibenden 14% waren in den Polizeiakten keine diesbezüglichen Informationen vorhanden.

4. Richtlinien für polizeiliche Interventionen

4.1 Spezifisches Vorgehen

Es gibt vier verschiedene Möglichkeiten, wie die Polizei über eine Straftat informiert werden kann. Zunächst kann das Opfer den Vorfall bei der Polizei anzeigen. Ebenso kann jemand anderes, beispielsweise ein Verwandter oder Freund des Opfers, die Polizei kontaktieren. Auch ist es möglich, dass die Polizei im Rahmen einer anderweitigen Intervention auf einen Stalkingfall aufmerksam wird. Sogar der Stalker selbst kann den Vorfall bei der Polizei melden, doch ist dies relativ unwahrscheinlich. Es ist jedoch möglich, dass der Stalker sich selbst als Opfer darstellt, um Verwirrung zu stiften und um die polizeiliche Ermittlungsarbeit zu behindern oder weil er von der Vorstellung besessen ist, tatsächlich das wirkliche Opfer zu sein (Groenen, D`haese & Vervaecke, 2003).

Die Hauptaufgabe der Polizei ist es Beweise zu sammeln, um die Wahrheit herauszufinden, so dass es der Justiz möglich ist, den Verfolger anzuklagen und zu bestrafen. Aufgrund seiner besonderen Charakteristika ist Stalking für polizeiliche Interventionen schwer zugänglich. Die Polizei ist dafür ausgebildet Tatorte zu untersuchen, Beweise zu sammeln und Täter, Opfer und mögliche Zeugen zu befragen. Dagegen ist die Polizei in der Regel nicht geschult oftmals schwer greifbarere, stalkingrelevante Hinweise zusammenzutragen oder die potentielle Gefährlichkeit eines Stalkers einzuschätzen (Morewitz, 2003).

Um das tatsächlich Geschehene auszuermitteln, müssen bestimmte Bedingungen erfüllt sein. Zunächst muss ein umfangreiches Wissen über den entsprechenden Deliktsbereich vorhanden sein. Dies umfasst etwa Wissen über unterschiedliches Stalkingverhalten, über Charakteristika von Stalkern und von Opfern und über Risikofaktoren.

Stalker zeigen eine ganze Reihe verschiedener Verhaltensweisen, wobei sie sich oftmals auf einem schmalen Grad zwischen Legalität und strafbaren Handlungen bewegen. Langhinrichsen-Rohling und ihre Kollegen führten den Begriff des „pre-stalking" ein, um die Grauzone ungewollter Annäherung zu bezeichnen, die störend ist, aber nicht zwingend in eine (Stalking) Straftat mündet. Den Autoren zufolge nehmen 99% aller verlassenen Beziehungspartner mindestens einmal unerwünschten Kontakt mit ihren früheren Partnern auf (Langhinrichsen-Rohling, Palarea, Cohen & Rohling, 2000). In der Regel wird der abgelehnte Partner jedoch rasch realisieren, dass sein Verhalten nicht auf Gegenliebe stößt. In einigen

Fällen wird er seine Handlungen dennoch fortführen und beginnen sein Gegenüber zu belästigen. Die Polizei sollte dann mit dem Verfolger ein Gespräch führen und ihm verdeutlichen, dass das Opfer mit der Situation nicht einverstanden ist. Ein solches Vorgehen ist oftmals erfolgreich, wenn es darum geht, diese Form von „pre-stalking" zu beenden (D'haese & Groenen, 2002).

Diese Maßnahme ist schwieriger umzusetzen, wenn der Verfolger seine Annäherungsversuche nicht einstellt und wiederholte und bedrohliche Handlungsweisen zeigt. Die Angst des Opfers besteht oftmals dann, dass der Stalker gewalttätig werden könnte. Kamphuis und Emmelkamp untersuchten die Auswirkungen von Stalking bei 235 Opfern. Auf einer Skala von 1 bis 5 bewerteten die Opfer das Ausmaß der Angst um ihr Leben durchschnittlich mit 3.77 (SD = 0.70) und die Wahrnehmung einer Bedrohung mit 4.75 (SD = 0.77) (Kamphuis & Emmelkamp, 2001). Die Polizei muss deshalb in kurzer Zeit die relevanten Informationen zur Falleinschätzung zusammentragen. Die Gefährlichkeit eines Stalkers vorherzusagen erweist sich dabei oftmals als schwierige Aufgabe aufgrund der Unberechenbarkeit und Entschlossenheit von Stalkern (Kropp, Hart & Lyon, 2002).

4.2 Vorgehen beim Umgang mit dem Opfer

Zunächst ist es wichtig, dass jeder Stalkingfall vom ersten Kontakt an ernst genommen wird. Der Polizeibeamte sollte einfühlend den Ausführungen des Opfers zuhören und er darf die Situation weder herunterspielen noch überdramatisieren. Um eine freie Wiedergabe der Fakten zu ermöglichen, ist es vorteilhaft, wenn der Polizeibeamte dem Opfer nicht mitteilt, dass er ihm Glauben schenkt und er sollte keine suggestiven Fragen stellen. Der Polizeibeamte sollte sich möglicher Fehler bei der Erinnerung früher Geschehnisse bewusst sein und ebenso die Möglichkeit falscher Beschuldigungen im Auge haben.

Es liegt im Bereich des Möglichen, dass das Opfer nicht bereit ist, das Stalking unverzüglich anzuzeigen oder dass es die Anzeige zurückzieht. Wenn die Polizei nicht behutsam genug vorgeht, ist es oftmals schwierig, dass Opfer zu einer weiteren Zusammenarbeit zu bewegen (Abrams & Robinson, 1998). Wichtig ist es, das Opfer dahin gehend zu unterstützen Kräfte zu mobilisieren, um gegen den Stalker vorgehen zu können. Aus diesem Grund sollte die Art und Weise, wie das Opfer auf Manipulationen und Drohungen des Stalkers reagiert, im Blickpunkt stehen (D'haese et al., 2002). Es ist zu empfehlen, dass der zuständige Polizeibeamte mit dem

Opfer nach dem ersten Gespräch noch einmal Kontakt aufnimmt. So bleibt die Polizei auf dem aktuellen Stand und kann leichter - wenn es nötig ist - intervenieren und zudem wird dem Opfer auf diese Weise ein Gefühl der Unterstützung vermittelt (Römkens & Mastenbroek, 1999).

Die Polizei muss dem Opfer Verhaltenstipps für die eigene Sicherheit vermitteln und ebenso ihm erläutern, wie man Beweise sammelt. Die Polizei sollte beispielsweise das Opfer dazu anhalten, Verwandte über die Situation zu informieren und ständig eine Notrufnummer bei sich zu führen. Die Polizei muss ebenso die Notwendigkeit verdeutlichen, ein Tagebuch darüber zu führen, welche Verhaltensweisen der Stalker zeigt (z.B. Datum, Zeitpunkt, Art der Kontaktaufnahme). Des Weiteren sollte die Möglichkeit der Inanspruchnahme bestimmter Hilfsangebote diskutiert werden. In einigen Fällen, insbesondere in solchen, in denen ein ernstes Risiko physischer Gewalt besteht, ist zu überlegen das Opfer in einer geschützten Einrichtung wie einem Frauenhaus unterzubringen. Zu guter Letzt sollte das Opfer über das weitere Vorgehen in seinem Fall genau informiert werden (D`haese et al., 2002).

4.3 Vorgehen beim Umgang mit dem Stalker

Die Geschichte der Person, die des Stalkings verdächtigt wird, ist ebenso bedeutsam wie die des Opfers. Oftmals wird die Frage zu wenig beachtet, ob und wie weit der Stalker seine Handlungen in der gleichen Art und Weise wahrnimmt wie das Opfer. Dabei vermögen die Lebensweise und biographische Erfahrungen des Stalkers Hinweise darauf zu geben, weshalb er gerade auf dieses Opfer fixiert ist. Neben dem Opfer und dem Stalker ist es ebenfalls empfehlenswert, das Umfeld der beiden zu befragen.

Kurz nach der Meldung des Vorfalls sollte die Polizei den Stalker zu einer Unterredung bitten und ihm verdeutlichen, dass sein Verhalten unerwünscht ist (Federal/ Provincial/ Territorial Working Group on Criminal Harassment, 1999). Wenn der Stalker geständig ist, sind die Herausarbeitung aussagekräftiger Indizien und die Androhung einer Inhaftierung wichtige nächste Schritte. Obwohl viele der Verfolger zunächst verneinen werden in einen Stalkingvorfall verwickelt zu sein oder sich selbst als Opfer darstellen, führt diese erste Intervention oftmals zu einer Verhaltensänderung (Badcock, 2002). Die Polizei kann versuchen psychiatrische Einrichtungen heranzuziehen, ein spezifische, auf Stalking ausgerichtete Intervention ist hier jedoch nicht zu erwarten.

Kropp und seinen Kollegen (2002) zufolge bestehen zentrale Punkte im Umgang mit Stalkern darin, eine Risikoeinschätzung vorzunehmen und ein interdisziplinäres Interventionsteam zu bilden. Um eine solche Risikoeinschätzung durchzuführen, ist es sinnvoll Informationen in den folgenden Bereichen zu erheben: Die persönliche Vorgeschichte des Stalkers und des Opfers, die Vorgeschichte und Art ihrer möglichen Vorbeziehung, die auftretenden Stalkingverhaltensweisen und alle eventuell vorhandenen Risikofaktoren für Gewalttätigkeit, wie z.B. Drohungen, Sachbeschädigungen, aggressive Handlungen gegenüber dem Haustier des Opfers, Alkohol- und Drogenmissbrauch (Davis, Stewart & Siota, 2001). Schließlich sollte die Risikoeinschätzung auch eine Durchsicht der verfügbaren Fallinformationen und der bereits durchgeführten polizeilichen Interventionsmaßnahmen beinhalten (Roberts & Dziegielewski, 1996). Hierbei ist ein standardisiertes Erfassungssystem empfehlenswert. Bei der ersten Aufnahme des Falles sollten alle relevanten Informationen aufgenommen und möglichst detailliert dargestellt werden. Es sollte die Möglichkeit bestehen, zu einem späteren Zeitpunkt hinzukommende, neue Informationen mit der ersten Falldarstellung zu verknüpfen, so dass das Opfer nicht bei jedem weiteren Stalkingvorfall gezwungen ist, die ganze Geschichte noch einmal von vorne zu erzählen. Die systematische Erfassung aller Informationen führt zu einer gut strukturierten Fallakte, was für eine spätere juristische Aufarbeitung von Bedeutung ist.

5. Beispiel eines multidisziplinären Projektes zum Umgang mit Stalking

5.1 Ausgangspunkt und Ziel des Projektes

Im Jahr 2000 hatte ein Mann in Leuven seine Exfrau ermordet, nachdem er sie mehrere Monate lang gestalkt hatte. Das Opfer hatte den Stalkingvorfall der Polizei gemeldet und war in einem Frauenhaus untergekommen. Eines Tages folgte der Stalker der Frau und lauerte ihr an ihrem Arbeitsplatz auf. Er attackierte sie und erwürgte sie. Dieses tragische Ereignis war der Auslöser für Polizei, Justiz, Opferschutzorganisationen und lokale Behörden ein interdisziplinäres Projekt zum Umgang mit Stalking zu entwickeln.

Das Projekt mit dem Namen „Basta-Projekt" - der Name bezieht sich auf eine Sicherheitsmaßnahme in Form der Installation eines Panikalarms im Haus des Opfers - startete im September 2001 (Groenen, Huysmans & Stevens, 2002). Das Projekt basiert auf dem „Abused Women's Activity

Response Emergency System" (AWARE), welches in den frühen neunziger Jahren in Kanada entwickelt worden war. Das AWARE Projekt hatte den Ruf, dazu beigetragen zu haben das Leben missbrauchter Frauen zu schützen und unzähligen anderen Opfern die beruhigende Gewissheit vermittelt zu haben, ihrem gewalttätigen Partner oder Stalker entkommen zu sein.

Das Basta-Projekt verfolgte vielfältige Ziele. Zunächst erschien es notwendig, die Sicherheit des Opfers durch die Installation eines Panikalarms in deren Heim zu erhöhen. Weiterhin war es das Ziel, adäquate Hilfestellungen und eine effektive polizeiliche Unterstützung anzubieten. Schließlich sollten die Polizeibehörden, Hilfsorganisationen und Bevölkerung für das Thema sensibilisiert werden (Groenen et al., 2002). In dem Projekt ist die Installation eines Panikalarms im Haus des Opfers von zentraler Bedeutung. Diese Sicherheitsvorkehrung sorgt dafür, dass sich das Opfer zu Hause wieder sicher fühlen kann und der Stalker möglicherweise abgeschreckt wird (Römkens et al., 1999).

Das System beinhaltet einen mobilen Alarmauslöser, welcher vom Opfer im Haus oder in der Nachbarschaft mit sich geführt werden kann. Im Fall eines Angriffs kann das Opfer den Alarmauslöser betätigen und so einen stillen Alarm an einen Sicherheitsdienst übermitteln, der wiederum eine Polizeidienststelle informiert. Die Polizei reagiert auf eine solche Alarmauslösung mit der höchsten Prioritätsstufe und der Stalker wird aufgesucht und verhört. Das Opfer wird zusätzlich zur Installation des Alarmsystems betreut und bekommt, wenn es notwenig erscheint, eine Therapie vermittelt. Obwohl damit nicht gerechnet wird, ist es auch möglich, dass sich der Stalker freiwillig einer psychologischen oder psychiatrischen Therapie unterzieht, bevor es zu einer Anklage kommt (Groenen et al., 2002).

5.2 Vorgehen und Aufgabe der Entscheidungskommission

Um an dem Projekt teilnehmen zu können, muss das Opfer vier Bedingungen erfüllen: Zunächst einmal muss es ein tatsächliches Stalkingopfer sein. Die zweite Bedingung besteht darin, dass das Opfer nach der Installation des Panikalarms auch jeden Zwischenfall der Polizei melden muss. Drittens darf keinerlei freiwilliger Kontakt mit dem Stalker erfolgen. Sollten gemeinsame Kinder in den Fall involviert sein, wird dafür gesorgt, dass Opfer und Stalker getrennt voneinander mit den Kindern in Kontakt treten. Als letzte Bedingung muss das Opfer in Leuven wohnen.

Wenn ein Opfer die Polizei kontaktiert, erhält es Informationen über das Projekt. Wenn das Opfer dann Interesse bekundet, wird es von der Opferbetreuung zu einem ersten Gespräch eingeladen. Dort wird ihm aufmerksam zugehört und es bekommt weiterführende Informationen über die Vorgehensweise des Projekts. Wenn das Opfer die Installation eines Panikalarms wünscht, wird ein Interview mit ihm durchgeführt und es muss es einen standardisierten Fragebogen ausfüllen, der etwa Fragen über den persönlichen Hintergrund des Opfers und des Stalkers enthält, über das Verhalten des Stalkers und über die Auswirkungen für das Opfer. Diese Informationsgrundlage ermöglicht es dem Berater eine konkrete Vorstellung des Falls zu gewinnen und die Notwendigkeit der Installation eines Alarmsystems einzuschätzen. Danach wird der Fall in der Entscheidungskommission diskutiert, die die letzte Entscheidung über die Aufnahme in das Projekt trifft. Ebenso werden dort weitere Sicherheitsmaßnahmen erörtert.

In einer Krisensituation ist es durchaus denkbar, dass ein Panikalarm unmittelbar nach einer übereinstimmenden Absprache zwischen Polizei und Opferhilfe installiert wird. In einem solchen dringlichen Fall diskutiert die Entscheidungskommission die Installation erst in ihrem nächsten Meeting. Alle drei Monate evaluiert die Kommission die bereits eingesetzten Alarmsysteme und bespricht neue Anträge.

Das Alarmsystem kann auf Anordnung des Opfers oder der Entscheidungskommission entfernt werden. Gründe dafür sind entweder, dass der Stalker seit einigen Monaten inaktiv ist oder dass das Opfer keine Angst mehr verspürt. Wenn das Stalking nach einiger Zeit wieder von neuem beginnt, besteht die Möglichkeit erneut einen Alarm zu beantragen (Groenen et al., 2002).

Die Installation eines Panikalarms ist als Teil einer ganzheitlichen Interventionsstrategie zu sehen. Die Besonderheit des Basta-Projektes liegt in der Zusammenarbeit verschiedener Projektpartner, woraus ein interdisziplinäres Vorgehen resultiert. Darüber hinaus erhöht ein solches Vorgehen die fachliche Kompetenz der beteiligten Personen.

Die Mitglieder der Kommission stehen in einem Informationsaustausch bezüglich ihres jeweiligen Vorgehens. Dabei ist es wichtig gegenseitige Vertraulichkeit zu vereinbaren. Wenn beispielsweise die Polizei während eines Treffens der Entscheidungskommission von einem neuen Übergriff erfährt, ist es ihre Aufgabe, einen Bericht anzufertigen und das Opfer und den Stalker zu befragen. Es ist notwendig, dieses Vorgehen mit allen involvierten Parteien abzusprechen.

Es muss angemerkt werden, dass der Fokus des Projektes nicht darauf liegt, so viele Festnehmen wie möglich durchzuführen. Das Projekt legt vielmehr den Schwerpunkt auf das Voranbringen einer aufeinander abgestimmten, offensiven und interdisziplinären Strategie im Umgang mit Stalking. Ziel ist es, dass Stalkingfälle ernst genommen werden und dass durch ein frühes Einschreiten wiederholte Viktimisierungen vermindert werden und Interventionsstrategien weiter entwickelt werden.

5.3 Teilnehmer des Basta- Projektes

Seit dem Beginn des Projektes im September 2001 bis ins Jahr 2004 haben mehr als 20 Opfer einen Antrag gestellt, an dem Verfahren teilzunehmen. Neun dieser Personen nahmen dann aus unterschiedlichen Gründen doch nicht teil: Fünf Personen lebten nicht in Leuven und eine Person hatte kein Telefon. Drei Opfer stiegen vor Installation des Alarms aus mit der Begründung, der Stalker habe aufgehört, sie zu belästigen aus. In zwei dieser Fälle war es unklar, ob der Stalker sein Verhalten wirklich geändert hatte oder ob das Opfer Angst vor Racheaktionen hatte.

Die Entscheidungskommission unterstütze die Einrichtung eines Panikalarms in elf Fällen. Der Alarm wurde bei zwei männlichen und neun weiblichen Stalkingopfern installiert. Die männlichen Betroffenen wurden beide von Verwandten gestalkt und von diesen auch bedroht. Acht der weiblichen Opfer wurden von ihren Ex- Partnern gestalkt und eine von einem Bekanntem. In sieben der Fälle gab es eine von häuslicher Gewalt geprägte Vorgeschichte und in allen Fällen wurde das Opfer vom Stalker bedroht.

In der Zeit zwischen dem Beginn des Projektes und Mai 2004 betrug die durchschnittliche Nutzung installierter Alarmssysteme 241 Tage. Der kürzeste Zeitraum belief sich auf 60 Tage, wobei der Stalker in diesem Fall das Opfer nicht ein einziges Mal kontaktierte. Der längste Zeitraum dauerte zum Zeitpunkt der Auswertung noch an und beträgt aktuell mehr als 630 Tage. Während der Dauer des Projektes wurden die Opfer von einer Opferschutzorganisation und dem Sozialen Dienst der Polizei betreut. Alle Opfer gaben an, mit der Opferbetreuung und dem Vorgehen der Polizei zufrieden zu sein. Das Sicherheitsempfinden der Opfer wurde insbesondere durch den Umstand, dass die Polizei sofort reagiert, wenn sie den Alarmknopf betätigen, erhöht.

6. Schlussfolgerung

Ein nennenswerter Teil der Bevölkerung ist im Lauf des Lebens mit dem Phänomen Stalking einmal konfrontiert (Mullen et al., 2000; Meloy, 1998). Es ist nicht möglich, die exakte Anzahl der Stalkingopfer in einer Gesellschaft anzugeben. Unterschiede in den Prävalenzen sind mit verschiedenen Definitionen und Forschungsmethoden zu begründen. Wahrscheinlich ist es einfacher, Stalking zu erkennen als eine allgemein anerkannte Definition zu entwickeln (Badcock, 2002). Ein wichtiges Element bei der Beschreibung von Stalking ist es „Ziel wiederholter und unerwünschter Verhaltensweisen zu sein, die Angst auslösen, zu sein" (Pathé & Mullen, 1997; Melton, 2000).

Der Umstand, dass sich die Polizei täglich mit Stalkingopfer konfrontiert sieht, ist eine Konsequenz der Anerkennung von Stalking als Verbrechen. Dennoch ist nicht jedes Opfer gewillt, den Vorfall bei der Polizei anzuzeigen. Das Anzeigeverhalten des Opfers scheint in hohem Maß davon abhängig zu sein, inwiefern das Opfer selbst aber auch die Polizei den Vorfall als Straftat versteht. Die Wahrscheinlichkeit die Polizei einzuschalten ist weiterhin von der Angst vor Vergeltung, von Gefühlen von Mitleid oder Liebe für den Stalker und von Fehlinterpretationen seitens der Polizei abhängig.

Es wurden sowohl Übereinstimmungen als auch Unterschiede in den Charakteristika der in Opferstudien und Polizeiberichten untersuchten Stalkingfälle gefunden. Die gängigste Form von Stalking scheint sich zwischen einem weiblichen Opfer und einem männlichen Täter zu ereignen. Weiterhin findet sich Stalking in allen Alterklassen, aber besonders bei jungen Personen besteht ein erhöhtes Risiko. Ein Unterschied wurde bezüglich der Beziehung zwischen Opfer und Stalker gefunden. In den Opferstudien bezog sich die Hälfte der Fälle auf Stalking zwischen Fremden oder Bekannten, während zwei Drittel der Opfer, die Stalkingvorfälle bei der Polizei meldeten, eine intime Vorbeziehung zum Stalker hatten. Ebenso interessant ist der höhere Anteil gemeldeter Drohungen und physischer Gewalt in den Polizeiberichten, insbesondere dann, wenn das Opfer ein früherer Liebespartner des Stalkers war. Abgesehen von unterschiedlichen Definitionen von Stalking und Gewalt könnte eine Begründung hierfür darin liegen, dass viele Opfer ihre Stalkingerfahrungen erst dann der Polizei melden, wenn der Stalker Gewalt angedroht oder angewendet hat. Letztlich unterscheidet sich die Länge des Stalking von Fall zu Fall. Ein Fünftel der Stalkingfälle dauerte ein Jahr oder länger an, mehr als ein Fünftel nur ungefähr einen Monat. Die meisten der Polizei gemeldeten Stalkingvorfälle dauerten bei der Erhebung noch an und nur wenige fanden im Vergleich mit den Ergebnissen aus Opferstudien nach einem Monat ihr Ende.

Die Aufgabe der Polizei ist es, Beweise zu sammeln, um eine Strafverfolgung glaubhaft begründen zu können. Dabei ist es wichtig, über umfassendes Wissen bezüglich verschiedener Stalkingverhaltensweisen und bezüglich der Charakteristika von Opfern und von Stalkern, wie oben beschrieben, zu verfügen. Die Polizei sollte sich im Klaren darüber sein, dass offensichtlich die schwereren Vorfälle zur Anzeige gebracht werden und dass jeder gemeldete Stalkingfall ernst zu nehmen ist. Dafür sind bestimmte Kommunikationsfertigkeiten seitens der Polizeibeamten wichtig.

Der erste Kontakt mit dem Opfer bestimmt die Weiterbehandlung des Falles. Der Polizeibeamte muss mit dem Opfer ein gründliches Interview führen können und dabei eine emphatische Haltung einnehmen und suggestive Fragen vermeiden. Aufgrund der komplizierten Natur von Stalking muss das Interview auf einem Verständnis für die verschiedenen Stalkingverhaltensweisen, für das Gewaltrisiko und für die Auswirkungen auf das Opfer gründen. Weiterhin sind Information über verschiedene Sicherheitsvorkehrungen und darüber, wie Beweise zu sammeln sind, zu vermitteln. Von Bedeutung ist ebenfalls, das Opfer regelmäßig über den Stand der Ermittlungen zu informieren.

Beim Umgang mit dem Stalker sind die gleichen kommunikativen Fähigkeiten der Polizeibeamten von Nöten. In den weniger schweren Stalkingfällen sollte eine Androhung von Inhaftierung ausreichen, den Stalker zu stoppen. In den schwereren Fällen ist es empfehlenswert, das Risiko für die Anwendung von Gewalt in einem frühen Stadium einzuschätzen. Obwohl sich dies recht schwierig gestalten kann, ist es nützlich, Informationen in den folgenden Bereichen zu erheben: Die persönliche Geschichte von Opfer und Stalker, die Art der Vorbeziehung zwischen diesen, Stalkingverhaltensweisen und alle potentiellen Risikofaktoren für die Anwendung von Gewalt.

Die Polizei ist ein wichtiger, aber nicht der einzige Partner beim Umgang mit Stalkingfällen. Eine effiziente Fallbearbeitung von Stalking erfordert einen interdisziplinären Zugang. Ein gutes Beispiel für eine solche Vorgehensweise ist das Basta- Projekt. Hier sind außer der Polizei auch Opferschutzorganisationen und Sicherheitsdienste involviert. Die Installation eines Panikalarms ist die erste Schritt, um die Sicherheit des Opfers zu erhöhen. Dem folgend muss ein effizienter Umgang mit Opfern und Stalkern entwickelt werden. Aktuell besteht ein Mangel an effizienten

Interventionsstrategien. Die Zusammenarbeit verschiedener Disziplinen soll zu einem stärker ausdifferenzierten und erfolgreicherem Vorgehen bei künftigen Stalkingfällen führen.

Literatur

Abrams, K.M. & Robinson, G.E. (1998). Stalking Part II: Victims' Problems with the Legal System and Therapeutic Considerations, *Canadian Journal of Psychiatry*, 473-481.

Badcock, R. (2002). Psychopathology and Treatment of Stalking, in J. Boon & L. Sheridan (eds.), *Stalking and Psychoseksual Obsession: Psychological Perspectives for Prevention, Policing and Treatment* (pp. 125-139), Chichester: John Wiley & Sons.

Bell, D.J. (1985). Domestic violence: victimization, police intervention and disposition, *Journal of Criminal Justice*, 525-534.

Budd, T., Mattinson, J. & Myhil, A. (2000). *The extent and nature of stalking: findings from the 1998 British Crime Survey*, London, Home Office: Research and Directorate.

O'Connor, M. & Rosenfeld,B. (2004). Introduction to the special issue on stalking. Finding and filling the gaps, *Criminal Justice and Behaviour*, 1, 3.

Copson, G. & Marshall, N. (2002). Police Care and Support for Victims of Stalking, in J. Boon and L. Sheridan (eds.), *Stalking and Psychoseksual Obsession: Psychological Perspectives for Prevention, Policing and Treatment* (pp. 49-62) Chichester: John Wiley & Sons.

Davis, J.A., Stewart, L.M. and Siota, R. (2001). Threat assessment and Safety Planning, in J.A. Davis (ed.), *Stalking Crimes and Victim Protection. Prevention, Intervention, Threat Assessment and Case Management* (pp. 261-282), London: CRC Press.

D'haese, W. & Groenen, A., Police intervention for victims of stalking [Politie-interventie bij slachtoffers van stalking], *Politiejournaal-Politieofficier*, 2002, 9, 19-23.

Federal/Provincial/Territorial Working Group on Criminal Harassment for the Department of Justice Canada (1999), *A Handbook for Police and Crown Prosecutors on Criminal Harassment*, Minister of Public Works and Government Services Canada.

Fein, R.A., Vossenkuil, N, B. & Holden, G.A. (1995) The secret service exceptional Case Study Project: An examination of violence against public officials and public figures, National Institute of Justice, www.nvc.org.

Groenen, A., Huysmans, V. & Stevens, L. (2002). 'BASTA!', beleaguer the stalker, ['BASTA!, De belager belaagd]., *Alert*,5, 81-89.

Groenen, A. & Vervaeke, G. (2005), 'Characteristics of reported stalking incidents and guidelines for police intervention' in MODENA GROUP ON STALKING (eds.), *Women victims of stalking and helping professions: recognition and intervention models,* (pp. 68-81), Milano, Criminologia.

Groenen, A., D'haese, W., & Vervaeke, G. (2003). "Dangerous game" ["Gevaarlijk spel"], *Tijdschrift over samenleving en criminaliteitspreventie*, 3, 11-14.

Kamphuis J.H. & Emmelkamp M.G. (2001), 'Posttraumatic Distress Among Support-Seeking Female Victims of Stalking', *Am J Psychiatry*, 158: 795-798

Kropp, P.R., Hart, S.D. & Lepard, D.A. (2002), Managing Stalkers: Coordinationg Treatment and Supervision', in J. Boon & L. Sheridan (eds.), *Stalking and Psychoseksual Obsession: Psychological Perspectives for Prevention, Policing and Treatment* (pp. 142-463), Chichester: John Wiley & Sons.

Kropp, P.R., Hart, S.D. & Lyon, D.R. (2002). Risk Assessment of Stalkers. Some Problems and Possible Solutions, *Criminal Justice and Behavior*, 590-616.

Langhinrichsen-Rohling, J., Palarea, R., Cohen, J. & Rohling, M. (2000). Breaking up is hard to do: Unwanted pursuit behaviors following the dissolution of a romantic relationship. *Violence and Victims*, 15, 1, 73-90.

Meloy, J.R. (1998) *The Psychology of Stalking. Clinical and Forensic Perspectives*, San Diego: Academic Press.

Melton, H.C. (2000). Stalking: a review of the literature and direction for the future, *Criminal Justice Review*, 246-262.

Morewitz, S.J. (2003). *Stalking and violence. New patterns of trauma and obsession*, New York: Kluwer Academic.

Mullen, P.E., Pathé, M. & Purcell, R. (2000). *Stalkers and their victims*, Cambridge: University Press.

O'Connor, M. & Rosenfeld, B. (2004). Introduction to the special issue on stalking. Finding and filling the gaps, *Criminal Justice and Behaviour*, 1, 3-8.

Oglive, E. (2000). *Stalking: Legislative, Polcing and Prosecution Patterns in Australia*, Australian Institute of Criminology: Research and Public Policy Series.

Pathé, M. & Mullen, P.E. (1997). The impact of stalkers on their victims, *British Journal of Psychiatry*, 170, 12–17.

Purcell, R., Pathé, M. & Mullen, P.E. (2002). The prevalence and nature of stalking in the Australian community, *Australian and New Zealand Journal of Psychiatry*, 114-120.

Roberts, A.R. & Dziegielewski, S.F. (1996). Assessment typology and intervention with the survivors of stalking, *Aggression and Violent Behavior*, 359-368.

Römkens, R. & Mastenbroek, S. (1999). The you can hear the fish breathing. About beleaguer and harassment of women by their former partner and the security of the Awasre-system. [*Dan hoor je de vissen ademen. Over belaging en bedreiging van vrouwen door hun ex-partner en de beveiliging door het Aware-systeem*, Utrecht: universiteit Utrecht.

Rosenfeld, B. & Harmon, R. (2002). Factors associated with violence in stalking and obsessional harassment cases, *Criminal justice and behaviour*, 671-691.

Shell, B.H. & Lanteigne, N.M. (2000). *Stalking, harassment and murder in the workplace. Guidelines for Protection and Prevention*, Londen: Quorum Books.

Sheridan, L.P. & Blaauw, E. (2004). Characteristics of false stalking reports, *Criminal Justice and Behaviour*, 1, 55-72.

Tjaden, P. & Thoennes, N. (1998). *Stalking in America: Findings from the National Violence Against Women Survey*, National Institute of Justice.

Wakim, J. & Work, Q. (2002). Attitudes and opinions of police, service providers and community leaders to domestic violence in culturally diverse communities in Sydney, Australia, Third Australasian Women and Policing Globally, National Convention Centre, 20-23 October 2002: *http://www.aic.gov.au/conferences/policewomen3/wakim.html*.

Wells, C. (1997). Stalking: The Criminal Law Response, *The Criminal Law Review*, 463-470.

X (2004). Evaluation [*Evaluatieverslag*], *BASTA PROJECT LEUVEN*, werkjaar 2003, Leuven: Dienst Slachtofferhulp, onuitgeg. nota.

Zona, M.A., Palerea, R.E. & Lane, J.C. (1998). Psychiatric diagnosis and the offender-victim typology of stalking. In J.R. Meloy (ed.), *The Psychology of Stalking. Clinical and Forensic Perspectives* (pp. 81-84), San Diego, Academic Press.

Bedarf es eines strafrechtlichen Stalkingbekämpfungsgesetzes?

Helmut Fünfsinn

Die Frage, ob es eines strafrechtlichen Stalkingbekämpfungsgesetzes bedarf, kann auf den ersten Blick durchaus – und dies mit breiter Begründung – unterschiedlich beantwortet werden.[7] Blickt man in die USA und die meisten englischsprachigen Länder sowie jetzt auch in einige europäische Nachbarstaaten, dann sieht man, dass der Bedarf als unbestritten gilt. Als das Phänomen zu Beginn der 80er Jahre zuerst in den USA und dann in weiteren englischsprachigen Staaten zum öffentlichen Thema wurde, dauerte es nicht lange, bis spezielle strafrechtliche Stalkingbekämpfungsgesetze verabschiedet worden sind. Schon am 1. Januar 1991 wurde in Kalifornien ein Straftatbestand geschaffen und seit 1992 bestehen in allen Bundesstaaten der USA Anti-Stalking-Gesetze.[8] Anders die bisherige Diskussion in Deutschland, die – obwohl das Problem in den letzten Jahren vermehrt wahrgenommen wird – wohl (noch) mehrheitlich keinen Handlungsbedarf sieht.[9] Die Begründungen werden mit den bestehenden strafgesetzlichen Regelungen, den Normen des Gewaltschutzgesetzes und dem Erfolg der ressortübergreifenden kriminalpräventiven Vorgehensweise geleistet. Bei genauerer Betrachtung lassen diese Begründungen jedoch sehr deutliche Lücken erkennen, die für die Hessische Landesregierung und inzwischen weitere Landesregierungen Grund genug waren, einen Gesetzentwurf zur Änderung des

---

[7] Siehe hierzu Sieverding, Kriminalistik 2004, 763
[8] Vgl. Bettermann, in: Gewalt gegen Mädchen und Frauen, Hrsg.: Internationale Police Association (IPA), Deutsche Sektion 2004, 15 (16)
[9] Die Diskussion ist bislang eher aus polizeilicher und kriminologischer Sicht geführt worden. Siehe hierzu u.a. Hoffmann, Kriminalistik 2001, 34 ff. und Kriminalistik 2003, 726 ff.; Kube, Kriminalistik 1999, 161 ff.; Füllgrabe, Kriminalistik 2001, 163 ff.; Löbmann, MSchrKrim 85 (2002), 25 ff.; Sieverding, Kriminalistik 2004, 763 ff. Strafrechtlich ist sie von v. Pechstaedt, Stalkingstrafbarkeit nach englischem und deutschem Recht, 1999, angestoßen worden. Während Meyer, ZStW 115 (2003), 249 (259) noch behaupten konnte, dass „Kommentar- und Lehrbuchliteratur zum Thema schweigen", äußern sich jetzt sowohl Dreher/Fischer, StGB, 52. Auflage (2004), § 223 Rn. 6 als auch Lackner/Kühl, StGB, 25. Auflage (2004), § 223 Rn. 4 knapp zum sog. „stalking".

Strafgesetzbuches vorzulegen und diesen in das Gesetzgebungsverfahren einzubringen.

Um eine vorurteilsfreie Diskussion auf breiter Tatsachengrundlage zu ermöglichen, möchte ich die wesentlichen Diskussionslinien, die auf den ersten Blick gegen die Verwirklichung eines strafrechtlichen Stalkingbekämpfungsgesetzes sprechen darstellen (1.), sodann die sich hieraus ergebenden Lücken bezeichnen und daraus die Gründe entwickeln, die für ein solches Gesetz sprechen (2.), um im Weiteren den vom Hessischen Justizministerium erarbeiteten Gesetzentwurf im Einzelnen vorzustellen (3.). Schließen möchte ich diesen Beitrag mit einem rechtspolitischen Ausblick (4.).

1. Überlegungen, die gegen die Implementierung eines Stalkingbekämpfungsgesetzes sprechen

1.1 Bestehende strafgesetzliche Regelungen

Völlig unbestritten ist, dass Tatbestände des Strafgesetzbuches, die durch ein Stalkingverhalten verwirklicht werden können, in größerer Anzahl vorhanden sind. Der Tatbestand der Körperverletzung (§ 223 des Strafgesetzbuches [StGB]) ist jedenfalls dann einschlägig, wenn es zu einer körperlichen Misshandlung oder Gesundheitsbeschädigung, z.B. durch Tritte und Schläge kommt. Führt das fortwährende Nachstellen und etwaige Bedrohen – insbesondere wenn es unter Umständen über Jahre hinweggeht – zu massiven depressiven Verstimmungen mit Schlaf- und Konzentrationsstörungen, so liegen neben der seelischen Erschütterung wegen ihrer somatischen Auswirkungen kumulativ auch eine körperliche Misshandlung und eine Gesundheitsbeschädigung vor.[10] Allerdings auch nur in diesen Fällen der somatischen Auswirkungen; fehlen diese, ist eine Körperverletzung nicht gegeben.[11]

Da es regelmäßig das Ziel des Täters ist, das Opfer zu einem bestimmten Verhalten – typischerweise zur Aufnahme von Kontakt oder gar einer Beziehung – zu veranlassen, kann auch der Tatbestand der Nötigung (§ 240 StGB) erfüllt sein. Tatsächlich werden allerdings zumeist Schutzvorkehrungen des Opfers hervorgerufen, wie z.B. Sicherheitsmaßnahmen an der Wohnung, die Einrichtung einer neuen Telefonnummer, der

---

[10] Vgl. Meyer, ZStW 115 (2003), 249 (261); jetzt auch Tröndle/Fischer, StGB, 52. Auflage, § 223 Rn. 6
[11] Lackner/Kühl, StGB, 25. Auflage, § 223 Rn. 4 und 5

Wechsel des Wohnortes oder des Arbeitsplatzes. Auch ein solches Opferverhalten ist zwar Folge des Stalking, aber gerade nicht intendiert und somit kein Nötigungserfolg im Sinne von § 240 StGB.[12]

Durch Beschimpfungen des Opfers, z.b. wegen einer Untreue oder ablehnenden Haltung, per Brief, Telefon oder E-Mail, die geeignet sind, eine Person in ihrem sozialen bzw. personalen Geltungsbereich herabzuwürdigen, verwirklicht der Täter den Tatbestand der Beleidigung (§§ 185 ff. StGB).[13] Adressat einer derartigen Herabwürdigung kann freilich auch der Partner oder ein Beschützer des Opfers sein. Im Nachstellen oder Auflauern allein liegt eine Missachtung des personalen Geltungsanspruchs dagegen selbst dann nicht, wenn der Stalker den ausdrücklichen Wunsch des Opfers, es in Ruhe zu lassen, bewusst ignoriert.[14]
Im Übrigen können noch weitere Straftatbestände erfüllt sein, wie etwa die Bedrohung (§ 241 StGB), die Freiheitsberaubung (§ 239 StGB) und der Hausfriedensbruch (§ 123 StGB).[15]

Insoweit abschließend lässt sich sicherlich feststellen, dass die gravierendsten Folgen des Stalking bereits nach geltendem Recht von den Vorschriften des Strafgesetzbuches erfasst werden. Damit sind aber weder alle Einzelhandlungen des Belästigers noch das Spezifikum der langfristigen, wiederholten Belästigung umfasst.[16]

1.2 Gewaltschutzgesetz

Das seit dem 1. Januar 2002 in Kraft getretene Gewaltschutzgesetz (GewSchG) sieht in § 1 zivilgerichtliche Maßnahmen zum Schutz vor Gewalt und Nachstellung vor. So enthält § 1 Abs. 1 GewSchG eine beispielhafte, also nicht abgeschlossene Aufzählung, welche Maßnahmen in den Fällen der vorsätzlichen und widerrechtlichen Verletzung des Körpers, der Gesundheit und der Freiheit einer anderen Person zur Abwehr weiterer Gefährdungen in Betracht kommen, z.B. Aufenthalts- und Näherungsverbote.

---

[12] So zu Recht Meyer, ZStW 115 (2003), 249 (263)
[13] Siehe etwa Schönke/Schröder/Lenckner, StGB, 26. Auflage, § 185 Rn. 2
[14] Meyer, ZStW 115 (2003), 249 (265)
[15] Vgl. hierzu umfassend Meyer, ZStW 115 (2003), 249 (261 ff.)
[16] Löbmann, MSchrKrim 85 (2002), 25 (30); Kerbein/Pröbsting, ZRP 2002, 76 (78); Pollähne, Neue Kriminalpolitik 2002, 5b; Lackner/Kühl, StGB, 25. Auflage, § 223 Rn. 4; Meyer, ZStW 115 (2003), 249 (266)

§ 1 Abs. 2 GewSchG erklärt Abs. 1 für entsprechend anwendbar in Fällen der widerrechtlichen Drohung mit der Verletzung von Leben, Körper, Gesundheit oder Freiheit. Zudem erfasst dieser Absatz die Fälle des Hausfriedensbruchs und, für unser Thema weit wichtiger, auch Fälle des Stalking, also das wiederholte Überwachen oder Auflauern, Verfolgen usw.

Die Folgen der Verstöße gegen diese Vorschrift sind aber nicht die Strafbarkeit, sondern geben allein einem Zivilgericht auf Antrag der verletzten Person, also des Opfers, die Möglichkeit, die zur Abwendung weiterer Verletzungen erforderlichen Maßnahmen zu treffen.[17] Wenn diese Maßnahmen dann vollstreckbar angeordnet worden sind, kann möglicherweise strafrechtlicher Schutz erlangt werden. Insoweit bestimmt § 4 GewSchG, dass bei Zuwiderhandlungen gegen eine bestimmte vollstreckbare Anordnung – also etwa ein Aufenthalts- oder Näherungsverbot – eine Freiheitsstrafe bis zu einem Jahr oder eine Geldstrafe vom Strafgericht ausgesprochen werden kann. Damit wird allerdings nicht das eigentliche Nachstellen selbst, sondern allein die Unbotmäßigkeit gegenüber der gerichtlichen Anordnung unter Strafe gestellt.[18] Die eigentliche rechtliche Bewertung erfolgt allein auf der Ebene des Zivilrechts. Die Strafbarkeit hingegen stellt sich nur als gesteigerte Form eines Zwangsmittels zur Durchsetzung der Unterlassungsanordnung dar. Insgesamt dürfte insoweit klassisches Ordnungsunrecht angesprochen sein.[19]

1.3 Ressortübergreifende kriminalpräventive Zusammenarbeit

Da viele Fälle von Stalking innerhalb ehemaliger Beziehungen erfolgen und oft mit – ggf. früheren – Fällen von häuslicher Gewalt einher gehen oder gingen, ist auch ein Blick auf die praktische Zusammenarbeit bei der Anwendung des Gewaltschutzgesetzes zu richten.
Gerade die Zusammenarbeit bei der Anwendung des Gewaltschutzgesetzes zeigt, dass konsequente Intervention gegen häusliche Gewalt durch ein koordiniertes Vorgehen der unterschiedlichen Ressorts sowohl auf regionaler Ebene wie auch landesweit der Prävention von häuslicher Gewalt dient. In diesem Zusammenhang kann darauf hingewiesen werden, dass das Gewaltschutzgesetz z.B. in Hessen durch Änderungen des Hessischen Gesetzes über die öffentliche Sicherheit und Ordnung (HSOG)

---

[17] Siehe zu den Einzelheiten der Regelung Grziwotz, NJW 2002, 872 ff.
[18] Vgl. Kerbein/Pröbsting, ZRP 2002, 76 (78)
[19] So zu Recht Meyer, ZStW 115 (2003), 249 (270); anders Pollähne, Neue Kriminalpolitik 2002, 56 (58); Frommel, ZRP 2001, 287 (291 Fn. 3b); siehe auch die Gesetzesbegründung BT-Drs. 14/5429, S. 11

vom 12. September 2004 und durch gemeinsam erarbeitete und vom Hessischen Landeskriminalamt herausgegebene Handlungsleitlinien zur Bekämpfung häuslicher Gewalt begleitet worden ist. Dies ist von großem Vorteil, weil eine gesonderte Rechtsgrundlage für die polizeiliche Wegweisung geschaffen worden ist, mit der ein bis zu 14 Tage andauerndes Wegweisungsrecht und Betretungsverbot zur Verfügung steht, das um weitere 14 Tage verlängert werden kann, wenn bis dahin eine wirksame richterliche Entscheidung nicht getroffen wurde. Im Übrigen ist durch die ressortübergreifenden Arbeitsgruppen und durch spezifische Fortbildungsmöglichkeiten die Zusammenarbeit deutlich verbessert worden.[20] Damit einher geht eine ständige Steigerung des Einschreitens der Polizei in Fällen häuslicher Gewalt. In Hessen wurden für das Jahr 2003 insgesamt 5.198 Fälle häuslicher Gewalt gezählt gegenüber 4.333 Fällen im Jahre 2002[21], so dass eine Steigerung um 20 % zu verzeichnen ist. Die Steigerung kann sicherlich auf eine gestiegene Anzeigenbereitschaft und damit Aufhellung des Dunkelfeldes, bedingt durch die verstärkte Aufklärung und Sensibilisierung der Bevölkerung, zurückgeführt werden. Ebenso ist die Steigerung der registrierten Fallzahlen Ergebnis des konsequenten Einschreitens und Einleitens von Strafverfahren in Fällen häuslicher Gewalt. Leider ist noch darauf hinzuweisen, dass sowohl im Jahr 2002 als auch im Jahr 2003 die Zahl der Tötungsdelikte im Zusammenhang mit häuslicher Gewalt mit 20 Fällen sehr hoch geblieben ist.[22]

1.4 Zusammenfassung

Insgesamt könnte also durchaus die Meinung vertreten werden, dass das Phänomen Stalking – jedenfalls soweit es im sozialen Nahbereich stattfindet – schon jetzt ernst genommen wird und gesetzliche Möglichkeiten der Bekämpfung vorliegen.[23]

---

[20] Siehe hierzu auch den 6. Bericht der Sachverständigenkommission für Kriminalprävention der Hessischen Landesregierung, Wiesbaden 2004, S. 36 sowie Hesse/Queck/Lagodny, JZ 2000, 68 (70, 72)
[21] Vgl. Jahresbericht häusliche Gewalt für Hessen 2003, Hrsg.: Hessisches Landeskriminalamt, S. 2
[22] Siehe zu den Stalkingfällen mit tödlichem Ausgang Goebel/Lapp, Kriminalistik 2003, 369 ff.; Schäfer, Kriminalistik 2000, 587 ff.
[23] Siehe hierzu Meyer, ZStW 115 (2003), 249 (293) m.w.N.

2. Gründe, die für ein solches Gesetz sprechen

Die bisher aufgeführten Punkte sind beim genaueren Hinschauen allerdings durchaus mit großen Lücken behaftet.

2.1 Strafgesetzbuch

Geht man davon aus, dass Stalking letztlich eine Verhaltensweise beschreibt[24], die dadurch gekennzeichnet ist, dass einer Person fortdauernd nachgestellt, aufgelauert oder auf sonstige Weise Kontakt mit ihr gesucht wird, dann wird deutlich, dass dieses Verhalten so vom Strafgesetzbuch nicht erfasst wird.[25] Das Verhalten des Täters setzt sich nämlich regelmäßig aus einer Vielzahl zum Teil stark heterogener Einzelhandlungen zusammen, die häufig erst durch ihre Kombination und Wiederholung zu einer unzumutbaren Beeinträchtigung des Opfers werden. Das Spezifikum dieser fortwährenden, sich wiederholenden Belästigung und Nachstellung, also der besondere Eigenwert dieser Verhaltensmuster, wird indessen ebenso wenig wie das zugrunde liegende „Einzelverhalten", das von der Gesellschaft als sozialadäquat empfunden wird und daher nicht strafbewehrt ist, von einem Straftatbestand umschrieben.[26] Ist es aber so, dass Stalking gerade dadurch gekennzeichnet ist, dass die Freiheit der Tatopfer und deren Lebensqualität erst durch die Vielzahl von – im Einzelnen oft gar nicht schwerwiegenden – Handlungen, primär ihr Andauern oder ihre ständige Wiederholung, nachhaltig beeinträchtigt wird, ohne dass es zwingend zu einer körperlichen Beeinträchtigung kommen muss, dann fehlt hier der strafrechtliche Schutz.[27] Denn dem besonderen Unwert der genannten Verhaltensweisen kann nur mit einem eigenständigen Tatbestand Rechnung getragen werden, der auch unabhängig davon eingreift, ob zusätzlich mit Gewalt gedroht oder diese sogar angewandt wird.[28]

---

[24] Eine „Legaldefinition" des Begriffes „stalking" existiert noch nicht. Die gegebenen Beschreibungen sind weder eindeutig noch übereinstimmend, vgl. zuletzt Sieverding, Kriminalistik 2004, 763, die zu Recht darauf hinweist, dass dies ein Problem im Umgang mit dem Phänomen darstellt. Siehe auch Rinio, Kriminalistik 2002, S. 531
[25] Vgl. die in Fußnote 9 aufgeführten Fundstellen
[26] Meyer, ZStW 115 (2003), 249 (267)
[27] v. Pechstaedt, a.a.O., S. 132 f.
[28] v. Pechstaedt, a.a.O., S. 133

2.2 Gewaltschutzgesetz

Der strafrechtliche Schutz des Gewaltschutzgesetzes ist – wie wahrscheinlich schon erkannt – ausgesprochen lückenhaft. Aus der Sicht des Opferschutzes ist gerade problematisch, dass der strafrechtliche Schutz im geltenden Recht unter dem Vorbehalt einer vom Opfer zu erwirkenden zivilrechtlichen Entscheidung gestellt ist.[29] Insbesondere in drastischen Fällen kann sich ergeben, dass dem Opfer angesichts der vom Verfolger ausgehenden Bedrohung und der damit verbundenen Ängste der Weg in eine zivilrechtliche Auseinandersetzung versperrt ist. Das Opfer muss also selbst die Voraussetzung schaffen, um später strafrechtlichen Schutz zu genießen.[30] Auch wenn das Strafrecht dem Opfer verschiedentlich die Initiative zum Anstoß des Strafverfahrens aufgibt, können doch die Opferbelange und die Befangenheit des Opfers in der Beziehung zum Täter viel früher Berücksichtigung finden und insbesondere bei Privatklagedelikten auch sofort eine Strafverfolgung von Amts wegen veranlassen. Es ist damit schwerlich einzusehen, warum der strafrechtliche Schutz gegen Belästigungen erst mit einer zivilrechtlichen Anordnung eintritt. Denn die beeinträchtigende Qualität des Nachstellens als solche ändert sich mit der Entscheidung des Zivilgerichtes nicht. Aus der Sicht des Opfers ist es mithin völlig unerheblich für die Bemessung der Beeinträchtigungen durch den Belästiger, ob zuvor ein Zivilverfahren durchgeführt worden ist oder nicht. Vielmehr kann gerade hier in einer schwelenden Auseinandersetzung viel Zeit verloren gehen, in der das Opfer jedenfalls keinen strafrechtlichen Schutz genießt und hilflos bleibt.[31]

Dies wird besonders augenfällig, wenn der Täter, nachdem gegen ihn eine Schutzanordnung erlassen wurde, sein Verhaltensmuster bewusst dergestalt ändert, dass das Opfer gezwungen ist, jedes Mal erneut eine Schutzanordnung zu erwirken, um strafrechtlichen Schutz zu genießen.

---

[29] Siehe Kerbein/Pröbsting, ZRP 2002, 76 (78); zu den dogmatischen Ungereimtheiten des § 4 GewSchG vgl. umfassend Meyer, ZStW 115 (2003), 249 (269 ff.)
[30] Kerbein/Pröbsting, ebenda
[31] Siehe die in Fußnote 23 Genannten

2.3 Ressortübergreifende kriminalpräventive Zusammenarbeit

Auch wenn die ressortübergreifende kriminalpräventive Zusammenarbeit zur Bekämpfung von häuslicher Gewalt bzw. Gewalt im sozialen Nahbereich und damit auch bei der Bekämpfung von Stalkingfällen sich ständig verbessert, zeigt gerade diese Zusammenarbeit die Notwendigkeit eines Stalkingbekämpfungsgesetzes. Gerade der Polizei, die eine große Last bei der Bekämpfung der häuslichen Gewalt zu tragen hat und letztlich die Weichen stellt für eine sinnvolle Anwendung der Gesetze, würde eine große Hilfsmöglichkeit gegeben. Sie könnte nämlich von Anfang an nicht nur als Sofortmaßnahme ein Näherungsverbot oder gar ein Betretensverbot für eine kurze Zeit aussprechen, sondern zugleich die Möglichkeiten eines Strafverfahrens einsetzen, um deutlich zu machen, dass dieses Verhalten nicht nur nicht geduldet wird, sondern dass es auch strafbar ist.[32] Alle weiteren kriminalpräventiven Akteure in diesem Feld könnten sich ebenfalls auf diese klare Norm berufen und ihre Tätigkeit mühelos legitimieren.

2.4 Zusammenfassung

Nach dem Aufzeichnen der Lücken sollte deutlich geworden sein, dass die durchaus positiven Erfahrungen mit dem Gewaltschutzgesetz noch durch die Aufnahme eines Stalkingtatbestandes – unzumutbares Belästigen – im Strafgesetzbuch deutlich verstärkt werden könnten. Hier kann die normbildende Kraft des Strafrechts[33] und die symbolische Ausstrahlung[34] der Handlungsanleitung des Strafgesetzbuches vor allem auch generalpräventiv genutzt werden.

„Stalking"-Opfer haben einen Anspruch auf einen wirksamen strafrechtlichen Schutz. Der Gesetzgeber sollte daher aufgerufen werden,

---

[32] So deutlich Kerbein/Pröbsting, ZRP 2002, 76 (78)
[33] Vgl. zur Aufgabe des Strafrechts LK-Jescheck, StGB, 11. Auflage, Einleitung Rn. 1 ff. und zu seiner Grenze („ultima ratio") Jescheck, a.a.O., Rn. 3
[34] Der Begriff „Symbolisches Strafrecht" ist in der Strafrechtswissenschaft eher negativ besetzt, weil damit umschrieben wird, dass dieses Strafrecht weniger auf den Schutz der jeweiligen Rechtsgüter angelegt ist als auf weiterreichende politische Wirkungen wie etwa die prompte Befriedigung eines Handlungsbedarfs; so Hassemer, NStZ 1989, 553 (559). Gleichwohl wird der präventive Gewinn gesehen; etwa Hassemer, a.a.O., 558. Unter Berücksichtigung dieser präventiven Wirkung und des intendierten Rechtsgüterschutzes, der hier konkret den inneren Rechtsfrieden des Opfers betrifft – vgl. Meyer, ZStW 115 (2003), 249 (284) – und damit als Freiheitsschutz verstanden werden kann, lässt sich die Sache auch ins Positive wenden. Siehe zum Rechtsgüterschutz allgemein zuletzt Roxin, ZStW 116 (2004), S. 929 ff.

die genannten Defizite zu beseitigen und eine Bestimmung zu schaffen, die staatliche Strafverfolgung unabhängig davon ermöglicht, ob eine Verletzung bereits eingetreten ist oder das Opfer den Täter zivilrechtlich verklagt hat.[35] Der Schutz des Strafrechts sollte so frühzeitig einsetzen, dass Eskalationen, die bis zur Tötung reichen können, rechtzeitig unterbunden werden.[36]

3. Gesetzentwurf des Bundesrates zur Bekämpfung unzumutbarer Belästigungen („Stalkingbekämpfungsgesetz")

Hessen hat im Juli 2004 einen Gesetzentwurf in den Bundesrat eingebracht, der eine eigenständige Strafvorschrift für das Phänomen „Stalking" vorsieht. Der Gesetzentwurf verfolgt das Ziel eines besseren Opferschutzes durch eine Abschreckung von Wiederholungstätern sowie potentiellen neuen Tätern. Im Mittelpunkt des Gesetzesvorschlags steht mit § 241a StGB eine neue Bestimmung des Strafgesetzbuchs, welche die Überschrift „unzumutbares Nachstellen oder Verfolgen" trägt.[37] Die Vorschrift stellt fortwährende Belästigungen, die zu einer Beeinträchtigung des Opfers führen, unter Strafe. Danach sollen Personen, die anderen Menschen in unzumutbarer Weise nachstellen oder sie verfolgen, bestraft werden können. Der Schutz der „Stalking"-Opfer soll auch verfahrensrechtlich

---

[35] So schon v. Pechstaedt, a.a.O., S. 132 ff. mit einer Gesetzesformulierung auf S. 148, vgl. auch den Vorschlag einer Strafvorschrift bei Meyer, ZStW 115 (2003), 249 (287) und die hier ausgebreitete Diskussion zur Strafwürdigkeit des Stalking, ebenda, S. 276 ff.
[36] Vgl. nochmals Goebel/Lapp, Kriminalistik 2003, 369 (370 ff.)
[37] Die zentrale Vorschrift der Gesetzesinitiative hat folgenden Inhalt:

„§ 241a StGB neu
Unzumutbares Nachstellen oder Verfolgen

(1) Wer einem Menschen unbefugt gegen dessen ausdrücklich oder schlüssig erklärten Willen unzumutbar nachstellt oder ihn verfolgt, indem er fortwährend
1. dessen körperliche Nähe sucht,
2. unter Verwendung von Fern- oder sonstigen Kommunikationsmitteln Kontakt herzustellen versucht,
3. ihn, einen Angehörigen oder eine andere ihm nahestehende Person bedroht oder
4. einen ähnlichen Eingriff vornimmt
und dadurch bei die begründete Befürchtung einer gegenwärtigen Gefahr für Leben, Leib, Freiheit, Ehre, Eigentum oder ein anderes Rechtsgut der eigenen Person, eines Angehörigen oder einer anderen ihm nahestehenden Person hervorruft, wird mit Freiheitsstrafe bis zu einem Jahr oder mit Geldstrafe bestraft.
(2) In besonders schweren Fällen wird die Tat mit Freiheitsstrafe bis zu zwei Jahren oder mit Geldstrafe bestraft. Ein besonders schwerer Fall liegt in der Regel vor, wenn der Täter durch die Tat zugleich gegen eine zivilrechtliche Schutzanordnung verstößt.
(3) Die Tat nach Absatz 1 wird nur auf Antrag verfolgt, es sei denn, dass die Strafverfolgungsbehörde wegen des besonderen öffentlichen Interesses an der Strafverfolgung ein Einschreiten von Amts wegen für geboten hält."

verbessert werden, indem sie die Möglichkeit erhalten, sich einer Anklage der Staatsanwaltschaft als Nebenkläger anzuschließen.

Im Anschluss an den hessischen Gesetzentwurf hat eine Arbeitsgruppe des Rechtsausschusses des Bundesrates unter Federführung Hessens einen die unterschiedlichen Initiativen einzelner Länder berücksichtigenden Gesetzentwurf vorgeschlagen. Der Bundesrat hat daraufhin in seiner Sitzung am 18. März 2005 beschlossen, diesen Entwurf beim Deutschen Bundestag einzubringen. Die zentrale Vorschrift dieses Entwurfs[38] lautet wie folgt:

„§ 238
Schwere Belästigung

(1) Wer unbefugt und in einer Weise, die geeignet ist, einen Menschen in seiner Lebensgestaltung erheblich zu beeinträchtigen, diesen nachhaltig belästigt, indem er fortgesetzt
1. ihm körperlich nachstellt oder ihn unter Verwendung von Kommunikationsmitteln verfolgt,
2. ihn, einen seiner Angehörigen oder eine andere ihm nahe stehende Person mit einem empfindlichen Übel bedroht oder
3. andere, ebenso schwerwiegende Handlungen vornimmt,
wird mit Freiheitsstrafe bis zu drei Jahren oder mit Geldstrafe bestraft.
(2) Bringt der Täter das Opfer, einen Angehörigen des Opfers oder einen anderen dem Opfer nahe stehenden Menschen durch die Tat in die Gefahr einer erheblichen Gesundheitsschädigung, so ist die Strafe Freiheitsstrafe von drei Monaten bis zu fünf Jahren.
(3) Auf Freiheitsstrafe von einem Jahr bis zu zehn Jahren ist zu erkennen, wenn der Täter das Opfer, einen Angehörigen des Opfers oder einen anderen dem Opfer nahe stehenden Menschen bei der Tat körperlich schwer misshandelt oder durch die Tat in die Gefahr des Todes oder einer schweren Gesundheitsschädigung bringt.
(4) Verursacht der Täter durch die Tat den Tod des Opfers, eines Angehörigen des Opfers oder eines anderen dem Opfer nahe stehenden Menschen, so ist die Strafe Freiheitsstrafe nicht unter drei Jahren.
(5) In minder schweren Fällen des Abs. 3 ist auf Freiheitsstrafe von sechs Monaten bis zu fünf Jahren, in minder schweren Fällen des Abs. 4 auf Freiheitsstrafe von einem Jahr bis zu zehn Jahren zu erkennen.
(6) In den Fällen des Abs. 1 wird die Tat nur auf Antrag verfolgt, es sei denn, dass die Strafverfolgungsbehörde wegen des besonderen

---

[38] BR-Drs. 551/04, BT-Drs. 15/5410

öffentlichen Interesses an der Strafverfolgung ein Einschreiten von Amts wegen für geboten hält."

Mit diesem Gesetzentwurf wird nicht nur eine eigenständige Strafnorm, die die fortgesetzte Verfolgung, Belästigung und Bedrohung einer anderen Person gegen deren Willen als durchaus schweres, strafwürdiges Unrecht kennzeichnet, geschaffen, sondern zugleich werden Regelungen vorgeschlagen, die eine „Bedrohungsspirale" beenden können. Dies soll neben der Möglichkeit, durch die vorgeschlagene Strafnorm sofort einzugreifen, auch durch die Ergänzung des Haftgrundes der Wiederholungsgefahr in § 112a StPO erreicht werden, indem eine „Deeskalationshaft" für gefährliche Täter des „Stalking" eingeführt wird.

Abschließend ist darauf hinzuweisen, dass ein eigenständiges „Stalking"-Strafgesetz in einem Spannungsverhältnis steht: Einerseits muss das Gesetz hinreichend konkrete Kriterien für eine Strafbarkeit vorgeben, um dem strafrechtlichen Bestimmtheitsgrundsatz und den praktischen Anforderungen zu genügen.[39] Andererseits muss der Tatbestand die vielfältigen Erscheinungsformen des „Stalking" möglichst erschöpfend erfassen.[40] Der Entwurf dürfte diesen beiden Zielvorgaben entsprechen. Er beschreibt die strafbaren Tathandlungen so konkret wie möglich, indem er das Suchen der körperlichen Nähe, die Herstellung des Kontakts mit Kommunikationsmitteln oder die Bedrohung des Opfers oder nahestehender Personen als Tathandlungen aufführt. Soweit darüber hinaus auch andere, ebenso schwerwiegende Handlungen unter Strafe gestellt werden sollen, trägt der Entwurf der Tatsache Rechnung, dass die „Stalking"-Handlungen nicht abschließend beschrieben werden können. Andernfalls wäre es für den Täter ein Leichtes, eine mögliche Strafbarkeit durch nicht ausdrücklich aufgeführte Verhaltensweisen zu umgehen.

---

[39] Vgl. zum Bestimmtheitsgebot umfassend LK-Gribbohm, StGB, 11. Auflage, § 1 insbesondere Rn. 26 ff. m.w.N. sowie Lackner/Kühl, StGB, 25. Auflage, § 1 Rn. 7 zur schwierig zu bestimmenden Grenze zwischen unzulässiger Analogie und zulässiger Auslegung. Zur rechtsstaatlichen und rechtspolitischen Bedenklichkeit unbestimmter Strafbarkeitsvoraussetzungen siehe Naucke, JuS 1989, 862 ff.

[40] Einerseits müssen der gesetzliche Tatbestand und damit die Voraussetzungen der Strafbarkeit so konkret umschrieben werden, dass der Einzelne die Möglichkeit hat, sein Verhalten auf die Rechtslage einzurichten und sich Tragweite und Anwendungsbereich des Straftatbestandes erkennen lassen (ständige Rspr. des BVerfG, vgl. etwa BVerfGE 14, 174 und 87, 224). Andererseits dürfen die Anforderungen an die Bestimmtheit nicht übersteigert werden, da ohne allgemeine, normative und wertausfüllungsbedürftige Begriffe „der Gesetzgeber nicht in der Lage wäre, der Vielgestaltigkeit des Lebens Herr zu werden" (BVerfGE 11, 237). Zur Frage der Bestimmtheit einer weit gefassten „Stalking"-Strafvorschrift vgl. Meyer, ZStW 115 (2003), 249 (288), der etwa die Formulierung „ähnliche Eingriffe" für zulässig erachtet.

4. Ausblick

Die Diskussion um ein Stalkingbekämpfungsgesetz kann nicht losgelöst von den rechtspolitischen Diskussionen seit Ende der 80er Jahre gesehen werden. Hier sind m.E. zwei Entwicklungen deutlich zu sehen, die letztlich auch die Notwendigkeit eines solchen Straftatbestandes begründen können. Dies ist der zum einen wohl zuerst kriminologisch veranlasste Versuch, das Opfer einer Straftat in den Mittelpunkt des Geschehens zu rücken (Viktimologie)[41], der zu einer ganzen Reihe von gesetzlichen Änderungen, wie z.b. dem Zeugenschutzgesetz[42] und als letztes aktuellstes Beispiel das Opferrechtsreformgesetz[43] geführt hat. Auf der anderen Seite – und dies ist mit der kriminalpolitischen Idee des Opferschutzes durchaus verknüpft – spielen kriminalpräventive Überlegungen, die aus der Idee der gesamtgesellschaftlichen Kriminalprävention[44] begründet werden, eine herausragende Rolle. Beide Diskussionslinien machen eine sinnvolle Diskussion um ein Stalkingbekämpfungsgesetz möglich und werden nach meiner Auffassung schon bald dazu führen, dass durch einen solchen Straftatbestand der Opferschutz nochmals verstärkt wird.

---

[41] Siehe z.B. Eisenberg, Kriminologie, 5. Auflage, § 1 Rn. 15; §§ 61 und 62 jeweils m.w.N.
[42] Zeugenschutzgesetz vom 30.4.1998 (BGBl. I S. 820)
[43] Opferrechtsreformgesetz vom 24.6.2004 (BGBl. I S. 1354), siehe zu den Einzelheiten Ferber, NJW 2004, 2562 ff.
[44] Vgl. hierzu exemplarisch Fünfsinn „Kriminalprävention und Strafjustiz - Das hessische Modell" in: Jehle (Hrsg.), Kriminalprävention und Strafjustiz, Wiesbaden 1996 (KuP Bd. 17), S. 111 ff.

Autorenvitae

Julia Bettermann, geb. 1974
Diplom-Sozialpädagogin und Kriminologin; Studium der Kriminologie an der Universität Hamburg; 2000 – 2002 sozialpädagogische Tätigkeit in der Bremer Jugendhilfe, 2002 im Auftrag der Polizei Bremen Evaluation des dortigen Stalking-Projektes; Organisatorin der Kriminologischen Studienwoche und des Internationalen Studientages „Stalking– Möglichkeiten und Grenzen der Intervention" (März 2004 an der Universität Hamburg); zahlreiche Veröffentlichungen über Stalking u.a. die Bücher „Stalking – Möglichkeiten und Grenzen der Intervention", 2004 (hrsg. Gemeinsam mit Moetje Feenders) und „Falsche Stalking-Opfer?"; 2005, beide erschienen im Verlag für Polizeiwissenschaft, Gründung der Beratungsstelle für Stalkingopfer in Bremen.

Dr. Eric Blaauw, geb. 1965
Forensischer Psychologe; Studium der klinischen Psychologie, erhielt seinen Doktortitel durch Forschungen über polizeiliches Gewahrsam. Leitende Forschungstätigkeiten am medizinischen Zentrum der Erasmus Universität in Rotterdam und am Zentrum für Forensische Psychiatrie in Utrecht, Trainer und Berater bei Blaauw Risk Reduction. Dr. Blaauw hat neun Bücher veröffentlicht sowie über 100 Zeitschriftenartikel und Buchbeiträge zu den Themen Polizeigewahrsam, Selbstmordprävention in Gefängnissen, psychische Krankheiten bei Gefangenen, Psychopathy and Stalking. Forschungsinteressen: Stalking, Psychopathy, Gewalttäter, Gefängnisselbstmorde, Programme zur Prävention von Rückfalltaten, Täterprofilerstellung.

Dr. Ingrid Borski, geb. 1966
Assistenzärztin, Diplom-Betriebswirtin. Nach Abschluss des BWL-Studiums Studium der Humanmedizin, Katholischen Theologie sowie Philosophie (Nebenfach) in München. Seit 1998 Assistenzärztin in Weiterbildung an der Psychiatrischen Klinik der LMU München mit zusätzlicher psychoanalytischer Weiterbildung; Wortgottesdienstleiterin, seelsorgerische Tätigkeit. Forschungsschwerpunkte: Katamnese-untersuchungen (Verlauf von psychiatrischen Erkrankungen), Stalking.

PD Dr. Martin Brüne, geb. 1962
Facharzt für Neurologie, Psychiatrie und Psychotherapie; Studium der Humanmedizin an der Westfälischen-Wilhelms-Universität Münster; seit 1998 Oberarzt am Westfälischen Zentrum Bochum, Psychiatrie und Psychotherapie, Klinik der Ruhr-Universität; 2001 Habilitation und Venia legendi; Thema der Habilitationsschrift: Evolutionsbiologische Aspekte

psychotischer Störungen am Beispiel der Erotomanie; Forschungsschwerpunkte: Theory of mind bei psychischen Störungen, Geschlechtsdifferenzen, wahnhafte Störungen aus evolutionspsychologischer Perspektive; Zahlreiche Fachartikel und Buchbeiträge zu evolutionspsychopathologischen Themen, Bücher: „Kompendium der Akathisie" (gemeinsam mit Peter Bräunig), Thieme, 1997; „The Social Brain: Evolution and Pathology", Wiley, 2003 (hrsg. gemeinsam mit Hedda Ribbert und Wulf Schiefenhövel); „Sozialdarwinismus", Genetik und Euthanasie: Menschenbilder in der Psychiatrie, Wiss. Verlagsgesellschaft, 2004 (hrsg. gemeinsam mit Theo R. Payk).

Prof. Dr. Harald Dressing, geb. 1957
Studium der Medizin in Mainz. Facharzt für Neurologie, Psychiatrie, Psychotherapie, Sozialmedizin, Rehabilitationswesen.Leiter des Bereichs Forensische Psychiatrie am Zentralinstitut für seelische Gesundheit in Mannheim. Tätigkeit als Gutachter in Straf- Zivil- und Sozialgerichtsprozessen. Forschungsschwerpunkte: Stalking, funktionelle Kernspintomographie bei Sexualstraftätern, Europäische Forschungsprojekte zur Zwangsunterbringung, zur Situation der forensischen Psychiatrie in der EU sowie zur psychiatrischen Versorgung im europäischen Strafvollzug. Über 100 wissenschaftliche Publikationen sowie Herausgabe von 2 Monographien. Regelmäßige Lehrtätigkeit an der Medizinischen Fakultät für klinische Medizin, Mannheim sowie der Fakultät für Rechtswissenschaften der Universität Mannheim.

Dr. Frank Farnham
Forensischer Psychiater des North London Forensic Service, Lehrbeauftragter am University College London. Zahlreiche Fachpublikationen zum Thema Stalking. Mitglied der europäischen Forschungsgruppe "Modena Group on Stalking".

Dr. Helmut Fünfsinn, geb. 1954
Studium der Rechtswissenschaft, Betriebswissenschaft und Soziologie, wissenschaftlicher Assistent an der Johann Wolfgang Goethe-Universität Frankfurt am Main; danach Richter; seit 1989 Mitarbeiter, seit 2002 Leiter der Abteilung Strafrecht und Gnadenwesen im Hessischen Ministerium der Justiz. Seit Gründung (1992) Geschäftsführer der Hessischen Sachverständigenkommisssion für Kriminalprävention (Landespräventionsrat). Veröffentlichungen vor allem im Bereich des Straf- und Strafprozessrechts, der Rechtspolitik und Kriminalprävention. Lehrbeauftragter an der Johann Wolfgang Goethe-Universität Frankfurt am Main.

Prof. Dr. Peter Gass, geb. 1963
Arzt, Studium der Medizin in Heidelberg, Chicago, New York. Neuropathologe und Psychiater. Gegenwärtig ärztlicher Leiter des Psychiatrischen Konsiliardienstes des Zentralinstituts für Seelische Gesundheit am Klinikum Mannheim. Mehr als 100 Fachartikel, Übersichtsarbeiten und Buchbeiträge vor allem zu Themen der biologischen Psychiatrie.

Dr. Anne Groenen
Sozialarbeiterin und Kriminologin. Vierjährige Tätigkeit als stragische Analytikerin und Beraterin der belgischen Polizei, Assistentin an katholischen Universität Leuven, Dissertation zum Thema Stalking und Gewalt. Mitglied der Entscheidungskommission des Basta-Pojektes, einem interdisziplinärem Projekt zum Management von Stalking und Mitglied der europäischen Forschungsgruppe „Modena Group on Stalking".

Dr. Jens Hoffmann, geb. 1968
Diplom-Psychologe. Lehraufträge an Hochschulen in Berlin, Gießen, Hamburg und Regensburg. Seit 2001 Lehr- und Forschungstätigkeit an der Arbeitsstelle für Forensische Psychologie der TU Darmstadt. Zahlreiche Fachpublikationen zu kriminalpsychologischen Themen, darunter die Bücher „Fallanalyse und Täterprofil", BKA-Verlag, 2000 (gemeinsam mit Cornelia Musolff), „Stalking", Springer 2005, „Täterprofile bei Gewaltverbrechen", Springer, 2006 (2. Auflage, hrsg. gemeinsam mit Cornelia Musolff). Aufnahme 2002 als Berater für europäische Polizeikräfte in die Experten-Datenbank von Europol. 2002 Mitbegründer des Beratungsunternehmens „Team Psychologie und Sicherheit" (T-P-S). 2005 Mitbegründer der Fortbildungseinrichtung „Institut für Psychologie und Sicherheit".

Dr. David James
Als forensischer Psychiater tätig in London. Frühere Lehrtätigkeit am University College London. Zahlreiche Fachpublikationen, darunter Arbeiten zu Stalking in „Lancet" und im „Journal of the American Academy of Psychiatry and the Law." Mitglied der europäischen Forschungsgruppe „Modena Group on Stalking". Sein aktueller Forschungsschwerpunkt liegt auf Individuen, die auf Personen des öffentlichen Lebens fixiert sind.

Dr. Jan H. Kamphuis
Psychotherapeut und außerordentlicher Professor für klinische Persönlichkeitseinschätzung an der Universität Amsterdam (UvA). Absolvent des Programms für klinische Psychologie an der Universität Texas in Austin. Aktuelle Forschungsschwerpunkte: Klinische Persönlichkeitseinschätzungen und Zusammenhänge zwischen der Persönlichkeit und Psychopathologien. Mehrere Publikationen zu verschiedenen Aspekten der Psychologie von Stalking. Mitglied der europäischen Forschungsgruppe "Modena Group on Stalking".

PD Dr. Christine Kühner, geb. 1957
Diplom-Psychologin; Psychologische Psychotherapeutin. Studium der Psychologie in Konstanz und Mannheim. Seit 1986 wissenschaftliche Mitarbeiterin am Zentralinstitut für Seelische Gesundheit, Mannheim. Promotion 1994, Habilitation 2002 (Universität Heidelberg). Weiterbildungen für Ärzte, Psychologen und Pflegepersonal, Supervision von Stationsteams. Lehraufträge an den Universitäten Heidelberg und Mannheim. Forschungsbereiche: Psychiatrische Epidemiologie (Risikofaktoren für Entstehung und Verlauf psychischer Erkrankungen, Lebensqualität psychisch kranker Menschen), klinische Grundlagenforschung (Modelle der Depression), Psychodiagnostik (Testentwicklung und Evaluation), Psychotherapieforschung (Entwicklung und Evaluation von Gruppenprogrammen).

Heike Küken, geb. 1978
Diplm-Psychologin, Studium der Psychologie und Psychopathologie. Hospitationen im Justizvollzug und beim Psychologischen Dienst der Polizei. Seit 2005 wissenschaftliche Mitarbeiterin der Arbeitsgruppe für Differentielle Psychologie und Entwicklungspsychologie der Technischen Universität Darmstadt. Mitarbeit in der Arbeitsstelle für Forensische Psychologie (Forschung; Erstellung psychologischer Sachverständigengutachten). Ausbildung in Klientenzentrierter Gesprächsführung und Systemischer Therapie/ Familientherapie.

Beate Meinhardt, geb. 1969
Diplom-Psychologin, Studium der Psychologie und Psychopathologie, Mitarbeiterin der Arbeitsgruppe Stalking an der TU Darmstadt, 2002 – 2004.

Pof. Dr. Norbert Nedopil, geb. 1947
Prof. Dr. med., Medizin und Psychologiestudium in München. 1977-1984 Ausbildung an der Psychiatrischen Klinik der LMU München mit den damaligen Forschungsschwerpunkten Psychopharmakologie, Schlaf-

forschung und Schizophrenieforschung. Seit 1984 Spezialisierung in Forensischer Psychiatrie. 1989-1992 Professor und Leiter der Abt. für Forensische Psychiatrie an der Universität Würzburg; seit 1992 Leiter der Abteilung für Forensische Psychiatrie der Universität München.

Dr. Werner Tschan, 1953
Dr. med, Master in Applied Ethics, eigene Privatpraxis für Psychiatrie und Psychotherapie in Basel, Gründer des internationalen Instituts und Beratungszentrums gegen sexuelle Grenzverletzungen in professionellen Beziehungen, Programmleiter an der Universität Zürich für den Masterkurs „Prevention in Sexual Violence". Fachpublikationen zu Stalking, sexuellen Übergriffen und Grenzverletzungen durch Fachleute, darunter das Buch: „Missbrauchtes Vertrauen. Sexuelle Grenzverletzungen in professionellen Beziehungen", erschienen bei Karger, Basel, 2005 (2. Auflage). Unter der Leitung von Dr. Tschan griff die Vereinigung der Schweizer Ärzte und Ärztinnen die Problematik von sexuellen Übergriffen durch Medizinalpersonen auf.

Prof. Dr. Geert Vervaeke
Psychologe, Professor an der Katholischen Universität Leuven, Institut für Strafrecht und Kriminologie. Prof. Vervaeke unterrichtet Methodenlehre, Psychologie and Recht. Er ist Programmdirektor des kriminologischen Programms und Manager des Career Counselling Service Criminology. Er führte Forschungen durch an der Sektion für Strafrecht und Kriminologie sowie in der Forschungsgruppe für Psychodiagnostik and Psychopathologie. Er ist Mitglied des "Federal Superior Council for the Judiciary" und der europäischen Forschungsgruppe "Modena Group on Stalking".

Prof. Dr. Hans-Georg Voß, geb. 1944
Studium der Psychologie in Mainz. Seit 1978 Professor an der Technischen Universität Darmstadt. Arbeitsschwerpunkte in Forschung und Lehre: Differenzielle Psychologie und Persönlichkeitspsychologie, Entwicklungspsychologie, Familienpsychologie, Forensische Psychologie mit Schwerpunkt Kinder, Jugendliche, Familie, hier auch Tätigkeit als gerichtspsychologischer Sachverständiger. 2002 Gründung der Arbeitsgruppe Stalking an der TU Darmstadt, Forschungsbericht „Stalking in Deutschland – Aus Sicht der Betroffenen und der Verfolger" Nomos, 2005 (gemeinsam mit Jens Hoffmann & Isabel Wondrak).

Isabel Wondrak, geb. 1974
Diplom-Psychologin, Studium der Psychologie und Psychopathologie, seit 2002 Mitarbeiterin der Arbeitsgruppe Stalking an der TU Darmstadt, zahlreiche Publikationen zum Thema, darunter „Stalking in Deutschland –

Aus Sicht der Betroffenen und der Verfolger" Nomos, 2005 (gemeinsam mit Hans-Georg Voß & Jens Hoffmann). Beratung von mehr als hundert Betroffenen von Stalking. Regelmäßig Vorträge, Lehraufträge und Schulungen an Universitäten, für Beratungsstellen, politische Einrichtungen und Polizeibehörden. Seit 2004 Mitarbeiterin des Beratungsunternehmens „Team Psychologie und Sicherheit" (T-P-S). 2005 Mitbegründerin der Fortbildungseinrichtung „Institut für Psychologie und Sicherheit".

Schlagwortverzeichnis

Alkoholmissbrauch 165, 167, 170, 171, 198, 276, 281
Anti-Stalking-Gesetz 77, 291
Anti-Stalking-Gesetzgebung 163, 236
Anzeige 36, 40, 87, 237, 251, 274, 277, 279, 286
Basta-Projekt 281, 282
Behandlung 23, 57, 102, 172, 205, 213, 219
Belästigungssyndrom 148
Beratung 57
Berufsrisiko 146
Beziehung
 zwischen Stalker und Stalkingopfer 33, 52, 245
Bindungsstörung 171, 215
Bindungstheorie 16, 171, 215, 226
Borderline-Persönlichkeit 185
Celebrity Worship 134
Coping 69, 70, 183, 228
Cyberstalking 48, 64
cycle of domestic violence 88, 185
Darmstädter Opferstudie 46
Darmstädter Stalking Studie 95
De Clerambault Syndrom Siehe Erotomanie
defensives Stalking 189
deliktfokussierte Behandlung 223
deliktfokussierter Behandlungsansatz 219
Delusional Fixation Stalking 80
demografische Eigenschaften 99
demographische Eigenschaften 65
Depression 34, 41, 64, 100, 171, 183, 198
distale Stalkinghandlungen 95

Drogenmissbrauch 165, 167, 170, 250, 276, 281
Dynamik 22, 193, 199, 201, 246
Eifersucht 36, 54, 113, 115, 146, 170, 179
Erotomanie (Siehe auch Liebeswahn) 13, 82, 119, 134, 144, 150, 199, 214, 217
Eskalation 13, 23, 59, 64, 93, 103, 152, 194, 201, 202, 203, 207, 208, 252, 256
evolutionäre Psychologie 107
Evolutionstheorie 107, 109, 110
Ex-Beziehungsstalkern 184
Ex-Partner 54, 117, 245, 247
Ex-Partner-Stalking 54, 67, 74, 165, 178, 266
falsche Opfer 254
Fragebogen zur Erfassung von Stalking: Täter; FES:T 96
Gefahr 23, 79, 83, 85, 136, 138, 146, 149, 194, 203, 208, 244, 249, 250, 258, 300
Gegenmaßnahmen (Siehe auch Stalkingopfer
 Reaktionen auf Stalking) 59, 97, 203
General Health Questionnaire-12 67
Geschlechtsverteilung
 bei Opfern und Stalkern 30
Gesetzgebung 73, 78, 159, 223, 236
Gewalt 51, 55, 117, 136, 159, 217, 249, 253
 psychische 171
 schwere 167
Gewaltschutzgesetz 231, 256, 257, 266, 267, 293, 294, 297, 298
Handlungsstrategien 194

häusliche Gewalt 75, 177, 179, 180, 181, 186, 207, 227, 244, 245, 271, 294
häuslicher Gewalttäter
 antisozialer 184
 emotional instabiler 184
 überkontrollierter 184
Impact of Event Scale 66
Infatuation Harassment 77
inklusive Fitnesstheorie 107, 111, 113
Intervention 86, 150, 151, 168, 194, 203, 206, 207, 208, 213, 219, 235, 237, 253, 255, 258, 259, 264, 278, 280, 294
Kontaktverbote 207, 215, 220, 257
Lebenszeitprävalenz 28, 39, 146
Liebeswahn (Siehe auch Erotomanie) 106
Management 183, 193, 202, 230, 272
Mediziner 143, 149, 150
Näherungsverbot 293, 294, 298
Narzissmus 131, 171
Objektbeziehungstheorie 18
offensives Stalking 189
Paranoide Schizophrenie 134
Paranoide Wahnstörung 134
pathologische Fixierung 129, 130, 131
Personen des öffentlichen Lebens Siehe Prominente
Persönlichkeitsstörung 14, 106, 170, 185, 218
Polizei 12, 36, 40, 42, 58, 70, 73, 76, 80, 84, 85, 86, 87, 165, 172, 200, 206, 208, 235, 237, 242, 243, 245, 246, 248, 250, 251, 252, 253, 255, 260, 261, 262, 265, 271, 272, 274, 275, 278, 280, 282, 283, 284, 285, 295, 298

Posttraumatische Belastungsstörung 40, 46, 64, 66, 181, 217
Prävalenz 27, 46, 63, 146, 272
Prävention 137, 153, 172, 205, 227, 294
Prominente 11, 52, 53, 130, 132, 134, 135, 136
Prominentenstalking 129, 132, 134, 214, 236
proximale Stalkinghandlungen 95
psychische Belastung 64, 240, 260, 265
psychische Erkrankung 13, 205, 214
psychische Traumatisierung 119
Psychodynamische Theorie 19
Psychopathy 83, 131
psychotische Episode 15
psychotische Erkrankungen 171
psychotische Störungen 106
Reaktion des Umfeldes 100
Rebecca Schaeffer 11, 143, 159, 236
Risikoeinschätzung 33, 281
Risikofaktoren 13, 46, 164, 165, 167, 170, 171, 197, 198, 208, 249, 250, 278, 281, 286
Rollenstereotyp 223
Rufschädigung 50
Sachbeschädigungen 169, 206, 281
Sadistic Stalking 83
sadistisches Stalking 83
Schwellenproblematik 244, 245, 246
Schwere Belästigung 300
selbstunsichere
 Menschen 28
 Verhaltensweisen 28
Sexual Strategies Theory 109, 111, 112, 115, 116, 117, 119, 123

soziale Isolierung 122
soziale Kompetenz 122
Sperm Competition Theory 109, 113, 115
Staatsanwaltschaft 206, 237, 238, 239, 248, 252, 258, 261, 262, 300
Stalker-Typen 145
  inkompetenter Stalker 121
  Intimität suchender Stalker 121
  rachesuchender Stalker 121
  räuberischer Stalker 121
  zurückgewiesener Stalker 121
Stalking
  am Arbeitsplatz 213
  Ausprägung 12
  Auswirkungen Siehe Stalking: Folgen
  Dauer 12, 31, 47, 121, 243
  Definition 63, 118, 143, 162, 177, 213, 235, 247
  Folgen 35, 46, 55, 57, 64, 66, 181
  Häufigkeit 48
  Intensität 118
  Ort 50
Stalkingbekämpfungsgesetz 291, 299, 302
Stalkinggewalt 160, 162, 163, 167, 168, 169, 171
  Häufigkeit 160
  Motive 169
  Opfer 163
Stalkingmethoden
  Drohungen 32, 168, 242, 253
  Gewalterfahrungen 243
  Gewalthandlungen 33
  Schlagen 33
  sexuelle Andeutungen 33
  sexuelle Belästigungen 52, 242
  sexuelle Nötigung 33

Stalkingopfer 15, 28, 29, 37, 46, 47, 66, 105, 121, 163, 217, 243, 248, 254
  Reaktionen auf Stalking (Siehe auch Gegenmaßnahmen) 35, 66
Stalkingverhaltensweisen (siehe auch Stalkingmethoden) 10, 32, 39, 48, 63, 66, 73, 84, 95, 98, 167, 235, 241, 243, 281, 286
Stichting Anti-Stalking 65
Strafgesetzbuch 160, 292, 293, 296, 298
strafgesetzliche Regelungen 292
Suizid 172
Täter-Opfer-Umkehr 219
Therapie 154, 205, 219, 220, 221, 230, 231, 282
Threat Management Unit 11, 165, 236, 255, 264, 275
Trauma Constellation Identification Scale 68
Trennung 14, 18, 19, 76, 99, 113, 146, 182, 185, 216, 246, 258
Typologie 74, 94, 96, 106, 165, 169, 198, 214, 219, 236, 264
Umgang
  mit dem Opfer 279
  mit dem Stalker 42, 202, 257, 280, 286
Verliebtheit 77
Vorbeziehung 12, 13, 53, 66, 99, 166, 167, 273, 276, 285, 286
Vorstrafen 165, 167, 169, 221, 250
Vulnerabilität 41, 63, 67
Waffenverbote 215, 220
wahnhaft fixiertes Stalking 80
Zivilrecht 294
zivilrechtlichen Schutz 256

INSTITUT PSYCHOLOGIE
UND SICHERHEIT

IPS – Die Schnittstelle zwischen Wissenschaft und praktischer Anwendung

Das Institut Psychologie & Sicherheit hat es sich zum Ziel gesetzt, Wissenschaft und Praxis im forensischen Bereich zu verbinden. Unsere Philosophie besteht darin, den neuesten Stand der Wissenschaft für die praktische Anwendung bereit zu stellen. Einer unserer Arbeitsschwerpunkte liegt auf Stalking. Hierzu bieten wir Folgendes an:

- **STALKINGSEMINARE** für Berufsgruppen, die direkt mit Opfern von Stalking oder Stalkern arbeiten. Mögliche Seminarthemen: Grundlagen, Gefährlichkeitseinschätzung, Opferberatungen, Therapiemöglichkeiten von Stalkern und Opfern, Sicherheitsberatungen von Opfern.

- **KONFERENZEN**
  Auf unseren Tagungen berichten die führenden Experten aus Deutschland und Europa praxisnah und handfest über das aktuelle Know-How.

- **BERATUNG**
  Wir beraten sowohl Betroffene als auch Institutionen, die mit Stalking und Bedrohungsfällen zu tun haben.

- **SUPERVISION**
  Wir bieten telefonische und persönliche Supervision an.

Weitere Themen des Instituts:
Stalking / Häusliche Gewalt / Bedrohungsmanagement / Gewalt am Arbeitsplatz / Risikoeinschätzung / Profiling / Deeskalation In psychiatrischen Einrichtungen / Umgang mit Querulanten / Zielgerichtete Gewalt und Amok an Schulen / Attentate

Nähere Informationen und aktuelle Seminare und Konferenzen finden Sie unter
www.institut-psychologie-sicherheit.de

Institut für Psychologie & Sicherheit   Postfach 100 862   63705 Aschaffenburg   Tel. 06021-4395066
info@institut-psychologie-sicherheit.de   www.institut-psychologie-sicherheit.de

Julia Bettermann & Moetje Feenders (Hrsg.)
Stalking
Möglichkeiten und Grenzen der Intervention
304 Seiten • 24,90 € • ISBN 3-935979-36-3

Frank Robertz
School Shooting
Über die Relevanz der Phantasie für die Begehung
von Mehrfachtötungen durch Jugendliche
281 Seiten • 24,90 € • ISBN 3-935979-41-X

J. Hoffmann. & H.-G. W. Voß (Hrsg.)
Psychologie des Stalking
Grundlagen – Forschung - Anwendung
311 Seiten • 24,90 € • ISBN 3-935979-54-1

B. Bojack & H. Akli (Hrsg.)
Die Tötung eines Menschen
Perspektiven, Erkenntnisse, Hintergründe
342 Seiten • 24,90 € • ISBN 3-935979-34-7

Julia Bettermann
Falsche Stalking-Opfer?
Das Falsche-Opfer-Syndrom in Fällen von Stalking
146 Seiten • 16,90 € • ISBN 3-935979-62-2

www.polizeiwissenschaft.de

Martin H. W. Möllers & Robert Chr. van Ooyen (Hrsg.)
Jahrbuch Öffentliche Sicherheit 2002/2003
568 Seiten • 49,- € • ISBN 3-935979-20-7

Jahrbuch Öffentliche Sicherheit 2004/2005
550 Seiten • 39,- € • ISBN 3-935979-58-4

Birgitta Sticher-Gil
Polizei- und Kriminalpsychologie
Teil 1: Psychologisches Basiswissen für die Polizei
286 Seiten • 15,90 € • ISBN 3-935979-10-X

Stefan Strohschneider (Hrsg.)
Entscheiden in kritischen Situationen
167 Seiten • 12,90 € • ISBN 3-935979-14-2

Gesine Hofinger (Hrsg.)
Kommunikation in kritischen Situationen
180 Seiten • 12,90 € • ISBN 3-935979-24-X

www.polizeiwissenschaft.de

Tanja Hartmann
Grundlagen zum Strafrecht
Erläuterungen und Prüfungsaufbauten

664 Seiten • 24,90 € • ISBN 3-935979-61-4

Martin H. W. Möllers
Polizei und Grundrechte
Alternatives Grundrechte-Lehrbuch für die Polizei auf rechtswissenschaftlicher und rechtspolitischer Basis

324 Seiten • 14,90 € • ISBN 3-935979-77-0

Birgitta Sticher-Gil
Polizei- und Kriminalpsychologie
Teil 1: Psychologisches Basiswissen für die Polizei

286 Seiten • 15,90 € • ISBN 3-935979-10-X

Martin H. W. Möllers
Lehren und Prüfen bei der Polizei
258 Seiten • 24,90 € • ISBN 3-935979-60-6

www.polizeiwissenschaft.de

Schriften zur Empirischen Polizeiforschung
herausgegeben von H. Groß, H.-J. Asmus, M. Bornewasser, B. Frevel, K. Liebl, T. Ohlemacher & P. Schmidt

Fehler und Lernkultur in der Polizei
299 Seiten • 19,90 € • ISBN 3-935979-45-2

Innen und Außensicht(en) der Polizei
253 Seiten • 19,90 € • ISBN 3-935979-49-5

Kommunale Kriminalprävention
132 Seiten • 15,90 € • ISBN 3-935979-56-8

Evaluation und Polizei
197 Seiten • 16,90 € • ISBN 3-935979-83-5

Schriftenreihe der Thüringer Fachhochschule für öffentliche Verwaltung, Fachbereich Polizei

Analyse eines Erpresserschreibens
44 Seiten • 8,90 € • ISBN 3-935979-43-6

Überbringung einer Todesnachricht
58 Seiten • 8,90 € • ISBN 3-935979-52-5

Aids – Eine juristische Positionsbestimmung
60 Seiten • 8,90 € • ISBN 3-935979-57-6

Die Anhörung von kindlichen Opfern sexueller Gewalt aus psychotraumatologischer Sicht
117 Seiten • 9,90 € • ISBN 3-935979-76-2

Interdisziplinäre Polizeiforschung
Schriftenreihe des Instituts für Polizei- und Sicherheitsforschung (IPoS) der HfÖV Bremen

Kinderpornografie
104 Seiten • 20,- € • ISBN 3-935979-27-4

Polizeiwissenschaftliche Analysen
Schriftenreihe der Verwaltungsfachhochschule in Wiesbaden

Freiwilliger Polizeidienst in Hessen
93 Seiten • 20,- € • ISBN 3-935979-08-8

Kriminologische Spuren in Hessen
353 Seiten • 29,- € • ISBN 3-935979-16-9

DNA-Massentests im Strafverfahren
267 Seiten • 25,- € • ISBN 3-935979-23-1

Armuts kriminalität - Arme(n)kriminalität
125 Seiten • 16,90 € • ISBN 3-935979-51-7

Kreuzfahrt in die Krise
242 Seiten • 24,90 € • ISBN 3-935979-53-3

Der Freiwillige Polizeidienst in Baden-Württemberg
288 Seiten • 24,90 € • ISBN 3-935979-67-3

Arbeiten der Preisträger des Fachbereichs Polizei der Heinrich-Mörtl-Stiftung
198 Seiten • 20,- € • ISBN 3-935979-68-1

Festschrift zum 25-jährigen Bestehen der Verwaltungsfachhochschule in Wiesbaden
406 Seiten • 24,90 € • ISBN 3-935979-72-X

Schriftenreihe
Polizei & Wissenschaft

Sexualdelinquenz und Falschbezichtigung (3-935979-82-7)

Polizei und kommunale Kriminalprävention (ISBN 3-935979-79-7)

Police Patrol Work in the Netherlands (ISBN 3-935979-74-6)

„Anders sein" bei der Polizei in Deutschland (ISBN 3-935979-66-5)

Professionelle Führung in der Polizei (ISBN 3-935979-64-9)

Wirkungen & Akzeptanz polizeilicher Verkehrsüberwachung (ISBN 3-935979-78-9)

Täterverhalten und Persönlichkeit (ISBN 3-935979-63-0)

Gewalt im sozialen Nahraum II (ISBN 3-935979-65-7)

Die unbeabsichtigte Schussabgabe bei Polizeikräften (ISBN 3-935979-59-2)

Modernes Mangement in der deutschen Polizei (ISBN 3-935979-37-1)

„Eine digitale Streifenfahrt..." (ISBN 3-935979-50-9)

Abgesichert sein und gutes Geld verdienen (IISBN 3-935979-48-7)

Gewalt im sozialen Nahraum I (ISBN 3-935979-44-4)

Bundeswehr und innere Sicherheit (ISBN 3-935979-11-8)

Methoden polizeilicher Berufsethik (ISBN 3-935979-18-5)

Polizeibeamte und psychisch Kranke (SBN 3-935979-15-0)

Amok (ISBN 3-935979-06-1)

Prognose von Täterverhalten bei Geiselnahmen (ISBN 3-935979-05-3)

Polizei & Psychologie (ISBN 3-935979-12-6)

Spezielle Spurensicherungsmethoden (ISBN 3-935979-02-9)

Stress im Polizeiberuf (ISBN 3-935979-03-7)

Täterprofilerstellung (ISBN 3-935979-01-0)

Eigensicherung & Schusswaffeneinsatz bei der Polizei (ISBN 3-935979-09-6)

Die Öffentliche Sicherheit auf dem Prüfstand (ISBN 3-935979-07-X)

Das Wiedererkennen von Gesichtern (ISBN 3-935979-17-7)

Schusswaffeneinsatz bei der Polizei (ISBN 3-935979-00-2)

Bindungsstile bei Sexualstraftätern (ISBN 3-935979-04-5)

Sexuelle Belästigung am Telefon (ISBN 3-935979-28-2)

Qualitätsmanagement bei der Polizei (ISBN 3-935979-26-6)

Zivilcourage (SBN 3-935979-33-9)

Polizeiliche Überwachungsmaßnahmen in den USA (ISBN 3-935979-35-5)

Politische Bildung in der Polizei (ISBN 3-935979-19-7)

Das Betreuungskonzept für Polizeibeamte der Landespolizei S-H (ISBN 3-935979-32-0)